Sociolingüística y pragmática del español

Carmen Silva-Corvalán

con Ejercicios de Reflexión de
Andrés Enrique-Arias

D1363974

GEORGETOWN UNIVERSITY PRESS / WASHINGTON, D.C.

Georgetown University Press, Washington, D.C.
© 2001 by Georgetown University Press. All rights reserved.
Printed in the United States of America

10   9   8   7   6   5   4   3   2001

This volume is printed on acid-free offset book paper.

Library of Congress Cataloging-in-Publication Data

Silva-Corvalán, Carmen.
    Sociolingüística y pragmática del español / Carmen Silva-Corvalán.
        p. cm.—(Georgetown studies in Spanish linguistics)
    Includes bibliographical references and index.
    ISBN 0-87840-872-X (pbk. : alk. paper)
    1. Spanish language—Spoken Spanish. 2. Spanish language—Social aspects.
    3. Pragmatics. I. Title. II. Series.

    PC4121.S54   2001
    306.44'0946—dc21   2001023255

A Brennan,
Kathryn,
Kristine,
Nicolás y
Baby boy Castro.
(La Bibi)

Indice

Capítulo 1: Lengua, variación y dialectos

Capítulo 2: Metodología

Capítulo 3: Teoría de la variación y sociofonología

Capítulo 4: Variación sintáctica y morfosintáctica

Introducción

Las tecnologías desarrolladas en el siglo veinte han permitido el floreci-
miento de los estudios de la comunicación oral y, por ende, de la
sociolingüística y la pragmática, pues éstas centran su interés precisamente en
la lengua hablada. Desde siempre los seres humanos han sentido fascinación y
curiosidad por desentrañar el misterio del lenguaje, esta habilidad creadora
que se nos ha dado sólo a los humanos y que se manifiesta hoy en miles
de lenguas a través del mundo. Las lenguas son complejas, estructuradas
y multifuncionales. Además de ser la mejor y más eficaz herramienta de
comunicación, se entrelazan con lo social de maneras diversas, estableciéndo-
dose así relaciones entre lengua y sociedad que son en sí significativas. El
examen de estas relaciones y de las metodologías desarrolladas para estudiar-
las ha motivado mi interés en escribir *Sociolingüística y pragmática del
español*.

En la era de la globalización, la informática y la televisión sin barreras
nacionales, las palabras cruzan los espacios con rapidez y nos exponemos
con creciente frecuencia a diferentes maneras de hablar. ¿Por qué hay tantas
formas diversas de hablar castellano? ¿Son todas correctas? ¿Por qué no
cambiamos nuestra manera de hablar para ajustarnos a formas de mayor
prestigio? En este libro me propongo presentar algunas de las respuestas
que la sociolingüística y la pragmática ofrecen a estas preguntas y a otras
que surgen al observar el uso de una lengua en su contexto social.

La obra está dividida en siete capítulos en los que se discuten los conceptos
y principios básicos de la sociolingüística y la pragmática de la comunicación
oral, ilustrados éstos en todo momento con estudios realizados en el mundo
hispanohablante tanto por mí como por otros investigadores. Una mirada a
la tabla de contenidos da una idea más precisa de los asuntos tratados: los
conceptos de lengua, variación y dialecto; las relaciones entre sociolingüística
y educación; los métodos sociolingüísticos; la teoría de la variación; variación
fonológica, sintáctica y morfosintáctica; el análisis del discurso; el cambio
lingüístico; el bilingüismo; y una larga sección dedicada al español en los
Estados Unidos.

Los avances teóricos y metodológicos de la sociolingüística y la pragmática han sido notables desde que escribí *Sociolingüística: Teoría y análisis*,
la obra que precede a ésta. Prueba de ello encontrarán los lectores en este
libro y en las numerosísimas publicaciones que le han servido de base. Los
estudios sociolingüísticos, además, han resultado de utilidad en la resolución
de problemas sociales, educativos y de planificación lingüística. Pero aunque

los investigadores han avanzado nuestro conocimiento sobre la naturaleza de la relación entre lengua y sociedad, quedan aún numerosas preguntas por responder. Las generaciones futuras tienen, pues, tareas importantes que cumplir en orden a aportar nuevos adelantos a la investigación sociolingüística. Espero que este libro sirva de apoyo a estas tareas.

Son muchos los que han contribuido a esta obra y a todos agradezco esa contribución. Al escribir *Sociolingüística y pragmática del español* he hecho uso de las publicaciones de numerosos investigadores cuyo trabajo ha enriquecido estas páginas. Un gran número de colegas y también alumnos en mis cursos y seminarios en la University of Southern California y otros centros de estudio han contribuido a clarificar mis ideas y a hacer menos mis errores: a todos les expreso mi agradecimiento. Pero no puedo dejar de mencionar especialmente a Francisco Gimeno, por sus comentarios críticos y sugerencias editoriales; a José Ramón Gómez, por su lectura minuciosa del manuscrito y por las muchas horas de discusiones valiosísimas de tantas cuestiones teóricas y prácticas; y a Andrés Enrique-Arias, por su generosa colaboración (los ejercicios de reflexión con que termina cada capítulo son suyos) y por haber sido mi alumno y ahora colega. A mi familia, extensa, un muy sentido muchas gracias.

Símbolos

Símbolos usados en los ejemplos:

. . .   material lingüístico no incluido, considerado no relevante en el ejem-
        plo en cuestión

xxx   palabras ininteligibles

/   hablante se interrumpe

:   alargamiento vocálico

/ /   enmarcan intervenciones muy cortas

[ ]   enmarcan comentarios de la investigadora/autora

---   pausa de uno a dos segundos

Cuadros

Diagramas

Lengua, variación y dialectos

1.1. ¿Qué es sociolingüística?

La sociolingüística es una disciplina que abarca una gama amplísima de intereses relacionados con el estudio de una o más lenguas en su entorno social. Examina preguntas tales como ¿Cuál es la diferencia entre lengua y dialecto? ¿Hay una forma correcta de hablar una lengua? ¿Por qué "suenan diferente," por ejemplo, un mexicano, un español y un chileno cuando hablan la misma lengua, el castellano o español? ¿Qué nos motiva a elegir una forma de decir algo entre varias alternativas similares? ¿Por qué cambian las lenguas y no hablamos hoy como hablaban, por ejemplo, Cervantes o Bolívar, en el caso del castellano, o Shakespeare y Washington, en el caso del inglés? ¿Qué es lo que sabemos cuando sólo a partir de la manera de hablar de una persona, sin necesidad de verla, podemos adivinar su nivel de instrucción, su sexo, su región o país de origen e incluso su edad? Lingüísticamente hablando, ¿es un bilingüe la suma de dos monolingües? ¿Cuánto y cómo cambia una lengua en una situación de bilingüismo social?

Como dejan entrever las preguntas, tanto los fenómenos lingüísticos como los sociales que conciernen a la sociolingüística son de naturaleza compleja. Es fácil comprender, por tanto, que definir y delimitar esta disciplina de manera precisa es tarea difícil y, en todo caso, poco fructífera. En sentido amplio, podemos definirla como el estudio de aquellos fenómenos lingüísticos que tienen relación con factores de tipo social. Estos factores sociales incluyen: (a) los diferentes sistemas de organización política, económica, social y geográfica de una sociedad; (b) factores individuales que tienen repercusiones sobre la organización social en general, como la edad, la raza, el sexo y el nivel de instrucción; (c) aspectos históricos y étnico-culturales; (d) la situación inmediata que rodea la interacción; en una palabra, lo que se ha llamado *el contexto externo* en que ocurren los hechos lingüísticos. Esta definición amplia abarca no sólo las preocupaciones de lo que se considera más estrictamente *sociolingüística* sino también de la *sociología del lenguaje*, la *dialectología* y otras disciplinas, a cuyas diferencias nos referiremos con detalle más adelante.

La perspectiva sociolingüística se opone a las posiciones teóricas que mantienen que el objeto de estudio de la lingüística es la lengua aislada de su contexto social, pero no es totalmente incompatible con ellas en cuanto a que a través del estudio del habla el sociolingüista puede descubrir, describir y hacer predicciones sobre el sistema lingüístico que subyace al habla. Sin embargo, hay diferencias fundamentales respecto al grado de abstracción y de purificación de los datos, procesos que el sociolingüista se esfuerza por evitar al emprender un análisis, y respecto al papel que el sociolingüista asigna a los factores sociales en el moldeamiento del sistema de una lengua.

Así, el postulado estructuralista (Chomsky 1965; Saussure 1966), según el cual la lingüística debe preocuparse esencialmente del hablante-oyente ideal, en una comunidad de habla homogénea, es en principio incompatible con los postulados sociolingüísticos. La sociolingüística se ubica en el plano de la actuación para estudiar el hecho lingüístico en toda su dimensión social, ya que considera de vital importancia el hecho de que las lenguas se organizan primariamente para cumplir una función comunicativa y social. Al estudiar la lengua como conducta, por tanto, el sociolingüista se concentra en la variedad de formas en que se usa y la observa como objeto complejo en el que se enlazan tanto las reglas del sistema lingüístico como las reglas y factores sociales que interactúan en un acto de comunicación social.

El estudio de la lengua como fenómeno social lleva a rechazar el concepto de homogeneidad, herramienta analítica básica para los lingüistas estructura-listas, para dar paso a un concepto más adecuado y realista de sistema lingüístico heterogéneo, aunque estructurado funcionalmente. Sánchez de Zavala, por ejemplo, citado por Abad Nebot (1977, 10) en su introducción a *Lecturas de Sociolingüística*, nos hace notar la complejidad de las comuni-dades de habla reales cuando dice que no sólo los miembros de éstas "se encuentran siempre, por lo menos, (es decir, si es que no existe además bilingüismo, por ejemplo), en alguna frontera diastrática y diatópica (o sea, entre variantes lingüísticas "dialectales" condicionadas social y geográfi-camente), sino que todos ellos *poseen necesariamente varias competencias distintas* . . . y, además, en muchas ocasiones pasan constantemente del empleo de los recursos lingüísticos de una de ellas al de los de otra."

La orientación ideológica del sociolingüista lo lleva a aceptar la variación en los datos como el objetivo central de su estudio. La búsqueda de las causas o motivaciones que expliquen la variación lingüística ha dado impulso a lo que se conoce como *teoría de la variación* o teoría variacionista (Sankoff 1988), que incorpora un componente cuantitativo esencial y plantea, entre otras cosas, que la variación lingüística no es aleatoria sino que está condicio-nada tanto por factores internos al sistema de la lengua como por factores sociales externos a ella. En oposición además al estructuralismo saussureano, que separa metódica y taxativamente sincronía y diacronía (ver Capítulo

2), el sociolingüista adopta un marco de análisis pancrónico (llamado a veces el paradigma dinámico), que incluye el tiempo (histórico, real o aparente) como una dimensión analítica vital.

En principio, el problema de la abstracción de los datos no debería surgir al hacer sociolingüística. Algunos rasgos del habla, tales como pausas, gestos y otros aspectos de la comunicación no-verbal, repeticiones, muletillas, no considerados en un análisis gramatical tradicional, adquieren importancia en el análisis de la conversación como indicadores, entre otros, de implicaturas pragmáticas. En verdad, si el objetivo del lingüista es llegar a comprender y explicar este objeto que llamamos "lenguaje humano," no se justifica, en principio, eliminar del análisis nada que contribuya a la comunicación.

La metodología sociolingüística no acepta las intuiciones de los hablantes como únicas originadoras de datos lingüísticos. La introspección y los juicios de aceptabilidad ocupan un lugar muy limitado dentro de este tipo de estudios, pues es sabido que en casos cruciales para el desarrollo de un análisis lingüístico las intuiciones de los hablantes a menudo no coinciden y no son, por tanto, confiables. Por ejemplo, ¿cuántos hablantes de español (castellano y español se usan de manera sinónima en este libro) coincidirían en aceptar 2a y 2b como respuestas gramaticales a la pregunta 1?

1. ¿Dónde compraste tus zapatos?
2. a. Les compré en El Corte Inglés.
   b. Los compré en El Corte Inglés.

Además, cosa interesante, construcciones no gramaticales resultan frecuentemente aceptables después de haber sido repetidas varias veces. Por otra parte, los juicios de aceptabilidad no siempre reflejan lo que el hablante sabe o usa, sino más bien lo que él cree que debe responder con tal de crear una imagen positiva de sí mismo. Esta situación queda claramente ilustrada por las respuestas dadas a un cuestionario que intentaba averiguar los juicios de gramaticalidad de un grupo de hablantes de Covarrubias (provincia de Burgos) sobre construcciones en las que el español estándar requiere el Imperfecto del Subjuntivo, mientras que otras variedades del español (entre ellas el de Covarrubias) muestran variación entre esa forma verbal y una forma del Condicional (esta investigación se presenta más detalladamente en los capítulos subsiguientes). Tomemos, por ejemplo, algunas de las respuestas de uno de los hablantes, llamémoslo Pablo, hombre de diecinueve años, a quien se le pidió que dijera si los ejemplos 3, 4 y 5 eran correctos o no. Su respuesta fue que el ejemplo 3 era correcto, pero que 4 y 5 no lo eran.

3. Si estuviéramos en los Estados Unidos tú nos mostrarías las cosas que hay allí.

4. Si tendría veinte millones de pesetas ya no trabajaría más.

5. Yo sé que Pepe te pidió que te casarías con él.

No es sorprendente que Pablo considere no gramaticales los ejemplos 4 y 5, ya que la escuela se lo ha enseñado así, pero su respuesta a otras dos preguntas sí parece sorprendente. Después de haberle presentado una situación relevante para el uso de cada uno de los ejemplos, la autora le preguntó si acaso él diría 3, 4 o 5, o si otra gente en el pueblo diría tales ejemplos. Pablo respondió que tanto él como otra gente dirían 3, pero que ni él ni nadie en el pueblo diría ejemplos del tipo de 4 y 5. La respuesta es sorprendente, porque durante el estudio del habla de Covarrubias hemos observado que Pablo y otros en el pueblo usan con mayor o menor frecuencia el Condicional por el Subjuntivo. Un estudio basado en las intuiciones lingüísticas de Pablo, o al menos en aquellas intuiciones que él está dispuesto a compartir conscientemente con el investigador, nos llevaría a concluir erróneamente que oraciones del tipo ilustrado por 4 y 5 no son parte del saber lingüístico de la comunidad a la que Pablo pertenece. Este caso, y otros similares que han mostrado la inestabilidad de las intuiciones lingüísticas de los hablantes, reafirman el principio sociolingüístico que rechaza las intuiciones como únicas originadoras de datos lingüísticos. Por otro lado, la comparación de los juicios lingüísticos de los hablantes con un comportamiento lingüístico real proporciona datos de gran valor sobre las actitudes lingüísticas subjetivas de los hablantes, sobre sus aspiraciones sociales y sobre la imagen de sí mismos que intentan crear.

1.2. Sociolingüística y disciplinas afines

Los intereses de la sociolingüística son en cierta medida similares a los de la sociología de la lengua, la etnolingüística y la etnografía de la comunicación en cuanto a que todas estas disciplinas buscan explicar fenómenos relacionados con el funcionamiento de una lengua como vehículo de comunicación situado socialmente.

1.2.1. Sociología de la lengua

Esta disciplina se preocupa de la interacción entre el uso de una lengua y la organización social del comportamiento humano (Fishman 1972a). Esta definición del objeto de estudio de la sociología de la lengua ubica en este campo el estudio de cualquier problema relacionado con el uso de una lengua en su contexto social, incluyendo entre otras cosas el estudio de las actitudes implícitas o explícitas hacia las variedades de una lengua y hacia sus hablantes.

Las preocupaciones de la sociología de la lengua interesan a y son compartidas por el sistema educacional y el sistema político. Por ejemplo, en los Estados Unidos se ha prolongado por muchos años la controversia en torno a la educación bilingüe, y los sociólogos lingüistas han sido llamados a proporcionar datos sobre las actitudes de las comunidades bilingües hacia la educación bilingüe y hacia el mantenimiento de la lengua nativa o la de los antepasados; sobre el grado de uso de cada lengua en los diferentes dominios sociales; sobre la correlación entre el uso de una u otra lengua y factores tales como los participantes en una situación comunicativa y el tópico/tema de la comunicación; o sobre la posibilidad de mantenimiento de las lenguas minoritarias.

Cuestiones relacionadas con la educación bilingüe y el reconocimiento de una o más lenguas oficiales en un país o región determinada se discuten también en casi todo el mundo hispánico. En Paraguay, por ejemplo, el guaraní, la lengua aborigen, es hablado por la mayoría de la población y en numerosos casos como primera lengua. Esta situación ha llevado a realizar esfuerzos por desarrollar programas de educación bilingüe en guaraní y español. El quechua es también la primera o segunda lengua de un gran porcentaje de la población en Bolivia, Ecuador y Perú. Y en España, por lo menos tres lenguas han sobrevivido los avatares del tiempo y sus hablantes han exigido su reconocimiento oficial, el vascuence (vasco o euskera), el gallego y el catalán. En efecto, la transformación de España en un Estado que reconoce las autonomías regionales ha tenido repercusiones lingüísticas importantes.

La Constitución de España de 1978 proclama que la nación se compromete a proteger las lenguas de todos los españoles y pueblos de España. La constitución establece que el castellano es la lengua española oficial del estado y que las demás lenguas españolas serán también oficiales en las respectivas Comunidades Autónomas del país. Esto implica que en los territorios con lengua propia (i.e., Cataluña, Galicia, la Comunidad Autónoma Vasca), además de la oficial del estado (el castellano), el sistema educacional debe incorporar la lengua minoritaria como contenido y como medio de enseñanza, e implica además la formulación de políticas lingüísticas explícitas que tengan en cuenta la lengua de la comunidad y la nacional (Etxebarria 1995).

Fuera del mundo hispánico se dan situaciones sociolingüísticas similares. Gracias a la lucha iniciada en la Provincia de Quebec en Canadá, el francés es ahora lengua oficial junto con el inglés. En Gales e Irlanda se realizan esfuerzos por mantener vivas las lenguas ancestrales, galés e irlandés. Y los judíos fuera y dentro de Israel mantienen escuelas, diarios, periódicos, etc., con el objeto de continuar el uso del yiddish y del judeo-español en sus comunidades.

La sociología de la lengua busca responder preguntas como: ¿Quién habla (o escribe) qué lengua a quién, cuándo y con qué finalidad? Dentro de este marco nos podemos preguntar, por ejemplo, quiénes usan el vasco guipuzcoano, con qué interlocutores, en qué dominios lingüísticos, cuándo y con qué finalidad. Habrá situaciones en las que el mismo hablante usará una variedad del castellano u otra variedad del euskera (el batúa, por ejemplo, la variedad normalizada estándar), ¿Por qué? ¿Cuáles son los factores situacionales que determinan la elección de uno u otro código lingüístico? ¿Cuáles son los modelos normativos para la alternancia de una u otra variedad de lengua en una comunidad de habla o en una subcomunidad o red social?

Hemos usado repetidamente la palabra *situación* y se hace necesario definirla técnicamente. Goffman (1972) arguyó que la correlación entre situación y conducta lingüística debería incorporarse de forma explícita en el estudio del habla. El concepto de situación social es global e incorpora los factores sociales que hasta entonces habían sido considerados en estudios de este tipo (factores tales como la edad, el sexo, el país o región de origen, el nivel de escolaridad y el trasfondo cultural). Específicamente, una situación social existe cuando dos o más personas, relacionadas entre sí de una manera particular, se comunican sobre un tema (o tópico) común o compartido, en un lugar determinado. En una situación social podemos observar la relación entre los participantes (en cuanto a edad, sexo, familiaridad, jerarquía o rango), el número de participantes, el grado de formalidad de la situación, la espontaneidad o regularidad y predictibilidad de la situación, etc. (ver diagrama 3.2 en Capítulo 3).

El planteamiento de Goffman (1972) ha motivado una serie de interesantes estudios sobre la organización social de numerosos tipos de intercambio lingüístico. Me refiero aquí especialmente a los trabajos de Frake (1972a y b), Sacks et al. (1974), Schegloff (1972; 1979; 1980), Sherzer (1978) y, más recientemente, Eckert (1990), Goodwin (1990), Johnstone (1987), Tannen (1984; 1987; 1989), varios artículos en Tannen, ed. (1982a y b; 1993) y muchos otros sobre la forma en que se estructura la conversación y ésta contribuye a la comunicación de significados sociales.

Tarea fundamental de la sociología de la lengua es la identificación de las características según las cuales se pueden agrupar o clasificar las situaciones sociales en conjuntos que tengan correlativos únicos y específicos de conducta lingüística. Cada conjunto de situaciones sociales constituye un ámbito de conducta sociolingüística, o *dominio de uso* de una lengua. Algunos de estos dominios son, por ejemplo, la familia, la calle, los lugares de diversión, el trabajo, la escuela, la literatura, la prensa, la iglesia y la administración pública. También se han considerado diferentes dominios o ámbitos de conducta sociolingüística los varios niveles de formalidad del intercambio lingüístico: formal, informal e íntimo, que se pueden identificar dentro de cada uno de los dominios de tipo social-institucional ya mencionados. En estos varios ámbitos hay además otros factores que pueden desempeñar un papel en la elección y uso de un código lingüístico, verbigracia el tópico y las relaciones interpersonales entre los hablantes. Los dominios de uso dan lugar, entonces, a diferentes *registros* lingüísticos.

Los miembros de una *comunidad de habla* o de una *red social* comparten las reglas que regulan la conducta lingüística en diferentes situaciones (comunidad de habla y red social se examinan en el Capítulo 3). El conocimiento que tienen los hablantes de lo que constituye uso apropiado de la lengua en una situación determinada es lo que Fishman (1972b) denomina "competencia comunicativa sociolingüística," un concepto idéntico al de *competencia comunicativa* propuesto por Hymes (1967).

La sociología de la lengua se preocupa además de examinar los cambios que experimenta el repertorio lingüístico de la comunidad; por ejemplo, aquellos cambios que ocurren en forma masiva en situaciones de lenguas en contacto causadas, entre otros, por movimientos migratorios (ver Capítulo 7). ¿Por qué y cómo cambian los hábitos lingüísticos de los inmigrantes en países donde la lengua oficial es distinta a la de ellos? ¿Qué factores han favorecido el mantenimiento a través del tiempo de lenguas minoritarias como el euskera, el gallego y el catalán en España, el español en los Estados Unidos o el francés en Canadá y la desaparición o inminente desaparición de otras como el italiano, el francés y el alemán en los Estados Unidos, el retorromano en Suiza, el judeo-español en Israel y los Balcanes, el español en Filipinas o el gaélico en Escocia? La respuesta a éstas y otras cuestiones similares constituye un aporte principalmente a la sociología de la lengua y en menor escala a la lingüística descriptiva.

La diferencia entre sociolingüística y sociología de la lengua se deriva, pues, de la importancia relativa que se asigna al hecho social y al hecho lingüístico: la sociolingüística estudia fenómenos lingüísticos propiamente tales (fonológicos, sintácticos, etc.) en su contexto social y hace aportes a la teoría lingüística; la sociología de la lengua estudia los fenómenos sociales que tienen relación con el uso de una lengua. Es fácil ver que, aunque diferentes, estas disciplinas tienen numerosos puntos de contacto, lo que se hace patente en estudios que incorporan intereses lingüísticos y sociológicos.

El intercambio de códigos en situaciones de bilingüismo y multilingüismo, por ejemplo, es un fenómeno que se ha estudiado frecuentemente con este doble énfasis lingüístico y sociológico.

Los estudios de sociología lingüística que investigan las relaciones entre la sociedad y el uso de las lenguas se han denominado también estudios de *macrosociolingüística* (Fishman 1972b). Este término se opone a *microsociolingüística*, que se refiere al tipo de estudios que analizan la lengua misma en relación a las situaciones sociales en que se usa. En este libro, por ejemplo, incluimos estudios de microsociolingüística, de sociolingüística variacionista (cuantitativa) y de sociolingüística no cuantitativa. Es difícil trazar límites claros entre estas disciplinas, pues tanto sus métodos como sus objetivos coinciden a veces. El problema de la delimitación es, en todo caso, relativamente trivial.

1.2.2. Etnografía y etnolingüística

Dentro del rótulo amplio de sociolingüística se incluyen a menudo también estudios de *etnografía de la comunicación* y de *etnolingüística*. Estas dos disciplinas comparten una metodología que da importancia fundamental a la explicación del conocimiento que los individuos tienen de su propia cultura (no olvidemos que la lengua es quizá la manifestación cultural más importante de un grupo social) y de los presupuestos que determinan o moldean la forma en que estos individuos interpretan sus experiencias.

La etnolingüística (del griego *ethnos*, que significa "pueblo") examina la función que desempeña la lengua en la construcción de los modelos culturales que constituyen la visión del mundo propia de un pueblo. Edward Sapir (1884–1939) y Benjamin Whorf (1897–1941), considerados las figuras más importantes en el desarrollo de la etnolingüística, propusieron lo que se conoce como la "teoría Sapir-Whorf" (o teoría de la relatividad lingüística), según la cual el léxico (o vocabulario) y la gramática de una lengua influyen sobre la manera en que los individuos perciben el mundo. Así pues, si vemos o percibimos el mundo que nos rodea "a través del cristal de nuestra lengua," entonces diferentes lenguas deberían resultar en diferentes visiones del mismo objeto.

Los etnolingüistas conceden importancia central a los estudios del léxico, pues son las palabras las que conllevan significados culturales. Así pues, la forma en que las palabras codifican y transmiten significados y valores culturales, emocionales y simbólicos y la posible influencia del léxico sobre nuestra percepción del mundo se examinan a través de estudios del léxico disponible (e.g., Alba 1995; Echeverría 1987; López Morales 1998) y del grado de especialización léxica en diferentes áreas del quehacer humano (Morín 1993, entre muchos).

Garfinkel (1972, 309) usa el término etnometodología, al que aquí nos referimos como "etnografía de la comunicación," para referirse a los sistemas y métodos con los cuales se pueden estudiar las propiedades racionales de las acciones prácticas organizadas de la vida diaria. Una de estas prácticas organizadas de la vida diaria es la conversación, el uso de la lengua en una situación de comunicación social. Y es aquí donde la etnografía ha hecho aportes de importancia, en el estudio de las reglas que regulan la interacción lingüística. Una de las cuestiones centrales ha sido la investigación de cómo procede una conversación, en base a qué presupuestos y cómo interpretan los participantes lo dicho por su o sus interlocutores. "Lo que se dice" es diferente de "lo que se está hablando"; es decir, las mismas palabras, el mismo coloquio, se puede interpretar de maneras diferentes, puede tener significados diferentes según lo que los participantes tengan en mente, según sus creencias, intenciones y presunciones, que crean un marco de referencia específico para la interpretación de los enunciados.

"Lo que se dice" es siempre una versión parcial e incompleta de "lo que se está hablando." Para poder descubrir el significado real de "lo que se dice," el etnógrafo incorpora a su análisis un estudio de las acciones que acompañan al habla, la conducta total de los participantes y su conocimiento del trasfondo sociocultural compartido por éstos. Así, el investigador pretende descubrir cómo la estructura de la conversación refleja el conocimiento social de los participantes. ¿Qué tipo de conocimiento social implícito nos permite comprender el intercambio lingüístico? Se ha propuesto que este conocimiento se usa, por lo menos, de tres maneras: (a) para reconocer el discurso como un caso de narración, amenaza, dirección, conversación informal, o argumentación; (b) para lograr un efecto social, como por ejemplo una respuesta del interlocutor o una acción por parte del interlocutor o para saber cuándo tomar la palabra; (c) para comunicar un estado emocional, como por ejemplo temor, sorpresa, crítica, buen humor, etc.

La etnografía de la comunicación se aleja de la sociolingüística en cuanto a que centra su interés en el descubrimiento de las normas sociales que son parte del acto de comunicación y que rigen nuestra percepción total de los hechos, mientras que la sociolingüística, como la hemos definido aquí, se concentra en el estudio de las normas lingüísticas que son parte del acto de comunicación y que responden a la percepción que los hablantes tienen del hecho total en que se realiza la comunicación. Veamos, por ejemplo, cómo se puede enfocar el estudio de una secuencia descriptiva como en 6:

6. Pepe quebró la taza. La mamá lo regañó.

El etnógrafo podría observar que nuestro conocimiento de las normas y relaciones sociales nos permite interpretar que la mamá es la mamá de Pepe (a pesar de la ausencia del posesivo *su*) ya que es apropiado suponer que la acción de regañar a una persona que ha quebrado una taza es propia de la madre de esa persona. Las normas sociales también nos permiten interpretar que las dos acciones, quebrar y regañar, ocurrieron en una secuencia ordenada: la acción de quebrar precedió a la de regañar. El sociolingüista, por otra parte, interesado en el mismo enunciado descriptivo, podría notar que la interpretación de las dos acciones como ordenadas secuencialmente en el tiempo real se deriva del uso del Pretérito Indefinido para codificar las acciones, pues la interpretación sería diferente si la segunda acción se hubiera codificado en el Pretérito Imperfecto Progresivo:

7. Pepe quebró la taza. La mamá lo estaba regañando.

En este caso, nuestro conocimiento de las normas lingüísticas, o competencia lingüística, nos permite interpretar que la acción de quebrar ocurrió durante la realización de la acción de regañar y que no fue motivadora de ésta.

El enfoque etnográfico se caracteriza por su insistencia en que el habla tiene una forma que va más allá de la gramática; los miembros de una comunidad comparten tanto normas lingüísticas como normas sociales que regulan las diferentes formas de hablar. El etnógrafo busca descubrir el significado de una interacción lingüística a través de las percepciones de la situación comunicativa que le ofrecen los mismos hablantes e interpreta la información a través del conocimiento que adquiere al participar en y observar directamente la comunidad en estudio. Los aspectos más importantes que constituyen la situación comunicativa son el entorno físico, los participantes en la interacción, los temas o tópicos y los propósitos de la interacción.

La sociolingüística, la etnografía y la etnolingüística comparten un postulado básico que establece que todo análisis debe comenzar con los detalles del habla. Comparten, además, la preocupación por estudiar las acciones y/o el pensamiento humano como entidades concretas y situadas, pero que sin embargo trascienden la situación. Como hemos dicho anteriormente, el sociolingüista no acepta las intuiciones de los hablantes como únicas originadoras de datos lingüísticos y emplea la introspección de manera muy limitada.

En el cuadro 1.1 resumimos los objetivos más sobresalientes de las disciplinas brevemente definidas en esta sección. Debemos recalcar una vez más, sin embargo, que las diferencias entre ellas no son tan categóricas como el cuadro pareciera indicar.

1.3. Dialectos y dialectología

La dialectología es una disciplina con una larga tradición, con una metodología bien establecida y una rica y valiosa literatura. Es indudable que la dialectología ha hecho aportes de importancia a la lingüística en general y que puede considerarse precursora de la sociolingüística. En el mundo hispánico, por ejemplo, los estudios de Alvar (1959; 1969; 1975; 1977), González Ollé (1964), de Granda (1968; 1973; 1976; 1988), Lope Blanch

Cuadro 1.1. Sociolingüística, sociología de la lengua y etnografía de la comunicación: semejanzas y diferencias.

Sociolingüística, sociología de la lengua y etnografía de la comunicación
  Semejanzas:
  Principio teórico: las lenguas se organizan primariamente para cumplir una función comunicativa y social.
  Objetivo: estudio de la actuación lingüística o competencia comunicativa.
  Metodología: estudio de la actuación lingüística en situaciones reales de uso de una lengua.

  Diferencias:
Sociolingüística
  Objetivo: estudio de fenómenos lingüísticos en su entorno social. Contribuye al avance de la lingüística descriptiva. Preguntas centrales: ¿Qué motiva la elección de una forma de decir algo entre varias alternativas similares? ¿Por qué y cómo cambian las lenguas? ¿Qué factores sociales influyen en la variación lingüística?

Sociología de la lengua
  Objetivo: estudio de los fenómenos sociales que tienen relación con los usos de una lengua. Preguntas centrales: ¿Quién habla (o escribe) qué lengua a quién, cuándo y con qué finalidad? ¿Qué papel desempeñan los sistemas políticos y de educación en la planificación lingüística y en el desarrollo de variedades estándares?

Etnografía de la comunicación
  Objetivo: estudio del papel que desempeña una lengua en la construcción de los modelos culturales que constituyen la visión del mundo propia de un grupo social. Preguntas centrales: ¿Qué función tiene la conversación en la organización de la vida diaria? ¿Qué elementos (e.g., presupuestos culturales, conocimiento compartido) intervienen en la interpretación del significado de "lo que se dice"?

(1977; 1979), Quilis et al. (1985), Quilis y Casado-Fresnillo (1995), Rona (1958; 1965; 1967) y otros son citados con frecuencia en publicaciones sociolingüísticas. Además, sin abandonar su erudición y larga experiencia, algunos de éstos y otros dialectólogos han incorporado en su trabajo sobre geografía dialectal ciertos aspectos de la sociolingüística moderna. Molina Martos (1997, 69) describe explícitamente esta relación en su estudio de cambios fonético-fonológicos en el español peninsular:

> La primera [geografía lingüística] nos da una visión espacial de los hechos de habla informando de qué fenómenos son arcaicos y cuáles innovadores; la comparación de mapas de distintas épocas permite además ilustrar cómo van avanzando los procesos lingüísticos a lo largo del tiempo. De forma complementaria, el análisis sociolingüístico aporta datos para reconocer cuál es la vitalidad del cambio según la distribución de las variantes fonéticas por niveles sociales y estilísticos.

El proyecto de estudio coordinado de la norma lingüística culta de las principales ciudades de Iberoamérica y de la península Ibérica (Lope Blanch 1969) ilustra una especie de puente de unión entre metodologías e intereses dialectológicos y sociolingüísticos (varios volúmenes con transcripciones de las muestras orales recogidas han sido publicados; ver una lista parcial al final de la sección de referencias). Además, los minuciosos atlas lingüísticos preparados en diversos países (entre otros, ALEA 1961–73, ALEICan 1975, ALF 1903–10, ALPI 1962, ALM 1990–98, LAE 1978, el Linguistic Atlas of New England [Kurath et al. 1939–43], y muchos otros atlas ya terminados o en desarrollo en diversos países hispanohablantes, a los que se hace referencia en Fontanella de Weinberg [1992, 127–31] y Gimeno Menéndez [1990, 83-102]) constituyen fuente de referencia obligada para los sociolingüistas interesados en los estudios de variación y del cambio lingüístico. Aun más, los atlas más recientes incorporan explícitamente aspectos sociolingüísticos (ver ALM 1990–98; García Mouton y Moreno Fernández 1993).

Sociolingüística y dialectología se han considerado hasta cierto punto sinónimas en cuanto a que ambas disciplinas estudian la lengua hablada, el uso lingüístico, y establecen las relaciones que se dan entre ciertos rasgos lingüísticos y ciertos grupos de individuos. Así como la sociolingüística, la dialectología ha reconocido desde siempre la existencia de la heterogeneidad lingüística. Este reconocimiento se refleja en la existencia de conceptos tales como los de diasistema, que implica la coexistencia de sistemas en toda lengua, y nociones afines: (a) *diatopía*, diferenciación dialectal horizontal, de acuerdo con la dimensión geográfica o espacial; (b) *diastratía*, diferenciación dialectal vertical, correlacionada con factores socioculturales; y (c) *diafasia*, diferenciación individual según el tipo de relación entre los interlocutores, según la situación u ocasión del hablar, o según el tema o tópico del que se habla, parámetros todos que se correlacionan con variaciones de modalidad expresiva o de estilo, llamadas diferencias diafásicas.

Las coincidencias entre la dialectología y la sociolingüística se hacen patentes en algunos términos con que se ha denominado a veces a la sociolingüística, a saber, *dialectología social, dialectología urbana* y *socio-dialectología* (Moreno Fernández 1990, 200–208). Con estos términos se pretende captar la característica fundamental que diferencia a las dos disciplinas. Por un lado, la preocupación básica de la dialectología por establecer las fronteras geográficas de ciertos usos lingüísticos, concentrando la investigación esencialmente en sectores rurales, pues en ellos se ha esperado encontrar variedades "más puras" de lengua, es decir, formas vernáculas (o formas locales) más antiguas y tradicionales, no contaminadas por el contacto con otras variedades. Y por otro lado, la preocupación central de la sociolingüística por identificar procesos de cambio lingüístico en marcha y por establecer las fronteras sociales de ciertos usos lingüísticos, concentrando la investigación esencialmente en centros urbanos, los que se caracterizan precisamente por su gran heterogeneidad tanto lingüística como social.

En este contexto, la sociolingüística ha podido comprobar objetivamente la validez del concepto de relatividad lingüística, concepto de gran importancia teórica en lingüística general. En verdad, así como se ha mostrado que las categorías gramaticales son relativas; por ejemplo, ciertos sustantivos son más sustantivos que otros, ciertos verbos poseen una característica de mayor "verbalidad" que otros, de tal manera que parece haber continuos de sustantividad y de verbalidad más bien que distinciones binarias de más (+) o menos (−) sustantivo o verbo, así también la sociolingüística ha mostrado con claridad la realidad de los continuos dialectales. Es decir, un dialecto A no se diferencia de un dialecto contiguo B por la presencia o ausencia de los rasgos X, Y, y/o Z, sino más bien porque estos rasgos se dan con mayor o menor frecuencia en uno u otro dialecto. Los límites dialectales, ya sean diatópicos o diastráticos, son borrosos; no es posible trazar una línea divisoria única entre dos dialectos. En realidad, A y B pueden diferenciarse respecto al rasgo X, presente en A y ausente en B, pero compartir los rasgos Y y Z. Un estudio cuantitativo podría mostrar además que Y y Z se dan con diferente frecuencia en A y B, lo que justificaría sugerir que se trata de dos dialectos o variedades diferentes.

Parece casi redundante decir que el objeto de estudio de la dialectología son los diversos dialectos de una lengua. Esta afirmación hace necesario, sin embargo, definir el concepto de dialecto, tarea no fácil dado que implica una cierta postura teórica que permita también definir otros conceptos relacionados, tales como lengua, estilo de lengua y nivel de lengua, entre otros.

La definición de dialecto es diferente en el uso popular y en el técnico. En algunos usos populares el concepto de dialecto se refiere a formas no estándares, consideradas inferiores o rústicas, de hablar una lengua o a lenguas minoritarias que no tienen status oficial. Así pues, en México, según el concepto no técnico de dialecto, existen algunas lenguas, como el español y el náhuatl, pero muchas lenguas amerindias con pocos hablantes son consideradas "dialectos."

Para el lingüista, sin embargo, *dialecto* es un término técnico que se refiere simplemente a una variedad de lengua compartida por una comunidad. Las lenguas, conceptos abstractos, se realizan en dialectos. Hablar una lengua es hablar un dialecto de una lengua y la forma estándar o de prestigio de una lengua es simplemente otra realización dialectal más. En el uso técnico, no hay dialectos "correctos" o "incorrectos," el término *dialecto* se refiere simplemente a una variedad de lengua característica de un grupo de hablantes. De hecho, hay dialectos que gozan de mayor o menor prestigio social, pero todos constituyen dialectos.

El problema de las connotaciones populares negativas de dialecto se ha evitado en cierto modo en los estudios de sociolingüística con el uso del término sinónimo de *variedad* de lengua que, aunque tampoco ha sido rigurosamente definido, es en todo caso neutral en cuanto a que no tiene connotaciones peyorativas.

¿Cuáles son las causas del desarrollo de diferentes dialectos o variedades de una lengua? Responder a fondo esta pregunta requeriría un libro aparte que tratara las causas del cambio lingüístico. Aquí solo podemos ofrecer una revisión breve de los numerosos factores que conducen a la diferenciación dialectal. Estos factores son básicamente de dos tipos: externos a la lengua (e.g., sociales, históricos, geográficos), e internos a ella (i.e., lingüísticos propiamente tales).

Entre los factores externos el más obvio tiene relación con los movimientos migratorios y la colonización de diferentes regiones por grupos de individuos originarios de una u otra región ya marcada por diferencias dialectales. Así pues, las diferencias entre el español de Perú y Venezuela, por ejemplo, pueden deberse en parte a que a Perú llegaron más castellanos y Venezuela recibió números masivos de hablantes canarios. Factores geográficos participan también en el establecimiento y mantenimiento de diferencias: ríos y montañas, costa versus tierras altas y zona rural versus urbana coinciden con frecuencia con límites dialectales o al menos con ciertos rasgos diferenciadores.

El contacto con otras lenguas ya existentes en una región o traídas por grupos grandes de inmigrantes conduce también al establecimiento de variación interdialectal. Los ejemplos más obvios se encuentran en la pronunciación y en el léxico. El castellano en contacto con el vasco mantiene una /r̄/ vibrante múltiple clarísima, favorecida por la existencia de este fonema en el vasco, mientras que la vibración se pierde en muchos otros dialectos; la casi desaparecida palatal lateral /ḽ/ se mantiene en el castellano de Cataluña, también en este caso favorecida por la existencia de este fonema en el catalán. Del náhuatl los mexicanos toman "elote" para designar el maíz fresco, mientras que los chilenos lo llaman "choclo," palabra tomada del quechua. Del quechua se toma también "palta," que en Perú, Ecuador, Chile y Argentina designa lo que en el hemisferio norte se denomina "aguacate," de origen náhuatl. Así también "guagua," préstamo del quechua, es en Chile lo que en casi todos los países hispanohablantes es un "bebé." Otros ejemplos ofrece la migración masiva de italianos a Argentina, que introdujo palabras de uso frecuente en la vida diaria como "pibe" por "niño," "nono/a" por "abuelo/a," "laburo" por "trabajo."

Las variedades dialectales que surgen son la manifestación lingüística de un número de características más o menos estables asociadas con diferentes grupos que se *distancian* a través del tiempo y el espacio geográfico. La *distancia social* constituye además otro tipo de barrera comunicativa que resulta en diferenciación dialectal, pues factores tales como la edad, el sexo y la clase social (o grupo socioeconómico cultural) inciden en la formación de grupos sociales distanciados entre sí en mayor o menor grado.

El constructo *clase social* es complejo y debatible, pero en la realidad no se puede negar la existencia de estratificación social, incluso en pueblos pequeños, y la asociación de ciertos rasgos lingüísticos con hablantes pertenecientes a uno u otro grupo socioeconómico cultural. Los dialectos sociales, llamados *sociolectos*, se desarrollan en el mismo lugar geográfico y el contacto entre ellos es continua fuente de cambio lingüístico. Tomemos, por ejemplo, la pluralización del impersonal *haber* en *Habían hartos niños en el parque*, en el pasado característica de grupos socioculturales bajos y hoy en día extendida entre la población de nivel sociocultural medio y alto en países como Chile y Venezuela.

Es interesante notar que muchos rasgos lingüísticos no son considerados "correctos" y sin embargo se mantienen. ¿Por qué no cambian su manera de hablar los individuos para ajustarse a dialectos de mayor prestigio? Una de las razones más importantes es que el dialecto de la lengua que hablamos es un símbolo de identidad grupal fuerte. Abandonar los modos de hablar del grupo al que se pertenece implica sentimientos de rechazo hacia ese grupo y pérdida de parte de la identidad. Es comprensible que no sea ésta una consecuencia aceptable para muchos.

Los factores internos que conducen al desarrollo de diferentes dialectos tienen que ver con la estructura misma de la lengua. Las lenguas cambian naturalmente a través del tiempo y ofrecen a sus hablantes diversas posibilidades similares de expresión. Si algunos grupos se inclinan por una posibilidad y otros grupos por otra, nacen así diferencias dialectales. Los mecanismos internos del cambio lingüístico incluyen procesos tales como la *regularización* y *generalización* de reglas o patrones lingüísticos y la *gramaticalización*, que someramente podemos definir como el desarrollo de significados gramaticales a partir de formas léxicas (ver Capítulos 5 y 6).

Los niños son "reguladores" por excelencia. Siguiendo el patrón de *comer-comí, correr-corrí*, regularizan a *poner-poní*. Un fenómeno de generalización del uso de *estar* con adjetivos, por otra parte, podría explicar las diferencias entre dialectos mexicanos para los que es posible decir: "Aquí en México estamos chicos" y dialectos peninsulares (i.e., de España) que requieren "ser" en el mismo contexto: "Allí en México son chicos." Finalmente, procesos de gramaticalización diferentes o en etapas diferentes de desarrollo conducen a diferenciación. Por ejemplo, la gramaticalización de *ir a + Infinitivo* como marcador de significado futuro ("Va a leer este libro más tarde") y la consecuente especialización del futuro morfológico ("leerá") como indicador de posibilidad (modalidad epistémica), es casi total en el español oral de Hispanoamérica, lo que diferencia a estas variedades de las variedades escritas y de los dialectos peninsulares.

El cuadro 1.2 presenta un resumen de posibles variedades dialectales. Las diferentes categorías presentadas representan una simplificación de la complejidad lingüística que caracteriza no sólo a la gran ciudad sino además al más pequeño municipio con sus entramados de relaciones sociolingüísticas. Debemos tener presente, pues, que estas variedades dialectales son continuos que se entrecruzan entre sí, de tal manera que una variedad diatópica dada incluye variedades diastráticas, estándares y no estándares, variedades históricas y, obviamente, numerosos idiolectos.

La categoría estándar/no estándar la asociamos aquí con nivel de instrucción y de inteligibilidad. La cuestión de la inteligibilidad presenta, sin embargo, un número de dificultades. En especial, nos obliga a enfrentar el problema de la diferencia entre lengua y dialecto (Coseriu 1981), diferencia

Cuadro 1.2. Variedades dialectales posibles.

Factor extralingüístico	Variedad lingüística del castellano	Ejemplos de variedades
características individuales	idiolecto	el castellano de Pepe, el de María, etc.
dimensión temporal	variedad histórica	castellano medieval, castellano moderno, etc.
dimensión geográfica	variedad diatópica	castellano de México, castellano rural, urbano, etc.
dimensión social	variedad diastrática	castellano de la clase social media, alta, etc.
nivel de educación y de inteligibilidad	variedad estándar/no estándar	castellano estándar informal, castellano no estándar, etc.

que se ha definido a veces según el grado de intercomprensión. Así, se dice que son dialectos de una misma lengua aquellas variedades que permiten la intercomunicación, mientras que dos o más variedades constituirían lenguas diferentes si acaso son ininteligibles entre sí. No obstante, es bien sabido que dos lenguas, reconocidas como tal por sus propios hablantes y por los hablantes de otras lenguas, pueden parecerse entre sí más que los dialectos de una lengua determinada. Por ejemplo, las diferencias entre el castellano y el catalán, o el danés y el noruego, son mucho menores que las que existen entre algunos de los considerados "dialectos" del italiano, tales como el calabrés, el siciliano y el piamontés.

En nuestra definición, en la que dejamos de lado el criterio de intercomprensión y semejanza, una *lengua*, como el castellano, el catalán, el swahili, el quechua, el inglés, etc., es un sistema lingüístico realizable en el habla de acuerdo con una tradición históricamente común. Una lengua, delimitada como tal a partir de factores históricos, político-geográficos, sociales y culturales tanto como lingüísticos, comprende un conjunto de dialectos, los que a su vez pueden constituir familias de dialectos menores dentro de la familia mayor de dialectos que en su conjunto denominamos lengua. Tenemos así una estructura jerárquica o piramidal en cuya cumbre se ubica la lengua histórica o común y, subordinados o incluidos en ella, dialectos o lenguas menores (puesto que ellos son también sistemas lingüísticos realizables en el habla) constituidos a su vez por un conjunto de dialectos o variedades lingüísticas afines, lo que aproximadamente puede representarse como en el diagrama 1.1.

El diagrama 1.1 permite visualizar que, aunque realizable, una lengua común no se actualiza de hecho sino sólo a través de sus variedades o dialectos. Es decir, nadie habla "el castellano," "el francés," "el catalán," o "el inglés"; lo que se habla es una variedad o dialecto determinado que se encuentra en la base de la pirámide: por ejemplo, "el dialecto de Buenos Aires" y, aun más específicamente, "la variedad hablada por las mujeres porteñas con educación universitaria."

Ahora bien, existe la tendencia a identificar la variedad estándar con la lengua histórica o común. Esta práctica es ciertamente errónea ya que los diversos dialectos (AC, AB, BC, etc.) poseen una *variedad estándar* propia que en cada región o país corresponde al ideal normativo que se enseña en las escuelas, al habla de los grupos sociales de mayor prestigio, a la variedad que se escribe en documentos oficiales, en diarios, periódicos y otras publicaciones consideradas "de buena calidad." Como indicamos en el cuadro 1.2, el dialecto estándar tiene relación con el nivel de educación y de inteligibilidad precisamente porque la escolaridad tiende a nivelar las diferencias dialectales tanto mediante la imposición consciente de normas lingüísticas como mediante la creación de oportunidades de contacto intenso con la lengua escrita, que representa una variedad menos diferenciada de la lengua común.

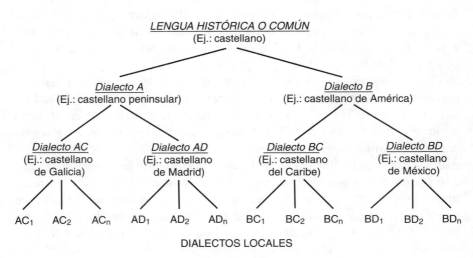

Diagrama 1.1. Pirámide dialectal

En el mundo hispanohablante, la Real Academia de la Lengua y las Academias Correspondientes desempeñan un papel importante en el mantenimiento de una variedad más o menos uniforme del castellano (o español), lo que favorece la inteligibilidad entre los dialectos hablados por los grupos de más alto nivel educacional. Así y todo, se reconoce la existencia de dialectos estándares diferentes en el mundo hispánico. En las palabras de Fontanella de Weinberg (1992, 121), "la presencia en la América Hispánica de distintos centros de prestigio lingüístico, que determinan la existencia de una estandarización policéntrica, conspira, asimismo, contra la existencia de una presunta unidad lingüística, aun en el habla estándar." Sin embargo, el mundo hispanohablante no abandona la esperanza de poder evitar la desintegración de la lengua y la pérdida de inteligibilidad interdialectal. Esta es una preocupación que me parece justificada. Pero, por otra parte, no se justifica luchar por la unidad de acuerdo con nociones de "pureza de la lengua" o "corrección gramatical" y menos aun si esto implicara la supresión de lenguas minoritarias.

El desarrollo de dialectos estándares es, insistimos, ampliamente justificado y necesario, como lo atestiguan los esfuerzos realizados por normalizar lenguas que no tenían un dialecto estándar modelo (e.g., el catalán, el gallego, el guaraní, el vascuence). Desafortunadamente, esta situación implica la existencia de dialectos no estándares; la variedad normalizada se interpreta popularmente como manera "correcta" de hablar, en oposición al resto de las variedades, consideradas "incorrectas" (no estándares), lo que crea actitudes negativas hacia éstas. Retomamos más adelante esta cuestión.

La discusión precedente nos lleva a considerar también el concepto de *acento*. Con frecuencia oímos decir "X habla con acento gallego/mexicano/andaluz" o "X tiene un tono diferente de hablar." Estas afirmaciones se refieren a la manera de pronunciar un dialecto determinado, es decir, a los aspectos fonéticos tanto segmentales como suprasegmentales. Simplificando un tanto, se puede decir que los dialectos difieren con respecto al léxico, la morfología y la sintaxis, mientras que los acentos difieren sólo fonética y fonológicamente (aunque a menudo las diferencias de acento van acompañadas de diferencias al menos léxicas). Si dos hablantes dicen, respectivamente, "Lo*s* compré allá [ayá]" y "Lo*h* compré allá [ayá]," podemos afirmar que tienen acentos diferentes. Si un tercero dice "Les he comprado allí," podemos afirmar que éste habla un dialecto diferente.

El punto en el que una diferencia de acento pasa a constituir diferencia dialectal es difícil de establecer, pues diferencias de pronunciación van generalmente acompañadas de diferencias léxicas. Sugerimos aquí que la identificación podría basarse en la existencia o no de estructuras morfológicas y sintácticas diferentes. Por ejemplo, los hablantes de la zona norte de Chile tienen un acento diferente del de los hablantes de Santiago, la capital, y algunas diferencias léxicas, pero no los consideramos dialectos diferentes porque emplean los mismos sistemas morfológicos y sintácticos. Por otra parte, el dialecto argentino es claramente diferente del dialecto mexicano, por ejemplo, tanto en pronunciación (acento) como en cuanto al léxico y al sistema morfosintáctico que los caracteriza.

El grado de diferenciación dialectal no se limita sólo a las formas sino que puede extenderse además al uso de ellas en diversas comunidades. Por ejemplo, la autora causó una reacción de gran hilaridad en Covarrubias (Burgos) al llamar a un aldeano de edad avanzada "*don* Manuel." Esto se explica porque en España el término de tratamiento *don* se usa de manera más conservadora que en América, donde ha llegado a indicar simplemente un grado intermedio de distancia social. Los aldeanos se apresuraron a explicar que "Manuel no tiene *don*" y que en el pueblo "tiene *don* el médico, el cura y dos o tres más, pero Manuel no." Estas diferencias de uso, frecuentemente relacionadas con diferencias sociales o culturales, pueden llegar a provocar situaciones incómodas o reacciones negativas e incluso de abierto rechazo hacia un tipo de acento o dialecto determinado.

Técnicamente no hay un dialecto o un acento "más correcto" o inherentemente "mejor" que otro. La noción de corrección es una noción social y no lingüística. Si oímos enunciados tales como "unos allí habían chicos" o "A María la un anillo di," observamos que no son enunciados gramaticales, pues no los reconocemos como posibles en castellano. No así, por el contrario, "Habían unos chicos allí," "La di un anillo a María," "Me dijo de que venía mañana," que sí reconocemos como posibles en la lengua castellana y son en este sentido "correctos." Sin embargo, éstos u otros ejemplos podrían ser juzgados incorrectos en castellano porque no están de acuerdo con lo que se prescribe, o porque se asocian con el habla de regiones, países o grupos sociales de menos prestigio económico, político o sociocultural. La aplicación de los términos "correcto" o "incorrecto" en este sentido está basada en actitudes subjetivas que subyacen a ciertas normas sociales; no responden a un juicio lingüístico objetivo y real.

Es por esto que ciertos individuos para quienes la adopción de un dialecto y acento estándares es útil por razones socioeconómicas se convierten en hablantes bidialectales, es decir, aprenden el dialecto estándar, pero mantienen a la vez el vernáculo para comunicarse con los miembros de su grupo de origen. Llamamos aquí *dialecto vernáculo* (o "el vernáculo") a una variedad local, no estándar, característica de una comunidad. Incluso hablantes del dialecto estándar pueden comunicarse en un dialecto vernáculo en situaciones informales, entre familiares o amigos. Ciertamente, un análisis riguroso nos haría reconocer que incluso un individuo perteneciente a un grupo social cuyo hablar se identifica con la variedad estándar es multidialectal, pues su manera de hablar también varía de acuerdo con ciertos factores; por ejemplo, el tema de la conversación, los interlocutores, o el contexto espacial, que determina un continuo de variación a lo largo del parámetro estilístico.

Algunos de los parámetros que se correlacionan con variedades lingüísticas *diafásicas*, que pueden dar lugar a variedades más o menos diferentes entre sí *según el uso*, se resumen en el cuadro 1.3. Basta dar una mirada al cuadro para darse cuenta de que las categorías y ejemplos propuestos no son excluyentes sino que naturalmente se entrecruzan y sobreponen dada también la natural coocurrencia de los factores extralingüísticos.

Gregory (1967) ha propuesto una subcategorización más detallada del factor *medio* que nos parece útil, pues sugiere que "castellano hablado-castellano escrito" no es una dicotomía sino un continuo. Más aun, es indiscutible que ciertos rasgos lingüísticos asociados con la lengua escrita caracterizan también a variedades orales no espontáneas y, al revés, rasgos lingüísticos asociados con la lengua oral se incorporan a ciertas variedades escritas que intentan reflejar la lengua oral. El diagrama 1.2, adaptado de Gregory, presenta una posible subcategorización de *modo* del discurso.

Los estudios sociolingüísticos deben y obviamente han tomado en cuenta al menos algunas de estas numerosas posibilidades de diferenciación. Los términos empleados en la bibliografía para referirse a las variedades discutidas en esta sección no son siempre los mismos, ni tampoco existe acuerdo unánime sobre qué grado de diferenciación diafásica puede ser lingüística-

Cuadro 1.3. Posibles categorías de diferenciación diafásica.

Factor extralingüístico	Categoría lingüística	Ejemplos de variedades
Entorno físico	estilo formal, informal	castellano discursivo, argumentativo, conversacional
Participantes	estilo personal, impersonal, funcional	castellano informal, vernáculo, formal, didáctico, de negocios
Propósito	registro técnico, no-técnico	castellano legal, científico, periodístico, conversacional social
Medio	modo del discurso	castellano hablado, escrito

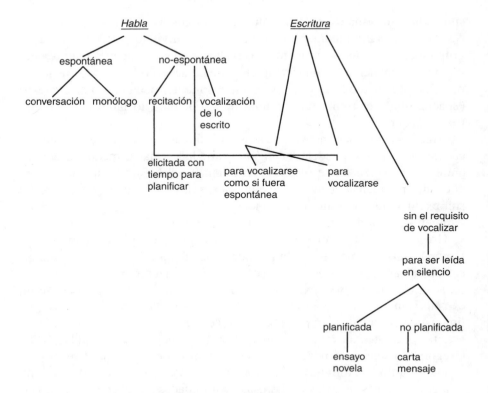

Diagrama 1.2. Subcategorización de la categoría *modo*.

mente relevante. Pero en todo caso, sí es claro que las descripciones de las diferentes variedades serían de gran utilidad en un número de campos, verbigracia en el desarrollo de programas de lectura y escritura, en crítica literaria, en retórica, en la evaluación de lo que constituye un hablar "apropiado" en contextos determinados, en la enseñanza de lenguas extranjeras, en traducción e interpretación, en lingüística comparada, en el desarrollo de metodologías adecuadas para la recogida de un corpus representativo de una lengua y en el análisis semántico-pragmático del discurso.

A lo largo de la discusión precedente se han podido advertir algunos de los puntos de coincidencia entre la dialectología y la sociolingüística. Los progresos más recientes heredan de los dialectólogos su sentido de la realidad lingüística. Hay, sin embargo, diferencias importantes. En un estudio de variación fonética, por ejemplo, la dialectología describirá las realizaciones de un fonema, especificará sus contextos lingüísticos en el sistema del dialecto en cuestión y delimitará la distribución geográfica de las variantes. La sociolingüística incorporará, además, entre otros aspectos, un análisis estadístico detallado de los factores lingüísticos y sociales que inciden en la variación, examinará las actitudes de los hablantes hacia las diversas realizaciones de un elemento lingüístico y las variables sociales asociadas con ellas e investigará la posibilidad de que se trate de un cambio fonológico en marcha, en cuyo caso se preocupará de examinar su difusión en el sistema tanto lingüístico como social.

Algunos de los puntos de contacto entre la dialectología y la sociolingüística en el estudio de la variación fonológica se pueden ilustrar citando un artículo de Terrell (1981) sobre la aspiración y elisión de -s implosiva en varios dialectos del castellano. En dicho artículo, Terrell se propone mostrar que la comparación de varios dialectos del castellano actual puede permitirnos reconstruir la evolución lingüística, social y geográfica de un cambio. Vemos aquí, pues, la conjunción de intereses dialectológicos y sociolingüísticos.

Las conclusiones de Terrell en este artículo se basan en algunos estudios sociolingüísticos realizados, entre otros por él mismo, en varios países hispanoamericanos. Estos estudios han indicado que la aspiración y elisión de -s continúan extendiéndose a un número cada vez mayor de contextos sociales y geográficos. Se trata, por tanto, de un cambio aparentemente en curso en algunos dialectos del castellano actual, que pudo tener a Sevilla como centro de irradiación y que pudo haber empezado ya en el siglo diecisiete. En las comunidades estudiadas, el promedio de retención de -s es en general bajo, llegando a un porcentaje mínimo de 3 por 100 en el habla rápida del castellano cubano de Miami y a la elisión categórica de -s en el habla de algunos individuos de Santo Domingo. El cuadro 1.4, adaptado de los cuadros 2 y 4 de Terrell (1981, 117–18), muestra los porcentajes.

Como se puede observar en el cuadro 1.4, la aspiración y elisión de -s se da hoy en día en todas las clases sociales, aunque es ciertamente menos frecuente en el habla formal y cuidadosa. En cuanto al contexto fonológico, la retención de -s en posición preconsonántica (por ejemplo, la -s de *botas* en *botas nuevas*) es rarísima en todos los dialectos en los que ocurren aspiración y elisión. La posición prevocálica no parece favorecer tampoco la retención, excepto en Buenos Aires. En el resto de las ciudades, la posición antes de pausa aparece como un factor más favorable a la retención, según el cuadro 1.4.

El bajo efecto favorable de la vocal siguiente es un tanto sorprendente si se considera que el mismo contexto favorece la retención de consonantes

Cuadro 1.4. Retención de -*s* implosiva como sibilante en dos contextos fonológicos: pre-vocálico y antes de pausa.

Nivel socio-educacional		Contexto	
		Pre-vocálico	Antes de pausa
Buenos Aires	alto	88%	78%
Panamá	todos los niveles	20%	34%
La Habana	alto	18%	61%
San Juan	alto	18%	40%
Mérida	todos los niveles	21%	59%
Caracas	alto	10%	41%

finales en otras lenguas; por ejemplo, la retención de -*t* y -*d* en grupo consonántico final de palabra en inglés (e.g., *he missed again* [hi mist agein] 'falló otra vez') y de -*s* final de palabra en francés (*mes amis* [mez ami] 'mis amigos').

El grado de avance de los procesos de aspiración y elisión en los varios dialectos y su distribución en los diferentes contextos fonológicos llevan a Terrell a proponer que el contexto inicial para la desaparición de -*s* implosiva es el preconsonántico. En este contexto, se da primero el proceso de aspiración y más tarde el de elisión. Es decir, los resultados para Buenos Aires parecen corresponder a las etapas de evolución histórica. Otro estudio realizado en Argentina (Fontanella de Weinberg 1987, 151–52) indica además que el porcentaje de elisión es inversamente proporcional al nivel socioeducacional, con una dispersión que va, en el habla informal, desde un 18 por 100 de elisión en la clase social más alta hasta llegar a un 68 por 100 en la más baja. Es posible, por tanto, que los programas masivos de escolaridad y un mayor contacto con la lengua escrita tengan como consecuencia el detener el avance de los procesos de aspiración y elisión, de tal manera que la variable -*s* se convertiría probablemente en un caso de variación estable.

Más recientemente, Molina Martos (1997) combina el empleo de atlas lingüísticos, datos históricos y resultados de estudios sociolingüísticos urbanos; es decir, aplica metodologías de la dialectología y la sociolingüística en un estudio de dos cambios fonético-fonológicos: el debilitamiento de la -*s* implosiva en Castilla-La Mancha, Extremadura y Andalucía y la pérdida del fonema palatal lateral /ḷ/ en estas regiones y en partes de Castilla.

Con respecto a la aspiración de -*s*, la forma no estándar de menor prestigio, la autora observa que -*s* funciona como variable sociolingüística; es decir, su mayor o menor frecuencia de aspiración se correlaciona con factores sociales (edad, grupo socioeconómico, etc.). A pesar de esto y de la presión que imponen los medios de comunicación y la escuela, que inducen al mantenimento pleno de -s, "la aspiración recorre todos los niveles sociales y cuenta con la aceptación de los propios hablantes, que, en el caso de Toledo se consideran, y así es realmente, a medio camino entre Andalucía y Madrid." (Molina Martos 1997, 75). Tal como observamos en el caso de Hispanoamérica, Molina Martos sugiere que la variable -s representa variación estable en las regiones estudiadas; es decir, no hay aparentemente avance de la aspiración en el tiempo real.

El *yeísmo* (pérdida de la oposición entre /l̮/ y /y/ y generalización de /y/), por otra parte, no tiene valor sociolingüístico en la actualidad, según Molina Martos, y representa un caso irreversible de cambio originado en zonas urbanas.

1.4. Más allá de la dialectología: la sociolingüística

En la sección precedente hemos mostrado que la dialectología y la sociolingüística comparten algunos intereses básicos. Aun más, la sociolingüística se ha construido sobre algunos pilares teóricos y empíricos de la dialectología. Por otra parte, la dialectología se beneficia incorporando algunos de los principios y avances metodológicos de la sociolingüística, tales como los que listamos a continuación (en el Capítulo 2 se discute con detalle la metodología), que representan un avance indiscutible en el estudio del habla y de la variación individual y grupal:

a. La grabación de conversaciones espontáneas como fuente vital de datos lingüísticos.

b. La selección estadísticamente válida de sujetos a estudiar.

c. La utilización de métodos cuantitativos de análisis.

d. El reconocimiento de que la homogeneidad lingüística de incluso la aldea más pequeña es un mito.

e. La actitud objetiva y abierta hacia variedades no estándares y/o diferentes de las del investigador.

f. La consideración de las actitudes subjetivas hacia las diversas variantes dialectales.

g. Las técnicas para la obtención e identificación de diferentes estilos de lengua y el reconocimiento de que todo individuo es capaz de comunicarse en más de un estilo (de los cuales el vernáculo es el más difícil de obtener por el investigador). En este contexto, la identificación de algunos de los rasgos convergentes y divergentes en el continuo oralidad-escrituralidad.

Los intereses centrales de la dialectología, que tradicionalmente buscaba solución a problemas históricos, que presuponía sistemas homogéneos (la variación se consideraba el resultado de mezcla de sistemas discretos y homogéneos) y que se preocupaba de establecer mapas dialectales con líneas divisorias discretas, no le permitían concebir sistemas inherentemente variables, ni dar cuenta de la variación asociada con factores sociales en la misma área geográfica, ni explicar el rango de variación estilística de un individuo.

Los principios y avances metodológicos de la sociolingüística, en cambio, han permitido hacer contribuciones importantes no sólo a la dialectología sino también a la lingüística teórica. Los estudios sociolingüísticos, además, han resultado de utilidad en la resolución de problemas sociales y de educación, algunos de los cuales discutimos en la sección siguiente.

1.5. Sociolingüística y educación

La amplia gama de estudios sociolingüísticos realizados en los últimos treinta años dan prueba de la validez e importancia de la sociolingüística en el campo de la educación. Ya en los inicios del siglo veintiuno, los sociolingüistas continúan desarrollando y aplicando nuevas metodologías que permiten comprender más apropiadamente los complejos patrones de interacción entre lengua, cultura y sociedad. Una sólida tradición empírica y teórica ha permitido el desarrollo de conocimientos que pueden ser aplicados en la resolución de problemas que surgen no sólo en el contexto escolar, sino también en otros contextos sociales como la familia y las comunidades, vecindarios o barrios.

En verdad, dada la base cognitiva de esta facultad humana que llamamos lenguaje y el contexto sociocultural en el que se inserta el uso de una lengua, no es sorprendente que la investigación lingüística y especialmente la sociolingüística tengan un papel central en el tipo de investigación que impulsa una mejor comprensión de los motivos psicológicos, sociales, económicos y culturales implicados en los procesos de escolarización.

1.5.1. Lo dialectal versus lo estándar

Los resultados de estudios sociolingüísticos marcaron un hito histórico, quizá el más importante, al clarificar la distinción que existe entre *diferencia* lingüística y *déficit* lingüístico, una distinción crítica que ha tenido un impacto significativo en educación.

A comienzos de los años sesenta, Basil Bernstein (1961; 1972), sociólogo inglés, propuso una teoría, que tuvo bastante influencia, sobre la relación entre lengua y éxito escolar. La teoría propone la existencia de un *código elaborado* y de un *código restringido*. El código elaborado corresponde a una variedad caracterizada por mayor complejidad sintáctica y léxica; por ejemplo, en esta variedad son mucho más frecuentes las oraciones subordinadas que las paratácticas o las coordinadas por *y* o *entonces*. Es más explícito, más generalizante y comunica significados independientemente del contexto. El restringido, por el contrario, es más concretizante, depende del contexto inmediato para comunicar significados y es sintáctica y lexicalmente menos complejo.

Estos códigos se adquieren como resultado de distintos procesos de socialización en comunidades y familias diferentes. Así pues, el fracaso escolar de niños de familias socioeconómicamente desventajadas, se explicaba en términos de su falta de acceso al código elaborado, código empleado, estimulado y recompensado en el contexto escolar. Veamos ejemplos citados en Bernstein (1972, 167, mi traducción). Los pasajes provienen de la descripción de una serie de cuadros hecha por dos niños de cinco años de edad. Obsérvese especialmente el grado de explicitación en la descripción caracterizada como código elaborado. La diferencia más notable entre las dos versiones yace en que la primera (ejemplo 8), en la que los participantes son mencionados explícitamente, puede entenderse sin necesidad de ver los dibujos. La segunda (ejemplo 9), sin embargo, depende de estos dibujos para su comprensión.

   8. *Código elaborado*:
   "Hay tres niños jugando fútbol y un niño patea la pelota y se mete por la ventana la pelota quiebra el vidrio y los niños lo están mirando y un hombre sale y les grita porque quebraron el vidrio así que ellos se escapan y entonces una señora mira por su ventana y regaña a los niños."
   9. *Código restringido*:
   "Están jugando fútbol y él la patea y se mete por ahí y quiebra el vidrio y lo están mirando y él sale y les grita porque lo quebraron así que se escapan y entonces ella mira para afuera y los regaña."

La teoría de Bernstein llevó a muchos (políticos, lingüistas, educadores) a plantear que los niños de grupos en desventaja socioeconómica necesitaban simplemente adquirir el código elaborado para lograr éxito en la escuela. Este enfoque se conoció como *la teoría deficitaria*. En relación a la lengua, los defensores de esta teoría sostienen que los hablantes de una variedad con formas no estándares tienen un handicap no sólo social sino además cognitivo ya que estas variedades son ilógicas, o descuidadas, o poseen otros tipos de rasgos negativos. Los resultados de tests de inteligencia y otros tests estandarizados apoyaban esta postura, sin notar que estas pruebas estaban precisamente basadas en el supuesto de que los que las contestaban sabían o manejaban la variedad estándar de una lengua y los estilos comunicativos de los grupos socioeconómicos privilegiados y por lo tanto favorecían a los niños de estos grupos.

De aquí nació el concepto de *educación compensatoria*, cuyo objetivo era estimular el desarrollo lingüístico y social de los hablantes de código restringido antes del primer año escolar, de tal manera que al iniciarse el proceso de enseñanza de la lectura y escritura estos niños pudieran estar en igualdad de condiciones con aquéllos que habían sido socializados en el código elaborado.

Desafortunadamente, estos programas no lograron el éxito lingüístico y escolar esperado, al menos en los Estados Unidos. Así pues, muchos culparon a los padres de ser deficitarios, otros culparon a los profesores y/o a los programas mismos desarrollados para aplicar en el período pre-escolar. Los sociolingüistas ofrecieron una explicación diferente y, en mi opinión, más acertada: la teoría deficitaria es falsa, diferentes grupos sociales tienen diferentes maneras de hablar, pero ninguna de estas maneras es deficitaria, ya que cada una de estas formas de comunicarse es lógica y estructurada. El fracaso tiene raíces socioculturales más profundas que la simple diferencia de códigos lingüísticos.

Cuando corregimos al niño que dice, por ejemplo, 10:

10. loh tenimoh qu'ir temprano pa' la casa hoy

y le damos el modelo en 11:

11. nos tenemos que ir temprano para la casa hoy

estamos enseñándole simplemente a pronunciar de acuerdo con rasgos fonéticos del dialecto estándar, pero no le estamos enseñando *nada nuevo* sobre las relaciones lógicas entre los elementos oracionales (cf. Labov 1978a, 48): "loh" tanto como "nos" se refiere a "losotroh" (o "nosotros") y concuerda con la primera persona plural del verbo semi-auxiliar "tenimoh que" (o "tenemos que"); el verbo *ir(se)* aparece con su lógico complemento de dirección "pa' la casa," etc. El enunciado en 10 es lógico y bien estructurado; no hay diferencias cognitivas entre 10 y 11.

Labov (1972b, Capítulo 5), considerado el padre de la sociolingüística moderna, ha demostrado de manera contundente que ninguna variedad de lengua es menos lógica o más simple que otra, sino sencillamente diferente. Por tanto, es absolutamente necesario comprender y conocer las formas vernaculares ya que el ignorarlas puede causar conflictos graves entre profesor y alumno. Con respecto al español, notamos que las variedades no estándares no parecen constituir sistemas radicalmente diferentes. En general, estas variedades poseen reglas ligeramente modificadas, que implican regularización de procesos gramaticales o retención de formas antiguas. No pretendo dar aquí cuenta de la gama de fenómenos que se consideran incorrectos en distintas regiones o países hispanohablantes, sino sólo mencionar algunos de ellos y notar, de paso, los mecanismos, por lo demás muy "lógicos," que parecen haberlos motivado.

Examinemos brevemente el uso de un clítico acusativo correferencial con un complemento directo (CD) postverbal, como en 12 a 14 (esta construcción se examina más detalladamente en el Capítulo 4), uso considerado redundante por la Real Academia Española (1979). Sin embargo, también es referencialmente redundante la duplicación del complemento indirecto, como en 15, ¡y éste es aceptado como gramatical! En verdad, estas duplicaciones son estrategias desarrolladas para facilitar el procesamiento de las entidades mencionadas en una oración. El clítico acusativo ocurre más frecuentemente cuando el CD postverbal es humano y definido como en 12, que cuando es definido pero no humano, como en 13 o 14, es decir, cuando el CD reúne rasgos semánticos análogos al del complemento indirecto.

12. *Lo* conoce *a Juan* desde hace tiempo.
13. *Lo* adoraba *a su perro*.
14. Uno *los* ve *los problemas* reducidos en dimensión.
15. *Le* dieron un premio *a Sara*.

Resulta interesante observar que numerosas variedades de español oral emplean esta estrategia del clítico correferencial. Es frecuente en el español hablado en el Cono Sur de América del Sur y yo misma he recogido ejemplos en Madrid, producidos por individuos de nivel sociocultural medio-alto. Variaciones de esta estrategia se documentan además en el español vasco y en el quiteño, ambos leístas. En estas variedades leístas, es muy frecuente con CDs animados, mientras que con CDs no animados se da el fenómeno casi contrario: cero clítico y cero CD, como en 16:

16. qué te voy a decir, una puerta sí se puede hacer, porque una puerta coges la escuadra y las medidas y *0* haces *0*. (Landa 1995)

Aunque las estrategias seleccionadas son superficialmente diferentes, doble mención en 12 a 15 y cero mención en 16, es importante notar que responden a una motivación similar: marcar topicalidad y facilitar el seguimiento de referentes. En el caso de las variedades leístas vasca y quiteña, dado el proceso de pérdida del sistema Casual de clíticos con referentes animados, sólo *le* coocurre con complementos (directos o indirectos). La marca cero se reserva para CDs topicales no animados. Se mantiene así una clara diferenciación de las entidades que no son el sujeto gramatical (y que quizá podrían llegar a interpretarse como tal).

Los llamados "clíticos pleonásticos," ilustrados en 17 y 18, son también motivo de crítica. Se trata, sin embargo, de un proceso muy natural de generalización de una regla variable, con el clítico a la izquierda o a la derecha del verbo, que aparece ahora en ambas posiciones.

17. *la* 'oy a llamal*la* mañana = *La* voy a llamar(*la*) mañana.
18. *se lu* i'a 'icír*selo*"   = *Se lo* iba a decir(*selo*).

Otro fenómeno, muy extendido, es el de la personalización de *haber* y *hacer*, como en 19 y 20, explicable como resultado lógico de la reinterpretación del complemento directo como sujeto: obsérvese la estructura paralela con *existir* en 21.

19. Habí*an* unos niños ahí afuera.
20. Hac*en* como dos años que no lo veo.
21. Exist*ían* animales gigantes en esa época.

Finalmente, hay ciertas construcciones que quizá apuntan hacia cambios en el sistema verbal, algunas ilustradas en 22 a 24. Cambios de este tipo se han venido dando desde el latín, que en su paso a las lenguas romances simplificó un sistema verbal quizá demasiado complejo. En la historia del español se ha perdido el Futuro de Subjuntivo, la oposición entre *cantara* y *cantase* es solamente estilística en la mayoría de los dialectos y el Pretérito Compuesto, *hubo cantado*, ha desaparecido de la lengua oral.

Uso de Imperfecto por Condicional o por Subjuntivo:

22. Si supiera dónde está te lo *decía*. [por *diría*]
23. Si yo *era* millonario no trabajaba más. [por *fuera*]

Uso de Presente de Indicativo por Presente de Subjuntivo:

24. Te voy a llamar en cuanto *llego* a la casa. [por *llegue*]

Información sobre la naturaleza de las diferencias dialectales debería constituir un componente importante en la preparación de profesores de enseñanza elemental y de español en niveles más avanzados. Con demasiada frecuencia se opina que hay una lengua española/castellana correcta, hablada por la gente culta, y dialectos de esta lengua, más o menos incultos, que la escuela tiene la obligación de erradicar. Recordemos, sin embargo, que ya en el año 1927, Bloomfield (1984), famoso lingüista norteamericano, nos hacía notar que no sólo es cierto que toda lengua cambia constantemente sino también que "las formas [llamadas] incorrectas no pueden ser el resultado de ignorancia o descuido" porque son estables y funcionales dentro de una comunidad. Así pues, la persona que ha aprendido "haiga," por ejemplo, ha aprendido tanto como aquélla que ha aprendido "haya."

La sociolingüística ha recalcado el hecho de que ningún individuo en verdad habla una lengua, ni el español, ni el inglés, ni el portugués. Todos hablamos un dialecto de estas lenguas y dentro de cada uno de estos dialectos los hablantes manejan continuos de formalidad (o estilos), diferentes registros y, en la mayoría de los casos, las modalidades oral y escrita. La llamada variedad estándar es simplemente uno de los dialectos de una lengua, que goza, lo reconocemos, de mayor y más amplia aceptación social, pero que desde una perspectiva estrictamente lingüística no es superior a ningún otro dialecto, sino sólo diferente.

1.5.2. La enseñanza del dialecto estándar

El reconocimiento de las diferencias dialectales ha tenido algún impacto en educación. En la práctica, los educadores han acudido a lingüistas y sociolingüistas con preguntas tales como: ¿Se debería enseñar el dialecto estándar a todos los niños? ¿Es injusto exigir que este estándar sea el dialecto usado por todos, incluso por niños de zonas rurales o de grupos socioeconómicos marginales? ¿Cómo se puede enseñar a leer y a escribir a niños cuya pronunciación se aleja de manera notoria de la forma escrita?

Si fuera posible enseñar la variedad estándar a grupos de comunidades cultural y lingüísticamente diferentes con éxito y de manera rápida, ésta sería una solución fácil a todos los problemas. Si el hablar o pronunciar el español de manera estándar constituye una ventaja social, entonces, después de corto tiempo, todos los niños estarían en igualdad de condiciones. Además, se eliminarían los constantes problemas de interferencia que dificultan la lectura y escritura del dialecto estándar enseñado en la escuela. Sin embargo, la solución está lejos de ser tan simple como parece y obliga a considerar cuestiones de justicia social.

Por un lado, algunos sociolingüistas y educadores norteamericanos plantean que la erradicación del dialecto vernáculo de los niños constituye un acto de discriminación. La única solución es cambiar las actitudes lingüísticas de la sociedad, de tal manera que todos los dialectos sean igualmente aceptados.

Dado que, como ha mostrado la investigación sociolingüística, todos los dialectos son válidos, no hay razón lingüística alguna para pedirle a alguien que cambie su forma de hablar.

Por otro lado, están aquéllos que defienden la enseñanza del dialecto estándar como herramienta de progreso intelectual y social. Estos abogan en favor de la eliminación de dialectos no estándares o de lenguas minoritarias en países donde la inmigración ha producido situaciones de bilingüismo reductivo que acentúan los problemas en la educación y sostienen, además, que es irrealista esperar que la sociedad cambie sus actitudes hacia la lengua.

Existe también una posición intermedia, que propugna el desarrollo del bidialectismo (o bilingüismo en el caso de dos lenguas), es decir, la habilidad de hablar dos dialectos diferentes (por ejemplo, uno nativo no estándar y el dialecto estándar) según el contexto social. Esta posición ecléctica es motivada por el principio sociolingüístico que plantea que la lengua tiene valor simbólico y que un dialecto dado es símbolo de identificación con el grupo social al que pertenece un individuo, de manera tal que la erradicación de ese dialecto provocaría problemas psicosociales de identificación, con el consecuente problema de desajuste y alienación dentro de una familia y, más ampliamente, dentro de una comunidad. Los defensores del bidialectismo sostienen que el factor motivación es crucial: si y cuando un individuo se sienta motivado a ser aceptado por un grupo determinado, se acomodará a su manera de hablar con relativa facilidad.

Si la escuela se propone como objetivo mantener la variedad no estándar junto con la enseñanza del estándar, es necesario, por tanto, motivar al niño a adquirir esta última, sin criticar ni emitir juicios negativos hacia la variedad familiar y comunitaria que el niño usará más frecuentemente fuera de la escuela. En cuanto a metodología, es interesante observar que los educadores han adoptado técnicas empleadas en la enseñanza de una lengua extranjera y han empezado a aplicarlas en la enseñanza de variedades de la misma lengua: técnicas de comparación, identificación de semejanzas y diferencias, ejercicios de repetición y completación, etc.

Por otra parte, se ha sugerido que los materiales para la enseñanza de la lectura sean adaptados de manera que contengan lecturas dialectalmente neutralizadas, es decir, con estructuras y vocabulario compartidos por los dialectos involucrados o que al menos se puede establecer que están dentro de la competencia receptiva del niño. Así, la tarea se concentra en enseñar y aprender la habilidad de relacionar signos escritos con signos orales y no se desvía hacia la modificación de rasgos no estándares.

En el caso del español de Chile, por ejemplo, esta "purificación" de materiales para la enseñanza de la lectura eliminaría en las primeras etapas la incorporación de pasajes en segunda persona, ya que en la variedad del niño es de esperar que aparezcan con las formas voseantes aún no aceptadas como estándares: sería posible incluir "¿Dónde vive tu amigo Pepe?" pero no: "¿Dónde vives tú?" ya que la forma vernácula sería "¿Dónde vivíh tú?" Tampoco se enfrentaría el niño con palabras que tuvieran la secuencia "fu" seguida de vocal acentuada, como en "fuente," que para él es [xuénte], o el Pretérito de *ir*, lo que eliminaría ejemplos como "Pepe fue a la playa."

No quisiera dar la impresión aquí de que el niño de clase media habla tal como se escribe o que no usa estructuras no estándares. Al menos en Chile, numerosos niños de clase media también se sorprenderán de aprender que la "verdadera" palabra es "fue" y no "xue," "está" y no "hta" o "ta." Pero los niños de grupos socioeconómicos desventajados tienen un número relativamente mayor y más frecuente de rasgos no estándares en su habla y se puede esperar que mientras más diferencias haya entre el dialecto del alumno y el dialecto de instrucción, más difícil será la tarea de aprender a leer.

Parece lógico, por tanto, empezar con materiales cultural y dialectalmente neutros y paulatinamente efectuar la transición hacia la variedad aceptada como estándar en el país correspondiente.

En cuanto a la enseñanza de la escritura, un aporte importante de la sociolingüística ha sido el haber subrayado, por una parte, la gran variedad de registros escritos y, por otra, las semejanzas y diferencias entre oralidad y escritura. Es necesario, plantea la sociolingüística, saber cuáles son las funciones naturales de la escritura en las diferentes etapas de desarrollo del niño: ¿escribir cartas, mensajes a amigos, completar solicitudes, escribir una historia, un poema, una carta formal? Este tipo de información debería facilitar la enseñanza funcional de la escritura, enseñanza que debe considerar al menos tres aspectos: (a) la organización y desarrollo lógico de ideas; (b) ortografía, puntuación, y gramática; y (c) las desviaciones de "lo esperado" que pudieran originarse en la pronunciación y gramática propias del dialecto hablado por el niño.

La lingüística ha notado insistentemente que la escritura es una manifestación secundaria de la lengua. El habla es primaria, básica. No debe sorprendernos, por tanto, que la escritura tienda a reflejar el modo oral en las primeras etapas de escolarización. La puntuación tampoco es natural, como bien lo ha mostrado Chafe (1987). Las ideas que expresamos oralmente, las pausas cortas o largas, a menudo no corresponden ni a las unidades oracionales ni a la puntuación convencionalizadas.

En el Capítulo 5 veremos en detalle algunas de las características estructurales y de lengua de un tipo de discurso oral, el argumentativo, tal y como se da durante una conversación informal y examinaremos, además, los rasgos convergentes y divergentes de aquéllos presentados como característicos del ensayo y la argumentación escrita. El discurso argumentativo corresponde, en la escritura, al prototípico ensayo de corte puramente intelectual, que parece ser el que está más alejado de las prácticas orales que caracterizan la vida diaria. Sin embargo, la escritura de un ensayo o una composición es una tarea escolar frecuente.

Esta forma de composición escrita parece además especialmente difícil para los que provienen de grupos familiares con nivel de instrucción bajo, hecho que refuerza el prejuicio de que el habla no estándar "no tiene gramática," "no es gramatical," o que "refleja una manera no sistemática de organizar las ideas." Los estudios sociolingüísticos de las modalidades tanto oral como escrita de individuos de grupos sociales no privilegiados han permitido cuestionar estas aseveraciones (cf. Labov 1972b, Capítulo 5). En verdad, lo que sí es cierto es que las sociedades modernas han desarrollado formas más ritualizadas o estandarizadas de escribir, que se alejan bastante de las formas más espontáneas de comunicación escrita (cartas, diarios de vida, listas de compras, memos). Estas formas estandarizadas, rígidamente convencionalizadas, han aumentado las diferencias entre lengua oral y escrita, al menos aquella lengua escrita que se desarrolla en las escuelas, que en general no permite variaciones ni idiosincracias individuales.

En resumen, la sociolingüística ha identificado algunos de los rasgos convergentes y divergentes en el continuo oralidad-escrituralidad, ha subrayado la hipótesis diferencial y rechazado la deficitaria, ha llamado la atención hacia el valor simbólico de la lengua como herramienta de identificación con y pertenencia a un grupo social y ha puesto de manifiesto el impacto que tienen las actitudes subjetivas hacia variedades estándares y no estándares de una lengua en procesos de escolarización. Estas constituyen contribuciones vitales para el avance de la educación formal.

1.5.3. Actitudes y escolarización

Recordemos que la psicología educacional afirma que el éxito o fracaso de los estudiantes depende en gran medida no sólo de lo que el escolar cree que puede lograr sino también, y de manera importante, de las expectativas del profesor. Así pues, tendrán mayores posibilidades de éxito aquéllos cuyos profesores juzguen o "pre-juzguen" como más capaces y menores posibilidades aquéllos de quienes se espera un éxito limitado o incluso el fracaso.

En este sentido, es necesario notar que la conducta lingüística muestra estratificación social y que esta conducta estratificada refleja y motiva normas, creencias, y actitudes subjetivas hacia ciertos rasgos específicos o hacia la lengua en general. Las normas lingüísticas tienden a ser uniformes; es decir, su evaluación es compartida por los miembros de una comunidad. En nuestras sociedades, estas evaluaciones corresponden a los valores defendidos por la clase media, por los líderes políticos, el mundo financiero y los medios selectos de comunicación. Parece ser que las reglas gramaticales son más conservadoras que otros sistemas. Así pues, las reglas gramaticales consideradas "correctas" se siguen imponiendo por mucho más tiempo del que toman los cambios sociales o políticos, por ejemplo. En España se corrige el "leísmo para seres inanimados" ("Ese libro *le* encuentras en Madrid") y el "laísmo" ("A mi madre *la* dije que viniera"), a pesar de su amplia difusión y a pesar de su uso por parte de individuos con perfiles públicos importantes. Lo mismo se puede decir del "dequeísmo" ("Se podría decir *de que* no es importante") tanto en España como en Latinoamérica.

Estudios empíricos realizados por sociolingüistas han demostrado que las actitudes (positivas o negativas) hacia un grupo social dado se transmiten a la manera de hablar de ese grupo, de tal manera que el hecho de hablar una cierta variedad de lengua marca al individuo como más o menos inteligente, más o menos emprendedor, amistoso, confiable, etc. Así pues, grupos de evaluadores que han escuchado grabaciones hechas por una misma persona con la habilidad de imitar perfectamente más de un dialecto, han juzgado a esta persona como más inteligente cuando hablaba la variedad estándar y como menos inteligente y menos confiable cuando hablaba una variedad no estándar. Dada la influencia que ejercen las expectativas del profesor, las consecuencias de estas actitudes, de las cuales a menudo no somos conscientes, pueden ser gravísimas en educación.

Para concluir este capítulo introductorio, creo necesario subrayar que las actitudes negativas hacia variedades que se alejan en mayor o menor grado de la variedad estándar que se considera "correcta" hacen aun más difícil la tarea de educar a grandes números de niños y adolescentes en zonas tanto rurales como urbanas. Las formas vernáculas de comunicación de los grupos no privilegiados ocupan un lugar bajísimo en la escala social y los hablantes pronto sienten el peso de la inseguridad lingüística, de su inadecuación al contexto escolar y de sus consecuentes desventajas al enfrentar la tarea de alfabetización y posterior desarrollo intelectual. Queda claro, como lo ha planteado Labov (1978a), que el estudio y comprensión de los dialectos no estándares es un paso absolutamente necesario para llegar a comprender a nuestros alumnos y para lograr los objetivos básicos de la educación. La investigación sociolingüística tiene, pues, una tarea importante que cumplir en orden a aportar al desarrollo del rico potencial humano del mundo hispanohablante.

Ejercicios de reflexión

Ejercicio 1

Los siguientes grupos de enunciados representan usos lingüísticos posibles en español. ¿Asocia usted alguno de estos enunciados con el habla de alguna región, país o grupo social en particular? Trate de determinar las razones por las cuales algunos de estos usos gozan de mayor prestigio que otros.

1a. Le dieron el premio a Rosa.
  b. La dieron el premio a Rosa.
2a. Si pudiera viajar en el tiempo visitaría el Imperio Azteca.
  b. Si pudiese viajar en el tiempo visitaría el Imperio Azteca.
  c. Si podía viajar en el tiempo visitaría el Imperio Azteca.
  d. Si podría viajar en el tiempo visitaría el Imperio Azteca.

Ejercicio 2

Los informantes que participan en estudios sociolingüísticos, al ser preguntados directamente, suelen dar descripciones de su uso lingüístico que son significativamente diferentes de su uso real en conversación espontánea. A su parecer, ¿cuál es el motivo de que la autovaloración lingüística de los hablantes y su uso real sean contradictorios? ¿Qué nos dice esta situación de la fiabilidad de las intuiciones lingüísticas de los hablantes? A la vista de lo que sucede en estos casos, ¿qué método para obtener datos lingüísticos fiables defendería usted?

Ejercicio 3

En muchas ocasiones la distribución geográfica de fenómenos lingüísticos se corresponde con diferencias históricas, geográficas y socioculturales como, por ejemplo, límites entre zonas de montaña y zonas costeras, áreas con diferente cronología relativa de colonización, substratos indígenas diferentes, zonas rurales y urbanas, etc. ¿Puede usted poner algún ejemplo de correlación entre fronteras de tipo lingüístico y factores geográficos o socioculturales en el mundo hispanohablante? ¿Cree usted que el estudiar correlaciones de este tipo aporta algo esencial a nuestro conocimiento del lenguaje humano o es algo meramente anecdótico?

Ejercicio 4

Una noción que aparece frecuentemente en descripciones de dialectos es *arcaísmo*, utilizada para referirse a rasgos lingüísticos que estaban generalizados en el español en alguna época pasada y que hoy día se conservan en alguna variedad minoritaria. Es interesante notar que esta noción se usa casi exclusivamente para referirse a dialectos de zonas rurales, o al uso de grupos sociales de menos prestigio. ¿Le parece a usted justificable el uso de la palabra *arcaísmo* para referirse a fenómenos lingüísticos que tienen vigencia en el presente en una comunidad lingüística, por pequeña o marginal que ésta sea? ¿Cree usted que hay usos lingüísticos que son intrínsecamente arcaicos o se trataría más bien de una noción subjetiva como cuando se habla de uso *correcto* e *incorrecto*?

Ejercicio 5

¿Cree usted que es justificable la intervención de las autoridades en cuestiones lingüísticas? Si es así, ¿cuáles son las áreas en que los planificadores lingüísticos deben intervenir y con qué objetivos? ¿Qué ventajas y/o desventajas ve usted en que las autoridades participen directamente en la planificación lingüística?

— 2 —

Metodología

2.1. Introducción

Una constante preocupación de la sociolingüística ha sido el desarrollo de metodologías y técnicas confiables para el estudio del habla, tanto con respecto a la recolección y selección de los datos que constituirán el objeto de estudio, como al análisis de éstos. En este capítulo examinamos algunos métodos y técnicas empleados en estudios sociolingüísticos. No pretendo que éstos sean la última palabra. Por el contrario, muchos de ellos se cuestionan con frecuencia, planteándose alternativas que parecen más apropiadas o simplemente aceptando que no se ha encontrado aun el método o la técnica ideal para el estudio de fenómenos sociolingüísticos. Examinamos, pues, tanto los avances como los problemas vigentes en torno a cuestiones tales como la forma apropiada de seleccionar a los hablantes que se van a estudiar y de obtener muestras de habla cotidiana, la definición de una variable lingüística y de sus contextos de uso, los problemas asociados con la definición de las categorías sociales, la cuantificación de una variable y la aplicación de procedimientos estadísticos.

El *método sociolingüístico* es descriptivo e interpretativo y motivado por el objetivo central de dar cuenta de las estructuras de la lengua en el discurso oral, primariamente, y, secundariamente, en el escrito (la lengua escrita constituye, sin embargo, la única fuente de datos en estudios de variación que atienden a la lengua usada en épocas anteriores a la invención de las grabadoras).

La sociolingüística se caracteriza por su enfoque *pancrónico*; es decir, la variación *sincrónica*, aquélla que se da en un momento determinado de la historia de la lengua, se explica frecuentemente como consecuencia de procesos de desarrollo o evolución histórica (*diacronía*) ya completados, en etapa inicial o en "plena marcha." Un estudio *sincrónico* da cuenta de aspectos de la lengua en un momento histórico determinado, sin referencia a otros puntos en el tiempo (cf. Saussure 1966). Por contraste, un estudio *diacrónico* examina los fenómenos lingüísticos desde el punto de vista de su evolución en el tiempo. La perspectiva pancrónica (del griego *pan* 'todo' y *khronos* 'tiempo') atiende a ambos aspectos temporales.

Los datos sociolingüísticos no se obtienen examinando las intuiciones de los hablantes ya que la mayoría de éstos no pueden formular juicios metalingüísticos precisos, especialmente los hablantes de variedades no estándares o aquéllos cuya inseguridad lingüística los lleva a decir lo que creen que deben decir. La sociolingüística no es, sin embargo, una ciencia exclusivamente positivista. Lo es en su uso responsable de datos reales y de estudios cuantitativos, pero agrega un componente crucial de análisis cualitativo previo a la cuantificación y una etapa importante de interpretación de los hechos observados y de los resultados cuantitativos. Como es obvio, no diremos nada sobre metodologías no empíricas; es decir, aquéllas que no incluyen un componente importante de datos observables, ni tampoco nos referiremos en detalle a las posibilidades que ofrece la lengua escrita como fuente de datos.

Aunque hay puntos de contacto entre la metodología sociolingüística y la de otras ramas de la lingüística, existe sin embargo una diferencia fundamental determinada por las metas diferentes que se plantea la sociolingüística. Para esta disciplina, el objeto de estudio es el habla viva en su contexto social real (oral o escrito), en contraposición a la lengua altamente idealizada y aislada de todo contexto extralingüístico que constituye el objeto de estudio de la lingüística estructuralista.

El paradigma metodológico que se identifica más fácilmente con estudios sociolingüísticos es aquél cuyo objetivo es la descripción y explicación de ciertos usos lingüísticos variables característicos de una comunidad. En estudios de este tipo, se siguen los cinco pasos (a–e) que delineamos a continuación, aunque se debe mantener siempre presente que no hay una receta única a seguir al realizar una investigación de naturaleza sociolingüística:

a. Observación de la comunidad e hipótesis de trabajo.
b. Selección de los hablantes.
c. Recogida de los datos.
d. Análisis de los datos:
    Análisis cualitativo:
  Identificación de variables lingüísticas.
  Identificación de contextos lingüísticos.
  Identificación de variables extralingüísticas.
  Codificación de las variables.
    Análisis cuantitativo:
  Cuantificación y aplicación de procedimientos estadísticos.
e. Interpretación de los resultados de los análisis.

2.2 Observación de la comunidad e hipótesis de trabajo

El orden en que se realizan las diferentes actividades es flexible y depende
en gran medida del objetivo del estudio. Por ejemplo, la selección de los
hablantes puede completarse después de la recogida de los datos; es posible
también replantear la hipótesis inicial durante el proceso de análisis de los
datos obtenidos, lo que puede llevar a una nueva selección de hablantes y
a otra etapa de recolección de datos. Además, aunque frecuentemente se
inicia una investigación con una hipótesis específica, es posible también
aproximarse al estudio de una comunidad de habla con una hipótesis muy
general, como por ejemplo, que "dada la evidencia aportada por otros
estudios, el habla de los individuos de dicha comunidad se caracterizará
por la existencia de ciertos rasgos lingüísticos variables cuya frecuencia de
ocurrencia estará condicionada por factores independientes de tipo lingüístico y/o extralingüístico."

2.2.1. Un ejemplo: Covarrubias

Esta hipótesis general fue el punto de partida en nuestro estudio del
habla de Covarrubias. En este caso particular, no se presentó además el
problema de tener que definir la comunidad a observar, pues al ser Covarrubias un pueblo relativamente pequeño (más o menos 1.200 habitantes), se
decidió considerarla una sola comunidad definida por sus límites geográficos
(el concepto de comunidad se discute en el Capítulo 3). Pero si el objetivo
del sociolingüista es el estudio de la conducta lingüística en ciudades con
un mayor número de habitantes o en grandes centros urbanos, el primer
problema que se debe resolver es el de decidir qué comunidad o unidad de
análisis se va a definir y observar y qué habitantes se incluirán en el estudio,
de tal manera que la muestra sea representativa de la comunidad o grupo
social escogido.

Una vez definida la unidad social de análisis (comunidad o grupo social),
la observación y la participación en interacciones diádicas y de grupo le
permiten al sociolingüista identificar una o más variables lingüísticas.

En el caso de Covarrubias, después de un breve período de dos o tres
días de observación y participación activa en la comunidad, la autora identificó dos usos variables interesantes, entre muchos otros. Una variable fonológica (ḻ), con dos variantes: la variante palatal lateral [ḻ] y la variante palatal
deslateralizada [y], en palabras como *allí* y *caballo*, es decir, [aḻí] y [kabáḻo]
alternaban con [ayí] y [kabáyo] en el habla del mismo individuo (nótese
que la variable fonológica se escribe usualmente entre paréntesis). Y una
variable morfosintáctica, llamémosla *Imperfecto de Subjuntivo*, con tres
variantes: *-ra*, *-se* y *-ría*, es decir, ejemplos del tipo 1, 2 y 3 alternaban en

el habla del mismo individuo sin que hubiera diferencias aparentes de significado relacionadas con la elección de la forma verbal.

1. Le habló como si *fuera* su padre.
2. Le habló como si *fuese* su padre.
3. Le habló como si *sería* su padre.

La observación de la comunidad nos permitió precisar más la hipótesis inicial y proponer que la variable (1) parecía estar condicionada de manera importante por el factor edad, mientras que la variable "Imperfecto de Subjuntivo" parecía estar condicionada por el estilo y nivel de educación ("educación" se usa en este libro con el significado de "educación escolar").

2.2.2. Cuestiones éticas

En este punto se hace necesario enfocar algunas cuestiones de ética profesional que el investigador debe tener presente cuando hace trabajo de campo. Al respecto, surgen a menudo preguntas como: Si no quiero que los hablantes distorsionen su manera de hablar, ¿puedo mentirles en cuanto al objetivo del estudio? ¿Puedo hacer grabaciones secretas? ¿Cómo justifico mi interés en observar y/o grabar a un grupo de individuos? ¿Se debe mantener el anonimato de los participantes en el estudio? ¿Puedo compartir mis grabaciones con otros investigadores que no son parte de la misma investigación? La respuesta a este tipo de pregunta puede ser diferente según la cultura y el país y según, además, el acuerdo al que haya llegado el investigador con los sujetos estudiados.

Es de esperar que el investigador asegure a los hablantes que toda la información obtenida de ellos se usará exclusivamente para un estudio lingüístico, que se respetará su anonimato, que se borrará de las grabaciones todo pasaje que el sujeto así requiera, que no se compartirá con otros investigadores material considerado confidencial y que pueda identificar al hablante. En cuanto al objetivo del estudio, el reconocimiento de que somos lingüistas y estudiamos "el habla," "la manera como conversan las personas" no conduce necesariamente a la distorsión de la manera de hablar. No se tiene que ocultar el objetivo general del estudio, pues la presencia de la grabadora y el objetivo se olvidan fácilmente cuando la conversación es interesante y fluye con naturalidad.

En los Estados Unidos, la mayoría de las universidades exige que todo proyecto de investigación que incorpore "sujetos humanos" sea aprobado por un comité universitario dedicado específicamente a asegurar que tales proyectos no sean causa de daño físico o emocional para los individuos incluidos. La Sociedad Americana de Dialectología (*American Dialect Society*) ha dedicado dos monografías al examen de los aspectos legales y éticos relacionados con la práctica de la grabación secreta (ver Murray y Ross-Murray 1996). Aunque la observación de la conducta de una persona o la grabación de una conversación no se conciben como posible causa de daño físico, las consecuencias emocionales que este tipo de estudio puede tener sobre los individuos estudiados deben tenerse en cuenta.

Muchos hablantes se sienten incómodos cuando saben que su grabación puede ser escuchada por otros, incluso cuando se les asegura que nadie podrá identificarlos. Esta incomodidad se extiende también a la publicación de pasajes tomados de grabaciones, un hecho que he experimentado personalmente. Al mostrarle a una mujer un artículo en el que aparecía una anécdota que ella me había contado (obviamente en forma anónima), se sintió molesta y fue necesario asegurarle que nadie que la conociera tendría acceso a esa publicación.

Otra cuestión que preocupa a los sociolingüistas es la relación que se establece con los sujetos estudiados después de algún tiempo de observación o grabación. Algunas conversaciones tocan temas muy personales, problemas que afectan al hablante y necesitan solución. ¿Qué hacer en este caso? Si está a nuestro alcance el ofrecer ayuda, la respuesta es fácil. Si no, el investigador puede quedarse con la satisfacción de haber escuchado a esta persona hablar de sus problemas. Un oído atento es con frecuencia ya una gran ayuda.

Se preguntan además los sociolingüistas en qué se puede servir a aquéllos que les han permitido muchas veces avanzar académicamente, especialmente cuando el investigador no es miembro de la comunidad en estudio y ésta es una comunidad pobre o discriminada. ¿Es ético "usar" a un grupo social sin dar algo a cambio? ¿Es suficiente simplemente atraer la atención del mundo académico hacia esta comunidad? ¿Debe desarrollarse un compromiso sociopolítico con la comunidad estudiada? No doy aquí respuesta a éstas y muchas otras preguntas de tipo ético, pero no puedo dejar de notar que muchos sociolingüistas estadounidenses han adoptado posturas comprometidas con la situación lingüística de los llamados "latinos." El lector interesado puede consultar obras que enfocan estas cuestiones en más detalle, tales como Labov (1982), Milroy (1987, Capítulo 4), Wherritt y García (1989) y Zentella (1997, Capítulo 12).

2.3. Selección de la muestra de hablantes
2.3.1. Consideraciones generales
La selección de la muestra de hablantes depende por supuesto del objetivo del estudio y de la hipótesis inicial. Por ejemplo, los factores variables

independientes que propongamos como condicionantes de la variación, tales como sexo, edad, nivel educativo, etc., deberían estar representados en la muestra. Si asignamos más importancia a los factores lingüísticos y los consideramos el foco central del estudio, podemos incluir una muestra homogénea de hablantes en cuanto a edad, sexo y nivel educacional, por ejemplo. La población del estudio debería seleccionarse siguiendo un método que asegure una muestra representativa, lo que se puede hacer aplicando técnicas de muestreo desarrolladas para las ciencias sociales (cf. Bentivoglio y Sedano 1993; López Morales 1994; Moreno Fernández 1990). En la práctica, sin embargo, la mayoría de los estudios son de tipo parcial y dan luz sobre una pequeña parte del *puzzle* sociolingüístico total de una comunidad.

2.3.2. Muestreo al azar

Una vez establecidos los criterios de selección con respecto a ciertos factores extralingüísticos como la edad, sexo, educación, clase social, lugar de origen, etnia, etc., es posible usar la técnica de muestreo al azar para obtener una muestra representativa de cada grupo. Siguiendo este procedimiento, el investigador asigna un número a cada individuo y luego selecciona a aquéllos cuyo número aparezca en una tabla especial de números para muestreo al azar (las tablas que existen han sido preparadas por especialistas en estadística) o simplemente uno de cada X número de individuos hasta completar el número total que necesita incluir en su investigación. Esta metodología de *survey* ha sido usada con éxito por algunos sociolingüistas en estudios que han proporcionado datos valiosísimos sobre la estratificación social de las lenguas (e.g., Labov 1966; Cedergren 1973; Martínez Martín 1983; Molina Martos 1998; Samper Padilla 1990).

Las ventajas de una muestra estratificada de acuerdo con las características generales de la población y de una selección al azar se ven disminuidas, sin embargo, en el caso de la investigación sociolingüística, pues a menudo ocurre que la muestra incluye números muy desiguales de individuos de uno u otro grupo social y/o individuos que hablan otras lenguas o dialectos, lo que hace difícil el análisis. Labov (1966, 201, mi traducción) nota el problema en las siguientes palabras:

> Mi propia tentativa de muestreo al azar consistió en elegir uno de cada diez edificios en una cuadra, y uno de cada siete apartamentos en el edificio. Este método parecía estar exento de prejuicios, pero no me permitía escoger mis informantes al azar dentro de cada familia, ni tampoco predecir la extensión del área que podría cubrir con los recursos a mi disposición.

Fontanella de Weinberg (1979) plantea un problema similar en su estudio de la variable (ž) en Bahía Blanca, en el que se deseaba incluir bahienses nativos o residentes en Bahía Blanca desde antes de los ocho años de edad, lo que impidió en parte aplicar un estricto muestreo al azar. Dice Fontanella (1979, 48): "Los informantes fueron seleccionados, de acuerdo con un plan previo, según edades, sexo y nivel ocupacional. Se excluyó a quienes luego de preguntarles los primeros datos se observó que no se ajustaban a nuestra definición de 'bahiense' y a la distribución previamente proyectada."

Cedergren (1973), por otra parte, aplica la técnica de muestreo al azar en su *survey* lingüístico de la Ciudad de Panamá. Las cien familias de muestra fueron obtenidas de una lista de 3.840 familias incluidas en un censo oficial realizado en Panamá. El número de familias seleccionadas en cada barrio de la ciudad correspondía proporcionalmente a la distribución real de la población en cada barrio. Los individuos mismos dentro de cada familia, sin embargo, fueron elegidos según su disponibilidad y buena voluntad para ser entrevistados durante el día. Dadas las características de la sociedad panameña (y del mundo hispánico en general, donde es más difícil encontrar hombres en su casa durante el día), no es sorprendente que la muestra terminara incluyendo un número desproporcionadamente alto de mujeres.

2.3.3. Muestreo intencionado

Los problemas presentados por un estricto sistema de muestreo estratificado y al azar pueden solucionarse de diversas maneras. Una de ellas, que llamamos *muestreo intencionado* o *predeterminado*, consiste en establecer de antemano las categorías sociales y el número total de individuos que se desea incluir en el estudio. El investigador elige entonces completamente al azar los hablantes necesarios para llenar cada subgrupo, ya sea en forma numéricamente equilibrada (por ejemplo, cinco 5 hablantes en cada subgrupo) o de acuerdo con una muestra proporcionalmente equivalente a la estructura de la población.

En su estudio de variación fonológica y sintáctica en el español de Santiago de Chile, cuyos objetivos fundamentales eran la identificación de posibles procesos de cambio en curso y la estratificación social de éstos y otros fenómenos variables, la autora decidió de antemano incluir un total de treinta y dos hablantes estratificados según la edad en cuatro grupos y según el nivel educacional y clase socioeconómica en dos, con un número equilibrado de hombres y mujeres en cada subgrupo. Esta muestra incluye dieciséis celdas, representadas en el cuadro 2.1.

En el estudio mencionado, cada celda se llenó con dos hablantes, pero dependiendo de los recursos con que cuenta el investigador, tanto el número

Cuadro 2.1. Distribución de celdas correspondientes a diversas categorías sociales en un muestreo intencionado con celdas equilibradas.

	Máximo tres años de escolaridad (clase socioeconómica baja)		Mínimo doce años de escolaridad (clase socioeconómica media)	
Edad	Hombres	Mujeres	Hombres	Mujeres
4;6-6;0 (niños)	2	2	2	2
15-17 (adolescentes)	2	2	2	2
30-40 (adultos)	2	2	2	2
50+ (mayores)	2	2	2	2

de categorías sociales como el de hablantes en cada una de ellas puede aumentarse. El tipo de muestra representado en el cuadro 2.1 permite comparar los datos lingüísticos según la edad, el sexo, la clase social y el nivel de escolaridad. La inclusión de diferentes edades ofrece la posibilidad de observar si la probabilidad de ocurrencia de una variante lingüística determinada aumenta, disminuye, o se mantiene estable a través de las generaciones. Notemos, además, que los subgrupos sociales en el cuadro 2.1 están claramente diferenciados; es decir, no hay un continuo sino categorías discretas que según nuestro conocimiento de la comunidad podemos predecir mostrarán correlaciones lingüísticas también claramente discriminadas.

Los grupos etarios incluidos en el cuadro 2.1 se justifican así: los niños están en edad preescolar, es decir, no han sido afectados aún por la lengua escrita; los adolescentes constituyen un grupo en el cual la influencia de los pares es notable y que a menudo se caracteriza por su deseo de diferenciarse lingüísticamente de otros grupos etarios; los adultos están inmersos en el campo del trabajo y, al menos en el grupo social medio, deseosos de ascender en la escala socioeconómica; los mayores, dependiendo de la cultura a la que pertenezcan, pueden haber alcanzado ya estabilidad socioeconómica y estar en una etapa en la que no necesitan reajustar la imagen de sí mismos que desean proyectar a través de su uso de la lengua.

Por otra parte, la inclusión de categorías sociales continuas, ya sea por edad, educación, nivel ocupacional, clase social, etc., a menudo ofrece al investigador la ventaja de poder identificar en qué punto del continuo existen las barreras sociolingüísticas más notables (ver Capítulo 3, sección 3.6).

2.3.4. Número de individuos en la muestra

La cuestión del número óptimo de individuos que asegure la validez y representatividad de la muestra es aún un problema no resuelto en sociolingüística. Tradicionalmente, los estudios lingüísticos se han basado en las intuiciones de uno o dos hablantes, comprobadas a veces, al menos en el caso del español, por medio de ejemplos sacados de la lengua escrita. En sociolingüística, en cambio, incluso dos hablantes por celda como en el cuadro 2.1, parece insuficiente, pero el número óptimo de individuos es difícil de determinar. Ha sido fijado idealmente en 25 por cada 100.000 habitantes, o 0.025 por ciento del universo (Labov 1966, 170–71). ¿Pero qué pasaría cuando se estudia una comunidad de solo 10.000 habitantes, por ejemplo? La respuesta a la cuestión del número de individuos, entonces, deberá depender tanto de cuestiones teóricas como prácticas, tales como la naturaleza del problema sociolingüístico que se desea resolver y los recursos que el sociolingüista tenga a su disposición para llevar a cabo la investigación.

Parece, sin embargo, que cinco hablantes por celda se considera un número relativamente adecuado si cada celda representa un subgrupo socialmente homogéneo. Lavandera (1975) sigue esta regla práctica en su estudio de la variación de tiempos verbales en oraciones condicionales en Buenos Aires. En la selección de la muestra, siguiendo la técnica de muestreo intencionado, Lavandera limita el número de variables extralingüísticas a tres niveles según la educación, tres grupos según la edad y dos grupos según el sexo, ya que considera necesario tener "no menos de cinco hablantes" (p. 141) en cada celda y al mismo tiempo mantener un total manejable de menos de ciento cincuenta individuos. Lavandera justifica además el diseño predeterminado de la muestra de la siguiente manera: si el objetivo del investigador no es descubrir la frecuencia general de un hecho lingüístico en una comunidad, sino más bien establecer la correlación que existe entre la variación lingüística y las características extralingüísticas de la población, la muestra no necesita incluir un número proporcional al total de individuos en cada categoría social en dicha población, sino más bien un número equilibrado de individuos en cada categoría.

Numerosos estudios han incluido muestras proporcionales (Alturo y Turell Julià 1990; Martínez Martín 1983; Pradilla Cardona 1995; Samper Padilla 1990; entre otros). Alturo (1995, 225) explica que un estudio social de la comunidad estudiada (El Pont de Suert, en el límite entre Aragón y Cataluña) determinó el número de individuos a incluir en los subgrupos resumidos en el cuadro 2.2: ocupación (campesinos, empleados de la industria, empleados de los servicios públicos), origen (P = El Pont de Suert, C = pueblo de Cataluña, A = pueblo de Aragón), sexo (H = hombres, M = mujeres) y edad (G. I = 60–75 años, G. II = 40–57 años, G. III = 30–38 años).

Como indica el cuadro 2.2, una muestra proporcional al número de individuos en los varios subgrupos sociales que componen una comunidad

Cuadro 2.2. Distribución de celdas correspondientes a diversas categorías sociales en un muestreo intencionado proporcional (Alturo 1995, 225).

	Campesinos						Industria						Servicios					
	P		C		A		P		C		A		P		C		A	
	H	M	H	M	H	M	H	M	H	M	H	M	H	M	H	M	H	M
G. I	1	1	1	1			1	1	1				2	1	1		1	
G. II	1	1	1			1	1		1	1			1	5	1			1
G. III				1		2			1	1			2	2				1

puede resultar en casillas o celdas vacías, pero tiene, por otro lado, la ventaja de representar con mayor exactitud la frecuencia de los fenómenos estudiados en la comunidad de manera global.

2.3.5. Estratificación socioeconómica de la muestra

Independientemente del método de muestreo seleccionado, un estudio sociolingüístico que intente identificar correlaciones sociolingüísticas debería basarse en un estudio sociológico que establezca los estratos sociales válidos para la comunidad que se va a estudiar (como se hizo en Bentivoglio y Sedano 1993). La falta de un estudio de este tipo puede solventarse si el investigador, como miembro de la comunidad, tiene el conocimiento que le permita identificar las dimensiones sociales importantes que puedan estar determinando la variabilidad lingüística. El primer método es *objetivo*, mide objetivamente ciertos parámetros de acuerdo con los cuales se puede estratificar socialmente a los miembros de una comunidad. El segundo método es *subjetivo*; está basado en la evaluación subjetiva del investigador, la que puede compararse y complementarse con las opiniones de otros miembros de la comunidad en estudio.

El método subjetivo tiene ventajas y desventajas. Por un lado, es posible sostener que las clases sociales existen porque los miembros mismos de una comunidad las establecen y creen en su realidad, lo que hace posible que ellos mismos puedan identificar la clase social a la que pertenecen diversos individuos. Pero por otro lado, es también posible sostener que la percepción de clase social depende de la clase a la que el individuo pertenece, lo que conduce a una falta de consistencia en las evaluaciones subjetivas.

En la práctica, los sociolingüistas se han basado tanto en su propio conocimiento de la estructura social de una comunidad como en estudios sociológicos y antropológicos que delimitan los varios estratos sociales, o clases sociales. Esta delimitación se hace en relación a un índice obtenido según ciertos factores socioeconómicos que incluyen, principalmente, nivel de ingresos, ocupación, educación, vivienda y barrio. Estos factores se dividen arbitrariamente en varias categorías y a cada una se le asigna un cierto valor. Por ejemplo, las ocupaciones se pueden dividir en dos, tres (como en el cuadro 2.2), o más categorías, como sugerimos a continuación:

Grupos	*Ocupación*
Alto:	Empresarios de nivel superior. Altos ejecutivos. Altos funcionarios del poder ejecutivo, legislativo, judicial y militar. Grandes hacendados o empresarios privados.
Medio-alto:	Profesionales universitarios de libre ejercicio: médicos, abogados, ingenieros, arquitectos. Jefes de nivel superior en la administración pública y privada. Personal de formación intelectual, técnica y universitaria avanzada.
Medio:	Jefes de nivel medio. Empleados subalternos de mayor calificación. Empresarios de comercio, industria y servicios medios. Profesionales libres de menor éxito. Secretarias ejecutivas, técnicos varios, profesionales medios de la salud.
Medio-bajo:	Empleados subalternos de menor calificación. Pequeños comerciantes y empresarios.
Bajo-alto:	Obreros calificados. Capataces y supervisores. Vigilantes.
Bajo:	Obreros no calificados. Vendedores ambulantes. Personal de servicio doméstico o en empresas y servicios.

Una vez que a los demás parámetros socioeconómicos se les ha asignado un valor y cada individuo ha sido evaluado de acuerdo con los valores que le corresponden, se puede dividir la población en niveles sociales discretos.

Siguiendo esta forma de clasificación, diferentes estudios han distinguido de dos a cinco niveles: Bentivoglio (1980–81) considera dos niveles socioeconómicos, alto y bajo, en su estudio de la expresión del sujeto *yo* en Caracas; Calero Fernández (1993) distribuye su muestra de Toledo en tres niveles socioculturales: clase alta, estrato medio y clase baja; Labov (1972a) distingue cuatro niveles, los que denomina más específicamente clase media alta, clase media baja, clase obrera y clase baja. Trudgill (1974) distingue un quinto nivel en su estudio del habla de Norwich, Inglaterra, clase media alta y baja, clase obrera alta, media y baja.

El concepto de clase social, sin embargo, parece ser demasiado amplio, pues incluye parámetros que no mantienen una correlación consistente con el comportamiento lingüístico de los hablantes, como veremos en el capítulo siguiente, y ha sido reemplazado en estudios más recientes por parámetros más simples y menos polémicos, tales como el nivel educacional y/o la ocupación. Además, frente a la variación individual observada dentro de la misma clase social, los sociolingüistas han introducido nuevos constructos teóricos, el *mercado lingüístico* y la *red social*, que han mostrado tener clara influencia en la determinación de los patrones de conducta lingüística. Estos nuevos constructos se examinan en el Capítulo 3.

2.3.6. Muestra socioeconómica homogénea

Un cierto número de investigaciones de tipo sociolingüístico no ha incluido la clase social como uno de los factores variables independientes. El Proyecto de Estudio Coordinado de la Norma Lingüística Culta de las Principales Ciudades de Iberoamérica y la Península Ibérica, por ejemplo, de acuerdo con su objetivo, propuso desde un principio circunscribir el estudio al habla culta media de las siguientes ciudades: Buenos Aires, Santiago de Chile, Lima, Caracas, Bogotá, México, La Habana, San Juan de Puerto Rico, Madrid, y algunas ciudades de Portugal y Brasil. Solamente dos variables extralingüísticas se tomaron en consideración: sexo y edad. La muestra incluyó un número aproximadamente paralelo de hombres y mujeres distribuidos en tres grupos generacionales: (a) 25–35 años, (b) 36–55 años, (c) más de 55 años, todos de un nivel socioeconómico medio bastante homogéneo.

En su estudio del español de los puertorriqueños en Filadelfia (Estados Unidos), Poplack (1979) también trabaja con una muestra socioeconómicamente homogénea, pues ante la imposibilidad de realizar un muestreo al azar, decide concentrar la investigación en una sola manzana del sector casi exclusivamente puertorriqueño de la ciudad. Veinticuatro adultos entre vientiuno y setenta y seis años fueron incluidos en la muestra, todos ellos de nivel social bajo. El número pequeño de hablantes y la concentración del trabajo de campo en una sola manzana, le permiten a Poplack participar en las actividades de la manzana y llegar a conocer mucho mejor a los hablantes. Este conocimiento profundo del material con que se trabaja, posible de obtener empleando una metodología etnográfica, compensa en gran medida la imposibilidad de evaluar la estratificación social de los datos lingüísticos.

Medina-Rivera (1997) también trabaja con una muestra socialmente homogénea en su estudio de la variación fonológica según *estilo* en Caguas,

Puerto Rico (ver Capítulo 3) y Cid-Hazard (1998) hace lo mismo en Santiago de Chile.

2.3.7. El caso especial de los inmigrantes

En ciertas situaciones de lenguas en contacto que se han producido por la inmigración masiva de trabajadores hacia países tecnológicamente desarrollados, la inclusión de la variable socioeconómica en el estudio de la lengua minoritaria puede ser problemática, especialmente cuando la muestra incluye individuos de segunda o tercera generación en el país huésped. Esta situación se puede ilustrar con el caso del español en el suroeste de los Estados Unidos. En esta región, la mayoría de los inmigrantes hispanos proviene de zonas rurales o de sectores de clase obrera (a menudo no calificada) de zonas urbanas. Estos inmigrantes hablan, por tanto, variedades no estándares del español, asociadas en su país de origen con personas de nivel socioeconómico bajo. Los hijos y nietos de estos inmigrantes adquieren estas variedades no estándares del español, pero han alcanzado niveles socioculturales medios. Se produce, por tanto, un desajuste sociolingüístico en cuanto a que el habla de individuos de clase media culta evidencia un número de rasgos lingüísticos no estándares. Notemos, sin embargo, que estos individuos tienen un nivel alto de educación (doce o más años de escolaridad) impartida en inglés, la lengua mayoritaria, pero han adquirido el español de manera informal y a menudo no leen ni escriben en esta lengua. Esto significa que de todos los parámetros que definen nivel socioeconómico, el nivel educacional es de gran importancia, pues la modificación de solamente este parámetro conduce al establecimiento de correlaciones sociolingüísticas muy diferentes.

En una situación de lenguas en contacto, el objetivo del estudio no es fundamentalmente la identificación de correlaciones sociolingüísticas sino más bien la investigación de ciertos fenómenos característicos de comunidades bilingües y multilingües, tales como el intercambio de códigos, la simplificación y/o pérdida de la lengua minoritaria, la convergencia gramatical de las lenguas en contacto, etc. (ver Capítulo 7). El diseño de la investigación y, por tanto, la selección de la muestra de hablantes, ha de responder a estos objetivos diferentes.

Por ejemplo, en un estudio del español realizado en Los Angeles (Estados Unidos) fue nuestro propósito incluir una muestra estratificada según la edad, el sexo y, de manera importante, los años de permanencia de la familia en los Estados Unidos. Este último factor definió tres grupos: el primer grupo incluye solamente individuos que han inmigrado desde México a los Estados Unidos después de los dos años de edad, edad en que podemos suponer que la maduración lingüística del individuo se ha completado y que por tanto su lengua dominante es el español. El segundo grupo incluye individuos nacidos en los Estados Unidos que han adquirido el español desde su nacimiento y cuyos padres son inmigrantes mexicanos. En este grupo hemos encontrado una amplia gama de niveles de proficiencia en español, que van desde una competencia comunicativa similar a la de un monolingüe a la imposibilidad de mantener una conversación en este idioma. Solamente hemos incluido en la muestra a aquéllos que pueden conversar con un cierto grado de fluidez. El tercer grupo incluye individuos nacidos en los Estados Unidos que han adquirido español e inglés desde su nacimiento, cuyos padres son de ascendencia mexicana pero nacidos también en los Estados Unidos. Este grupo incorpora bilingües cuya lengua dominante es claramente el inglés y cuyo español ha experimentado diferentes grados de simplificación y convergencia con el inglés.

Este tipo de muestra se presta para comparar ciertos aspectos del español de los bilingües según la edad, el sexo y el nivel de competencia lingüística. Los grupos según la generación inmigrante se incluyen para que los datos obtenidos permitan buscar respuestas a preguntas tales como: ¿Qué aspectos del sistema del español de la segunda y tercera generación son diferentes de aquéllos de la primera generación? ¿Son estas diferencias el resultado del desarrollo interno de la lengua, del contacto con el inglés, o de un proceso de aprendizaje incompleto? ¿Qué aspectos del sistema han sido más afectados por los cambios y qué factores intralingüísticos motivan esta susceptibilidad? ¿Qué procesos de cambio se pueden identificar: simplificación, extensión, convergencia gramatical? ¿Reflejan estos procesos fenómenos universales de cambio en situaciones de lenguas en contacto?

2.3.8. Resumen

Para resumir, entonces, hay básicamente dos métodos de selección de una muestra de hablantes: un método de *survey* en el que la selección se hace siguiendo técnicas estrictas de muestreo al azar; y un método de selección intencionada en el que: (a) las características de los hablantes han sido predeterminadas y éstos se seleccionan más o menos al azar hasta completar el número deseado de individuos en cada categoría social; o (b) los hablantes seleccionados constituyen un grupo social compacto, ya sea porque son miembros de una red social, porque viven en la misma manzana o vecindario, porque tienen un dominio común de trabajo (por ejemplo, una escuela), etc. Cualquiera que sea el método que el investigador emplee, deberá decidir qué factores extralingüísticos incluirá en el análisis. Los que se han considerado más frecuentemente han sido: edad, sexo, nivel educacional, ocupación y el factor complejo denominado clase social, nivel socioeconómico o nivel sociocultural.

2.4. Recogida de los datos

Una vez que se ha decidido qué población se va a estudiar, el paso siguiente lo constituye la recolección de los datos lingüísticos. Básicamente, esto se hace logrando la confianza de la población de tal manera que el investigador pueda grabar una conversación de al menos una hora con cada uno de los hablantes. Esta técnica se ha denominado la *entrevista sociolingüística* y se ha ido modificando y perfeccionando a partir de los esfuerzos pioneros de Labov (1966). Haciéndonos eco de las críticas en contra de la entrevista como tipo de actividad usada en la obtención de datos lingüísticos y considerando aproximaciones más recientes que estimulan una interacción oral más espontánea, llamaremos aquí a este hecho de habla la *conversación grabada*.

2.4.1. La conversación grabada

El objetivo central de la conversación grabada ha sido obtener una muestra de habla despreocupada, natural, lo más cercana posible al habla vernácula espontánea de la vida cotidiana. Este objetivo fue motivado por la observación de que los datos más sistemáticos y regulares para el análisis lingüístico se dan en el estilo informal y vernáculo, es decir, cuando el hablante presta la atención más mínima a su habla para concentrarse más bien en el contenido de lo que dice. Este propósito plantea una pregunta: ¿Cómo puede acercarse el investigador al habla informal o coloquial cuando por definición es la que se usa en la intimidad, entre amigos, en situaciones informales y naturales, y no con extraños en situaciones creadas artificialmente? Labov (1972a, 209) se ha referido a este problema como la "paradoja del observador," pues aunque el propósito del sociolingüista es descubrir las reglas que definen el habla de los individuos cuando éstos no están siendo observados sistemáticamente, la única forma de obtener los datos lingüísticos necesarios es a través de la observación sistemática.

Los estudios sociolingüísticos realizados durante los últimos quince años han tratado de resolver de diferentes e ingeniosas maneras la paradoja del observador. Una de éstas ha sido la grabación secreta, usada, por ejemplo, en el proyecto de estudio de la norma culta del español, y descrita así (Rabanales y Contreras 1979, iv):

Las conversaciones secretas, hechas con el ánimo de obtener de los participantes el máximo de espontaneidad, corresponden a diálogos dirigidos con un solo informante o a un diálogo libre entre dos informantes. Por cierto que, en todos los casos, éstos conversaron sin saber que se les estaba grabando hasta el final de la grabación, momento en que la escucharon y dieron su autorización para utilizarla públicamente.

Es claro que las grabaciones secretas no son universalmente aceptables; incluso es posible que en muchos lugares sean ilegales. Además, la grabación secreta no es suficiente para estimular al informante a hablar en forma espontánea o informal y los datos que se obtienen son a menudo de baja calidad acústica. Incluso, como hemos dicho ya, la presencia de la grabadora no es a veces obstáculo para el desarrollo de una conversación espontánea, pues esto depende en gran medida de la habilidad que el investigador tenga para comunicarse con naturalidad en estas situaciones de estudio.

Lo que es necesario evitar es la creación de un hecho de habla que los participantes identifican como entrevista, ya que el habla natural, es decir, apropiada para una situación tal no es el habla coloquial ni espontánea. Por el contrario, los hablantes reconocen y aceptan como una de las reglas sociolingüísticas de una entrevista, ya sea de una o más personas, que deben ceñirse a un modelo en el que el entrevistador tiene el derecho de hacer preguntas y el entrevistado tiene la obligación de responderlas. Cuando se crea una situación así, será casi imposible obtener muestras de habla espontánea o informal. La entrevista propiamente tal limita los posibles tipos de interacción lingüística y, por tanto, también las clases de datos lingüísticos que se pueden obtener.

Para solucionar este problema y a la vez obtener grabaciones de buena calidad de una gran cantidad de habla espontánea y lo más cercana posible al habla vernácula, los sociolingüistas han desplegado enormes esfuerzos por desarrollar una situación diferente para la grabación. Durante la conversación grabada, el investigador se propone hacer uso de todos los recursos posibles para lograr que el hablante olvide que está siendo grabado y para que su atención se aleje de su habla, de tal manera que haya una mínima cantidad de autoobservación y autocorrección, fenómenos característicos del estilo formal. Los siguientes aspectos se relacionan con la preparación y el desarrollo mismo de la grabación de la conversación.

2.4.1.1. El contacto inicial con los hablantes

El primer contacto con los hablantes y el lograr que éstos conversen libremente en una sesión de grabación es un problema de envergadura que no se debe desatender. ¿Cómo encontrar a los individuos para el estudio y qué explicación darles para justificar la grabación? Esta pregunta se ha respondido de diferentes maneras.

En un estudio del español de los mexicoamericanos en el sector oeste de Los Angeles, la autora grabó a la mayoría de los hablantes sin haber establecido un contacto previo con ellos. La comunidad mexicoamericana de este sector de Los Angeles era desconocida para la investigadora al iniciar el estudio, por lo que se usó la técnica de acercarse a alguna persona en la calle, o pedirle a algún niño que estuviera jugando fuera de su casa que llamara a sus padres, o simplemente golpear a una puerta. Luego se le explicaba al posible informante que se estaban estudiando las costumbres y la lengua de los hispanoamericanos en Los Angeles y que por esta razón se necesitaba su ayuda. Una vez que la persona había aceptado conversar por más o menos una hora, se le explicaba que la conversación tendría que grabarse porque la investigadora no podía conversar y tomar notas a la vez. Nadie se negó a ser grabado; por el contrario, algunos incluso pusieron a la investigadora en contacto con otros individuos en la comunidad.

Hubo, sin embargo, otros problemas relacionados con esta técnica: pérdida de tiempo hablando con personas que no cumplían con los requisitos de la muestra predeterminada; sin contacto previo, resultó muy difícil grabar a hombres de dieciocho a cincuenta años de edad debido principalmente a sus horarios de trabajo; el estilo de la conversación fue en general formal, pues los participantes eran completamente desconocidos entre sí. Una segunda visita a algunos de ellos, sin embargo, condujo siempre a un diálogo más espontáneo y despreocupado.

En Covarrubias (provincia de Burgos), la autora trató de participar en algunas de las actividades de la comunidad con el propósito de ganar la confianza de sus miembros y ser aceptada como uno de ellos. Esta técnica de *participante-observador* se utiliza con el fin de poder hacer grabaciones de interacciones lingüísticas en situaciones que se crean espontáneamente, donde la conversación fluye de manera natural y el habla refleja esta naturalidad y espontaneidad. Se presupone que los datos obtenidos en estas grabaciones corresponden estrechamente al habla usada cuando el investigador no está presente.

El procedimiento de grabar como participante-observador plantea, sin embargo, serios problemas prácticos: requiere que el investigador disponga de una cantidad enorme de tiempo para observar, participar y grabar cuando parezca más conveniente; la calidad de las grabaciones obtenidas no es siempre la mejor para realizar un estudio fonético o de variación morfológica—por ejemplo, ya que si se graba en la calle, en un parque o en una reunión de amigos, la fidelidad de la grabación se ve a menudo entorpecida por ruidos de fondo; nada asegura que en estas situaciones se obtenga un número suficiente de ejemplos de las estructuras que interesa estudiar. Estas dificultades prácticas han llevado a los sociolingüistas a seguir perfeccionando la conversación grabada, concertada con anterioridad, y a utilizar datos obtenidos como participante-observador como complemento.

La conversación grabada también plantea problemas. Es reconocido que se trata de una situación artificial: las conversaciones sociales normalmente no se graban. Por tanto, no está regida por reglas sociolingüísticas reconocidas que puedan guiar la conducta de los participantes y esto resulta algo incómodo para todos. En verdad, en nuestro trabajo de campo hemos sentido a veces esta sensación de incomodidad, por lo que hemos establecido un nuevo procedimiento: declaramos abiertamente que el objetivo del estudio es el habla no formal, espontánea, de la vida diaria y concertamos de antemano una reunión con cada persona seleccionada, en su hogar, y a una hora que considere adecuada para conversar por más o menos una hora. Habiendo declarado el objetivo del estudio, resulta fácil justificar la grabación y la inclusión de temas de tipo personal o incluso privado sin inspirar recelo en el individuo. La agilidad y espontaneidad del diálogo depende, como hemos dicho, de la habilidad del investigador para motivar la creación de una atmósfera cómoda, amistosa y despreocupada.

Este enfoque parece ser aceptado fácilmente por los individuos en estudio, como lo refleja la descripción que un hablante (Roberto, hombre de cuarenta y cinco años) de Los Angeles, California, da a su hermana en una conversación por teléfono, en la que la invita a colaborar con la autora en su estudio "p'averiguar del español," y modera sus aprensiones diciéndole que "no tienes que contestar preguntas, es conversación social nomás."

2.4.1.2. Los participantes en la conversación

Un aspecto que debe considerarse aquí es el de las características del investigador en relación a las de los hablantes, características tales como la edad, el sexo, el nivel educacional, el nivel socioeconómico, la variedad de lengua o lenguas que habla el investigador y su enlace social con la comunidad. Estos factores tienen un papel importante, pues determinan el tipo de relación interpersonal entre los participantes en la conversación, relación de la cual dependen el éxito de la grabación, el estilo de habla que se obtenga y, en consecuencia, el uso o supresión de ciertos rasgos lingüísticos.

En primer lugar, el investigador puede ser *miembro de la comunidad* o extraño a ella. Este factor es importante ya que se ha comprobado que ciertos fenómenos lingüísticos son cualitativa y cuantitativamente diferentes cuando las grabaciones son hechas por miembros de la comunidad, es decir, por personas con las cuales los hablantes tienen contacto más o menos regular. Así, cuando el investigador es miembro de la comunidad, las grabaciones que obtiene se acercan más al habla espontánea de la vida diaria, en comparación con las grabaciones obtenidas en la misma comunidad por un extraño a ella.

Esta diferencia se ha notado, por ejemplo, en el estudio del intercambio de códigos, fenómeno que se refiere al uso de dos (o más) lenguas por el mismo hablante en el mismo discurso e incluso dentro de una oración (ver Capítulo 7). Si el investigador es miembro de la comunidad, los bilingües tienden a usar una gran cantidad de intercambio intraoracional de códigos; en el caso contrario, el tipo de intercambio más frecuente es el de frases fijas, el de una palabra, o en los puntos de cambio de turno de habla.

De manera similar, Medina-Rivera (1997), y Rickford y McNair-Knox (1994) muestran que ciertas variables del español y del inglés, respectivamente, son susceptibles al grado de conocimiento o amistad que existe entre el investigador y los sujetos en estudio.

Cuando el sociolingüista no estudia su propia comunidad, tiene tres posibilidades a su alcance: (a) hacerse miembro de la comunidad, lo que es difícil y poco práctico debido al tiempo de adaptación que requiere; (b) entrenar a un miembro de la comunidad en el uso de las diversas técnicas de trabajo de campo; o (c) realizar él mismo este trabajo, pero teniendo en cuenta que esto implica que el estilo de la comunicación puede no alcanzar nunca el nivel de habla vernácula.

Mientras más similares sean las características sociales del investigador y el hablante, mayores serán las posibilidades de obtener habla espontánea y no formal. Las diferencias de edad, sexo, raza, etnia, nivel educacional y económico deben tenerse en cuenta, por tanto, a la hora de recoger y analizar datos orales.

En cuanto al número de participantes, la conversación puede ser *individual*, con un individuo, o de *grupo*, con dos o más individuos que son parte de un grupo social natural. Ambas tienen ventajas y desventajas.

Cuando la conversación es individual, la responsabilidad de estimular un diálogo ameno y despreocupado recae casi exclusivamente sobre el investigador. Aunque es posible que el hablante resulte ser un buen conversador, es también frecuente encontrarse en una situación en la que el sociolingüista sea el que deba sondear sutilmente los intereses del hablante de tal manera de poder guiarlo hacia aquéllos que lo estimulen a participar con entusiasmo en la conversación. La presencia constante del investigador cuando las características sociales y lingüísticas de éste son diferentes de las del entrevistado, suele motivar un habla más cuidadosa e incluso menos auténtica debido al natural proceso de acomodación al entrevistador que podría producirse.

Por otra parte, la grabación individual tiene varias ventajas: permite obtener la cantidad de habla que el investigador desee del individuo que se está estudiando; permite dirigir la conversación hacia aquellos temas que se presten mejor a la producción de las estructuras gramaticales y/o tipos de discurso incluidos en el estudio; y facilita la transcripción de las grabaciones ya que no hay la sobreposición de voces que puede ser frecuente en una sesión de grupo.

La gran ventaja de la conversación de grupo, en cambio, es que favorece el uso del habla espontánea, tanto en cuanto a las formas lingüísticas como al contenido temático. En este contexto la participación del investigador puede reducirse al mínimo, ya que los individuos mismos en el grupo mantienen el diálogo tal y como lo harían, supuestamente, incluso si el investigador no estuviera presente. Medina-Rivera (1997), por ejemplo, informa que él dejó la habitación donde se estaba desarrollando la conversación de grupo que se estaba grabando. De esta manera, se elimina totalmente el efecto que podría tener la presencia del investigador sobre el estilo de habla utilizado por los participantes en la conversación y se facilita la ocurrencia de una variedad más espontánea.

La grabación de grupo parece ser la que ofrece la mejor posibilidad de obtener una muestra natural de conversación social entre conocidos. Este tipo de sesión también presenta desventajas, sin embargo, que son el reverso de las ventajas de la sesión individual: la frecuente sobreposición de voces dificulta la transcripción; resulta muy difícil dirigir la conversación hacia ciertos temas que interesen al investigador; y la conversación puede ser monopolizada por una o dos personas, no permitiendo obtener una muestra lingüística suficiente y equilibrada de todos los participantes.

En todo caso, la inclusión de grabaciones individuales o de grupo depende de la finalidad del estudio. Por ejemplo, si el objetivo es estudiar la dinámica social de la interacción lingüística, o la variación según el uso (variación estilística), la grabación de grupo, además de la individual u otras, es imperativa, pues es claro que el mismo individuo mostrará diferencias en su uso de la lengua según el grado de formalidad de las situaciones y el grado de formalidad depende a su vez de varios factores contextuales. Pero si el objetivo es estudiar un problema de variación sintáctica o las estructuras de cierto tipo de discurso, por ejemplo, puede resultar más fácil obtener la muestra necesaria en una sesión individual. Sin embargo, la grabación de los individuos en sesiones tanto individuales como de grupo, con diferentes interlocutores y en contextos físicos variados debería incluirse, de ser posible, en todo diseño de investigación.

2.4.1.3. La conversación
La naturaleza del control y la participación del sociolingüista en la conversación define tres tipos de conversaciones: dirigida, semidirigida y libre.

En la *conversación libre*, tal como su nombre lo indica, el investigador no ejerce ninguna clase de control ni sobre los temas del diálogo, ni sobre la cantidad de la participación de los hablantes (lo que podría controlar dirigiéndose más frecuentemente a uno u otro de ellos). Este es generalmente el formato de la sesión de grupo con tres o más personas y, a veces, de la sesión individual durante el período inicial de sondeo de la comunidad.

En el extremo opuesto se ubica la *conversación dirigida*, que sigue un orden y un contenido planificado con anterioridad, pues persigue obtener la mayor cantidad de datos útiles en el menor tiempo posible. Este formato fue seguido por Fontanella de Weinberg (1979) en su estudio de las obstru-yentes palatales en Argentina y por Medina-Rivera (1997) en su estudio de variación fonológica en Puerto Rico. Fontanella de Weinberg y Medina-Rivera siguieron el mismo orden e incluyeron los mismos temas en las grabaciones con cada uno de los hablantes incluidos en sus correspondientes estudios. En el caso de Fontanella de Weinberg, el desarrollo de la entrevista (propiamente llamada así en este caso) fue el siguiente (a–c):

a. *La situación del informante*. Durante los primeros minutos de la sesión se obtuvieron los datos personales del informante: nombre, edad, sexo, ocupación, familia, etc. Este comienzo obviamente define de inmediato la situación como una de entrevista. Fontanella de Weinberg reconoce que ésta y la parte siguiente de la entrevista se desarrollaron en estilo formal.

b. *Los gustos del informante*. Esta parte incluyó preguntas sobre la comida, artículos de tocador y belleza, la casa y la vestimenta. Se pretendía obtener respuestas que contuvieran palabras con la variable (š); por ejemplo, chantilly, schop, champagne, shampoo, crochet, cachemira y chalet.

c. *La travesura más emocionante y el susto más grande*. Durante esta tercera parte Fontanella de Weinberg le pidió al hablante que contara la travesura más emocionante de su niñez, o el susto más grande de su vida. Según Fontanella de Weinberg, ambos tipos de relato proporcionaron mues-tras de habla espontánea.

En una entrevista dirigida de este tipo, sin embargo, parece poco posible que surja el habla espontánea y casi imposible que surja el habla vernácula. Esto no significa que la entrevista no tenga validez. Para el propósito de Fontanella de Weinberg, era necesario obtener una gran cantidad de ciertos ítemes léxicos y una muestra de habla que reflejara diferentes estilos. Aun si no se hubiera llegado al estilo espontáneo, habría sido posible investigar el efecto del estilo en la frecuencia de ocurrencia de las variantes fonológicas, ya que podemos suponer que en las partes (a), (b) y (c) de la entrevista se obtuvieron muestras de por lo menos dos grados diferentes de formalidad: (a) y (b) más formal que (c).

Fontanella de Weinberg (1979) completó cada sesión con dos tipos de lectura, una de un texto y otra de listas de palabras, siguiendo así estrechamente la metodología usada por Labov en sus estudios. Labov (1972a, 85) agrega una tercera clase de lectura, la de pares mínimos, que para este autor representaría el estilo más formal de todos, es decir, aquél que resulta cuando el hablante pone la mayor atención a su habla, cuando los procesos de autoobservación y autocorrección son más intensos.

La entrevista dirigida puede terminar, entonces, con tres pruebas de lectura:

d. *Lectura de un texto*. El texto debe tener entre cien y doscientas palabras. Una lectura previa de la grabación puede ser necesaria, especialmente en el caso de hablantes de bajo nivel educacional. El contenido del texto también es de importancia; un tema familiar, informal, e interesante es preferible ya que el objetivo es estimular una lectura rápida y relativamente despreocupada en la que el lector no preste demasiada atención a las variables en estudio.

e. *Lectura de listas de palabras*. El hablante lee aquí palabras aisladas; por tanto, se presume que la atención puesta en ellas es mayor que si aparecieran en un texto. En un estudio de la variable (l), por ejemplo, se podría incluir la siguiente lista en la que los ítemes que interesan (dados aquí en cursiva) se han mezclado con otros con los que se relacionan semánticamente:

ayer	pasado	plumas
antes	pavo	*pollo*
pato	marzo	cerro
villa	abril	*valle*
pueblo	*mayo*	tormenta
arroyo	estero	*rayos*
		truenos

f. *Lectura de pares mínimos*. Cuando la variable en estudio es el único elemento que distingue dos palabras, se presume que recibe el máximo de atención y la lectura representa el extremo de mayor formalidad. Siguiendo con el ejemplo de la variable (l), se podría incluir una lista de palabras como la siguiente:

callo	valla
cayo	vaya
pollo	halla

poyo	haya
callado	gallo
cayado	gayo

La entrevista dirigida es utilizada también por Medina-Rivera (1997) en su estudio de variación fonológica, pero él deja el cuestionario con los datos personales para el final, evitando así crear un marco de extrema formalidad del que es difícil librarse más adelante. Además, los temas de interés general son más variados, lo que en principio crea más posibilidades de participación espontánea.

La *conversación semidirigida* se conduce básicamente como una conversación libre, pero durante su desarrollo el investigador introduce ciertos temas que de antemano se han identificado como favorables al uso de ciertas formas gramaticales que interesa estudiar. Esto implica un período de preparación previo al inicio de las grabaciones durante el cual el investigador prepara módulos temáticos que sirven de guía para la conversación.

Estos módulos contienen listas de diferentes temas de interés para la comunidad en estudio, con sugerencias sobre cómo introducirlos, cambiarlos o mantenerlos. La preparación de los módulos, por tanto, no es fácil, pues debe estar basada en un conocimiento de la estructura de la conversación social, conocimiento aún no desarrollado completamente.

Son numerosos los temas que se pueden desarrollar en diferentes módulos. Algunos de éstos son universales, otros, específicos a una comunidad. Entre los temas/tópicos universales que con frecuencia promueven un diálogo ameno están: el vecindario y las amistades, las costumbres, recuerdos de la infancia, los sueños, lo sobrenatural (milagros, apariciones, premoniciones), los problemas ("Esta vida está llena de problemas—si no son económicos, es una enfermedad, un accidente, o una pelea con tu mejor amigo. . . ."), crímenes (robos, secuestros, asesinatos, drogas), el sexo opuesto, el matrimonio, la familia, el divorcio, la religión, y la buena y la mala suerte. Con los adolescentes resulta además interesante hablar de deportes y de sus relaciones con padres y profesores.

Los módulos tienen el gran peligro de que, en manos de un investigador con poca experiencia, pueden convertir la conversación en una encuesta. Para que esto no suceda, es importante tener presente que estos módulos son parte de un período preparatorio, durante el cual el investigador se hace consciente de la variedad de tópicos/temas sobre los que se puede conversar; de cuáles pueden ser más o menos apropiados con diferentes interlocutores (según edad, sexo, educación, etc.); del tipo de discurso que puede promover cada tema (e.g., descripciones, exposición de hechos pasados o presentes, planificación, directivas, narrativas, instrucciones, o discusión de hechos reales o hipotéticos); de qué estructuras gramaticales pueden aparecer con mayor o menor frecuencia según el tema y el tipo de discurso; y, finalmente, de la variedad de estilos de habla que pueden promover estos temas y tipos de discurso. Es imperativo que el investigador esté consciente de todos estos aspectos antes de iniciar las grabaciones para el estudio, pero ni el diseño de la conversación, ni los temas, ni el lugar donde se desarrolla son tan importantes como la personalidad del investigador para asegurar la obtención de una muestra valiosa de habla para el estudio sociolingüístico.

En suma, no es posible dar recetas exactas, sino solamente sugerir ciertas conductas básicas sin las cuales el éxito de la conversación grabada no se podría asegurar:

a. El investigador es un participante en la conversación. Su papel no es solamente hacer preguntas, sino también responder preguntas, hacer comentarios, ofrecer información, intercambiar ideas, etc.

b. El investigador debe permitir al hablante suficientes oportunidades para cambiar el giro de la conversación y proponer nuevos temas. Esto se logra a veces manteniéndose en silencio por unos segundos, o llenando una pausa con expresiones semi vacías o *marcadores* como "Así, pues, así, así," "Bueno, qué vida ésta, tantas cosas."

c. El investigador debe sentirse tranquilo y cómodo durante la grabación y demostrar genuino interés en lo que dice su interlocutor. Debe además adoptar una actitud despreocupada, natural y apropiada a una conversación social.

d. El investigador debe hablar sobre sí mismo y ser específico en sus intervenciones ya que este enfoque crea una atmósfera más íntima y personal que estimula también a hablar al individuo estudiado.

La conversación semidirigida es especialmente recomendable en estudios de variación sintáctica, en general difíciles de realizar debido a la baja frecuencia de ocurrencia de las variables sintácticas en comparación con las fonológicas. Por ejemplo, durante nuestro estudio del español de Los Angeles nos interesó examinar el uso de *ser* y *estar* al observar la ocurrencia de construcciones como las dadas en 4:

4. a. Pedro es alto, ¿okay?, mi hermano. Lo has visto, ¿verdad?
   b. *Está* grande el muchacho.
   c. No *está* delgado o chiquito.
   d. *Está* grande. Se ve fuerte.

En el ejemplo 4 la hablante está describiendo a su hermano, un joven de veintitrés años de edad. El uso de *ser* en (a) corresponde a las reglas del español general y éste sería el verbo usado también en (b), (c) y (d), pero en estas tres oraciones la hablante usa, en cambio, *estar*. Para obtener un número suficiente de casos de *ser* y *estar*, consideramos necesario llevar la conversación de tal manera de lograr que en algún momento el hablante describiera un lugar y una persona. Nos interesaba también elicitar narrativas personales, pues la narrativa ofrece una gran riqueza de datos lingüísticos (por ejemplo, coloquio directo e indirecto y gran variedad de formas verbales) y representa un excelente contexto para el uso del habla vernácula. El problema que se plantea es cómo lograr estos objetivos en forma natural y discreta en una conversación. Es aquí donde la preparación previa de módulos resulta más eficiente.

2.4.2. Otras técnicas de recolección de datos

Además de los diferentes tipos de conversación grabada y de lectura, en diversos estudios se han utilizado las siguientes técnicas: respuestas breves y anónimas; entrevista telefónica; entrevista en "la puerta"; recuento de una historia presentada en dibujos o en película; pruebas formales de repetición, de respuesta a cuestionarios, y de completación y transformación; diarios basados en la autoobservación de conductas lingüísticas; preguntas directas sobre la aceptabilidad de ciertas estructuras; y preguntas indirectas y directas de valoración de usos lingüísticos (López Morales 1994 presenta una discusión más amplia de algunas de estas técnicas).

La *respuesta breve y anónima* fue la ingeniosa forma en que Labov (1972a) obtuvo datos para su estudio de la /r/ implosiva en Nueva York. Consiste en hacer una pregunta cuya respuesta se sabe de antemano que dará ejemplos de la variable lingüística en estudio. Se anota inmediatamente la respuesta sin que el individuo se dé cuenta y se estiman aproximadamente algunas de las características sociales del que ha respondido. Labov hizo su investigación entre los empleados de tres grandes almacenes de Nueva York y comparó la frecuencia de [r] versus [0] en la respuesta *fourth floor* 'cuarto piso' dada por los empleados a la pregunta *Excuse me, where are the women's shoes*? 'Perdón, ¿dónde está la sección de zapatos de señora?' (en el Capítulo 3 se comentan algunos de los resultados de este estudio). El investigador obtuvo dos respuestas en cada caso, pues simuló no haber entendido la primera vez. Así, se pudieron comparar dos estilos, el más espontáneo de la primera respuesta y el más cuidado de la repetición.

La respuesta breve y anónima se presta bien para el estudio de variables fonológicas, léxicas y quizá de algunas variables sintácticas. Una técnica similar, la de la entrevista en "la puerta" (Milroy 1987, 82–85), fue utilizada por esta autora en el estudio sociolingüístico de Belfast con el propósito de complementar, con lectura de palabras, los numerosos datos ya obtenidos después de un intenso período de observación y grabaciones de conversaciones.

Se puede crear una gran variedad de *pruebas formales*, ya sea orales o escritas, de acuerdo con los objetivos específicos del estudio. Es importante reconocer desde la partida, sin embargo, que los datos obtenidos por estos métodos no son comparables con aquéllos obtenidos en conversaciones grabadas o en observaciones directas, ya que las respuestas a tareas lingüísticas propiamente tales estimulan la conciencia lingüística de los que responden, los que en una situación así ofrecen simplemente la forma que ellos creen que es la más correcta. Las pruebas formales, por tanto, sólo pueden usarse como complemento de la conversación grabada, nunca como sustituto.

Las *pruebas de repetición*, que consisten en repetir o leer listas de oraciones, han sido usadas con niños, adolescents y adultos. Los estudios sociolingüísticos las evitan (ver Lavandera 1975, 206–207), pero se usan con éxito en estudios de adquisición de una segunda lengua (L2) (Stevens 2000). Tampoco se favorecen los cuestionarios ni las tareas de completación y transformación, aunque éstos también son usados con frecuencia en estudios de adquisición de una L2, así como también en estudios de fenómenos léxicos, morfológicos y sintácticos de corte no estrictamente sociolingüístico (García y Otheguy 1988; Silva-Corvalán 1994a, Capítulo 2; Uber 1985).

La *pregunta directa*, que solicita al hablante que juzgue la gramaticalidad y/o la aceptabilidad de ciertas construcciones, constituye uno de los procedimientos básicos del llamado análisis lingüístico teórico para la determinación de los datos que representan la competencia lingüística del hablante nativo. En sociolingüística, en cambio, los juicios de gramaticalidad y aceptabilidad se usan de manera muy restringida, ya que muchos estudios han demostrado que más que reflejar la competencia lingüística del hablante nativo, estos juicios reflejan su actitud subjetiva hacia ciertos hechos lingüísticos. (ver Carden 1990 para una discusión muy acertada de este tipo de prueba).

2.5. El estudio de actitudes

Los estudios de *actitudes lingüísticas* son de gran importancia en sociolingüística, pues dan información acerca de los hablantes mismos, su posición dentro de un grupo social, sus valores y prejuicios lingüísticos y la clase de personas que son o les gustaría ser. Además, las actitudes, positivas o negativas, pueden ser un indicio del futuro de un fenómeno variable en cuanto a la posibilidad de que alguna de las variantes se convierta en la norma lingüística categórica. Los esfuerzos que se realizan en diversos países por planificar la conducta lingüística de un pueblo pueden evaluarse también a través del estudio de las actitudes de los individuos hacia las medidas lingüísticas adoptadas por los organismos gubernamentales y educacionales.

La investigación de las actitudes lingüísticas de un grupo de individuos es crucial además para la definición de una comunidad de habla, ya que tal comunidad no puede concebirse como un grupo de hablantes que usan las mismas formas lingüísticas, sino que se ha definido más bien como un grupo que comparte las mismas normas evaluativas con respecto a una lengua (Labov 1972a, 158).

Las técnicas usadas para identificar las normas lingüísticas evaluativas de los hablantes incluyen los juicios de gramaticalidad y aceptabilidad y los juicios sobre los hablantes mismos, obtenidos a través de preguntas directas o indirectas, o por medio del *apareamiento disfrazado* ('matched-guise,' que López Morales 1994 llama 'técnica imitativa'), método desarrollado por Lambert et al. (1960) y aplicado en numerosos estudios (ver Amorrortu 1998; Giles y Powesland 1975; Gómez Molina 1998; Lambert 1967).

Uno de los problemas relacionados con la petición de un juicio de gramaticalidad y/o aceptabilidad es que los hablantes a menudo no responden a los datos puramente lingüísticos. Ilustramos este problema con la discusión de algunas de las respuestas obtenidas en nuestro estudio de la evaluación de una construcción no estándar, el uso de Condicional por Subjuntivo, en Covarrubias (Burgos). Para esta investigación se preparó una lista de diez oraciones como las ilustradas en 5 a 8 (hemos subrayado aquí las formas verbales que nos interesan):

5. Si *estuviéramos* en los Estados Unidos tú nos mostrarías las cosas que hay allá.
6. Yo sé que Pepe te pidió que te *casarías* con él.
7. Ella iba a comprarlo cuando *fuera* a Madrid.
8. Si *tendría* 20 millones de pesetas ya no trabajaría más.

Los ejemplos deben construirse con gran cuidado, de tal manera de asegurar que el único rasgo variable sea el que se investiga, pues es necesario evitar que la evaluación hecha por el hablante pueda responder a otros factores lingüísticos. Obviamente, los ejemplos deben ilustrar todas las variantes de la variable en estudio para permitir la comparación de las reacciones de los encuestados hacia ellas. En nuestro caso, las variantes son el Condicional (ejemplos 6 y 8) y el Subjuntivo (ejemplos 5 y 7), que en algunos dialectos del español de Burgos, Santander y el País Vasco alternan en ciertas oraciones subordinadas donde la norma estándar acepta sólo el Subjuntivo (es decir, sólo los ejemplos 5 y 7 serían gramaticales de acuerdo con esta norma).

La encuesta tenía por objeto obtener tres juicios de cada hablante: sobre la gramaticalidad de cada ejemplo, sobre si él usaría una oración como la ilustrada por cada ejemplo y sobre si otras personas en el pueblo las usarían. Con anterioridad, los hablantes encuestados habían sido observados y/o grabados y el análisis de sus datos había permitido establecer cuáles de ellos poseían la variable Condicional-Subjuntivo. Se pretendía que los resultados de la encuesta dieran información sobre las normas sociolingüísticas y sobre el grado de conciencia lingüística de la comunidad, sobre el concepto de sí mismos y de otros que pudieran tener los encuestados y sobre sus sentimientos de lealtad y de identidad con la comunidad.

La aplicación de la encuesta se vio entorpecida por el mismo tipo de dificultades con que se han enfrentado otros investigadores (ver López Morales 1994). Las diez oraciones tuvieron que ser presentadas a cada hablante en forma oral y escrita a la vez ya que algunos de ellos demostraban cierta dificultad para leerlas (Covarrubias es una comunidad rural), pero sin embargo expresaban la necesidad de tenerlas por escrito. Las respuestas y comentarios de los hablantes se anotaban al momento de darse.

La primera dificultad se derivó del hecho de que los encuestados no aceptaban ciertas construcciones no debido a la presencia de un Condicional o Subjuntivo, sino por el uso del Imperfecto del Subjuntivo en -*ra* y el uso de ciertos ítemes lexicales. Así, la respuesta de Tito, hombre de veintitrés años, a la cuestión de la gramaticalidad del ejemplo 5 es que no es correcto y que ni él ni otros en el pueblo lo dirían. La causa de la incorrección, explica Tito, es que en vez de "estuvié*ra*mos" debería usarse "estuvié*se*mos" y en vez de "mostrarías," "enseñarías."

Las razones por las cuales Tito no acepta el ejemplo 5 tal como está dado son complejas y no las discutiremos aquí. Debemos notar, sin embargo, el peligro que conlleva la encuesta escrita con preguntas cerradas ya que un simple "sí" o "no" puede no responder directamente al objetivo de la pregunta formulada. La encuesta oral es más aconsejable porque permite al encuestador investigar más a fondo las respuestas de los informantes y no ata a éstos a dos o tres posibilidades preestablecidas. Por otra parte, tiene la desventaja de la gran cantidad de tiempo que se necesita para hacerla.

El contenido de los ejemplos es otro factor que puede crear confusión. Marcelo, hombre de setenta y cuatro años, por ejemplo, contestó que él no diría 8, pero luego comentó: "Si me *volvería* de 20 o 30 años diría que no trabajaría más," lo que indica claramente que había reaccionado al contenido y no a la forma del ejemplo.

Estos problemas son solucionables gracias a la aplicación oral de la encuesta y la información obtenida recompensa el tiempo y el esfuerzo invertidos. El hecho de que los hablantes no reaccionen a la forma no estándar de la oración indica que corresponde a una forma aceptable y "natural" en su dialecto. Por otra parte, en el caso de algunos hablantes de Covarrubias, hemos constatado que existe cierto nivel de conciencia lingüística sobre variación diatópica y diastrática en relación a la variable Condicional/Subjuntivo, lo que trae como consecuencia un mayor o menor grado de *inseguridad lingüística* (Labov 1972a, 132–33).

Algunos de los hablantes, especialmente los que han vivido por algún tiempo en Madrid, son muy sensibles al uso del Condicional por el Subjuntivo, lo juzgan "incorrecto" y declaran que ellos usan la forma en *-se* del Subjuntivo, aunque sabemos que no es así pues las conversaciones grabadas dan prueba de lo contrario. Hemos constatado además que los hablantes menores de treinta años reconocen que el Condicional "suena mal" y que "no parece correcto," pero que ellos lo usan con sus amigos y en familia, aunque a veces "se escapa" también en otros ámbitos. El mayor grado de conciencia lingüística de los jóvenes se explica por el nivel de escolaridad más alto de ellos comparados con el resto de la población.

La pregunta directa se ha utilizado también para obtener juicios evaluativos de orden puramente social, pero basados en datos lingüísticos. López Morales (1979, 143–63) ha realizado un estudio de esta índole en San Juan, Puerto Rico, en el que los participantes debían: (a) identificar social y económicamente a ocho personas, como "profesional" u "obrero," escuchando una corta grabación en la que cada una de éstas hacía un comentario sobre la congestión del tránsito en la zona metropolitana; y (b) justificar su clasificación. Este estudio no controla, pues, una o más variables lingüísticas, sino que la discriminación se basa en una apreciación global del sociolecto, que debe ser, después de todo, la forma en que los individuos se evalúan entre sí en la vida real. Los participantes identificaron correctamente a los hablantes (cuatro eran obreros y cuatro eran profesionales) en un 83 por ciento de los casos; el porcentaje de reconocimientos correctos es mayor mientras más alto sea el nivel sociocultural del evaluador.

De gran interés es también la justificación lingüística usada para la identificación, que López Morales (1979) explica así: "De los síntomas lingüísticos, el más importante es el léxico, al que todos acuden con mayor frecuencia para sus evaluaciones, y le sigue a una distancia considerable la pronunciación; la sintaxis, en cambio, apenas si desempeña papel alguno en el proceso" (p. 163). No hay que perder de vista que esta cita se refiere a los factores lingüísticos mencionados por los participantes; no es posible extrapolar y concluir que el léxico es perceptualmente más prominente que la pronunciación y la sintaxis, ya que esto habría necesitado un control del número de variantes asociadas con los sociolectos culto e inculto en cada uno de estos planos, lo que no se hizo en esta investigación.

En todo caso, el estudio de López Morales (1979) prueba cuantitativamente que los individuos usan la manera de hablar de otros como indicio de información no lingüística, tales como nivel de educación, ocupación y clase socioeconómica. Aun más, otros estudios (Amorrortu 1998; Lambert 1967; Lambert et al. 1960; Scherer y Giles 1979) han demostrado que además de identificar el sexo, la edad y el lugar de origen, la gente evalúa también la personalidad de los hablantes según su manera de hablar. Esta asociación consciente de un rasgo lingüístico con una característica no lingüística constituye un *estereotipo lingüístico*, el que puede o no responder exactamente al uso real de la lengua. El pasaje que cito en 9 de una conversación con Antonio, puertorriqueño de treinta años, ilustra claramente un caso de estereotipo: hablantes de otras variedades de español asocian de manera exagerada y no real la pronunciación de *rr* (erre) como *l* (ele) con el dialecto puertorriqueño.

9. C: Aha, Antonio, ¿y tú has oído a la gente opinar sobre el español de Puerto Rico?
A: ¡Ay! Dicen barbaridades. (risas)
C: ¿Como qué por ejemplo? ¿Qué opina la gente?
A: Que no sabemos hablar, que, que no sabemos pronunciar la erre. Entonces, los estereotipos se van al extremo porque yo creo que la erre, la erre de principio de sílaba sí la podemos pronunciar. Entonces me da coraje cuando me dicen: "Ay, eres de Puelto Lico." Y yo le digo, "Bueno, de Puelto Jico o de Puelto Rico, pero no de Puelto Lico," porque nunca has oído a un puertorriqueño que pronuncie la, la erre doble como ele.

Como Antonio observa, "la erre doble" se velariza a veces (y suena como la erre francesa), pero solamente la "ere simple," *r*, se lateraliza y esto en posición final de sílaba. El estudio de las actitudes subjetivas hacia la lengua es, pues, en cierta medida un estudio de los estereotipos lingüísticos.

Algunos estereotipos son fáciles de identificar; es decir, al preguntar directamente "¿Qué tipo de persona cree usted que usa . . . (ejemplo)?," los encuestados pueden dar una caracterización no lingüística. Es posible que éste sea el caso de variables antiguas y relativamente estables, tales como la velarización de /f/ (formas como *jui*, *juente*, etc. se asocian con habla poco culta y/o rural), la realización velar de /r̄/ en Puerto Rico (también asociada con habla rural), formas como *haiga* y *semos* por *haya* y *somos*, etc. Pero, en general, la gente no es consciente de la relación entre ciertas variables lingüísticas específicas y ciertas variables no lingüísticas, o no poseen el metalenguaje necesario para explicar la relación, lo que hace difícil que puedan responder a preguntas como ¿Qué tipo de persona cree usted que dice "*Habían* animales de todas clases," o "*La* conté una historia," o "Me dijo *de que* no viniera mañana"? Más acertadas parecen ser, por lo tanto, las técnicas que investigan indirectamente las actitudes subjetivas hacia diferentes usos lingüísticos, como la del apareamiento disfrazado.

Las metodologías usadas siguen o extienden la desarrollada por Labov (1966, Capítulo 11) en su estudio de los sociolectos del inglés hablado en Nueva York. Labov preparó una lista de veintidós oraciones que ilustraban cinco variables fonológicas, las que fueron grabadas por cinco mujeres. Se les pidió a los evaluadores que asumieran el papel de gerentes de personal y que indicaran, basándose en el habla solamente, qué trabajo podrían tener las mujeres que habían sido grabadas. La comparación de las evaluaciones recibidas por la misma mujer al leer diferentes oraciones, incluyendo algunas que no contenían rasgos no estándares, permitió identificar las reacciones subjetivas de 122 sujetos hacia cada una de las variables lingüísticas. La jerarquía de trabajos presentada a los evaluadores, ordenada de mayor a menor según la corrección lingüística que se requiriera, fue la siguiente:

> Figura importante de la televisión
> Secretaria ejecutiva
> Recepcionista
> Operadora de teléfonos
> Vendedora
> Obrera
> Menos que obrera

Son numerosas las técnicas usadas ya en el estudio de las reacciones subjetivas y se siguen perfeccionando con el objeto de asegurar que la evaluación hecha responda en verdad a la variable lingüística en estudio. Esto es necesario pues se ha demostrado que ciertos factores paralingüísticos como la calidad y el tono de la voz y la fluidez de la exposición tienen un efecto significativo sobre el tipo de personalidad que los hablantes se supone que poseen.

Precisamente para reducir el efecto de estos factores paralingüísticos, Lambert (1967) introdujo la técnica del *apareamiento disfrazado*, que consiste en que un mismo hablante graba un texto dos o más veces usando un acento, dialecto o lengua diferente cada vez. Una investigación de este tipo, por ejemplo, podría incluir cuatro hablantes, cada uno usaría dos variedades, los ocho textos se mezclarían en la cinta estímulo para evitar que los evaluadores reconocieran las voces y pudieran, en cambio, responder a preguntas sobre el status socioeconómico y la personalidad de los hablantes suponiendo que cada texto correspondería a un hablante diferente. La ventaja de esta técnica es que controla las variables lingüísticas y paralingüísticas. Por otro lado, tiene dos desventajas: la dificultad de encontrar hablantes bidialectales y la falta de autenticidad y naturalidad de la situación experimental y de los textos.

Se han diseñado diversas formas ingeniosas de resolver la falta de naturalidad de la situación. Nos referimos aquí brevemente a una de ellas. En este experimento (Giles y Powesland 1975), un investigador inglés que podía usar dos acentos, el regional de Birmingham y el no regional general (llamado RP, *Received Pronunciation*, 'Pronunciación Recibida'), se presentó como profesor universitario de psicología y dio una corta charla sobre este tema a dos grupos de estudiantes de diecisiete años de edad, a cada grupo en uno de los dos acentos. Después de la charla, un ayudante se quedó con los estudiantes y les solicitó que escribieran sus impresiones sobre el conferenciante y que evaluaran su nivel de inteligencia, con el pretexto de que esta evaluación se necesitaba para poder decidir si este profesor era una persona adecuada para dar charlas sobre psicología en institutos. Los resultados del experimento son interesantes: los estudiantes que escucharon la charla en el acento no regional escribieron mucho más sobre el profesor y lo evaluaron más altamente en la escala de inteligencia que los estudiantes que habían escuchado exactamente la misma charla en el acento regional. Tanto la conducta (en términos de cantidad de escritura) como las opiniones de los estudiantes se pueden interpretar como respuesta a los diferentes acentos, especialmente si se acepta que las características de los dos grupos de estudiantes eran similares.

El tipo de evaluación solicitada es crucial para la identificación de los valores lingüísticos de los evaluadores. Estos estudios se proponen responder a preguntas tales como: ¿Qué prejuicios lingüísticos tiene la comunidad hacia el uso de una variante? ¿Tiene conciencia la comunidad de la distribución diatópica y diastrática de este rasgo lingüístico? ¿Funciona esta variante como un símbolo de lealtad y asociación con un grupo social? Por ejemplo, comunidades que sufren cambios demográficos rápidos y empiezan a atraer individuos de zonas urbanas (por razones de turismo o de trabajo) o cuyos propios habitantes se desplazan con facilidad hacia zonas urbanas, tienen cada día más y más contacto con hablantes de otros dialectos del español, contacto que puede afectar de diferentes maneras la variedad vernácula.

Esta es la situación identificada por Silva-Corvalán (1984a) en Covarrubias, en parte comparable con la que describen Alturo y Turell Julià (1990) en El Pont de Suert (Cataluña) y Labov (1972a, 1–4) en la isla Martha's Vineyard frente a la costa de Massachusetts en los Estados Unidos. Es decir, hay básicamente dos grupos de personas: un grupo de nativos del lugar y otro grupo de extraños que son residentes temporales o recientes. Esta composición social puede llevar al grupo nativo ya sea a cambiar su conducta lingüística o a reafirmar su identidad y reforzar los patrones lingüísticos existentes. Así, si los sujetos evalúan más positivamente al hablante que produce la versión vernácula, a pesar de reconocer que este uso "no es correcto," podemos interpretar su evaluación como indicadora de un deseo de identificación y unión con la comunidad.

Una de las técnicas usadas con mayor frecuencia para medir la actitud de los sujetos es la del *diferencial semántico*. Se presentan términos polares con varias posibilidades intermedias (generalmente entre cinco y siete), como ilustramos en el cuadro 2.3, y se le pide al sujeto que marque su opinión en el espacio que mejor corresponda según lo más o menos cerca de uno de los polos que él crea que está el hablante.

Si esta técnica no se considera apropiada en una comunidad específica, se pueden hacer preguntas abiertas en forma oral. En nuestro estudio de Covarrubias aplicamos tres tipos de preguntas: el primer tipo averigua qué clase de persona cree el evaluador que corresponde a la voz que ha escuchado, el segundo averigua las presuposiciones sobre el origen geográfico de "la voz" y el tercero sobre su ocupación.

Las pruebas de apareamiento disfrazado pueden carecer de la naturalidad de la situación creada en el caso de la charla sobre psicología, pero, por

Cuadro 2.3. Ejemplo de diferencial semántico.

mentiroso	__	__	__	__	__	sincero
fuerte	__	__	__	__	__	débil
amable	__	__	__	__	__	no amable
irresponsable	__	__	__	__	__	responsable
trabajador	__	__	__	__	__	perezoso
desagradable	__	__	__	__	__	agradable

otra parte, parecen más apropiadas en una comunidad no escolar donde no es fácil reunir a los sujetos.

La interpretación de los resultados de una prueba de este tipo es tarea delicada y compleja. Aun en un experimento muy controlado es difícil afirmar sin temor a equivocarse que las respuestas de los sujetos obedecen al estímulo de la variable en estudio, especialmente si esta variable es morfológica o sintáctica. Con frecuencia los encuestados reaccionan al léxico y a la pronunciación más que a la sintaxis, como se deriva de algunos comentarios obtenidos en el estudio de Condicional/Subjuntivo en Covarrubias: "Tiene bonito tono de voz," "Habla bien, debe ser locutora," y del hecho de que nadie opinó que el hablante que se estaba evaluando fuera del País Vasco, "Porque no tiene el deje," a pesar del uso de la variante *-ría*, que es considerada uno de los rasgos típicos del español vasco. Estos resultados concuerdan con las observaciones que López Morales (1979) hace en relación a sus estudios en Puerto Rico en cuanto a que sólo los estratos medios y medios altos reparan en el factor sintáctico, pero de manera poco específica.

2.6. Análisis de los datos lingüísticos

Nos referiremos aquí de manera muy breve a los pasos que se deben seguir en el análisis ya que la presentación de algunos ejemplos en los capítulos subsiguientes dejarán este aspecto más en claro. Básicamente, el análisis incorpora dos tipos de tareas: una es obligatoria, el *análisis cualitativo*, la otra, el *análisis cuantitativo*, se realiza o no dependiendo del objetivo del estudio.

El análisis cualitativo atiende a lo siguiente: (a) la identificación del fenómeno que se va a estudiar, ya sea una variable lingüística (por ejemplo, "*Le* dije a ella" versus "*La* dije a ella") o un rasgo lingüístico que no constituye estrictamente una variable (por ejemplo, el uso de tiempos verbales en diferentes géneros discursivos; el uso de *marcadores del discurso*); (b) la postulación de hipótesis sobre el fenómeno en cuestión; (c) la identificación de la distribución lingüística del fenómeno, a lo que nos referimos también como *definición de contextos lingüísticos* en los que ocurre el fenómeno; (d) el examen de cada caso de ocurrencia de lo que se está estudiando en la muestra de habla (oral o escrita).

El análisis cuantitativo implica: (a) el análisis del fenómeno en los datos examinados y la codificación de cada caso de ocurrencia en los datos, codificación que responde a las hipótesis postuladas; (b) la cuantificación y el estudio estadístico; (c) la interpretación de los resultados. Ilustramos aquí con dos estudios, una variable fonológica y una sintáctica.

2.6.1. Ejemplo 1: La variable fonológica (rr)

El primer ejemplo proviene del estudio de la variable fonológica (rr) realizado por Medina-Rivera (1997) bajo nuestra dirección. El material lingüístico para el estudio consiste en conversaciones grabadas por Medina-Rivera en Caguas, Puerto Rico.

2.6.1.1. Análisis cualitativo

Los pasos seguidos en el análisis cualitativo de los datos fueron los descritos en (a) a (d):

a. La *identificación de la variable*. Observamos que en el mismo hablante alternan las pronunciaciones alveolar [rr] y velar [R] para el fonema representado ortográficamente con *rr* o *r* en palabras como *carro* y *rosa*; es decir, *carro* se pronuncia a veces [kárro] y otras veces [káRo]. La *variable dependiente* se puede representar o definir de diversas maneras. En este caso, que sirve como ilustración, diremos que es una "vibrante múltiple alveolar" con dos *variantes*, es decir, dos posibles realizaciones fonéticas en el mismo contexto, a cada una de las cuales se le asigna un código que pueda ser aceptado por un programa estadístico informatizado (damos la letra usada entre paréntesis):

  i. [rr] variante vibrante múltiple alveolar ('a')
  ii. [R] variante vibrante múltiple velar ('v')

b. La postulación de *hipótesis* sobre el fenómeno en estudio. Se formuló la hipótesis de que la variación estaba condicionada por tales factores como la edad de los hablantes, el sexo y el estilo. Cada uno de estos factores constituye una *variable independiente* cuyo efecto se mide por medios cuantitativos. La observación de la comunidad validaba esta hipótesis: la variante velar parecía más frecuente entre los hablantes mayores y en el habla más informal. No se plantearon hipótesis específicas sobre la correlación con factores puramente lingüísticos, pero como indicamos abajo, se incorporó un número de variables lingüísticas independientes en los análisis cualitativo y cuantitativo con un propósito exploratorio.

c. La identificación de *la distribución lingüística* de la variable dependiente o *definición de contextos lingüísticos*. De acuerdo con las reglas del español, la variable sólo ocurre en posición inicial de sílaba y seguida de vocal: $-V. Se examinó en los contextos lingüísticos en A a D:

  A. *Contexto precedente*
    i. Posición inicial absoluta (al iniciarse un turno de habla o después de pausa): Rita ya llegó. ('i')
    ii. Precedida de consonante:
        nasal: enredo ('n')

lateral: alrededor ('l')
vibrante: estar raro ('v')
sibilante: es raro ('s')
otra consonante: Madrid romántico ('c')
  iii. Precedida de vocal: horror ('a')
B. *Posición*
  i. Inicial de palabra: la rosa, el risueño ('i')
  ii. Interior de palabra: Enrique ('t')
C. *Acento*
  i. Vocal tónica ('t')
  ii. Vocal átona ('a')
D. *Clase de palabra*
  i. Sustantivo propio ('p')
  ii. Otra ('o')

En el caso de la variable (rr), pudo haberse examinado también la calidad de la vocal siguiente (alta, baja, etc.). Con (rr) no existe la posibilidad de *neutralización de un contexto*. Esta posibilidad se da, sin embargo, cuando la variante de una variable ocurre en posición final e inicial de sílaba, como por ejemplo (s) en la frase "la*s s*illas." En un ejemplo así no es posible determinar si la variante de (s) en el artículo "las" es [s] o [0], por lo que se considera un contexto neutralizado y el caso no se incluye en la cuantificación.

d. El análisis de cada caso de ocurrencia del fenómeno en la muestra de habla. Nótese que el *principio de responsabilidad* ('accountability principle') motiva la consideración de todas y cada una de las realizaciones de una variable en relación a todos los contextos posibles de ocurrencia en los datos examinados. Esta etapa del análisis cualitativo es crucial ya que puede llevar a refinar los contextos de ocurrencia de la variable dependiente, a modificar hipótesis iniciales, y a postular nuevas hipótesis. Este análisis se realiza al mismo tiempo que se van codificando (ver abajo) los datos para la cuantificación. De aquí se desprende que sea necesario recodificar cuando el análisis indica que las variables independientes postuladas eran deficientes o insuficientes.

2.6.1.2. *Análisis cuantitativo*

El análisis cuantitativo implicó las etapas en (a) a (c) descritas a continuación:

a. La *codificación* de cada caso de ocurrencia de [rr] y [R] en las conversaciones grabadas en respuesta a las hipótesis postuladas y al análisis descrito en (c)–(d) en la sección anterior. La variable se codificó con respecto a factores lingüísticos y extra-lingüísticos: estilo, edad (jóvenes ('j') y mayores ('m')) y sexo del hablante (hombres ('h') y mujeres ('m')). Se registraron 2.494 casos de [rr] y [R] en los datos.

Cada uno de los factores en los grupos de variables independientes (lingüísticas y sociales) representa una hipótesis sobre el efecto que se presume que este factor tiene en la frecuencia de realización de una u otra de las variantes en estudio ([rr] y [R]).

A cada factor se le asigna una letra (como las dadas arriba entre parénte-sis), o un número, en lo posible con cierto valor mnemónico, para ajustarse al formato requerido para la computación de los datos. Esta codificación se puede entrar directamente a un programa informatizado de análisis es-tadístico o simplemente a una hoja de codificación que, típicamente y dejando de lado el estilo (que se examina más detalladamente en el Capítulo 3), contendría el tipo de información que se ilustra en el cuadro 2.4.

En el primer caso, *la rama*, la codificación indica que la variante que ocurre es la velar, precedida de vocal, en posición inicial de palabra, en sílaba tónica, en un sustantivo común, en el habla de una mujer del grupo joven.

Cada variable independiente o factor debe ser *exhaustivo*, debe tener al menos dos subfactores y cada subfactor dentro de la variable debe ser *excluyente*. Tomemos, por ejemplo, el factor A, "contexto precedente." Este factor no distingue todos los tipos posibles de consonantes, lo que exige incluir el subfactor "otra consonante" para hacerlo exhaustivo. Al mismo tiempo, no podemos incluir además "consonante sorda," por ejemplo, porque no es excluyente, i.e., se sobrepone con la consonante sibilante [s].

Cuadro 2.4. Ejemplo de codificación de una variable fonológica.

Datos _____	Variable _____ (rr) _____
Hablante/s _____	Codificador _____
Fecha _____	Archivo _____

Caso	var.dep.	A (prec.)	B (pos.)	C (ac.)	D (clase)	sexo	edad
1. la rama_____	v_____	a_____	i_____	t_____	o_____	m_____	j_
2. enredado_____	a_____	n_____	t_____	a_____	o_____	m_____	j_
3. sus risas_____	a_____	s_____	i_____	t_____	o_____	m_____	j_
4. ## Rara vez___	a_____	i_____	i_____	t_____	o_____	m_____	j_
5. Puerto Rico__	v_____	a_____	i_____	t_____	p_____	m_____	j_

Nota. var.dep. = variable dependiente; prec. = precedente; pos. = posición; ac. = acento.

b. La *cuantificación* de los datos en estudios de variación a menudo incluye la aplicación de programas de computación que realizan una variedad de análisis estadísticos, indispensables cuando se trabaja con una gran cantidad de datos y se desea establecer si las correlaciones aparentes entre la variable dependiente y las independientes son estadísticamente significativas o simplemente resultado del azar (la *hipótesis nula*). Hay numerosos programas disponibles para uso personal, pero aquí se ilustran solamente dos.

La variable vibrante múltiple se analizó por medio de dos programas: el de tabulación cruzada del Paquete Estadístico para las Ciencias Sociales (SPSS, *Statistical Package for the Social Sciences*) y VARBRUL (ver explicación en la sección 2.6.2.).

El programa SPSS está disponible en el centro de computación de muchas universidades; puede también comprarse (para PC o Macintosh) en tiendas de *software* o en librerías universitarias. La tabulación cruzada (*crosstabs*) calcula la frecuencia de las variantes de la variable dependiente según cada una de las variables independientes y, entre otras posibilidades estadísticas, da el valor de chi, que permite determinar si la relación entre las dos variables es sistemática y estadísticamente significativa. Si lo es, la hipótesis nula, según la cual la relación es aleatoria, queda rechazada.

Además de tabular dos variables, el programa permite hacerlo controlando una tercera (o más). Por ejemplo, se puede tabular la variable dependiente ('v' - 'a') por el contexto precedente y controlar la edad, de tal manera que la frecuencia de ocurrencia de 'v' y 'a' (la variable dependiente) según el contexto precedente se presenta en tablas separadas para cada subgrupo según la edad. Cada tabla presenta además el valor de chi; es decir, permite evaluar la validez de la hipótesis nula.

Como ilustración, presentamos en el cuadro 2.5 el resultado cuantitativo entregado por el programa de tabulación cruzada (en SPSS) según clase de palabra, adaptado del cuadro 5 de Medina-Rivera (1997, 117).

El programa de tabulación cruzada da más información de la citada en el cuadro 2.5: número de casos en cada casilla y totales; porcentaje horizontal (suma 100 por ciento para las variables independientes); y porcentaje vertical (el citado en el cuadro 2.5, que suma 100 por ciento verticalmente, para la

Cuadro 2.5. Variable (rr) según clase de palabra. ($p \leq ,03$)

	Sustantivo Propio		Otra clase de palabra	
Variante alveolar	205/217	94,5%	1512/1677	90,2%
Variante velar	12/217	5,5%	165/1677	9,8%

variable dependiente, y responde a la pregunta: ¿Qué efecto tiene la clase de palabra en la realización alveolar o velar de /rr/?). La fórmula entre paréntesis ($p \leq 0,03$) es un valor de probabilidad que se deriva del valor de chi, calculado por el programa. El valor obtenido indica que la correlación entre la frecuencia de ocurrencia de las variantes [rr] y [R] y la clase de palabra es estadísticamente significativa, porque la probabilidad de que sea aleatoria es igual a o menor de 3 casos en 100. En sociolingüística, se acepta como significativa una relación con un valor de probabilidad de error o de correlación al azar o aleatoria hasta de 5 casos en 100 ($p \leq 0,05$). Si el valor de p es superior a 0,05, la correlación entre las variables examinadas no es estadísticamente significativa.

El porcentaje más importante en cada tabla es el vertical, ya que es el que da la información sobre la frecuencia relativa de la variable dependiente según cada factor independiente. A partir del cuadro 2.5 se puede establecer que los sustantivos propios no favorecen la ocurrencia de la variante velar ya que con éstos la velar se realiza en el 5,5 por ciento de los casos, mientras que con otras clases de palabras esta variante ocurre en el 9,8 por ciento de los casos.

La aplicación del programa estadístico VARBRUL 2S (ver explicación en la sección siguiente) confirmó la significatividad estadística de la variable independiente "clase de palabra": los sustantivos propios no favorecen la variante velar (la probabilidad es de 0,33), mientras que las otras palabras la favorecen con una probabilidad de 0,52.

c. La *interpretación de los resultados* de un estudio sociolingüístico cuantitativo es de gran importancia. En el caso de (rr), el estudio le permite a Medina-Rivera (1997, 139) afirmar que, aunque la velarización no es frecuente, tampoco está desapareciendo en Puerto Rico. Aun de más interés son los resultados que muestran correlaciones significativas entre velarización y situación informal en conversaciones con interlocutores conocidos y el hecho de que no hay correlación significativa con el sexo del hablante.

2.6.2. Ejemplo 2: Una variable morfosintáctica en cláusulas relativas

Mis propios estudios se han concentrado casi exclusivamente en variables morfosintácticas. Para concluir este capítulo, presento algunos aspectos de un estudio de los llamados "pronombres redundantes" o "copias pronominales" en cláusulas relativas (CRs), que espero ofrezca una ilustración adecuada de cuestiones metodológicas (un estudio más completo se encuentra en Silva-Corvalán 1996). Esta variable morfosintáctica, que no parece ser conflictiva desde el punto de vista del significado (problema que se examina con detención en el Capítulo 4), consiste en la ocurrencia variable de un pronombre o frase nominal correferencial con el antecedente de una cláusula relativa. La variable tiene, pues, dos *variantes*: ocurrencia de un pronombre redundante, ilustrada en 10a, y ausencia de un pronombre redundante, ilustrada en 10b.

10. a. Ese era el hombre$_i$ (0) que estabas hablando **con él**$_i$ esta mañana.
　　b. Ese era el hombre (con) que estabas hablando esta mañana.

Hemos identificado, entonces, una *variable lingüística*, es decir, dos formas diferentes que comunican lo mismo (compare 10a con 10b). La cuestión central que trata de responder el examen de esta variable es la siguiente: dado que el relativizador *que* enlaza dos cláusulas e indica que hay un elemento que guarda relación sintáctica con los verbos de las dos, ¿en qué condiciones es posible o necesaria la referencia explícita a este elemento en el interior de la CR? La presencia del elemento redundante, ¿es casual y aleatoria o motivada? En esta ilustración tomamos en cuenta solamente factores lingüísticos como posibles motivadores de la frecuencia de ocurrencia de las dos variantes. Una gran cantidad de datos permitiría, sin embargo, examinar posibles correlaciones entre esta variable morfosintáctica y factores sociales como la edad, el nivel educacional y el estilo, entre otros.

Proseguimos con la formulación y el examen de posibles hipótesis que expliquen el fenómeno en cuestión. Una revisión de la literatura indica que se han propuesto varias explicaciones. Por ejemplo, se ha propuesto que la ocurrencia de estas "copias" constituye un mecanismo de compensación motivado por la pérdida de la marcación por medio de preposiciones, externa a la cláusula relativa, en la conjunción *que* (Landa 1992). Keenan y Comrie (1977), por su parte, proponen la hipótesis de "accesibilidad," según la cual la tarea cognitiva de relativizar elementos oblicuos es más difícil, por lo que provoca una mayor frecuencia de pronombres redundantes. Y más recientemente, Prince (1990) razona de forma convincente que la teoría de la "tarjeta de archivo" ('file card'), que tiene en cuenta la función de los constituyentes sintácticos en el desarrollo del discurso, sirve para explicar estas copias en cláusulas relativas.

Estas u otras hipótesis sobre el fenómeno observado nos dan un punto de partida para el análisis de los datos. En la ilustración que presentamos, los datos provienen del español conversacional de Santiago de Chile, pero las copias pronominales se han atestiguado en numerosas variedades del español (ver Herrera Santana 1990).

El paso siguiente implica la identificación de la distribución lingüística del fenómeno, a lo que nos referimos también como *definición de contextos lingüísticos* en los que ocurre. En nuestro caso, el contexto es relativamente sencillo de identificar: "cláusulas relativas." Esto significa que el análisis habrá necesariamente de incorporar cada CR que ocurra en los datos (el *principio de responsabilidad*). Este análisis exhaustivo lleva a proponer contextos más específicos como posibles factores que incidan en la ocurrencia de las "copias"; por ejemplo, cláusula restrictiva o no restrictiva, antecedente definido o indefinido. Cada uno de estos factores corresponde a una hipótesis que el investigador cree necesario examinar, pues sugiere una relación con el fenómeno de la copia pronominal.

Los datos analizados indican que los pronombres redundantes aparentemente están en variación libre en CRs restrictivas y no restrictivas, y con distintos tipos de antecedente, como se ve en los ejemplos a continuación (entre paréntesis se identifica el origen del ejemplo; inicial del nombre del hablante, sexo y edad, educación (U = universitaria; B = baja), y número de la casete).

A. *No restrictivas con "copia"*:

11. Es *una edad muy bonita*$_i$, que nosotros *la*$_i$ perdimos. (D, f68, U, CH1)

12. ... en *gasfitería*$_i$, que es la profesión más mía, la mejor, que *esa*$_i$ es la mía. (R, m35, B, CH26)

13. *Las agüitas*$_i$ que me dio la Madre Teodosia, que me *las*$_i$ mandó con la Flora y la Isabel. (D, f68, U, CH2)

B. *No restrictivas sin "copia"*:

14. Quizá nos van a desaparecer *los dedos de los pies*$_i$, poco a poco, que ya no 0$_i$ usamos casi. (F, m84, U, CH2:4)

A. *Restrictivas con "copia"*:

15. Había *una pieza grande*$_i$ que se *las*$_i$ (sic) teníamos llena de mapas. (D, f68, U, CH1)

16. Si no hay *nada*$_i$, digamos físico, que te *lo*$_i$ puedan diagnosticar ahí, tienes que empezar a hacerte exámenes. (E, f34, U, CH24)

17. [Hay que tratar de ser feliz en este mundo]—*las cosas*$_i$ que te llegan de repente y que tú no puedes hacer nada por evitar*las*$_i$, muy bien, tú las tomas [sin amargarte]. (E, f34, U, CH24)

B. *Restrictivas sin "copia"*

18. Yo conozco *muchos amigos* que 0$_i$ han tenido problemas en mi club. (R, m49, B, CH2:6)

19. En el sueño le avisaron que ella---tenía que sacarse la- *una toca blanca*ᵢ que 0ᵢ tenía. (R, m35, B, CH27)

Obsérvese que en las CRs no restrictivas (ejemplos 11 a 14), las copias pueden tener diversas funciones: objeto directo y sujeto. También pueden tener antecedente indefinido o definido. Las CRs sin copia también pueden tener varias funciones sintácticas y antecedente definido o indefinido.

Por otra parte, en las CRs restrictivas las copias tienen antecedente indefinido y pueden funcionar como objeto directo. Sólo un ejemplo en los datos estudiados presenta antecedente definido, el relativo múltiple del ejemplo 17. Los ejemplos 18 y 19 son casos de CR restrictivas sin copia con antecedente indefinido y posición relativizada de sujeto y objeto directo.

Como el propósito es estudiar las copias pronominales que ocurren *variablemente* en CRs, las CRs de objeto indirecto deben eliminarse de los análisis estadísticos si en el análisis previo se comprueba que los pronombres clíticos correferenciales con objeto indirecto (clítico dativo) son obligatorios en todos los tipos de cláusulas del español, como en el ejemplo 20, en el que hay un clítico dativo junto al verbo principal (*le dije*) y junto al verbo subordinado (*le gusta*).

20. Yo *le*ᵢ dije a mi mamáᵢ que *(a) la persona*ₚ que *le*ₚ gusta ser atrevida no se le quita nunca. (M, f56, B, CH36)

En este estudio se prescindió también de las frases nominales y de los adverbios correferenciales, que en todo caso fueron muy pocos, menos de diez ejemplos.

Así pues, paso a paso, el análisis cualitativo conduce a la preparación de lo que llamamos una *guía de codificación* (ver cuadro 2.6), en la que se han operacionalizado las diversas hipótesis de tal manera de hacer posible la cuantificación por medio de programas estadísticos computerizados (informatizados). Como en el caso de la variable fonológica examinada en la sección anterior (2.6.1), la guía incorpora una variable dependiente y un número de factores o variables independientes. Cada variable o factor debe incluir de manera exhaustiva todas las posibles alternativas o (sub)factores y cada alternativa debe ser excluyente, es decir, no puede haber dos subfactores que se solapen de alguna manera dentro de una variable o factor independiente.

Para el caso de las copias pronominales se han propuesto ocho variables independientes y, obviamente, una variable dependiente (total, nueve variables en nueve columnas). Por razones prácticas, la variable dependiente se

Cuadro 2.6. Guía de codificación de las "copias" en cláusulas relativas.

Factor o variante	Código
Columna 1.	
Variable dependiente. CR con o sin elemento correferencial con el antecedente.	
Con copia	S
Sin elemento correferencial	N
Variables independientes	
Columna 2: *Tipo de cláusula*	
CR restrictiva o especificativa	E
No restrictiva o explicativa	X
Columna 3: *Posición relativizada*	
Sujeto (el hombre que vino)	S
Objeto directo (el hombre que vi)	D
Oblicuo (el lugar (al) que iban)	O
Columna 4: *Status "sintáctico" del antecedente*	
Nombre propio (con o sin artículo)	P
Con determinante definido	D
Con determinante indefinido	I
Columna 5: *Distancia del antecedente*	
CR junto al antecedente	N
CR no junto al antecedente	L
Con CR intermedia	R
Columna 6: *Antecedente*	
Animado	A
Inanimado	I

ubica en la primera columna ya que algunos programas estadísticos así lo requieren.

Los datos se analizaron mediante el programa VARBRUL para averiguar el peso relativo de las variables independientes o factores sobre la presencia del elemento redundante. El programa estadístico VARBRUL se aplicó porque permite comparar en un solo análisis el efecto de todos los grupos de variables independientes sobre la variable dependiente (en nuestro ejemplo, la ocurrencia o no de una "copia pronominal" en la CR).

En este punto, es necesario dar una explicación breve del programa VARBRUL (ver Young y Bayley 1996 para una explicación más detallada), que se puede obtener en dos versiones: para computadoras tipo IBM (Pintzuk 1988) y para computadoras Macintosh (GOLDVARB, Rand y Sankoff 1990). Las dos versiones se pueden obtener accediendo a la página web de David Sankoff (www.crm.umontreal.ca/cgi/qui?sankoff).

La sociolingüística cuantitativa presupone que la variación lingüística es inherente al sistema de una lengua y que esta variabilidad está controlada por o, al menos, se correlaciona con una serie de factores lingüísticos y extralingüísticos a los que es posible asignar valores probabilísticos que predicen la probabilidad de ocurrencia de las variantes *independientemente* del corpus analizado; es decir, las probabilidades se consideran índice de la competencia sociolingüística de los hablantes.

El programa VARBRUL responde a la necesidad práctica de un método que estime los valores de probabilidad que corresponden a las frecuencias observadas en un corpus lingüístico dado. El programa es, por tanto, una técnica que facilita el análisis estadístico de la variación específicamente lingüística ya que, entre otros, está diseñado para manejar números bajos de datos, pero no es en sí parte de la teoría sociolingüística. Básicamente, este procedimiento matemático convierte las frecuencias reales de ocurrencia de una variante X según una serie de factores (las variables independientes) en probabilidades teóricas y asigna a cada factor un índice probabilístico que refleja el efecto que este factor tiene sobre la probabilidad de ocurrencia de la variante X. Usando un modelo logístico de regresión múltiple, VAR-BRUL estima el valor de cada una de estas probabilidades a partir de las frecuencias observadas por el investigador. Estos valores están dentro del intervalo 0–1. Los valores más altos reflejan una correlación positiva con la variante en estudio, siempre en relación a los valores más bajos, que tienen una correlación menos positiva o negativa. Finalmente, VARBRUL da además el valor de chi y la significatividad estadística de las correlaciones establecidas (que expresamos en la fórmula $p \leq 0{,}XX$, explicada en la sección anterior).

Teniendo presente esta explicación, revisemos el cuadro 2.7, que presenta los resultados de la aplicación de VARBRUL a la presencia o no de un elemento redundante en CRs. La variante elegida como "aplicación" es la presencia; por tanto, los valores probabilísticos se refieren a la contribución de distintos factores lingüísticos a la presencia del elemento redundante o "copia."

Según los resultados del cuadro 2.7, los factores que más contribuyen a la aparición de copias son: las cláusulas no restrictivas (probabilidad de 0,65, más alta que la de 0,42 para CR restrictiva), las relativas de objeto directo (OD) (probabilidad de 0,89), los nombres propios en función de antecedente (probabilidad de 0,84), los antecedentes indefinidos (probabilidad de 0,74), los antecedentes animados (probabilidad de 0,63) y las CRs que comparten un antecedente con una CR que las precede (probabilidad de 0,68). Por lo tanto, esperamos encontrar menos copias en CRs restrictivas de sujeto, especialmente si el antecedente es definido.

Cuadro 2.7. Contribución de distintos factores lingüísticos a la presencia de un elemento redundante (probabilidades VARBRUL).

Número de casos: 1.012		
"Copias": 47		
Significancia: $p \leq 0{,}01$		
Variables independientes (vid. cuadro 2.6)		
CR no restr.: 0,65	CR restr.: 0,42	
Relativo OD: 0,89	Rel. oblicuo: 0,43	Rel. de sujeto: 0,29
Ant. N. propio: 0,84	Ant. indef: 0,74	Ant. definido: 0,23
Con CR intermedia: 0,68	Ant. junto a CR: 0,47	
Ant. animado: 0,63	Ant. inanimado: 0,40	

Nota. restr. = restrictiva; Rel. = relativo; Ant. = antecedente; N = nombre; indef. = indefinido.

La interpretación de los resultados es compleja e interesante. Tomaremos este aspecto del estudio en el Capítulo 4, que examina la variación morfosintáctica. Como veremos en tal capítulo, la variación morfosintáctica conduce al investigador a examinar obligadamente el problema del significado y de las intenciones de los interlocutores en un acto de comunicación. La sociolingüística se presenta, como ya hemos dicho, como un enfoque único que integra los diferentes niveles analíticos que se han identificado tradicionalmente: la fonología, la morfología, la sintaxis y la semántica, agregando uno más: la pragmática.

Cerramos aquí este capítulo sobre metodología, que esperamos sea un punto de partida útil para seguir explorando cuestiones que han merecido ya libros completos (e.g., López Morales 1994; Milroy 1987; Moreno Fernández 1990). No cabe duda de que las ideas aquí expuestas, especialmente aquéllas sobre las técnicas empleadas en el análisis cuantitativo de la variación lingüística, quedarán más claras a través de la discusión de algunos estudios específicos de variación en los capítulos siguientes.

Ejercicios de reflexión

Ejercicio 1

Supongamos que usted se propone hacer un estudio sociolingüístico estudiando las siguientes tres variables: sexo, nivel socioeconómico (distinguiendo tres clases: alta, media y baja) y área de residencia, distinguiendo dos zonas (zona A y zona B).

1. Considerando cuatro hablantes por casilla, ¿cuántos hablantes necesitaría para llenar todas las casillas de forma homogénea?

2. Si decidiera no considerar la variable área de residencia, pero quisiera mantener cuatro hablantes por casilla, ¿cuántos hablantes serían necesarios?

3. Si los medios materiales para este estudio le impusieran un límite de cien hablantes en total, ¿cuál sería el máximo número de hablantes por casilla manteniendo el mismo número para todas las casillas?

Ejercicio 2

Con respecto al estudio de la pregunta anterior, ¿cuál cree usted que es la forma más apropiada de seleccionar a los hablantes, un muestreo al azar o un muestreo intencionado? Mencione brevemente las ventajas y/o desventajas de uno y otro método. ¿Cómo haría usted para contactar con los hablantes? Así mismo, justifique su método de recoger datos que representen diferencias de estilo.

Ejercicio 3

Imagínese que usted se ve envuelto en un accidente de tráfico. Piense en cómo le describiría su experiencia a un amigo y cómo lo haría en un informe oral ante un juez. Analice qué rasgos fonéticos, léxicos, gramaticales y marcadores discursivos predominarían en un estilo y cuáles en el otro.

Ejercicio 4

Identifique los componentes de un estudio sociolingüístico propuesto por su profesor o profesora siguiendo la pauta a continuación.

1. Objeto de estudio y perspectiva del trabajo: ¿Qué estudia este trabajo? Por ejemplo, estudia un fenómeno lingüístico (¿cuál?) o varios fenómenos (¿cuáles?); caracteriza el dialecto de una comarca y sus peculiaridades fonéticas, léxicas y/o morfosintácticas; estudia léxico asociado a costumbres y/o actividades humanas; estudia un fenómeno de variación en correlación con factores sociales (e.g., sexo, edad, clase social); o quizás es una combinación de varias cosas.

2. ¿Hay un estudio preliminar de cuestiones sociales, económicas, históricas y/o geográficas? Describa brevemente este estudio preliminar (si lo hay).

3. ¿Cuál es la comunidad de habla definida en el estudio? ¿Qué criterio se utilizó en la selección de la muestra de hablantes? ¿Es un muestreo al azar o predeterminado? ¿Se menciona cómo se entró en contacto con los informantes? ¿Cuántos hablantes se utilizaron y de qué características? ¿Estaban todos los grupos (sexo, edad, etc.) representados por igual?

4. ¿Qué forma se utilizó para recoger los datos? (Por ejemplo, cuestionarios, grabaciones, más de una técnica, etc.).

Ejercicio 5

Diseñe un cuestionario con preguntas para evaluar las actitudes hacia fenómenos de leísmo, laísmo y/o loísmo (si estos fenómenos no son relevantes escoja otro; por ejemplo, *había/habían* o consulte con su profesor o profesora). Ponga especial cuidado en evitar que la evaluación hecha por el hablante pueda responder a otros factores lingüísticos o extralingüísticos. ¿Hay alguna manera de asegurarse de que los informantes están evaluando exclusivamente el fenómeno estudiado?

Ejercicio 6

Diseñe una prueba de evaluación subjetiva de un fenómeno no estándar. Para ello, haga grabar dos pasajes, uno que contenga la variable en cuestión y otro sin ella, y elabore un cuestionario para descubrir las impresiones acerca de la profesión, nivel socioeconómico, capacidad intelectual y simpatía del hablante de la grabación.

— 3 —

Teoría de la variación y sociofonología

3.1. La variable lingüística

Como hemos dicho anteriormente, el estudio variacionista del habla, al que diera un impulso vital el trabajo pionero de Labov (ver, especialmente, Labov 1966; 1972a y b), es uno de los quehaceres centrales de la sociolingüística. Estos estudios se proponen explicar, básicamente, la variabilidad inherente en los sistemas lingüísticos. La sociolingüística ha mostrado que es posible incorporar la descripción de fenómenos variables como parte de la descripción de una lengua que se concibe como un sistema cuya heterogeneidad no es arbitraria ni errática, sino sometida a reglas o condicionamientos sistemáticos. De acuerdo con este marco teórico, el modelo descriptivo incluye por lo menos dos tipos de hechos de lengua: categóricos y variables. Los fenómenos variables corresponden a hechos lingüísticos que las escuelas formalistas representan por medio de reglas opcionales e incluso a veces como erróneamente categóricas. Las reglas opcionales tratan de capturar fenómenos de variación libre, concepto que en sociolingüística se sustituye por el de variación condicionada, la que puede estar determinada por factores extralingüísticos, intralingüísticos, o por una combinación de estos dos.

Frente a las reglas opcionales o categóricas de la gramática estructuralista, la sociolingüística desarrolló la *regla variable*, liberándose así de un postulado que había dominado a la lingüística desde su nacimiento: que el objeto de estudio de la lingüística es el sistema gramatical homogéneo e invariante, lo que Saussure (1966) denominó *langue*. El uso de este sistema gramatical, el habla o *parole* (segundo elemento de la dicotomía saussureana), quedaba fuera del alcance de la investigación lingüística; su estudio científico lo han desarrollado los sociolingüistas a partir de la segunda mitad del siglo veinte.

La regla variable presentó una alternativa a la regla generativo-transformacional. Esta última formalizaba el entorno lingüístico en el que se daba un fenómeno de manera categórica u opcional. La regla variable, en cambio, incorporaba la contribución cualitativa y cuantitativa de ciertos rasgos del entorno lingüístico y social a la realización de una u otra variante de una variable lingüística.

Pero así como la lingüística estructuralista ha abandonado las reglas de tipo generativo-transformacional, la sociolingüística ha dejado también de lado el uso de la regla variable como una forma de representar la variación. Se han seguido perfeccionando los procedimientos estadísticos que permiten examinar esta variación (ver Capítulo 2) y, en lugar de la regla variable, la contribución probabilística de ciertos factores y/o la frecuencia con que coocurren ciertas variables se recogen en cuadros como los que se incluyen en este y otros capítulos (e.g., cuadros 3.1, 3.2 y 3.4).

La objeción que ocurre más espontáneamente contra la teoría de la variación en general es que al concentrarse en el habla pierde de vista la noción de sistema y de lo que es distintivo en un sistema dado. Mientras que la lengua (la *langue* saussureana) y la competencia lingüística son conceptos idealizados y abstractos, los datos del sociolingüista son concretos (observables y examinables), son los hechos de *parole*, realizaciones, actuación lingüística. Siempre se ha considerado que el habla tiene variantes libres u opcionales con características casuales, asistemáticas, no predecibles. Por el contrario, los sociolingüistas han demostrado que el habla no es del todo casual ni asistemática, sino estructurada y sujeta a reglas que condicionan su variabilidad.

Así pues, la sociolingüística trabaja con un constructo teórico básico, la *variable lingüística*, que se ha conceptualizado como **dos o más maneras de decir la misma cosa**. Estas dos o más maneras o realizaciones de una variable en el habla se denominan *variantes de una variable*. Por definición, "las variantes son idénticas en cuanto a su valor referencial o de verdad, pero se oponen en cuanto a su significado social y/o estilístico" (Labov 1972a, 271, mi traducción). Es cierto que en el nivel de significado referencial del mensaje las variantes no son distintivas. Pero esta posición no es incompatible con un estudio de lo distintivo en el sistema. Simplemente va más allá de lo distintivo en el nivel lingüístico estructural para poder identificar lo distintivo en los niveles semántico-pragmático, social, y estilístico. Este enfoque responde al interés que motivó inicialmente los estudios de sociolingüística: mostrar que es posible observar y estudiar empíricamente un cambio fonológico en curso en una comunidad y explicarlo en función de diversos factores, entre los que se cuentan el estilo, por una parte, y rasgos sociales tales como la edad, el sexo y el nivel educacional de los hablantes por otra.

Se pueden dar varias razones para reafirmar la importancia de la introducción del enfoque sociolingüístico dentro de los estudios de lingüística. Por un lado, las probabilidades de ocurrencia de una u otra variante y la comparación en los niveles diatópico y diastrático de estas probabilidades constituyen la clase de evidencia lingüística que permite explicar en qué basamos nuestros juicios sobre lengua y sociedad. Los estudios variacionistas dan información sobre la estructura de una comunidad ya que la frecuencia de rasgos estándares o no estándares en diferentes grupos indica la existencia de barreras sociales, tales como la clase social, el sexo, la raza, la edad, etc., que se reflejan en el uso de la lengua. Por otra parte, la sociolingüística variacionista tiene una importancia fundamental en el estudio del cambio lingüístico. La observación y análisis de fenómenos variables permiten al sociolingüista proponer hipótesis sobre por qué se producen ciertos cambios, cómo se difunden en la comunidad a través del tiempo y cuáles son los mecanismos lingüísticos y/o sociales que los favorecen. Por último, los estudios sociolingüísticos presentan un cuadro mucho más real de cómo funciona una lengua. Así pues, el sociolingüista no se detiene en la descripción de un fenómeno fonológico o sintático variable, sino que busca explicar por qué los hablantes optan por una u otra forma, qué factores en el contexto amplio (lingüístico y extralingüístico) favorecen una u otra.

3.1.1. La variable (s)

Veamos cómo se describe la *variación condicionada* en la descripción de un fenómeno fonético en español: la variable (s). Típicamente, un estudio fonético no sociolingüístico describe el fonema /s/ y sus alófonos, da información sobre los contextos lingüísticos en que ocurren los varios alófonos (estableciendo en qué casos hay variación libre o distribución complementaria), y frecuentemente da además cierta información, muy general, sobre la distribución diatópica y diastrática de algunos de los alófonos (e.g., Alcina Franch y Blecua 1980, 347–54; Barrutia y Schwegler 1994).

En el caso del fonema /s/, la variación alofónica más interesante ocurre en posición final de palabra, ya que en esta posición el fonema tiene un rendimiento funcional alto como morfema plural (la casa vs. la*s* casa*s*) y como morfema flexivo verbal (canta vs. canta*s*). Alcina Franch y Blecua (1980), por ejemplo, además de notar que en esa posición la consonante [s] puede realizarse como una aspirada [h] o reducirse a cero (elidirse), establecen en qué regiones de España e Hispanoamérica se dan estas modificaciones y establecen que donde ocurre la relajación de [s], la realización aspirada "es típica de las clases populares, mientras que las personas cultas intentan restituir el sonido" (p. 353).

Los estudios sociolingüísticos se han propuesto dar información más precisa, estadísticamente válida, sobre la influencia que un factor (lingüístico o extralingüístico) tiene en la posible realización de uno u otro alófono de un fonema determinado. Un ejemplo de este tipo lo constituye el estudio de (s) en el español puertorriqueño de Filadelfia realizado por Poplack

(1979), quien usó VARBRUL (ver Capítulo 2) para calcular la contribución probabilística de un número de factores a las variantes aspiradas y elididas de (s).

Entre otros, Poplack examina la (s) como morfema verbal, pues su elisión resulta en la neutralización morfológica de la segunda y tercera persona verbal y, en algunos casos, incluso la primera (e.g., [yo] *cantaba*, [tú] *cantaba0*, [ella] *cantaba*). Sorprendentemente, los resultados del estudio indican que la (s) morfemática es la que tiene la mayor probabilidad de ser elidida (0,65), efecto quizás contrarrestado por la baja probabilidad de elisión con sujetos no expresos (0,39), los que desambiguarían la persona verbal. La elisión es además favorecida ante pausa y, en final de palabra, por la posición prevocálica, lo que constituye un resultado también sorprendente si se considera que, en general, el debilitamiento de consonantes finales de palabra tiende a no ocurrir en posición prevocálica. En los datos puertorriqueños, sin embargo, la elisión es desfavorecida cuando (s) va seguida de consonante.

Resultados similares obtiene Samper Padilla (1990) en Las Palmas de Gran Canaria, como muestra el cuadro 3.1, adaptado de los cuadros 3.31 y 3.34 de Samper (pp. 134 y 140). Algunos de los factores lingüísticos considerados en este estudio fueron:

a. *posición*: interna de palabra (resta), final de palabra (niños);
b. *segmento siguiente*: consonante (resta), vocal átona (más azul), vocal tónica (más agua), pausa;

Cuadro 3.1. Resultados de VARBRUL para la contribución de factores lingüísticos a la realización de (s).

	Posición:					
elisión	interna	,23	final	,76		
aspiración	interna	,63	final	,37		
	Segmento siguiente:					
elisión	cons. ,42	voc.átona ,34	voc.tónica ,54	pausa ,85
aspiración	cons. ,89	voc.átona ,59	voc.tónica ,04	pausa ,41
	Valor morfemático:					
elisión	monomorf. ,46	morf.nominal ,49	morf.verbal ,54
aspiración	monomorf. ,34	morf.nominal ,35	morf.verbal ,77

Nota: cons. = consonante; voc. = vocal; morf. = morfema.

c. *valor morfemático*: monomorfema (mes), morfema nominal (niños), morfema verbal (hablas).

En Las Palmas, la elisión de -*s* es favorecida en posición final de palabra (0,76), cuando la -*s* va seguida de vocal tónica (0,54) o de pausa (0,85) y cuando es morfema verbal (0,54). Por el contrario, la variante aspirada de (s) es favorecida en posición interna de palabra (0,63), cuando la -*s* va seguida de vocal átona (0,59) o de consonante (0,89) y cuando es morfema verbal (0,77). Así pues, la probabilidad de elisión de la -*s* será más alta, por ejemplo, en *Tú entiendes* (morfema verbal) que en *Viene en un mes* (monomorfemática).

La frecuencia más alta de elisión de -*s* cuando ésta tiene valor morfemático pone en duda la validez de la *hipótesis funcional*, según la cual las lenguas retienen en la superficie, es decir, mantienen con realización fonética, información semánticamente relevante. Esta hipótesis predice el mantenimiento de [s] o de aspiración en aquellos contextos en los que este segmento tiene un valor funcional de pluralidad o de segunda persona verbal. Por el contrario, en estos contextos la -*s* se elide con una probabilidad mayor que cuando es simplemente parte de un ítem léxico como *lunes* o *tres*.

Ranson (1993) examina la hipótesis funcional en relación a la variable (s) en un dialecto andaluz y observa que ninguna variante fonética de -*s* ni otra forma lingüística se retiene en la superficie para marcar pluralidad. Esto es así porque el mensaje de pluralidad se recupera gracias a marcas o información contextual (lingüística o situacional). El contexto indica el número en 85 por ciento de los 1.627 sustantivos examinados y así, considerando las claves lingüísticas y contextuales, sólo 6 por ciento de todos los sustantivos aparecen sin marca de número. Ranson propone, entonces, una hipótesis funcional más "débil," según la cual lo que se retiene en la superficie no debe ser necesariamente una forma lingüística. (En el Capítulo 4 se retoma el examen de la hipótesis funcional en estudios de variación sintáctica).

Cedergren (1973) estudia la variable (s) en la ciudad de Panamá. En el habla de los setenta y nueve individuos estudiados por Cedergren, estratificados según la edad, el factor socioeconómino, el sexo y el origen geográfico y longitud del período de residencia en la ciudad de Panamá, la naturaleza del contexto fonológico que sigue a -*s* condiciona la aspiración y la elisión de manera inversa. Mientras en el caso de aspiración es un segmento consonántico el factor que más la induce, en el caso de la elisión el factor que más contribuye es la pausa.

Los condicionamientos identificados por los investigadores citados predicen el siguiente comportamiento para los cuatro casos de la variable (s) en el ejemplo 1:

1. Los niños se veían muy contentos.
   1   2 3   4

La variable (s) se neutraliza en 2 y 3; es decir, no podemos decir qué variante de (s) se ha realizado en 2 a menos que haya una pausa entre 2 y 3. La aspiración ocurrirá con mayor frecuencia en 1 (s seguida de consonante) y con frecuencia más baja en 4 (antes de pausa). En dialectos en los que la elisión es frecuente, ésta se dará, de manera inversa, con mayor frecuencia en 4, y con menor frecuencia en 1.

Los resultados de los estudios de Cedergren y de Samper Padilla les permiten concluir, además, no que las personas cultas intentan restituir el sonido [s] (afirmación que requeriría quizá un estudio comparado en el tiempo real), sino más bien que la aspiración está condicionada por el grupo sociocultural, el sexo y la edad de los hablantes. En ambos lugares, favorecen la aspiración de -s los más jóvenes y el nivel sociocultural más bajo. El cuadro 3.2 presenta resultados adaptados de Cedergren (1973, 57–58) y de Samper Padilla (1990, 143), aunque no queda claro cuán exacta es la correspondencia entre cada nivel sociocultural en los dos lugares geográficos estudiados.

Como indica el cuadro 3.2, la probabilidad de aspiración es más alta en la clase media baja y en la más baja. La realización aspirada no parece estar estigmatizada socialmente en Las Palmas. Por otra parte, sí parece estarlo en el grupo socioeconómico más alto en Panamá. Este grupo realiza la -s como sibilante alveolar con muy alta frecuencia.

Cuadro 3.2. Resultados de VARBRUL para la contribución del nivel sociocultural a la realización aspirada de (s).

	Nivel sociocultural			
	1: alto	2	3	4: bajo
Panamá (Cedergren)	,00	,24	,52	,42
Las Palmas (Samper)	,31	,45	,49	,63

En general, solamente los dialectos populares del Caribe favorecen la elisión sobre la aspiración y la sibilancia. El resto de las variedades en las que se da el debilitamiento de -*s*, incluyendo variedades cultas del Caribe y tres niveles socioculturales en Toledo (Calero Fernández 1993, 143), favorecen la realización aspirada o la sibilante (por ejemplo, Montevideo y Buenos Aires en Hispanoamérica, ver Samper Padilla 1990, 74).

3.2. Grupo e individuo

Los valores de probabilidad también representan un cierto nivel de abstracción, pues los factores que condicionan la variabilidad y el ordenamiento de estos factores de acuerdo con el mayor o menor efecto que ejercen sobre la frecuencia de realización de una u otra variante se identifican a partir de los datos de un grupo de individuos. El grupo, sin embargo, no es completamente homogéneo; es decir, la conducta lingüística de uno o más de los hablantes puede desviarse de la del promedio del grupo y, por tanto, no corresponder exactamente a las probabilidades del grupo.

Este problema ha sido reconocido por los sociolingüistas, pero en general se continúa aceptando la posición que establece que la gramática del grupo es más regular o sistemática que la del *idiolecto* de un individuo y que las reglas de esta gramática son compartidas, si no por toda una comunidad, al menos por grupos numerosos de hablantes. Este punto de vista supone tener que definir e identificar el grupo, una cuestión que, como veremos más adelante, ha resultado ser difícil (ver sección 3.7). En la práctica, con cierta frecuencia los estudios variacionistas representan los valores numéricos totales para todos los individuos en un grupo o subgrupo, lo que oculta posibles diferencias entre estos individuos, como ilustraremos en la discusión del estudio de la variable (ž) realizado por Fontanella de Weinberg (1979).

3.2.1. La variable (ž) en Bahía Blanca

El cuadro 3.3 (Fontanella de Weinberg 1979, 95) muestra el tipo de estructuración regular que resulta al agrupar los porcentajes individuales de frecuencia de uso de las variantes de (ž) de cuatro grupos de hablantes de Bahía Blanca (Argentina), estratificados según la edad, el sexo, y el nivel educativo.

En su libro, Fontanella de Weinberg presenta un minucioso estudio socio-lingüístico de las obstruyentes palatales en el español de Bahía Blanca. Los subgrupos 1, 2 y 3 corresponden al nivel de educación primaria, secundaria y universitaria, respectivamente. Fontanella de Weinberg distingue tres variantes de la variable (ž):

Cuadro 3.3. Uso de (ž) por nivel educativo, edad y sexo.

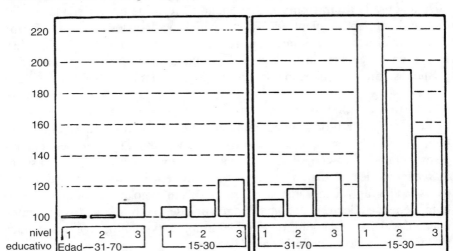

[ž] prepalatal espirante sonora lenis, con marcado rehilamiento
[ž̥] variante intermedia entre sorda y sonora
[š] prepalatal espirante sorda fortis

Para calcular el promedio de uso de cada variante por individuo se le asignó el valor 1 a [ž], 2 a [ž̥] y 3 a [š], y luego se multiplicó por 100 el promedio del valor de las distintas variantes, de tal modo que los hablantes que usan siempre [ž] tienen un índice de 100 y los que usan siempre [š] tienen uno de 300.

Podemos entonces interpretar el cuadro 3.3 de la siguiente manera: los dos grupos de hombres y las mujeres de treinta y uno a setenta años de edad ensordecen la prepalatal con poca frecuencia (el índice más alto es 125). Dentro de cada uno de estos grupos etarios existe un aumento regular de la variante sorda a medida que aumenta el nivel de escolaridad. Entre los hombres, los más jóvenes ensordecen un poco más frecuentemente, pero la correlación entre la frecuencia de ocurrencia de las variantes de [ž] y la educación es la misma que en el caso de los mayores.

La situación es diferente entre las mujeres, ya que aquí el grupo de las mayores exhibe un comportamiento lingüístico casi idéntico al de los hombres más jóvenes, mientras que en el grupo de quince a treinta años la correlación entre ensordecimiento de [ž] y escolaridad, aunque regular, se da a la inversa: la variante sorda disminuye a medida que aumenta la escolaridad. ¿A qué se debe esta distribución? Fontanella de Weinberg (1979, 110) declara que, "Con respecto al nivel educativo no se puede establecer una regla general." Por el contrario, una mirada a los datos individuales de [ž] por sexo, edad y nivel educativo presentados por Fontanella de Weinberg revela que dos mujeres con educación secundaria y dos con educación primaria tienen índices muy altos de ensordecimiento (sobre 240). Esta variación individual, que podría considerarse excepcional y que se pierde en el agrupamiento de los resultados, puede ser la causa de la distribución inversa en el grupo de quince a treinta años de edad.

Si estas cuatro hablantes no fueran incluidas en la cuantificación es posible que el patrón en el grupo de quince a treinta años replicara el del grupo de treinta y uno a setenta. ¿Pero cómo podríamos justificar la exclusión de dos hablantes en cada subgrupo? Fontanella de Weinberg no nos da suficiente información como para permitirnos hacer sugerencias en este caso.

Otros estudios, sin embargo, han mostrado que el agrupamiento de los hablantes de acuerdo con una definición tradicional de clase social o socio-cultural no muestra siempre una correlación directa con ciertos patrones de variación lingüística; la *red social* del individuo y la noción de *mercado lingüístico* han sido identificadas como factores importantes en la determina-ción de la conducta lingüística (ver sección 3.7). Por tanto, un agrupamiento que tome en cuenta estos dos párametros puede resultar más apropiado y homogéneo.

3.2.2. Intercambio variable de [r] y [l]

Un caso similar al de (ž) lo ofrece la distribución social de la confusión de las líquidas en el español de Chile. Silva-Corvalán (1987) estudia este fenómeno, que implica el uso variable en posición final de sílaba de [r] en vez de [l], o de [l] en vez de [r], en un grupo de hablantes de Santiago de Chile. El intercambio (que se da con mayor o menor frecuencia tanto en España como en Hispanoamérica) se constata solamente en el habla de individuos con menos de cuatro años de escolaridad en Santiago. Pero dentro de cada subgrupo (según edad y sexo) se observan diferencias consi-derables, que van de 0 por ciento a 31 por ciento de uso de [l] por [r] en palabras como /mar/ → [mal] y de 2 por ciento a 40 por ciento de uso de [r] por [l] en palabras como /salta/ → [sárta]. Sin embargo, al agrupar a los hablantes estas diferencias se neutralizan y los dos fenómenos presentan una estructura regular: su frecuencia de ocurrencia disminuye a través de las generaciones, como refleja el cuadro 3.4.

Cuadro 3.4. Porcentajes de intercambio de líquidas por edad. Cuatro individuos en cada subgrupo.

Edad	r —» l	l —» r
4;6–6;0	8%	6%
15–17	8%	8%
30–45	18%	20%
50+	16%	31%

El cuadro 3.4 muestra un patrón para todo el grupo que puede interpretarse como indicativo de un proceso de desaparición de la confusión de las líquidas. Los valores probabilísticos, por tanto, que reflejarían la gramática del grupo, seguramente incluirían la edad como uno de los factores que condicionan la frecuencia de ocurrencia de las variantes [r] y [l]: a menor edad le corresponde una frecuencia menor de la variante no estándar. Aunque esta observación no captaría correctamente la conducta lingüística individual, sí parece captar correctamente el hecho de que las variantes no estándares son menos frecuentes entre los jóvenes, muy probablemente debido al mayor nivel de escolaridad alcanzado por éstos.

En una situación de este tipo, el agrupamiento de los hablantes se ha justificado argumentando que la actuación aparentemente categórica o excepcional en un sentido u otro puede deberse a las limitaciones del corpus de un individuo. Por otra parte, la actuación del grupo podría representar una gama más realista de contextos lingüísticos y extralingüísticos; el efecto de estos contextos, que parece tan claro en el caso de la edad en el cuadro 3.4, se podría perder en la cuantificación puramente individual (Rousseau y Sankoff 1978, 97–117).

3.3. La variable sociolingüística

La lengua es una forma de conducta social; como tal, creada y moldeada por los seres humanos, desarrolla diferenciaciones internas que corresponden a los parámetros que caracterizan a los diversos subgrupos que constituyen el sistema social. Las correlaciones variables entre lengua y sociedad han sido reconocidas desde siempre, pero los estudios del contexto social de la variación lingüística realizados en los últimos cuarenta años han demostrado en forma sistemática y científica que los factores sociales actúan de manera probabilística en la variación. Así, el contexto físico en que ocurre la comunicación, las relaciones entre los participantes y tanto sus características sociales *adscritas* (i.e., las que no pueden cambiar: grupo etario o generacional, sexo, etnicidad, casta) como *adquiridas* (e.g., nivel educacional, nivel socioeconómico, ocupación), han mostrado reflejarse sistemáticamente en comportamientos lingüísticos diferenciados. Esta *covariación* entre fenómenos lingüísticos y sociales es lo que define la *variable sociolingüística*.

Los patrones característicos de covariación permiten distinguir tres tipos de variables sociolingüísticas: los *indicadores*, los *marcadores* y los *estereotipos* (Labov 1972a, 237–51). Los *indicadores* muestran un perfil de distribución regular entre los varios subgrupos de una comunidad; es decir, covarían regularmente con el grupo étnico, generacional, socioeconómico y/o de casta, etc., pero no presentan variación situacional o estilística. Los indicadores varían, entonces, según *el usuario*. Los *marcadores*, por otra parte, son variables sociolingüísticas más desarrolladas, sensibles tanto a los factores sociales como estilísticos; es decir, pueden estratificarse estilística y socialmente. Los marcadores varían, entonces, según el usuario y según *el uso* que se haga de la lengua. Los *estereotipos* son marcadores sociolingüísticos que la comunidad reconoce conscientemente como tales, pero que no corresponden necesariamente a la actuación lingüística real de los hablantes (ver Capítulo 2, sección 2.5). El estereotipo es citado como un rasgo definitorio de un grupo social y generalmente se percibe, erróneamente, como categórico.

Es necesario notar que los patrones de covariación sociolingüística en una comunidad no son iguales para todas las variables lingüísticas. En otras palabras, el efecto que un factor social dado puede tener sobre una variable no se puede predecir automáticamente a partir del efecto que tiene sobre otras variables en la misma comunidad, aunque sí se dan algunas regularidades en el caso de aquellas variables que tienen variantes que han sido reconocidas como no estándares. Por ejemplo, el factor edad no covaría de la misma manera con la realización lateral de -*r* (*l* por *r*) y con la velarización de -*n* (*ng* por *n*) en Las Palmas (Samper Padilla 1990, 179 y 251). Los hablantes más jóvenes son los que menos favorecen la lateralización (las probabilidades son de 0,47 en el grupo de veinte a treinta y cuatro años y de 0,65 en el grupo de más de cincuenta años de edad), mientras que al mismo tiempo son ellos los que más favorecen la velarización (0,53 para los jóvenes y 0,45 para los mayores).

Pasamos ahora a ilustrar los diferentes tipos de variables sociolingüísticas a través de algunos estudios cuantitativos. Nos concentramos principalmente en estudios del español que investigan la estructura sociolingüística de la variación fonológica, ya que en el Capítulo 4 discutimos la variación sintáctica. Además, como quedará claro más adelante, son muy pocos los estudios cuantitativos que han tratado de o logrado determinar los patrones de covariación sociosintáctica.

3.4. Variación lingüística y sexo

Es bien sabido que, en igualdad de condiciones y además del tono de la voz, la manera de hablar de las mujeres es diferente de la de los hombres. En algunos casos las diferencias son sutiles, más bien cuantitativas que cualitativas; por ejemplo, la frecuencia en el uso de formas diminutivas (cafecito, tacita, traguito, etc.) parece ser bastante más alta entre las mujeres, pero estas formas ocurren también en el habla masculina (ver Boretti de Macchia y Ferrer de Gregoret 1984). En otros casos, las diferencias son más obvias, categóricas, e incluso pueden llegar a estar institucionalizadas. Existen, por ejemplo, muchos ítemes léxicos en las lenguas naturales que sólo pueden ser usados por las mujeres o por los hombres, pero no por ambos grupos. Las lenguas indígenas de América, además, presentan diferencias morfológicas y fonológicas asociadas con el factor sexo.

En chiquito, una lengua indígena boliviana, las relaciones de parentesco se expresan de manera diferente en el habla masculina y femenina:

	hablante femenina	hablante masculino
mi hermano	ičibausi	tsaruki
mi padre	išupu	ijai
mi madre	ipapa	ipaki

Estos dos sistemas tienen que ver con diferentes formas de conceptualizar las relaciones de parentesco de acuerdo con el sexo del hablante.

Según informa Bonvillain (1993, 238–39), en japonés existe un uso diferencial de pronombres de tratamiento entre hombres y mujeres: para dirigirse a su mujer, el marido usa un pronombre que indica su status más alto, mientras que la mujer se dirige a su marido con formas honoríficas y pronombres que señalan el status inferior de ella.

Muchas lenguas reflejan imágenes diversas del sexo masculino o femenino en sus gramáticas y en el vocabulario. Algunas de estas imágenes son positivas para el sexo masculino y negativas, inexistentes o de menor jerarquía para el femenino, según se observa en la marcación de género masculino o femenino en español en pares de palabras como las siguientes:

zorro	= (figurativo y familiar) persona astuta
zorra	= (figurativo y familiar) prostituta

capitán   = jefe de una tropa
capitana = mujer del capitán

La realidad de estas desigualdades lingüísticas, reflejo de una situación más amplia de desigualdad social, ha llevado a grupos de individuos a proponer que se cambien las normativas lingüísticas que refuerzan el sexismo en el lenguaje. Así pues, el Instituto de la Mujer (1989) de España propone en un folleto: "Los cambios que, a partir de las reivindicaciones de las mujeres, se están produciendo en los papeles sociales de ambos sexos, exigen una adecuación de la lengua para liberarla de los estereotipos discriminatorios." Algunos de los cambios sugeridos son el uso de "humano" o de "hombres y mujeres" en vez de solamente el masculino genérico "hombre" en frases tales como "El trabajo humano," "El progreso logrado por la humanidad"; el uso de "el profesorado" o de "las profesoras y los profesores" en vez de solamente "los profesores," etc.

Los estudios sociolingüísticos de algunas lenguas indoeuropeas han mostrado además cuantitativamente que ciertas variables lingüísticas covarían con el sexo de los hablantes. Naturalmente, surge un número de preguntas en relación a esta cuestión: ¿Por qué ocurre la diferenciación sexual en las lenguas? ¿De qué manera se diferencia el habla femenina de la masculina? ¿Qué tipos de variables lingüísticas son más sensibles al factor sexo? ¿Cuál es el efecto de esta diferenciación en la promoción del cambio lingüístico? No hay una sola respuesta o explicación universalmente aceptada para estas preguntas, pero algunos estudios concuerdan en ciertas de sus observaciones y conclusiones, como indicamos en (a–e):

a. El hecho de que las mujeres y los hombres se comunican de manera diferente es probablemente un universal cultural, pues en todas las culturas los sexos son también socialmente diferenciados. Los papeles asignados a cada uno de los sexos, sin embargo, no son iguales en todas las culturas.

b. En las culturas occidentales, las mujeres usan las variantes lingüísticas de mayor prestigio con más frecuencia que los hombres. Esta conducta parece ser aun más marcada en el subgrupo de mujeres de clase media baja. La mayor sensibilidad de las mujeres hacia normas de conducta "correcta" se demuestra además en el hecho de que se autocorrigen mucho más que los hombres en contextos formales, aun cuando en el habla informal aparezcan como impulsoras de una variante innovadora.

Los resultados de un estudio de la variable (s) en situación de lectura y de habla espontánea realizado por Valdivieso y Magaña (1991) en Concepción, Chile, dan apoyo a estas observaciones. Es preciso establecer, primero, que los autores encuentran que la variante aspirada [h] es la más frecuente, por mucho, en dieciséis sujetos cultos entrevistados: [s] = 10,2 por ciento, [h] = 72,3 por ciento, [0] = 17,5 por ciento, lo que indica que la realización aspirada no está estigmatizada. En la situación de habla espontánea, las mujeres realizan la variante [h] el 80,4 por ciento de las veces y los hombres el 64,2 por ciento, una diferencia de dieciséis puntos de porcentaje. En la situación de lectura, considerada un estilo más formal, las mujeres se autocorrigen más que los hombres y presentan un porcentaje más alto de [s]: 54,4 por ciento, frente a 41,2 por ciento de [s] en los datos de los hombres (Valdivieso y Magaña 1988, 100).

c. El habla femenina es más "conservadora" que la masculina y se evalúa como "más correcta." Esta observación está relacionada con la anterior. En verdad, generalmente las formas lingüísticas más tradicionales y conservadoras son las consideradas estándares y más prestigiosas. Así, por ejemplo, en su estudio de la variable (s) final de sílaba en barranqueño (dialecto portugués hablado en el distrito de Beja, al noroeste de la provincia de Huelva), Navas Sánchez-Élez (1997) observa que la variante de prestigio es la sibilante [s], forma conservadora, preferida en situaciones formales sobre la variante [h] y la elisión. Como es de esperar, entonces, las mujeres prefieren la sibilante (0,58) comparadas con los hombres, que favorecen la aspiración y la elisión. Lo mismo observa Cedergren (1973) en Panamá, donde la conducta de las mujeres con respecto a la aspiración y elisión de /s/ implosiva es más conservadora que la de los hombres, lo que se revela en la retención de [s] y/o [h] en un mayor número de casos en comparación con los hombres.

d. La diferenciación lingüística según el sexo refleja una tendencia general a considerar aceptable o apropiado que los hombres rompan las reglas y que se comporten de manera ruda, agresiva e incluso "más vulgar." El típico "doble estándar" se aplica a las mujeres, cuyo comportamiento se espera que sea más cortés, más indeciso y sumiso y más correcto y ajustado a las reglas impuestas por la sociedad. Quizá el mismo hecho de que en nuestra sociedad la mujer tiene menos oportunidades que el hombre de avanzar y destacarse en la vida pública (por ejemplo, académica, artística, política, de negocios), la lleve a señalar su status socioeconómico por medio de su apariencia exterior y de sus conductas sociales, incluyendo los usos lingüísticos.

e. Las mujeres no son frecuentemente iniciadoras del cambio. Sin embargo, se han encontrado casos contrarios, generalmente de variantes en avance que no tienen connotaciones negativas en la comunidad en cuestión. Es lo que muestran Fontanella de Weinberg (1979) y Wolf y Jiménez (1979) con respecto a las variantes yeístas ensordecidas en Buenos Aires (ver Capítulo 6). Esta conducta a veces contradictoria y sorprendente puede explicarse en aquellos casos en que el cambio es en la dirección del dialecto estándar, y en otros casos, en relación a las connotaciones evaluativas que ciertas variantes poseen (prestigio local, por ejemplo), independientemente de su status de variante más tradicional o estándar (cf. Almeida 1995).

3.4.1. El prestigio lingüístico

El término *prestigio* en sociolingüística se ha usado para referirse al valor positivo que ciertas variables lingüísticas tienen en cuanto a facilitar el ascenso en la escala social y también al valor que tienen las formas lingüísticas estándares, reconocidas y aceptadas por las gramáticas normativas y generalmente asociadas con la clase media alta culta. A este respecto, nos podemos preguntar, ¿por qué los hablantes usan, entonces, formas de bajo prestigio? ¿Por qué las mujeres, a pesar de su manera "más correcta" de hablar, no siempre gozan del mismo prestigio social que los hombres? ¿Es posible que el prestigio asociado con ciertas variables no tenga el mismo valor en el habla masculina y femenina? ¿Cuán semejantes o diferentes son los criterios evaluativos de las mujeres y de los hombres con respecto a lo que es de prestigio?

Diversos estudios sociolingüísticos han indicado que los patrones de evaluación difieren con respecto al habla masculina y a la femenina y que lo que un sexo considera prestigioso no es necesariamente igual para el sexo opuesto. Además, la presión social de *identificación con un grupo* parece ser más fuerte en el caso de los hombres y esto favorece el mantenimiento de variantes no estándares que simbolizan tal identidad. Esta conducta responde a un fenómeno que se ha denominado de *prestigio encubierto* ('covert prestige'), que se hace evidente en la evaluación subjetiva del habla de otros individuos y en la autoevaluación.

Un ejemplo del efecto del *prestigio encubierto* en hombres y mujeres proviene de un estudio realizado en Norwich, Inglaterra (Trudgill 1974), en el que los hombres afirmaron usar las variantes no estándares más frecuentemente de lo que en realidad aparecían en su habla (*subestimación*), mientras que las mujeres afirmaron lo contrario: que no las usaban tan frecuentemente, pero el análisis demostró que sí las usaban con mayor frecuencia de lo que ellas estaban dispuestas a aceptar (*sobreestimación*). El desajuste entre lo que el hablante cree que dice y lo que realmente dice no se interpreta como un acto de engaño, sino más bien como índice del prestigio encubierto de ciertas formas de hablar y de las diferencias en los criterios evaluativos aplicados por y a hombres y mujeres.

Los resultados de los tests de autoevaluación han mostrado dos patrones con respecto a diversas variables: sobreestimación y subestimación por parte de los hombres, dependiendo de la variable; y solamente sobreestimación por parte de las mujeres. Otros dos patrones son lógicamente posibles, pero no han sido atestiguados: subestimación por parte de las mujeres, autoevaluación coincidente con la actuación real.

Tanto los resultados de estudios de actitudes lingüísticas como de variables fonológicas indican sin duda que las variantes fonéticas funcionan como marcadores sociolingüísticos de pertenencia a un sexo, o "género," término que ha venido reemplazando al de "sexo" en el mundo académico. El término "género" se prefiere para indicar que las diferencias de comportamiento no son motivadas biológicamente. Es decir, el comportamiento lingüístico más o menos conservador de mujeres y hombres, por ejemplo, no tiene su origen en diferencias biológicas de sexo, sino más bien en los patrones de socialización y de interacción social diferenciados según sexo.

Damos a continuación un ejemplo que ilustra correlaciones entre variación lingüística y sexo del hablante.

3.4.2. La asibilación de /r/

En un interesante estudio de la asibilación de /r/ en cincuenta y seis hablantes entre doce y veintidós años de edad en San Luis Potosí, México, Rissel (1989) demuestra que las variantes de (r) tienen correlaciones significativas con el sexo, el nivel sociocultural y las actitudes de los hablantes hacia los roles masculino y femenino. Según Rissel, hay referencias a la asibilación de /r/ final y a la fricativización de /rr/ en el español de México que datan de 1896 y 1952, respectivamente. La asibilación de /rr/ se menciona en estudios de los años sesenta. Estos datos apuntan a un cambio en curso: el paso de vibrante a asibilada, cambio que parece haber sido encabezado por las mujeres en los grupos sociales medio y alto (Moreno de Alba 1972; Perissinotto 1972).

Las fonéticas del español describen dos fonemas vibrantes: /r/, vibrante simple, alveolar, sonora; /rr/, vibrante múltiple, alveolar, sonora, con numerosos alófonos en los diversos dialectos del español (e.g., sordos, fricativos, velares). La asibilación está muy difundida en Hispanoamérica (partes de Guatemala, Costa Rica, Colombia, Ecuador, Perú, Bolivia, Chile, Paraguay, Argentina, México y el Suroeste de los Estados Unidos; ver Canfield 1981, 13) y se constata también en España.

En su estudio, Rissel codifica variantes asibiladas versus no asibiladas. En general, la asibilación de /r/ final es mucho más frecuente que la de /rr/ y nunca ocurre cuando /r/ final va seguida de consonante. Los factores extralingüísticos examinados incluyen el sexo y el nivel sociocultural del hablante, el estilo (conversación y lectura) y las actitudes de los jóvenes estudiados hacia los roles asociados con mujeres y hombres.

Este último factor resulta novedoso. Se examina por medio de dos preguntas que la autora hace a cada joven durante la entrevista: "¿Crees tú que las mujeres casadas deberían trabajar fuera de la casa?" y "Después que te cases, ¿quieres que tu esposa trabaje fuera de la casa?" o (a las mujeres) "Después que te cases, ¿quieres continuar trabajando?" Aprobar que la mujer casada trabaje fuera de la casa se interpreta como no tradicional. La autora reconoce la limitación de estas preguntas, pero obtiene resultados que apuntan en direcciones interesantes para futuras investigaciones.

En el grupo de jóvenes estudiados, las mujeres asibilan más frecuentemente que los hombres. Además, la correlación entre asibilación y actitudes resulta también estadísticamente significativa. Las mujeres y los hombres de actitudes menos tradicionales, i.e., los que aprueban que la mujer casada trabaje fuera de la casa, tienen el mismo porcentaje de asibilación. A partir de este punto, la frecuencia de asibilación aumenta gradualmente en las mujeres de acuerdo con actitudes cada vez más tradicionales. Entre los hombres se da la relación inversa: menos asibilación de acuerdo con actitudes cada vez más tradicionales. La asibilación es además más pronunciada en los grupos sociales medio y bajo. Estos resultados son interesantes, pues apuntan en la misma dirección de los resultados obtenidos por Fontanella de Weinberg (1979) para el ensordecimiento de /ž/ en Bahía Blanca. En ambos lugares, la variante local (asibilación, ensordecimiento) alcanza una etapa en la que una mayor o menor frecuencia tiene asociaciones con conducta femenina o masculina; es decir, las diferencias frecuenciales son símbolo de diferencias según sexo.

3.5. Variación lingüística y edad

Los diferentes perfiles de distribución de las variables lingüísticas según la edad de los hablantes se han interpretado como reflejo de tres posibles situaciones: (a) identidad con un grupo etario; (b) autocorrección por parte de los grupos generacionales más activos en la vida pública; y (c) cambio lingüístico en curso. La relación entre cambio lingüístico y grupo generacional se examina en el Capítulo 6. Aquí nos referiremos brevemente sólo a las dos primeras situaciones.

En nuestra sociedad, la edad desempeña un papel importante en la interacción y en la organización del sistema social. La autoridad y el status que se asigna a un individuo dentro de la estructura familiar, por ejemplo, o dentro de otros grupos sociales, dependen en cierta medida de la edad del individuo. Además, las reglas que controlan la interacción lingüística y ciertos rasgos del sistema lingüístico interno son sensibles al factor social edad en cuanto a que el comportamiento lingüístico y paralingüístico (por ejemplo gestos y tono de voz) de los hablantes varía según la edad de éstos y según la edad de los interlocutores. Es de esperar, por tanto, que ciertas variables lingüísticas sean indicadores de diversos grupos etarios. Esta relación es en la mayoría de los casos probabilística y no categórica, excepto cuando la covariación está asociada con el proceso de adquisición de la lengua materna, proceso que se caracteriza por el uso de elementos lingüísticos que se presentan solamente en el habla de los niños.

El grupo de edad que más propende a diferenciarse lingüísticamente es el de los adolescentes, quienes se identifican con su grupo esencialmente por medio del uso de vocabulario y expresiones propias de ellos y de su tiempo; por ejemplo, el habla *cheli* de Madrid, el habla de las adolescentes del valle de San Fernando en California, el habla de las *sifrinas* en Caracas y el habla de los *fresas* en México. En general, son los jóvenes los que ponen en boga expresiones coloquiales simbólicas de una generación. En mi generación, la música rock era "súper buena." Hoy en día, los jóvenes chilenos evalúan la música que les gusta como "jevi" (probablemente del inglés *heavy*, asociado con *heavy metal music*).

Más frecuentemente, sin embargo, las diferencias por grupo de edad no son consecuencia del factor edad mismo sino de factores relacionados; entre éstos, el más importante parece ser la percepción que el hablante tiene de las ventajas sociales que puede obtener mediante el uso de rasgos lingüísticos considerados de prestigio en la comunidad. En este sentido, los grupos de edades intermedias (veinticinco a cincuenta años), inmersos en el mundo de la competencia profesional, económica y de ascenso en la escala social, son los que se espera que presenten perfiles más marcados de autocorrección.

Por ejemplo, la /r/ en español puede realizarse fonéticamente de diversas maneras en posición de coda silábica (y en final de palabra): vibrante (*parte*), fricativa (*paɹte*), lateralizada (*palte*), aspirada (*pahte*), o elidida o asimilada a la consonante siguiente (*pa0te, patte*). Solamente la realización vibrante es aceptada como estándar en todos los países hispanohablantes. La realización fricativa está muy generalizada en las Américas, pero en Perú, por ejemplo, es asociada con dialectos no estándares. Este status es asignado también al resto de las variantes, con excepción quizá de la lateralizada en Puerto Rico. Sin embargo, aunque la variante fricativa no está fuertemente estigmatizada, un estudio de la variable (r) en Las Palmas de Gran Canaria (Samper Padilla 1990, 184) indica que esta realización no es favorecida por el grupo generacional medio (treinta y cinco a cincuenta y cuatro años) ni por los grupos socioeconómicos más altos (medio-alto y medio), lo que parece indicar autocorrección de un rasgo asociado con las clases media-baja y baja por parte de los hablantes inmersos en el mundo de la competencia profesional y económica.

Cuadro 3.5. Porcentajes de frecuencia de [x] según la edad. Grupo A = 3 o menos años de escolaridad; Grupo B = 12 o más años de escolaridad. N = número de casos.

Edad	Grupo A		Grupo B	
	N	% [x]	N	% [x]
4;6–6	20	100%	21	51%
15–17	56	64%	65	0%
30–45	60	31%	54	0%
50+	61	93%	60	20%

Observemos, además, el comportamiento de dos grupos de varones con respecto a la variable (f) en Santiago de Chile (Silva-Corvalán 1987). Esta variable tiene al menos dos variantes en posición inicial de sílaba seguida de la semiconsonante [w], en ejemplos como *fui* [fwi - xwi], *afuera* [afwéra - axwéra]. El cuadro 3.5 muestra la frecuencia de uso de la variante no estándar velarizada [x], socialmente estigmatizada en la comunidad, para dieciséis varones, dos en cada subgrupo.

El cuadro 3.5 muestra claramente que los niños (cuyo grupo por escolaridad se determina según la de sus padres) y los mayores tienen conductas similares que los diferencian de los adolescentes y los adultos dentro de los grupos A y B. La comparación de estos dos grupos indica que la educación es un factor influyente, que sin duda contribuye a la estigmatización de la variante [x] y a su condición de estereotipo sociolingüístico. La distribución de [x] según la edad corresponde a una curva normal invertida que sugiere la autocorrección y supresión de un rasgo estigmatizado por parte de los hablantes de edades intermedias, cuyas aspiraciones y estilo de vida se benefician con el uso de un habla más ajustada a las normas estándares.

El cuadro 3.5 muestra además con claridad que los miembros de los dos grupos sociales (A y B) comparten el mismo patrón regular de acercamiento a las normas de prestigio a través de las diferentes edades, pero los hablantes de la clase social más baja nunca logran completo dominio de la variante estándar. De hecho, cuando se consideran dialectos verticales, se observa que las diferencias lingüísticas más marcadas se asocian con diferencias de clase social. Discutimos esta correlación en la sección siguiente.

3.6. Variación lingüística y clase social

En los estudios sociolingüísticos de poblaciones urbanas, uno de los patrones de covariación que emerge más distintamente es el que estratifica la pobla-

ción en varios grupos que se han definido generalmente según el concepto
de *clase social*. La pertenencia a un grupo social u otro influye tanto sobre
la manera de hablar como sobre las actitudes hacia estas diferentes maneras
de hablar. El término *estratificación social* se emplea para referirse al orden
jerarquizado de grupos de individuos dentro de una sociedad. Las diferencias
jerárquicas reflejan desigualdades entre los grupos basadas en uno o más
de los siguientes factores: nivel de escolaridad, ocupación, ingresos, barrio
y tipo de residencia.

Paradójicamente, el concepto de clase social ha sido problemático para
la sociolingüística. No se puede negar, sin embargo, que se puede ordenar
jerárquicamente a grupos de estratos sociales diferentes según las diferencias
que exhiben en la frecuencia de uso de ciertos rasgos fonológicos, morfológicos, sintácticos y léxicos. Aun más, los miembros de estos estratos sociales
son en gran medida conscientes de que hay diferencias lingüísticas y pueden
juzgarse a sí mismos y a otros según ellas.

El patrón clásico de estratificación social en diferentes estilos de habla
es el identificado por Labov (1972a, 112–13) para la variable (th) en Nueva
York. El diagrama 3.1 ilustra la distribución social de (th) y muestra que
esta variable es un marcador sociolingüístico, porque su frecuencia de uso
covaría con factores sociales y estilísticos.

El eje vertical del diagrama 3.1 corresponde al promedio de valores
computados para las tres variantes constatadas en palabras como *thing*
'cosa,' *throne* 'trono,' *thought* 'pensamiento': 0 para la variante fricativa
estándar [θ], 1 para la africada ['θ], 2 para la oclusiva [t]. El valor promedio,
multiplicado por 100, forma el índice de (th). El eje horizontal representa
la dimensión estilística: A, estilo informal; B, estilo cuidadoso; C, lectura
de texto; D, lectura de palabras. La ubicación de los hablantes en una u
otra clase social se determinó mediante un índice socioeconómico calculado
según tres indicadores: la ocupación del miembro responsable de la manten-
ción de la familia del hablante, la educación del hablante y el ingreso
familiar. De acuerdo con los índices obtenidos para (th), la población se
estratificó en cinco grupos que corresponden a las siguientes capas sociales:
0–1, clase baja; 2–4, clase obrera; 5–6 y 7–8, clase media baja; 9, clase
media alta.

El diagrama 3.1 representa un caso de marcada estratificación en cinco
capas sociales cuya mayor diferenciación en relación a la variable (th) se
da entre la clase obrera y la clase media baja.

La diversificación lingüística ilustrada en el diagrama 3.1, condicionada
por factores de tipo socioeconómico, no es un fenómeno de la misma
naturaleza que la diversificación condicionada por los factores sociales

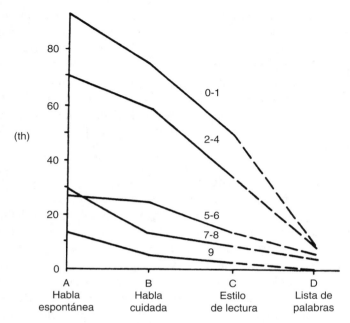

Diagrama 3.1. Estratificación social de la variable lingüística (th) en Nueva York (Labov 1972a, 113).

examinados anteriormente, la edad y el sexo. En verdad, individuos de diferentes edades y sexo pueden estar en estrecho contacto y comunicarse con frecuencia dentro de un subgrupo social (por ejemplo la familia), pero su conducta lingüística es de todos modos sensible a estas diferencias y evidencia patrones de variación correlacionados con el sexo y la edad. En este caso, la variación lingüística es un índice de diferencias dentro de categorías sociales (sexo y edad) que son relevantes en una sociedad. Las distinciones lingüísticas asociadas con diferencias de clase social, por otra parte, se explican más bien como consecuencia de la existencia de *barreras sociales* y de *distancia social*, de la misma manera que se explica la diferenciación diatópica como consecuencia de la distancia y las barreras geográficas.

La distancia y las barreras geográficas (ríos, montañas, etc.) son objetivas y relativamente fáciles de definir; la distancia social y la clase social, por otra parte, son conceptos problemáticos. De hecho, aun en sociología no hay acuerdo sobre la naturaleza e incluso la existencia de clases sociales (Williams 1992), pero la sociolingüística ha utilizado esta categoría y demostrado que ciertas variables lingüísticas estratifican la población en grupos socialmente distanciados tanto por el uso de estas variables en el habla como por sus actitudes subjetivas hacia ellas. Esta situación define los llamados *sociolectos*, es decir, dialectos y acentos sociales cuyas diferencias se hacen más marcadas mientras mayores sean las diferencias de clase social. En este sentido, el diagrama 3.1 ilustra un hecho importante: la existencia de una barrera social entre la clase obrera y la clase media baja, que es aparentemente más sólida y difícil de zanjar que las existentes entre otros estratos sociales.

En general, los estudios de sociolingüística que han incluido la variable clase social la han definido según criterios objetivos, razón por la cual el término *factor socioeconómico cultural* se emplea con frecuencia en vez de *clase social*. Estos criterios incluyen, por ejemplo, nivel de ingresos, ocupación, educación, tipo y ubicación de la vivienda, etc. (ver Bentivoglio y Sedano 1993 y nuestro Capítulo 2); los varios estratos se presentan luego como *conjuntos discretos*, aunque hay plena conciencia del hecho de que tanto el constructo global *clase social* como las categorías empleadas para definirla constituyen *continuos sociales relativos*. Nótese la diferencia con la separación por *casta*, característica de la India, por ejemplo. En el sistema de castas la ubicación social se hereda; esta herencia determina el prestigio, la ocupación, el lugar de residencia, la manera de hablar y las relaciones sociales de los individuos, las que están estrictamente limitadas entre miembros de diferentes castas.

Las clases sociales, por otra parte, no están formalmente organizadas; son agregados de individuos que tienen un status socioeconómico similar y que permiten, en principio, movilidad ascendente o descendente en la jerarquía social. La movilidad social crea sociedades heterogéneas y complejas que se caracterizan también por su heterogeneidad lingüística tanto en el nivel individual como en el grupal. Al mismo tiempo, el *prestigio* asignado a las clases sociales más altas, basado en símbolos tales como el estilo de vida, la ocupación, las actividades sociales, la etnia y la ascendencia familiar, se transfiere a sus usos lingüísticos (cf. Serrano 1996a). Surge así un dialecto social de prestigio, respetado y admirado, que es a su vez también símbolo de status social. Este dialecto corresponde en la mayoría de los casos al *dialecto estándar*, enseñado en la escuela, utilizado por los medios de difusión (radio, televisión, etc.) y, por tanto, geográficamente más uniforme.

La existencia de los dialectos y acentos sociales no era una cuestión desconocida antes del desarrollo de la sociolingüística. El aporte específico de esta disciplina ha sido una metodología que permite medir las variables sociales y lingüísticas y establecer un cuadro más exacto y correcto de las correlaciones entre ellas. Estas correlaciones existen en todos los niveles de análisis lingüístico: fonológico, morfológico, léxico, sintáctico y pragmático, pero no todos los rasgos lingüísticos variables son sensibles al parámetro socioeconómico.

La mayor parte de las variables que han mostrado estar condicionadas por el factor socioeconómico o clase social estratifican a la población en relación a la mayor o menor frecuencia de uso de ciertas variantes lingüísticas en diferentes contextos estilísticos. Es perfectamente posible, sin embargo, identificar ciertas correlaciones categóricas; es decir, variables lingüísticas presentes en un estrato social y no en otro, especialmente entre estratos suficientemente distanciados como para hacer difícil la interacción entre ellos. Así por ejemplo, la aspiración de /s/ implosiva en las regiones donde ocurre este fenómeno se da con mayor o menor frecuencia en las diversas clases sociales; de manera similar varía la frecuencia de elisión de /d/ intervocálica, del *leísmo* inanimado y el *laísmo* en el centro de España, etc. Por otra parte, la confusión de las líquidas (*r* y *l*) en el español de Chile, la semivocalización de las líquidas en el Caribe, la aspiración de /s/ inicial de sílaba en El Salvador, el uso de pronombre átonos redundantes (*lo* fui a ver*lo*) y la regularización del morfema radical de *haber* (yo *ha*, nosotros *hamos*) son variables que se presentan exclusivamente en los estratos socioculturales más bajos. De estos hechos surge naturalmente la pregunta, ¿Por qué? ¿Qué motiva la difusión de ciertas variante a través de barreras sociales y la contención de otras? Esta pregunta, que sigue siendo motivo de interesantes investigaciones empíricas, se responde a veces en relación al prestigio local, a veces encubierto, asociado con las variantes en cuestión.

La correlación entre rasgos lingüísticos y grupo socioeconómico cambia tanto a través del tiempo como a través de las barreras geográficas. Así, un rasgo lingüístico puede ser considerado de prestigio en una región o país, neutro en otro y estigmatizado en un tercero. Un posible ejemplo lo constituye el *leísmo* para seres animados masculinos, de prestigio en Castilla, pero neutro o incluso estigmatizado en el Cono Sur de América. En el plano fonético, la aspiración de /s/ implosiva es estigmatizada en Castilla mientras que la realización categórica de /s/ como fricativa alveolar sería estigmatizada en el Cono Sur de América.

Entre los parámetros usados para definir objetivamente la clase social de un individuo, el nivel educativo ha mostrado ser el factor que mejor predice las características lingüísticas de la muestra (ver cuadro 3.5). El sistema educacional crea conciencia lingüística entre niños y adolescentes mediante la enseñanza de reglas prescriptivas y la corrección abierta de rasgos lingüísticos de poco prestigio. Además, la exposición extensa y continuada a la lengua escrita estándar y normalizada de los textos de estudio y otros documentos facilita la autocorrección y la supresión de regionalismos.

De hecho, los hablantes pueden llegar a suprimir o producir menos frecuentemente una variante de poco prestigio. Sin embargo, a pesar de esta conducta corregida, podrían ser clasificados dentro de la clase social en la que han sido socializados ya que la supresión de varios rasgos lingüísticos no es fácil de lograr. Los hablantes nativos de una lengua perciben la conducta lingüística de otros hablantes de manera global y a partir de este juicio global, que incorpora claves fonéticas, prosódicas (ritmo, entonación), léxicas, etc., los clasifican en uno u otro grupo social. Queda claro, entonces, que la caracterización se perfila con más exactitud si se toma en cuenta más de una variable. Este procedimiento fue empleado por Silva-Corvalán (1987) en la investigación realizada en Santiago de Chile, a la que ya nos hemos referido.

3.6.1. Variación fonológica y estereotipos sociolingüísticos

Los estudios de variación sociofonológica han mostrado al menos tres hechos interesantes: (a) ciertas variables son más sensibles que otras al parámetro socioeconómico; (b) los procesos de autocorrección se aplican más estrictamente en el caso de estereotipos lingüísticos; (c) los porcentajes combinados de un grupo de variables estratifican más clara y apropiadamente a los hablantes en diferentes estratos sociales (Silva-Corvalán 1987).

Un *estereotipo* es una generalización desfavorable, exagerada y simplista acerca de un grupo o una categoría de personas. La tendencia a estereotipar, es decir, a percibir y ordenar el mundo objetivo en términos de categorías sin excepciones, es típica de los seres humanos. En el caso de los estereotipos, sin embargo, se exageran las características negativas de los miembros de una categoría. Aunque inexactos, los estereotipos se mantienen porque son compartidos y confirmados por todos los miembros de un grupo social.

Así pues, la variante [x] de (f) ([xwímos] por [fwímos]), en Chile y posiblemente en todo el mundo hispanohablante, se percibe como un rasgo lingüístico categórico que define al individuo como miembro de una clase social baja y/o de origen rural. La percepción estereotipada de este rasgo se hace evidente en su uso por parte de escritores y comediantes, por ejemplo, en la caracterización de hablantes de las capas sociales bajas.

Otro ejemplo de rasgo lingüístico estereotipado proviene de la variable (r) en el español de Puerto Rico. Tal como en Santiago de Chile y en muchas otras variedades del español (Cuba, Andalucía, Islas Canarias, Venezuela,

Colombia, etc.), la (r) final de sílaba tiene una variante lateralizada [l] que ocurre con mayor o menor frecuencia en el habla de ciertos grupos sociales. En su estudio de un grupo de puertorriqueños en Filadelfia, por ejemplo, Poplack (1979) establece que la variante [l] es un estereotipo, una exageración desfavorable. La ocurrencia de esta variante en los datos de Poplack alcanza un porcentaje total de uso de sólo 10 por ciento. La variante más frecuente resultó ser la vibrante simple estándar [r] con una frecuencia de 31 por ciento. En su muestra de Caguas, Puerto Rico, Medina-Rivera (1997) obtiene resultados que apuntan en la misma dirección, con sólo 28.2 por ciento de lateralización en 8873 casos examinados, mientras que la variante alveolar estándar es la más frecuente—69.7 por ciento. Es posible que la ocurrencia de la variante [l] en estratos sociales medios y medios altos en Puerto Rico, una distribución social que no encuentra paralelo en otros países de Hispanoamérica, sea lo que haya causado la percepción estereotipada.

3.6.2. Evaluación social de variables lingüísticas

Las actitudes subjetivas hacia diferentes usos lingüísticos y el nivel de conciencia lingüística de los hablantes han mostrado ser sensibles al parámetro socioeconómico. Por ejemplo, usando una versión de la técnica de apareamiento disfrazado (ver Capítulo 2), Labov (1972a, 146–50) demostró un importante principio general: la estratificación social de una variable se corresponde con uniformidad en los juicios evaluativos subjetivos de... prestigiosa, todos los estratos socioeconómicos... viceversa, aunque no sea la variante más... los estratos. En el estudio de la variable (r)... informal sólo los hablantes de la clase media alta... prestigio [r] con cierta frecuencia. Sin embargo, los hablan... grupos socioeconómicos evalúan positivamente esta variante, ... ones. Este principio de uniformidad en los juicios evaluativos es... tante, porque sirve de base para la definición de *comunidad de habla*, concepto que discutimos más adelante.

La evaluación positiva de un rasgo lingüístico no siempre coincide con una variante estándar. Como dijimos anteriormente, el deseo y/o la presión social de identificarse con un grupo favorece la retención de variantes no estándares y la evaluación positiva de ellas al menos en el plano de rasgos que se identifican con solidaridad. La misma variable lingüística (o una variedad de lengua, o incluso una lengua frente a otra) puede evaluarse diferentemente en relación a características asociadas con una ocupación, nivel de escolaridad, o posibilidades de éxito profesional.

Por ejemplo, el uso del Condicional por Subjuntivo es un rasgo no estándar; sin embargo, los resultados de una prueba de apareamiento disfrazado aplicada en Covarrubias (ver Capítulo 2) muestran que los habitantes de este lugar no tienen actitudes negativas hacia este uso. Aunque los encuestados tienden a asociar la variante estándar con ocupaciones de mayor prestigio y con nivel más alto de escolaridad, la personalidad del evaluado se define siempre como "muy agradable" y "amistosa" en la grabación con la variante Condicional; en la versión con Subjuntivo, por otra parte, el evaluado se considera a veces "frío" y "no muy amistoso."

Estos resultados indican que las variables lingüísticas tienen connotaciones multidimensionales, y que los juicios evaluativos no son necesariamente uniformes a través de las diferentes dimensiones. Así, en una *dimensión objetiva* e impersonal, la variante *-ra* estándar se evalúa positivamente; pero en una *dimensión subjetiva* y personal, la misma variante no recibe una evaluación uniformemente positiva. La inclusión de una sola dimensión objetiva—por ejemplo, la ocupación (como en el estudio de Labov)—no aporta toda la información necesaria para definir las actitudes sociales hacia el habla de una comunidad.

Tampoco parece completo el estudio que hace Medina-Rivera (1997) de las actitudes de noventa y siete puertorriqueños de Caguas hacia la lateralización de /r/, pues se basa en respuestas a preguntas directas sobre este fenómeno, como por ejemplo, "¿Qué opinas sobre las personas que intercambian la 'r' y la 'l' (por ejemplo que dicen veldad, peldón)?" Este tipo de pregunta directa es problemático; entre otras razones, porque el entrevistado puede responder lo que él cree que se espera que diga. Las actitudes son subjetivas, difíciles de verbalizar y los individuos a menudo no tienen conciencia clara de sus sentimientos hacia muchos fenómenos lingüísticos. Así pues, las respuestas obtenidas por Medina-Rivera pueden no reflejar fielmente las actitudes de los evaluadores hacia la lateralización, pero el resultado cuantitativo es tan mayoritariamente negativo (71 por ciento de los evaluadores expresan una opinión negativa), que es posible concluir que la lateralización está estigmatizada y que la variante estándar ([r]) es la que conlleva prestigio para los hablantes de clase media estudiados por Medina-Rivera.

En páginas anteriores hemos dicho que el concepto de clase social ha sido problemático para la sociolingüística. Entre otras razones, ha sido causa de problemas la existencia de diferencias lingüísticas individuales dentro de una clase social definida cuidadosamente según criterios objetivos. Este hecho ha llevado a los sociolingüistas a investigar las correlaciones lingüísticas con otros parámetros: la *historia social* del individuo, sus *redes sociales*

y la posición que ocupa en el *mercado lingüístico*. Discutimos estos parámetros en la sección siguiente.

3.7. Historia social, redes sociales y mercado lingüístico

La discusión en la sección 3.2 deja en claro tanto algunas de las dificultades
que surgen al agrupar a los hablantes en la presentación de una gramática
de grupo, como las suposiciones que subyacen a esta técnica. La existencia
de variaciones individuales en la conducta lingüística de algunos miembros
de un agregado social identificado como *un grupo* ha llevado a los sociolingüistas a prestar constante atención al papel del individuo dentro del grupo,
a los parámetros que definen un grupo social, y a las razones por las cuales
la conducta de un individuo se desvía de aquélla esperada para los miembros
de un grupo determinado. Surge aquí una problemática complejísima a
la que no esperamos dar solución en estas páginas; nuestro objetivo es
simplemente presentar algunas de las posibles respuestas ofrecidas por
varios investigadores.

Es axiomático en sociolingüística que todo estudio tiene como punto de
partida el individuo, ya que se necesita comprender primero la conducta de
éste para llegar a comprender la del grupo. Esta metodología ha permitido
establecer que las diferencias individuales pueden ser mínimas, pero también
significativas incluso dentro de un grupo pequeño y bien definido como es
la familia. Esto se debe a que la experiencia lingüística y social de dos
individuos es necesariamente diferente; es decir, la *historia social* del individuo condiciona su habla de forma única. Diferencias lingüísticas identificadas entre hermanos, por ejemplo, no se deben únicamente al factor sexo o
la edad, sino que reflejan estilos de vida, valores, actitudes, expectativas y
experiencias diferentes; en suma, una historia social diferente.

Observaciones similares han llevado a Sankoff y Laberge (1978) a proponer que se adopte también la noción de *mercado lingüístico* en los estudios
de variación. Este enfoque establece que la conducta lingüística de los
hablantes será más o menos estándar según la importancia relativa que la
variedad lingüística legitimizada por la ideología social dominante tenga
en la vida socioeconómica de los hablantes. En consecuencia, dentro de un
grupo social se darán conductas lingüísticas diferentes según las aspiraciones
y/o la actividad socioeconómica de los miembros de dicho grupo social.

Es claro que el valor que pueda tener el acceso a la norma estándar no
es el mismo en campos de trabajo como la educación, la literatura y la
política, por ejemplo, comparados con trabajos de tipo manual o tecnológico.
El índice de participación en el mercado lingüístico no puede basarse sólo
en la ocupación, sin embargo, porque no se aplicaría apropiadamente en el

caso de dueñas de casa, estudiantes, jubilados e individuos que hayan cambiado de ocupación a través de su vida.

En el estudio realizado por Sankoff y Laberge en Montreal, la definición de la participación de los individuos en el mercado lingüístico se realizó de la siguiente manera: se seleccionaron ocho evaluadores con conocimiento de la realidad sociolingüística de Montreal. A cada evaluador se le entregaron 120 hojas con sendas descripciones de la historia socioeconómica de los hablantes que se iban a estudiar. De acuerdo con un criterio único, la importancia relativa de la lengua estándar en la vida socioeconómica del hablante, cada juez independientemente ubicó a los hablantes en grupos jerarquizados. El número de grupos y de hablantes en cada grupo quedó a discreción del evaluador. Se insistió en que los jueces evaluaran a los hablantes de manera global, sin separar parámetros en las historias de cada uno.

Una vez estratificados los hablantes, a cada grupo y a los individuos en él se les asignó un valor numérico: 0 al más alejado del mercado lingüístico, 1 al más central y valores entre 0 y 1 a los grupos intermedios. El índice de participación en el mercado lingüístico para cada hablante se definió de acuerdo con el promedio de valores que le habían sido asignados por los ocho jueces. Finalmente, Sankoff y Laberge incluyeron este índice como un factor más en el análisis cuantitativo de tres variables en el francés de Montreal, junto a otros factores tanto lingüísticos como extralingüísticos (edad, sexo, educación). Los resultados del análisis probabilístico demostraron que la variable que mejor explicaba la variación lingüística era precisamente el índice de participación en el mercado lingüístico. El nivel educacional también mostró ser significativo, pero su contribución tuvo un valor mucho más bajo que el del mercado lingüístico. El efecto de la edad y el sexo fue aun menor.

Otra dimensión explicativa de la variación que se ha explorado a través del estudio de la dinámica de microgrupos sociales ha sido la de la *integración a la red social*. La lengua desempeña un papel importante en la actividad social de un individuo, integrándolo o no a un grupo social dado. Ya hemos visto cómo los individuos en general se ajustan a las normas de su grupo social, generacional, etc. La hipótesis relacionada con la red de enlaces sociales establece que una *red social densa o cerrada*, esto es, una red constituida por microgrupos cuyos miembros interactúan entre sí con mayor frecuencia e intensidad que con los miembros de otra red social, restringe estrechamente las normas de conducta de los individuos y conduce a un alto grado de conformismo lingüístico y, por ende, a un bajo grado de desviación individual. Al revés, una *red social abierta o difusa*, con lazos débiles de unión, conduce a un grado bajo de conformismo lingüístico; es decir, la conducta lingüística de los individuos se aleja de las normas de cualquier red social densa con las que se compare.

Esta hipótesis, propuesta y examinada por Milroy (1980) en tres barrios de Belfast, parece estar basada en lo que Giles y Powesland (1975) denominan la *teoría de la acomodación*, según la cual los individuos tienden a acomodar su conducta lingüística a la de aquéllos con los que entran en contacto (ver sección 3.8).

Los tres barrios estudiados por Milroy son de clase obrera y tienen característicamente una estructura social basada en redes sociales densas con *lazos múltiples de unión* entre sus miembros. Esto significa que la interacción se desarrolla dentro de un territorio claramente definido y que los individuos están relacionados en varios niveles: de familia, de trabajo, de vecindario y de amistad. El grado de integración de los habitantes de cada barrio a la red social local es variable, sin embargo; en Belfast, se definió cuantitativamente asignándole a cada individuo un punto o cero en relación a cinco parámetros:

a. Participación en un grupo local explícitamente definido.

b. Número de familiares en el barrio, además de su propio núcleo familiar estrecho.

c. Compañero de trabajo con por lo menos dos individuos más del barrio.

d. Compañero de trabajo con por lo menos dos individuos más del barrio y del mismo sexo.

e. Relaciones de amistad con compañeros de trabajo fuera del trabajo.

El índice de integración a la red social (IDIR) local de cada individuo (que podía variar entre 0 a 5 puntos) se incorporó luego al análisis probabilístico de un número de variables lingüísticas para poder comparar su efecto con el de otras variables sociales ya tradicionales: sexo y edad. Cinco de ocho variables fonológicas estudiadas demostraron ser sensibles al IDIR; esto es, a un valor alto del IDIR le correspondía una mayor frecuencia de uso de las variantes vernáculas o locales.

Entre otras razones, el estudio de Belfast ha sido de interés porque ha aportado una dimensión más adecuada para explicar el comportamiento femenino y/o masculino con respecto a ciertas variables lingüísticas en diferentes comunidades: en algunas comunidades los hombres usan con más frecuencia las variantes locales porque su IDIR es más alto.

Esta conclusión predice, al parecer correctamente, que en aquellos casos en que el IDIR de los hombres sea igual o más bajo que el de las mujeres, éstas usarán las variantes vernáculas con la misma o mayor frecuencia que los hombres.

La densidad de las redes sociales tiende a uniformar el comportamiento lingüístico de sus miembros. En general, las clases medias de los grandes centros urbanos no pertenecen a redes sociales densas. En este caso, los hablantes tienden a adoptar la norma estándar como modelo. Sin embargo, a pesar de la existencia de factores uniformadores, incluso en pequeñas comunidades con lazos múltiples de unión entre sus miembros (como los barrios de Belfast estudiados por Milroy y el pueblo de Covarrubias estudiado por Silva-Corvalán), existen patrones de variación en la conducta lingüística de los hablantes. Esta situación ha creado el problema de la definición del concepto de *comunidad de habla*, crucial tanto para la lingüística estructural y generativa abstracta, que incluyen entre sus principios básicos la noción de comunidad lingüística homogénea, como para la sociolingüística, que establece comparaciones entre "comunidades de habla" y usualmente estudia los diversos fenómenos sociolingüísticos empleando la noción de comunidad como marco espacial definitorio del objeto de estudio.

El concepto de comunidad en sociología se refiere a un grupo de individuos concentrados en un área geográfica dentro de la cual realizan la mayor parte de sus actividades. Para que exista una comunidad sus miembros deben tener conciencia de ella y de sus diferencias con otras comunidades; deben, además, identificarse con los intereses, estilo de vida y objetivos de la comunidad en general. La comunidad no es una unidad política con límites legalmente establecidos, sino una entidad social cuya definición y límites no son fáciles de determinar.

En lingüística, la definición de comunidad ha preocupado a numerosos autores (e.g., Blas Arroyo 1998; Bloomfield 1933; Gimeno Menéndez 1987; Gumperz 1968; Labov 1972a; Romaine 1982a; Santa Ana y Parodi 1998), a partir de la definición relativamente simple dada por Bloomfield (1933, 42), para quien un grupo de personas que interactúan lingüísticamente constituye una comunidad, lo que deja abierta la posibilidad de que la interacción incluya una o más lenguas.

Gumperz (1968, 219, mi traducción), por otra parte, establece más específicamente que la comunidad de habla está constituida por "cualquier agregado humano que interactúe de manera frecuente y regular por medio de un sistema compartido de signos lingüísticos y que se distinga de otros grupos similares por diferencias significativas en el uso de la lengua." En contraste con estas definiciones, basadas en normas de conducta lingüística compartida, Labov (1972a) pone el énfasis en el *compartimiento de normas evaluativas* hacia la lengua, normas que pueden observarse en la evaluación explícita y/o subjetiva de usos lingüísticos y en la uniformidad de patrones abstractos de variación sociolingüística. Así pues, Labov considera que la ciudad de Nueva York, a pesar de sus diferencias en cuanto a los perfiles de uso de las variables lingüísticas estudiadas, es una comunidad de habla porque los nativos neoyorquinos muestran los mismos patrones de covariación a lo largo de la dimensión estilística en casi todos los casos de variables estudiadas. Esta igualdad en la dirección de la covariación se toma como indicadora de normas sociolingüísticas compartidas.

Santa Ana y Parodi (1998) argumentan en favor de una concepción diferente y más compleja, aunque compatible tanto con la laboviana de compartimiento de normas evaluativas como con la noción de red social empleada por Milroy (1980) para definir la comunidad que se va a estudiar. Santa Ana y Parodi proponen un modelo de comunidad de habla que incorpora cuatro estructuras, cada una asociada con ciertas variables lingüísticas específicas, que se determinan de acuerdo con el conocimiento que los hablantes tienen de estas variables lingüísticas y de su función social. Así pues, en la estructura más local, los hablantes no demuestran tener conciencia de las variables estigmatizadas por otros grupos; en el siguiente grupo se ubican los hablantes que demuestran estar al tanto del estigma asignado a estas variables; en la tercera estructura, los hablantes tienen plena conciencia de cuáles son variables estigmatizadas y cuáles son variables regionales; finalmente, en el grupo cuarto están aquellos hablantes que adoptan y valoran positivamente las variables estándares sobre las regionales.

Este concepto jerarquizado de comunidad de habla podría dar cuenta, quizá, de las diferencias que existen incluso dentro de lo que se percibe como una comunidad (por ejemplo, en el estudio de los tres barrios de Belfast). De hecho, en comunidades relativamente bien definidas sociológicamente, ciertos rasgos lingüísticos muestran direcciones diferentes de variación y/o cambio en los diversos subgrupos que forman parte de la comunidad. Si las normas evaluativas hacia las variables fueran las mismas en los diversos subgrupos, estaríamos justificados, siguiendo a Labov (1972a), en considerarlos una "comunidad de habla," pero como indica el trabajo de Santa Ana y Parodi (1998), es posible que los individuos en una comunidad, definida como tal según otros parámetros, no compartan normas evaluativas.

A pesar de las dificultades asociadas con una definición exacta de comunidad, este constructo continúa usándose como marco de referencia espacial y social en sociolingüística, junto a otras dimensiones de la estructura social subordinadas a ella, como la red social, los subgrupos generacionales, etc. Debemos tener presente, en todo caso, que el concepto de comunidad, como el de clase social, implica un cierto nivel de abstracción, pues sugiere la existencia de grupos discretos, lo que no corresponde a la realidad objetiva de la sociedad.

3.8. El contexto estilístico de la variación

Es un hecho axiomático que los individuos cambian su manera de hablar según el contexto físico y humano en el que tiene lugar la comunicación. El habla, como otras formas de conducta social, se modifica y adapta a diferentes situaciones; se trata de una variación *según el uso*. Ciertos usos lingüísticos apropiados en algunas circunstancias resultan inapropiados en otras, tal como el uso de un bañador es apropiado en la playa o en la piscina, pero inapropiado a la hora de cenar. Por ejemplo, una hablante del español de Chile tiene a su disposición varias formas diferentes de ofrecer a su interlocutor algo de beber, algunas de las cuales ilustramos en 2 a 5:

>   2. ¿Queríh un traguito?
>   3. ¿Te quiereh tomar un trago?
>   4. ¿Quieres algo de beber?
>   5. ¿Le puedo ofrecer algo de beber?

La elección de una de las construcciones en 2 a 5 está condicionada por un aspecto de la situación: la relación de solidaridad o amistad entre la hablante y su interlocutor. El ejemplo 2 sería adecuado sólo si los hablantes tuvieran una estrecha relación de amistad; al revés, el ejemplo 5 sería inadecuado en esta situación. Los ejemplos 2 a 5 están ordenados en una *escala de formalidad*; el ejemplo 2 representa el extremo más coloquial, más informal, el *habla vernácula* usada en el hogar y entre amigos de confianza; los ejemplos 3 y 4 se alejan algo del extremo coloquial; el ejemplo 5, que usa la forma de tratamiento de respeto (le = a usted), se ubica en el extremo más formal entre los ejemplos dados y no sería apropiado si la relación entre los hablantes fuera una de igualdad. Estos ejemplos muestran que la lengua no es solamente sensible a las características sociales del hablante (tales como su edad, sexo, educación, etc.), sino también al contexto situacional en el que éste se encuentra en un momento dado, el que determina en gran medida la elección de formas lingüísticas que el hablante hace.

Se pueden distinguir al menos tres componentes básicos en el contexto situacional en el que se lleva a cabo la interacción lingüística: el *escenario* o *ámbito de uso*, el *propósito* y los *participantes*. La interacción de estos componentes motiva una amplia y compleja gama de *estilos de formalidad sociolingüística* (variación diafásica). El diagrama 3.2 presenta una taxonomía de categorías relacionadas con la situación.

Gran parte de la investigación sociolingüística se ha concentrado en el estudio de rasgos (léxicos, fonológicos y sintácticos) que varían a lo largo

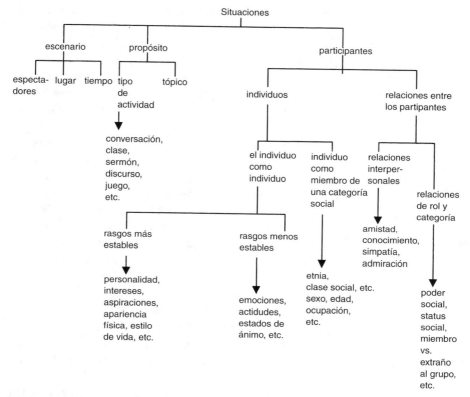

Diagrama 3.2. Componentes del contexto situacional de la interacción lingüística.

de la dimensión estilo vernáculo-formal. Las variaciones en las formas de tratamiento, por ejemplo (tú, vos, usted, etc.), han sido estudiadas en el español y otras lenguas como reflejo de patrones diferentes de relaciones interpersonales y de roles sociales (Brown y Gilman 1960; Páez Urdaneta 1981; Sigüenza 1996; Uber 1985). Las formas de tratamiento son también sensibles a los niveles de formalidad definidos por el escenario. Por ejemplo, dos profesores en una universidad pueden tutearse en lugares informales, pero tratarse de "Profesor X" o "Dr. X" en un ámbito más formal, a saber, una reunión de profesores, un debate público, etc.

Numerosos pares de palabras referencialmente sinónimos pertenecen a dos niveles distintos de formalidad (por tanto, no son sinónimos en el nivel estilístico): mi viejo/mi esposo, diariamente/cotidianamente, cotorrear/

hablar mucho, cochinada/inmundicia, machucón/contusión, coco/cabeza, etc. Es claro que una sola variable lingüística no marca una variedad de habla como más o menos formal, sino más bien un conjunto de variables, las que pueden ser de diferente naturaleza (léxica, fonológica, etc.) e incluir rasgos paralingüísticos tales como gestos, rapidez del discurso, tono de voz y risa. Algunos de estos rasgos paralingüísticos han sido usados en sociolingüística para definir el grado de formalidad de la interacción independientemente de los rasgos lingüísticos internos.

En las secciones precedentes hemos examinado la variación lingüística en relación a una de las dimensiones de la situación, los individuos, como individuos (aspiraciones, estilo de vida) y como miembros de una categoría social. El examen ha dejado en claro que los componentes de esta dimensión se correlacionan en forma probabilística con ciertas variables lingüísticas, a las que condicionan más o menos estrechamente. De acuerdo con Labov (1972a), nos hemos referido a estas variables como indicadores sociolingüísticos y establecido que los marcadores sociolingüísticos son sensibles, además, al parámetro estilístico.

Ahora bien, el parámetro estilístico es complejo, porque está condicionado por la conjunción de todos los componentes de la situación (cf. sección 1.3, donde nos referimos a los registros, variedades condicionadas básicamente por el tipo de actividad). Sin embargo, a partir de Labov (1972a) se trabajaron las cuestiones relacionadas con variación lingüística y estilo en forma simplificada, en términos de un continuo de variedades entre dos extremos bipolares que denominamos *estilo formal* y *estilo vernáculo*. En la prototípica entrevista sociolingüística o conversación grabada, siguiendo el concepto laboviano de estilo como reflejo del grado de atención que el hablante presta a su manera de hablar, se han identificado usualmente tres estilos: informal, cuidadoso y formal. El vernáculo ha sido más difícil de obtener.

Una de las técnicas más frecuentemente usadas para recoger los datos necesarios en sociolingüística ha sido la entrevista grabada (ver Capítulo 2). Esta situación de conversación con un extraño promueve el uso de un estilo de habla relativamente formal y no incorpora variación en los parámetros situacionales, que se mantienen constantes. Por tanto, con el propósito de obtener un cierto grado de variación estilística, la técnica laboviana ha controlado el tema de la conversación y ha introducido varias tareas de lectura. Así pues, en una entrevista se han identificado cinco estilos, básicamente según el tipo de actividad discursiva o tarea discursiva (Labov 1972a emplea el término "contexto" para referirse a "tipo de actividad"): (a) conversación libre: estilo *informal*; (b) conversación dirigida: estilo *cuida-*

doso; (c) lectura de texto; (d) lectura de lista de palabras; (e) lectura de pares mínimos. Los tres tipos de lectura se asocian con grados ascendentes de formalidad. Esta categorización del parámetro estilístico se basa en la hipótesis de que los diversos estilos varían directamente de acuerdo con el *grado de atención* que el individuo presta a su manera de hablar: a mayor atención corresponde un estilo de mayor formalidad, y viceversa.

Insistimos en que estos cinco estilos no reproducen el continuo estilístico evidente en el repertorio verbal habitual de los hablantes. Las tareas de lectura, por ejemplo, son solamente un recurso metodológico que permite una cierta graduación estilística y la comparación de los resultados a través de diversos grupos de hablantes. Estas lecturas son las que más se alejan de lo que podría ser un nivel estilístico de la comunicación oral.

Tal como manifestamos en el capítulo anterior, la conversación grabada pretende obtener muestras de habla despreocupada, informal, lo más cercana posible al habla vernácula espontánea de la vida diaria, pero este objetivo es difícil de lograr. Siguiendo a Labov (1972a), sin embargo, se han considerado ejemplos de *estilo informal* aquellos pasajes de la grabación que tienen una o más de las siguientes características: (a) la presencia de ciertos fenómenos paralingüísticos: ritmo más rápido del discurso, cambios en los intervalos entre tonos altos y bajos, cambios en el ritmo de la respiración, risa; (b) pasajes que constituyen digresiones dentro de la conversación, es decir, temas introducidos espontánea y entusiastamente por el hablante; (c) casos de habla dirigida a terceras personas, familiares y/o amigos del hablante.

El *estilo cuidadoso*, por otra parte, es el más característico de la conversación grabada, durante la cual el hablante está consciente de la situación de grabación y presta mayor atención a su forma de hablar. El estilo cuidadoso no es tan formal como el de un discurso público o el de una entrevista por razones de trabajo, pero es más formal que el de una conversación entre amigos o familiares.

El *estilo formal* es el que se asocia con discursos públicos, conferencias profesionales, clases magistrales, entrevistas formales, presentaciones de proyectos de trabajo o de investigación y, en algunas investigaciones sociolingüísticas, las actividades de lectura. De hecho, la lectura en voz alta es una actividad lingüística que requiere que el lector preste gran atención a la lengua, quizá si debido además a que el que lee asocia esta actividad con la escuela y con nociones de corrección lingüística. Además, en el caso del español, en el que las variables fonológicas se encuentran principalmente en el sistema consonántico, la influencia del grafema en la lectura debe tomarse cuidadosamente en cuenta, por ejemplo, en la realización fricativa de /s/, en la diferenciación entre [b] y [v], en la pronunciación labiodental de [f]. La escritura puede representar también un estilo formal, aunque tiene su propia gama de niveles de formalidad, que pueden ir desde un mensaje escrito espontáneo, informal, a un amigo íntimo o familiar, hasta el ensayo literario, altamente formalizado y planificado.

Es de interés aquí referir nuevamente al lector al diagrama 1.2 (Capítulo 1), que sugiere el continuo existente entre lengua oral y escrita. Las relaciones léxicas, sintácticas y macroestructurales entre el discurso oral y el escrito no son dicotómicas sino que covarían ya sea en términos de un continuo de planificación, discurso oral no-planificado versus discurso escrito planificado, o de un continuo de formalidad (Ochs 1979; Tannen 1982a y b).

El concepto unidimensional de estilo, que se extiende de un extremo vernacular a uno formal según el grado de atención prestado a la manera de hablar, medido en su valor de formalidad con la inclusión de pruebas de lectura, ha sido reemplazado en los últimos años por enfoques que enfatizan la relación entre estilo y un número de elementos complejos. Esta nueva concepción ve el estilo como una estrategia que se emplea en forma dinámica y que responde a diversos componentes, incluyendo el tema o contenido del discurso, el género discursivo y los participantes en el acto de comunicación (Bell 1984; Rickford y McNair-Knox 1994). No se plantea una relación directa entre cada uno de estos elementos y un estilo determinado; todos los factores interactúan y su peso debe ser investigado empíricamente. El concepto laboviano de atención a la manera de hablar se considera pasivo. Ahora se enfatiza la relación entre el hablante y sus oyentes y la visión de un hablante que *activamente acomoda* su conducta lingüística según el interlocutor, según los temas y según los ámbitos de uso activados mentalmente por estos temas.

De acuerdo con la *teoría de la acomodación* (Bell 1984; Coupland 1985; Giles y Powesland 1975), se espera que el hablante modifique su conducta lingüística ya sea para acercarse o alejarse de la de su interlocutor (orientación convergente o divergente), o que mantenga sus patrones lingüísticos sin que haya intentos de acomodación.

Las preguntas que esta propuesta plantea son interesantísimas para un estudio variacionista: ¿Qué variables mostrarán orientación convergente, cuáles divergente y cuáles no se acomodarán? ¿Qué características sociales de los interlocutores motivan uno u otro tipo de orientación? ¿Cuál es la relación entre el grado de acomodación, la variación social (es decir, interindividual) y la variación estilística (intraindividual)?

Los nuevos planteamientos con respecto al estilo han hecho necesario eliminar las pruebas de lectura y crear, en cambio, situaciones de recogida de datos que permitan establecer más adecuadamente las consecuencias lingüísticas de la variación estilística, tales como la presencia de interlocutores con características sociales diversas y la discusión de una amplia gama de temas.

Siguiendo esta nueva perspectiva, Medina-Rivera (1997) incorpora cuatro factores a los ya tradicionales en su análisis de tres variables fonológicas en Caguas:

a. Relación del hablante con el investigador: conocido o no.

b. Tipo de situación de habla: diádica, de grupo y conferencia.

c. Género discursivo: descriptivo, narrativo, expositivo, argumentativo o diálogo.

d. Tema de la conversación: trabajo, familia, niñez, amistades, momento de peligro/embarazoso/de alegría, política, etc.

La preocupación por avanzar metodológicamente en el examen de la variación según el uso se ve claramente al comparar algunos resultados de los estudios de (s) en Colombia (Lafford 1982) y de (s), (č) y (n) en Panamá (Cedergren 1973), con el más reciente de las variables (r) y (rr) hecho por Medina-Rivera (1997), lo que hacemos en la sección siguiente.

3.8.1. Variación estilística en Panamá, Cartagena y Caguas

Los estudios de tipo laboviano han mostrado que uno de los efectos más sobresalientes de las variaciones según estilo en el habla es la clara disminución de la frecuencia de variantes no estándares o de menor prestigio a medida que aumenta el grado de formalidad.

En su estudio del español de la Ciudad de Panamá, Cedergren (1973) delimita cuidadosamente dos niveles de formalidad según el tópico de la conversación. Los diversos pasajes de la grabación se clasificaron como informales o formales de acuerdo con cinco parámetros: (a) el tiempo de los hechos relatados (por ejemplo, pasado = informal, presente = neutro, futuro = formal); (b) espontaneidad del tema; (c) participación e interés personal en los hechos; (d) grado de emotividad; (e) participación en un grupo. Una de las hipótesis que subyacen a la introducción de estos parámetros es que cuando el tema del discurso es emotivo, el hablante usa una forma de habla más natural, el estilo informal (o incluso vernáculo), que surge con frecuencia en la interacción con amigos y familiares.

En el cuadro 3.6 resumimos sólo los valores de probabilidad asignados por el programa VARBRUL a la contribución del estilo y a un contexto fonológico (segmento precedente o posterior) sobre las tres variables, (s), (č) y (n) estudiadas por Cedergren.

La variable (s) se estudia en posición final de sílaba y de palabra; (n) solamente en posición final de palabra; (č) en el único contexto silábico

Cuadro 3.6. Contribución del estilo y del contexto fonológico a las probabilidades de realización de tres variables en Panamá. I = informal, F = formal; C = consonante, V = vocal, P = pausa.

Variante		Estilo		Contexto fonológico		
(s):	[h]	I=,15	F= 0	_C ,89	_V ,49	_P 0
(č):	[ŝ]	I= 0	F=,16	V_ ,27	C_ 0	P_ ,22
	[š]	I= 0	F=,11	V_ ,49	C_ 0	P_ ,05
(n):	[ng]	I= 0	F=,30	_C 0	_V ,79	_P ,81
	[0]	I=,12	F= 0	_C ,42	_V 0	_P ,17

en que ocurre en español, principio de sílaba. Notemos primero que la contribución del factor lingüístico interno (contexto fonológico) es mucho más importante que el estilo en los tres casos. La aspiración de (s) es altamente favorecida (0,89) cuando el segmento siguiente es consonántico. Este contexto también favorece la elisión de (n), (0,42), pero frena el proceso de velarización (excepto, por supuesto, cuando la consonante siguiente es velar (/k/, /g/), en cuyo caso la asimilación de *n* es categórica, razón por la cual este contexto se incluye sólo en relación a la elisión de *n*). La realización fricativa de (č) es favorecida por un contexto intervocálico, situación que refleja una tendencia general en español a debilitar los segmentos consonánticos obstruyentes en este contexto fonológico.

El efecto diferencial del estilo sobre estas variables se puede interpretar como indicador del status social que tiene cada una en la comunidad. Así pues, la aspiración de (s) y la elisión de (n), favorecidas sólo por el estilo informal, aparecen como variantes de menor prestigio; por otra parte, las variantes fricativizadas de (č) y especialmente la velarizada de (n), favorecidas en el estilo formal, parecen ser más bien la norma aceptada en la comunidad.

De hecho, la distribución en cuatro niveles sociales muestra que la aspiración de (s) es favorecida por los dos grupos más bajos y la elisión de (n) es favorecida sólo por el grupo más bajo; las realizaciones fricativizadas de (č), en cambio, son favorecidas por los dos grupos socioeconómicos medios y la velarización de (n) es más fuertemente favorecida por el grupo medio bajo. Es necesario insistir, sin embargo, en que estos fenómenos se dan en todas las capas sociales; las diferencias se deben solamente a una cuestión de mayor o menor frecuencia de uso de una u otra variante.

La disminución de la frecuencia de variantes no estándares o de menor prestigio a medida que aumenta el grado de formalidad se observa en el uso del marcador sociolingüístico (s) en el español de Cartagena, Colombia (Lafford 1982), cuyas variantes, [s], [h] y [0], covarían con el estilo de tal manera que la variante prestigiosa [s] aumenta notablemente su frecuencia en los estilos de lectura, mientras que [h] y [0] disminuyen. El estudio de Lafford incluyó ochenta y tres hablantes distribuidos, de acuerdo con criterios objetivos, en cinco clases sociales: alta (A), media alta (MA), media (M), media baja (MB), baja (B).

La diferencia más marcada se da entre el estilo de habla cuidadosa y la lectura. La lectura de palabras motiva el uso casi categórico de la sibilante (87 por ciento para los ochenta y tres hablantes). Lafford señala que en el español de Cartagena la variante [s] se asocia con alto status social, [0] es una variante estigmatizada y [h] parece ser neutra, es decir, [h] no muestra gran variación entre los estilos informal y cuidadoso en ningún grupo social, ni tampoco a través de estos grupos. Así por ejemplo, en el estilo informal la aspiración ocurre con un intervalo máximo de 5 por ciento entre la clase MA y la MB. En el mismo estilo, por otra parte, [0] ocurre con un intervalo de 14 por ciento entre la clase A y la MB. Además, de manera predecible, el alto grado de atención prestado a la lengua en el estilo de lectura y la influencia de la ortografía motivan un proceso de autocorrección evidente en el aumento de la variante de prestigio.

El cuadro 3.7 ilustra estas observaciones mediante la comparación de la frecuencia de las variantes de (s) en los dos polos estilísticos, informal y de lectura de palabras, en cada uno de los cinco grupos sociales.

Los resultados presentados en el cuadro 3.7 indican que la sibilante disminuye más o menos regularmente a medida que se desciende en la escala social. Sugieren, además, que en Cartagena las barreras sociales más

Cuadro 3.7. Porcentaje de retención, aspiración y elisión de /s/ en dos polos estilísticos en cinco clases sociales en Cartagena.

Estilo	Informal			Lectura de palabras		
Clase social	[s]	[h]	[0]	[s]	[h]	[0]
	Porcentajes					
Alta	26	37	37	90	3	7
Media alta	19	38	43	95	2	3
Media	22	34	44	95	2	3
Media baja	16	33	51	79	7	14
Baja	17	36	48	73	10	18

importantes parecen estar entre la clase alta y la media alta, por una parte, y la clase media y media baja, por otra. Finalmente, podemos observar que las tres variantes se utilizan en las cinco clases y en todos los estilos, pero en proporciones variables que indican estratificación social y estilística. Los valores absolutos de frecuencia de las variantes en los diferentes estilos son sensibles a las diferencias sociales, pero los patrones abstractos de variación a lo largo de la dimensión estilística son los mismos a través del parámetro social.

Las correlaciones entre clase social y variación diafásica son más difíciles de establecer cuando se utiliza una metodología de recogida de datos como la empleada por Medina-Rivera (1997), quien graba a cada sujeto en diferentes situaciones por períodos de al menos sesenta minutos cada vez, de tal manera de obtener muestras de diversos temas y tareas discursivas. Medina-Rivera decide uniformar la muestra en relación al parámetro clase social ya que la introducción de esta variable le habría representado tener que aumentar el número de individuos en estudio, un objetivo poco posible para un solo investigador sin suficiente apoyo económico. Su examen del factor estilo incorpora la relación del investigador con el interlocutor (conocido o no conocido), la situación comunicativa (conversación entre el investigador y el individuo estudiado o con éste y otra persona más; situación en la que la persona estudiada da una charla o clase frente a un grupo), el tema de la conversación y la tarea o género discursivo.

El concepto unidimensional de estilo como reflejo del grado de atención prestado a la forma de hablar se ha mostrado insuficiente como parámetro explicativo de la variación diafásica. El usuario de una lengua no cambia su manera de hablar porque quiere prestar mayor o menor atención a su habla, sino que esta mayor o menor atención es una consecuencia de otras fuerzas motivadoras que se desprenden del deseo, conciente o inconciente, del hablante de acomodar su habla a un interlocutor o público presente o ausente.

Según Bell (1984), el estilo refleja "diseño según el público" (*audience design*). El efecto del público se debilita gradualmente según el papel comunicativo del oyente: interlocutor ⇒ tercero/oyente ⇒ oyente alejado ⇒ oyente no visible. Se ha propuesto además que el efecto del público es más fuerte que el del tema, aunque el tema puede traer a la mente una situación que lleva a una persona a hablar de acuerdo con esa situación recreada. Las preguntas que surgen naturalmente de estas propuestas son: ¿Por qué algunas variables son sensibles al público y otras no? ¿Se explica esta diferencia por la función social de las variables en cuestión? ¿A qué características del interlocutor reaccionan más los hablantes: etnia, familiaridad, poder, usos lingüísticos? ¿Cuál es la influencia relativa del tema, del ámbito, o del público en la variación estilística?

El estudio de Medina-Rivera no da respuesta a estas preguntas, pero confirma, de manera interesante, que la variable (r) es más sensible al grado de familiaridad con el interlocutor que la variable (rr). Así pues, la variante no estándar lateralizada [l] ocurre más frecuentemente cuando el hablante conoce de antemano al entrevistador (44 por ciento) que cuando no lo conoce (24 por ciento), mientras que la variante velar [R] no estándar de (rr) tiene en ambas situaciones una frecuencia algo más similar (11 por ciento y 8 por ciento, respectivamente). Por otro lado, las dos variables son sensibles a la tarea discursiva y a la situación comunicativa, de tal manera que las variantes no estándares se realizan con más frecuencia en el diálogo, algo menos frecuentemente en las narrativas y con menor frecuencia en otros tipos de discurso (expositivo y descriptivo, por ejemplo). Así mismo, son más frecuentes en la conversación en grupo ([l] = 63 por ciento, [R] = 16 por ciento), menos frecuentes en la grabación individual ([l] = 53 por ciento, [R] = 9 por ciento) y, por último, en las presentaciones frente a un grupo ocurren con bajísima frecuencia ([l] = 7 por ciento, [R] = 5 por ciento). Es de interés notar que los hablantes parecen corregir la lateralización más fácilmente que la velarización en la situación de mayor formalidad.

Para concluir, creemos que los ejemplos dados muestran que la influencia del estilo puede diferir según la variable lingüística en cuestión, según el nivel socioeconómico y otras características sociales del hablante y según factores más complejos de la situación amplia en la que se desarrolla la interacción. Un cuadro más exacto de la variación diafásica o estilística en el mundo real se obtendrá seguramente cuando se realicen más estudios en los que se hayan reemplazado las tareas de lectura por muestras de la actividad lingüística de los individuos en situaciones sociales que correspondan a diversos valores dentro de la dimensión estilo vernáculo—estilo formal.

3.9. Resumen

Cerramos aquí este capítulo sobre teoría sociolingüística y variación fonológica. Esperamos haber demostrado que la variación lingüística está condicionada tanto por factores sociales más o menos obvios como la edad, el sexo y la clase social, como por factores sociales más sutiles relacionados con la historia social del individuo, con sus ambiciones y con los grupos sociales con que se identifica o aspira a identificarse. La teoría lingüística no puede dejar de reconocer estos hechos. Son ya numerosos los estudios de variables fonológicas del español que los confirman. Entre las variables examinadas, aunque no de manera exhaustiva, están la aspiración y elisión de -*s* final de sílaba; el *yeísmo* en sus varias manifestaciones; el uso variable en posición final de sílaba de [r] en vez de [l], o de [l] en vez de [r] (o "confusión" de las líquidas /r/ y /l/); la asibilación y/o elisión de /r/ implosiva; la semivocalización de las líquidas en el Caribe; la velarización de /f/; la realización labiodental ([v]) de /b/; la realización fricativa de /č/; la velarización y elisión de /n/ implosiva; la velarización ([R]) de (rr) y el debilitamiento y elisión de /d/ intervocálica. Así y todo, quedan muchos fenómenos fonológicos que no se han estudiado dentro de una perspectiva variacionista: el debilitamiento de las vocales átonas (en dialectos mexicanos, por ejemplo); la aspiración de /s/ inicial de sílaba (en El Salvador) y la simplificación de grupos consonánticos (*ns*, *ks*, *ps*, *pt*, etc.), entre otros.

Ejercicios de reflexión

Ejercicio 1

Repase los factores que condicionan la aspiración de -*s* final en los estudios de Poplack (1979), Samper Padilla (1990) y Cedergren (1973) reseñados en este capítulo y determine cuál es el comportamiento que predicen para las ocurrencias de -*s* destacadas en el siguiente texto:

"El lune*s* pasado, mientra*s* Amalia mostraba la casa a los compradore*s* tú dormía*s*. Lo mismo hacía*s* el marte*s*. Los demá*s* día*s* o no estaba*s* aquí o miraba*s* telenovela*s*."

Ejercicio 2

Los diccionarios de sinónimos frecuentemente reflejan concepciones eurocéntricas y sexistas del mundo. Por ejemplo, mientras que *occidental* tiene como sinónimos *europeo*, *blanco*, *civilizado* y *culto*—la voz *oriental* es glosada simplemente como *asiático*, *amarillo* y *chino*. Del mismo modo, *astuto* aparece glosado como *sagaz* y *calculador*, mientras su versión femenina es *malvada* y *viciosa*. Los editores de estos glosarios, ante las críticas que suscitan, argumentan que no hacen sino reflejar el uso real de los hablantes. ¿Piensa usted que la existencia de estas definiciones es un mero reflejo de concepciones eurocéntricas y sexistas internalizadas en los hablantes o de hecho es un elemento que contribuye a reforzarlas? ¿Cree usted que su eliminación de los diccionarios contribuiría significativamente a cambiar estas concepciones en los hablantes?

Ejercicio 3

Un número considerable de estudios sociolingüísticos coincide en la observación de que las mujeres usan las variantes lingüísticas de mayor prestigio con más frecuencia que los hombres. Sin embargo, en comunidades en las que los hombres tienen más fácil acceso a la educación y al mundo profesional y por tanto al uso de las personas cultas es de esperar que las mujeres tengan un peor dominio de las variantes de prestigio. ¿Cree usted que una situación de este tipo contradice la observación inicial de que las mujeres usan más las variantes de prestigio? ¿Qué procedimiento metodológico permitiría descubrir qué entienden las mujeres por uso prestigioso en una comunidad de este tipo?

Ejercicio 4

Analice qué rasgos fonéticos, léxicos y gramaticales y qué marcadores discursivos predominan en el habla de los adolescentes en una comunidad hispanohablante de su elección.

Ejercicio 5

Las siguientes expresiones describen situaciones que podemos encontrar en estudios sociolingüísticos. De acuerdo con lo visto en este capítulo diga si cada uno de los siguientes enunciados (típicamente) se podría referir a una variable de prestigio, a una variable estigmatizada o es algo neutro, o sencillamente los enunciados no expresan nada que le permita saberlo. Cada afirmación debe evaluarse independientemente de las demás.

1. Esta variable está asociada con habla rural.
2. Los hablantes reconocen que esta variable a veces "se les escapa."
3. Las clases altas no aceptan la variable y la suprimen en su uso.
4. En una gráfica de edad nos da una curva con forma de U.
5. Las mujeres usan más esta variable.
6. Esta variable es un estereotipo lingüístico en esta comunidad.
7. Se está produciendo un proceso de supresión de la variable y hay hipercorrección.
8. Los grupos de edad intermedios usan más esta variante.
9. En pruebas de valoración subjetiva no hay una reacción detectable.
10. Es un marcador (y la frecuencia del fenómeno aumenta en estilo formal).

Ejercicio 6

Comente detalladamente el cuadro 3.7 que presenta porcentajes de retención, aspiración y elisión de /s/ en Cartagena en covariación con las variables nivel socioeconómico y estilo. Compárelo con los datos del cuadro 3.2 (con datos de Las Palmas y Panamá) y determine qué diferencias y semejanzas tiene el comportamiento de las variantes en las tres comunidades estudiadas.

Ejercicio 7

Elabore y analice una lista de fenómenos de variación fonológica que se estén produciendo actualmente en una comunidad hispanohablante. ¿Tiene usted la impresión de que ciertas variables son favorecidas por determinados grupos de edad, sexo y/o nivel socioeconómico?

Variación sintáctica y morfosintáctica

4.1. El problema del significado en variación sintáctica

La correlación entre variables sintácticas y sociales fue en un principio un punto bastante debatido en sociolingüística, especialmente desde que Lavandera (1978) cuestionó explícitamente la posibilidad de extender la noción de variable sociolingüística a otros niveles descriptivos además del fonológico.

El éxito logrado en los estudios de variación fonológica aplicando los métodos labovianos y las técnicas de análisis cuantitativo desarrolladas tanto por Labov (1966) como por Sankoff (1978), motivó a los sociolingüistas a aplicar las mismas técnicas y métodos en el análisis de casos de aparente variación sintáctica. Así se estudiaron, por ejemplo, fenómenos tales como la negación múltiple en inglés (Labov 1972b), la elisión del subordinador *que* en el francés de Montreal (Sankoff 1973), la elección de modo verbal en cláusulas condicionales en español (Lavandera 1975), la expresión del sujeto y su posición con respecto al verbo en español (Bentivoglio 1987; Silva-Corvalán 1982).

La extensión del modelo sociolingüístico al nivel morfológico y al sintáctico parecía, en un principio, justificada. Sankoff (1973, 58, mi traducción), por ejemplo, había afirmado que "la extensión del modelo probabilístico de la fonología a la sintaxis no es un paso conceptualmente difícil," lo que según ella había quedado comprobado por los resultados de un número de investigaciones realizadas en Nueva Guinea y en Montreal (Sankoff y Brown 1976; Sankoff y Thibault 1980) que parecían indicar que la variación morfológica y sintáctica estaban condicionadas de manera consistente y sistemática por factores lingüísticos internos y por factores externos de tipo social y estilístico.

La *definición de la variable sintáctica* replicaba la de la variable fonológica como dos o más realizaciones o actualizaciones de un elemento común; o dos o más formas de decir la misma cosa. La naturaleza de la variación sintáctica, sin embargo, no es análoga a la de la variación fonológica, por varias razones, resumidas en (a–d):

a. Hay menos variación sintáctica que fonológica en una variedad determinada de lengua. Una variable sintáctica tiene generalmente dos variantes, mientras que una fonológica tiene casi siempre al menos tres variantes y con frecuencia más de tres.

b. La variación sintáctica es más difícil de estudiar y, especialmente, de cuantificar, debido a la poca frecuencia con que se dan los contextos de ocurrencia de una variante determinada y a la dificultad de obtener ejemplos del uso de una u otra variante sin elicitarlos directamente.

c. Los contextos de ocurrencia de una variable sintáctica son en general más difíciles de identificar y definir que aquéllos de una variable fonológica.

d. Aun más importante, la variación sintáctica plantea el problema de las posibles diferencias de significado que pueden estar asociadas con cada variante. Es decir, mientras las variantes fonológicas constituyen dos o más formas "de decir la misma cosa" (Labov 1972a, 271, mi traducción), las variantes de una variable sintáctica no son claramente dos o más formas diferentes de decir lo mismo, como bien lo ha planteado también García (1985).

A manera de ilustración, se pueden comparar las posibles variantes de la variable (s) en el lexema "costa" (en el español de Chile, por ejemplo), con una aparente variable sintáctica: la elección entre el orden verbo-objeto directo-frase preposicional (2a), frase preposicional-verbo-objeto directo (2b).

1. Se fueron a la costa [kóhta] / [kóɾta] / [kóta]
2. a. Le compraron el CD-Rom ['sedé-rom'] en Los Angeles.
   b. En Los Angeles le compraron el CD-Rom.

En el ejemplo 1, la ocurrencia de una u otra variante (h, t, 0) no cambia el significado referencial del lexema *costa* ni el del enunciado "Se fueron a la costa."

En el ejemplo 2, por otra parte, aunque el significado referencial de la proposición "Le compraron el CD-Rom en Los Angeles" es el mismo en (a) y (b), la variación en el orden de las palabras conlleva ciertas diferencias de significado relacionadas con el valor temático (información conocida) o remático (información nueva o focal) de los elementos oracionales, por lo que (a) y (b) no podrían estar en variación libre en el discurso. No responderían, por tanto, a una definición estricta de variable sintáctica. Así pues, solamente 2a, con curva entonacional no marcada, puede responder a la pregunta "¿Dónde le compraron el CD-Rom?" Con la misma curva entonacional, 2b responde a la pregunta "¿Qué le compraron en Los Angeles?" Queda claro, entonces, que 2a y b tienen presuposiciones diferentes: en 2a se presupone (o se sabe) que "le compraron un CD-Rom," pero no se sabe dónde; en cambio, en 2b se presupone el lugar donde "le compraron el CD-Rom," pero no se sabe qué le compraron en ese lugar.

En el capítulo anterior vimos que las variables fonológicas son a menudo marcadores o índices sociolingüísticos, es decir, covarían con factores de tipo social y estilístico, y a menudo también indican procesos de cambio. Por las razones expuestas en (a–d), en cambio, no ha sido fácil asignar valor social y/o estilístico a los casos de variación sintáctica estudiados en diversas comunidades. Más bien, la mayor parte de la variación sintáctica parece estar condicionada por factores sintácticos, semánticos y pragmáticos e incluso en algunos casos por factores fonológicos (posiblemente el orden de los constituyentes oracionales). Como ya hemos dicho, la sociolingüística integra los diferentes niveles analíticos que se han identificado tradicionalmente: la fonología, la morfología, la sintaxis y la semántica, agregando uno más: la pragmática (cf. Caravedo 1993; Reyes 1990).

Se hace necesario aquí explicar brevemente lo que entendemos por *semántica* y por *pragmática*. En este libro, la semántica se conceptualiza como el estudio del significado básico o significado descontextualizado de las expresiones lingüísticas. La semántica discursiva incluye además el estudio de tales conceptos como información nueva o conocida, tópico y foco oracional. La pragmática, en cambio, estudia el significado contextualizado, el mensaje que comunica una expresión lingüística. En palabras de Escandell Vidal (1993, 16), la pragmática estudia "las condiciones que determinan el empleo de enunciados concretos emitidos por hablantes concretos en situaciones comunicativas concretas, y su interpretación por parte de los destinatarios."

Por ejemplo, el uso no esperado (o no estándar) de *de* antepuesto a *que* en complementos oracionales, fenómeno variable conocido como *dequeísmo*, parece responder a factores internos a la lengua relacionados con factores semánticos y pragmáticos. Así pues, el *dequeísmo* es favorecido por un sujeto de tercera persona y desfavorecido cuando el sujeto es primera persona (García 1986; Schwenter 1999). El tiempo pasado, en oposición a Presente y Futuro, también favorece la ocurrencia de *dequeísmo*. Los ejemplos 3 y 4, de materiales orales de Madrid, citados en Schwenter (1999, 71), ilustran la correlación entre *dequeísmo*, tiempo pasado y sujeto de tercera persona.

3. Le dijo a ella *de que* no vienen.
4. El hombre comentó *de que* lloverá mañana.

La distribución del *dequeísmo* ha llevado a diferentes autores a proponer que el hablante *dequeísta* emplea este fenómeno con un propósito pragmático: comunicar, entre otros, distanciamiento del contenido del enunciado (García 1986; Mollica 1991) y con un propósito semántico-discursivo: marcar el complemento como información nueva o focal (Martínez Sequeira 2000). La variable *dequeísmo*, entonces, conllevaría significados semántico-discursivos y pragmáticos y no correspondería a "dos formas de decir la misma cosa."

La observación de estas diferencias de significado, que subrayan la diferente naturaleza de la variación sintáctica y la fonológica, llevó a Lavandera (1978) a declarar inadecuada la extensión del concepto de variable sociolingüística más allá del nivel fonológico, principalmente debido a la carencia de una teoría del significado que pudiera servir de marco teórico a los estudios cuantitativos de variación morfológica, sintáctica y léxica.

Lavandera nota además que la correlación frecuencial entre variantes fonológicas y socioestilísticas es directamente significativa, pero que no lo es en el caso de variantes sintácticas, puesto que la mayor o menor frecuencia de éstas puede deberse precisamente a las diferencias de significado que estas formas conllevan y que las hacen más o menos compatibles con un contexto comunicativo determinado. Esto requiere que la covariación sociosintáctica tenga que ser interpretada de manera especial. Una de estas maneras, según Lavandera, podría ser en términos de estilos de comunicación; es decir, la mayor o menor frecuencia de ocurrencia de una variante sintáctica sería interpretada, de acuerdo con las diferencias de significado de cada variante, como indicadora de diferentes estilos de comunicación— por ejemplo, más o menos asertivo, más o menos abstracto, más o menos cortés, etc.

La raíz del problema se encuentra, pues, en la cuestión del significado. El método laboviano parte de la identificación de dos o más formas sintácticas como variantes de acuerdo con una sinonimia semántica referencial o de valor de verdad. Sin embargo, las categorías analíticas que surgen de un análisis del habla en términos de igualdad lógica o referencial no son necesariamente las mismas que surgirían de un análisis que tomara en cuenta otros niveles de significación, tales como la intención comunicativa, las actitudes de los hablantes y la perspectiva funcional de la oración (Bolinger 1983; García 1985; Romaine 1981). En verdad, si se toma en cuenta la intención comunicativa, i.e., el valor ilocutivo de un enunciado según la semántica de los actos de habla, enunciados tales como 5a–d, cuyas características léxicas y sintácticas son completamente diferentes, pueden "decir la misma cosa"; en 5a–d, "No, no vayamos a hacer ejercicio ahora."

    5. ¿Vamos a hacer ejercicio ahora?
      a. Mmm, estoy cansado.

b. Mmm, tengo sueño.
c. Mmm, esta novela está muy interesante.
d. Mmm, viene Pepe esta tarde.
   etc.

Como acto ilocutivo, los ejemplos 5a–d pueden comunicar lo mismo: una respuesta negativa a la invitación a hacer ejercicio. Sin embargo, en la teoría sociolingüística desarrollada por Labov, 5a–d no son variantes de una misma variable porque no tienen el mismo significado lógico o referencial. Así pues, aunque estamos de acuerdo con la preocupación teórica de Lavandera, no podemos dejar de notar que una definición funcional de variable sintáctica convierte el objeto de estudio en algo ilimitado, como lo indico con el "etc." bajo los ejemplos 5a–d.

Se ha notado también que para que una variable sintáctica sea *socio*lingüística, debe cumplir dos condiciones adicionales (Lavandera 1978): (a) las variantes deben tener significado social, estilístico u otro más allá del significado referencial; (b) la cuantificación de las variantes debe ser tal que las frecuencias relativas de ocurrencia según ciertos factores sean las indicadoras directas de los significados no referenciales (i.e., social y/o estilístico).

Subrayamos el prefijo *socio-* porque queremos llamar la atención hacia la existencia de variación que no es de carácter esencialmente social. En verdad, el análisis de numerosas variables sintácticas y morfosintácticas ha mostrado que en muchos casos el efecto de factores sociales externos (e.g., etnia, educación, sexo, edad) sobre la elección de una u otra variante es mínimo o inexistente. Los factores lingüísticos internos que condicionan la variación han resultado ser, por otra parte, de gran interés y han llevado a asignar un papel central a los estudios semánticos y pragmáticos de las unidades lingüísticas en el discurso (Alturo 1999; Bentivoglio 1987; Ranson 1991; 1999; Schiffrin 1994; Serrano 1996b; Silva-Corvalán 1982; 1983c; 1996; 1999; Turell 1995; Urrutia y Fernández 1995, entre otros).

Concordamos aquí con Romaine (1981, 27, mi traducción), quien establece, "Si adoptamos una aproximación a la lengua que responda tanto a la estructura interna como a las presiones sociales externas sobre la gramática, entonces una explicación pragmática del significado, es decir, el significado en relación a la función, debería formar parte importante de una teoría integrada de la sociolingüística."

No es difícil identificar variables fonológicas, pero sí puede serlo la identificación y justificación de variables en los niveles morfológico, léxico y sintáctico, i.e., donde las posibles realizaciones equivalentes de un mismo elemento no son en verdad equivalentes en cuanto a su función o significado contextual. La pregunta que surge frecuentemente es la siguiente: ¿Se usa **una forma en vez de otra** porque se quiere comunicar un mensaje diferente, por muy sutil que sea, o es una elección libre entre alternativas que comunican lo mismo?

Hay variables sintácticas y morfológicas que no parecen conllevar diferencias de significado en ningún nivel de análisis lingüístico o pragmalingüístico. Por ejemplo, los clíticos pleonásticos (ejemplo 6), posiblemente también algunos fenómenos de concordancia de número (ejemplo 7) e incluso de pérdida de marcación de caso en cláusulas relativas (ejemplo 8).

6. Yo (la_i) quería ver(la_i) pero llegué tarde.
7. Había$0/n$ unos muchachos afuera.
8. El hombre *que/al que* le entregué el mensaje ya se fue.

Por otro lado, la expresión variable de sujetos en español parece estar controlada por factores semántico-pragmáticos que no nos permiten definir esta variación entre expresión y no expresión como dos formas de decir la misma cosa. Obsérvese el ejemplo 9, donde la expresión o no del sujeto "yo" en 9b tiene consecuencias semánticas claras, ya que un sujeto cero implica que es "ella" la que "estaba temblando" y no "yo," tal como el hablante especifica.

9. Y en la noche (a) *ella*$_i$ iba a mi lado y (b) 0_i/*yo* estaba temblando.

Es solamente cuando se hace una elección libre entre alternativas que comunican "lo mismo," que no responden a intenciones diferentes del hablante ni son interpretadas diferentemente por el oyente, cuando podemos establecer correlaciones directas con factores sociales. En caso contrario, el análisis es más delicado y requiere una interpretación cuidadosa.

Dada la falta de acuerdo entre los que proponen posible sinonimia (es decir, variación estricta) y los que defienden que en todo contexto diferentes formas conllevan significados diferentes, Sankoff (1988) propone la noción de *distribución complementaria débil* en la comunidad. Para ilustrar esta noción, imaginemos una situación (que puede no estar muy lejos de la realidad) en la ciudad de Morelia (México), donde la cópula *estar* con predicados adjetivales es usada más por unos hablantes y la cópula *ser* por otros (Gutiérrez 1994), en ejemplos del tipo de 10a–b.

10. a. Las casas están chiquitas, pero bonitas.
    b. Las casas son chiquitas, pero bonitas.

Según Sankoff (1988), o las dos formas (*ser* y *estar* en nuestro caso) tienen la misma función, es decir, su significado se ha neutralizado en el discurso, o las formas retienen funciones diferentes y estas funciones alternan, es decir, unos hablantes usan una forma con su función en los mismos contextos donde los otros hablantes usan la otra forma con su otra función. El complejo forma-función está, entonces, en distribución complementaria en la comunidad. En estos dos casos de distribución complementaria "débil" se propone que la distinción entre las variantes lingüísticas (uso de *ser* o *estar*, por ejemplo) no es relevante para los hablantes y por tanto éstas constituyen una variable. La distribución complementaria débil es a menudo indicio de cambio en marcha, como parece ser el caso de la extensión de *estar* en México, o la extensión del Pretérito Perfecto Compuesto (*he cantado*) en Castilla.

La posición que adoptamos en este libro, que refleja el enfoque que la autora ha seguido en sus investigaciones, es conciliadora con respecto al problema de la sinonimia. En el estudio de la variación sintáctica podemos tomar como punto de partida variantes cuya sinonimia lógica no es cuestionable y cuya estructura sintáctica o morfosintáctica (o léxica si es ésta la variación en estudio) varíe solamente con respecto al fenómeno considerado variable. Así pues, de acuerdo con Labov (1978b), apoyo una *definición de variable sintáctica* (o morfológica) como dos o más realizaciones equivalentes de un elemento común que dicen lo mismo. Las realizaciones de esta variable son equivalentes en cuanto a los tipos de entidades, eventos/estados y circunstancias que pueden constituir estas realizaciones y en cuanto a la estructura temática del enunciado (i.e., agentes, pacientes, instrumentos, etc). El elemento común, la variable sintáctica (o morfológica), *fuera* de todo contexto discursivo, no altera la equivalencia referencial.

Un estudio cuidadoso de los contextos de ocurrencia de las variantes identificadas en el habla de un grupo social, tomando en cuenta su distribución en el discurso, permitiría establecer posibles diferencias de significado semántico y/o pragmático. El punto de partida son, entonces, las estructuras formales y desde aquí el análisis está encaminado a desentrañar sus posibles diferencias semánticas, discursivas y/o pragmáticas (Pollán Valiña 1999).

Si podemos comprobar que las variantes no conllevan diferencias de significado en ninguno de estos niveles, podremos tratarlas como se tratan las variantes fonológicas; es decir, su posible covariación frecuencial con factores sociales y estilísticos sería en sí misma indicadora de significados socioestilísticos. Si, por otra parte, comprobamos que las variantes conllevan diferencias de significado más allá del nivel lógico o referencial, la interpretación de una posible covariación con factores sociales y estilísticos constituiría una tarea delicada y compleja de llevar a cabo. Podemos sugerir, siguiendo a Lavandera, que se interprete como indicadora de diferentes estilos de comunicación. Más apropiado sería, sin embargo, recoger tantos datos como sea suficiente para controlar los factores semántico-pragmáticos en el análisis cuantitativo, como explicamos más adelante.

Reconocemos, entonces, al menos *dos niveles de significado*: (a) referencial o lógico, independiente del contexto discursivo; y (b) contextual, de semántica-discursiva o pragmática, que se deriva del uso de las formas lingüísticas en el discurso. El significado contextual es examinado en la etapa de análisis cualitativo, etapa que permite proponer variables independientes que corresponden a las hipótesis sobre el efecto de los factores semántico-discursivos (valor informacional de las entidades) o pragmáticos (intenciones, inferencias), en las diversas realizaciones de la variable. Volvamos al ejemplo del CD-Rom.

11. Le compraron un CD-Rom a Juan.
12. A Juan le compraron un CD-Rom.
13. Un CD-Rom le compraron a Juan.
14. El CD-Rom se lo compraron a Juan.

Los ejemplos 11–14 son referencialmente equivalentes, i.e., dicen la misma cosa. La variable es el orden de palabras: el objeto o complemento directo (OD, CD) y el objeto o complemento indirecto (OI, CI) pueden ocupar diferentes posiciones. Nótese, sin embargo, que el ejemplo 14 es diferente: el artículo definido *el* comunica lingüísticamente que la entidad "CD" es "conocida" para los interlocutores y ésta no es una inferencia, sino que es explícitamente indicada con el determinante definido. Surge entonces la pregunta de si se puede incluir tal ejemplo en la variable. Mi respuesta es positiva, ya que entonces podemos inmediatamente establecer el factor [+/– definido] como una variable independiente que puede tener correlación con la posición del objeto.

Sin entrar aquí en mayores detalles, establecemos que 11 a 14 responden a preguntas o a presuposiciones diferentes: no dicen lo mismo en el nivel del discurso. Buscamos, por tanto, las diferencias de significado semántico-discursivo que conllevan y las postulamos como variables independientes.

Estas variables independientes son factores internos que condicionan la variable dependiente (orden de palabras); por tanto, **no es válido establecer correlaciones sociosintácticas sin controlar estos factores internos**. Solamente una vez establecidas estas correlaciones internas (semánticas y pragmáticas), lo que requiere numerosos datos, podemos establecer correlaciones sociales y quizá aventurar una interpretación muy provisional en términos de "estilos comunicativos." Tal interpretación sería más confiable si otras variables estudiadas apuntaran en la misma dirección.

Por ejemplo, dado un contexto discursivo X, dos variantes (morfo)sintácticas, Y y Z, que alternan en X, y dos grupos sociales, A y B, tenemos que establecer la frecuencia de ocurrencia de Y y Z en el contexto X para cada grupo A y B por separado. El empleo de este procedimiento haría que los resultados fueran comparables y permitieran evaluar la conducta de un grupo social con respecto a otros ya que las frecuencias relativas serían indicadoras de significado social.

Cuando el análisis indica que las variantes de una variable (morfo)sintáctica (Y y Z) no son sinónimas en el nivel de significado contextual, es en todo caso posible cuantificarlas, pues los programas estadísticos informatizados permiten establecer correlaciones entre la variable dependiente y variables sociales independientes (A y B) controlando las variables independientes semántico-pragmáticas (asociadas con el contexto X). El cuadro 4.5 más adelante ilustra esta técnica de análisis: la variable dependiente (Indicativo-Subjuntivo) se tabula por la variable independiente grupo de hablantes y se controla por otra variable independiente, el contexto obligatorio versus opcional.

La falta de suficientes datos con frecuencia hace esta tarea imposible. En estos casos, es un estudio de variación sintáctica que culmina con la identificación de los factores internos que condicionan y explican la variación. La teoría variacionista ha hecho aportes valiosísimos en este sentido (ver, por ejemplo, estudios del español y del catalán en antologías recientes de Serrano [1999] y Turell [1995]).

Si, por el contrario, el análisis indica claramente que la variable, sintáctica o morfológica, no conlleva diferencias de significado semántico o pragmático, puede tratarse como una variable fonológica, i.e., posibles correlaciones entre factores sociales y la frecuencia de la variable en cuestión serían indicadoras de diferentes significados sociales. Como hemos dicho, hay variables morfosintácticas que funcionan de esta manera; por ejemplo, algunos fenómenos de concordancia de género ("azúcar blanca/o"); los clíticos pleonásticos; la concordancia de número o de caso, etc.

Además de la cuestión del significado, la variación no fonológica plantea el problema, en todo caso menos crucial, de la definición del tipo de variable según su naturaleza y según los factores que la condicionan (ver Martín Butragueño [1994] para una tipología de la variación gramatical). Así, una variable no fonológica puede ser sintáctica y estar condicionada por factores semántico-pragmáticos (e.g., orden de palabras) o socioestilísticos (e.g., pluralización del verbo impersonal *haber*), como también morfológica o morfosintáctica y estar condicionada por factores sintáticos y sociales (e.g., algunos fenómenos relacionados con el uso de los pronombres átonos en español). Es necesario subrayar, sin embargo, que los límites entre lo morfológico, lo sintático, lo pragmático y lo lexical no son siempre discretos y claros.

No nos preocuparemos aquí de este problema, que concierne a la teoría lingüística general, pero sí repetimos que el estudio de la variación más allá del nivel de la fonología lleva necesariamente al sociolingüista a extender su análisis al nivel del discurso, de la semántica y la pragmática, ya que su objetivo es explicar la variación y los esquemas de covariación con factores internos y/o externos, en relación a las posibles diferencias de significado (semántico, discursivo o pragmático) de las variantes. La sociolingüística toma el discurso en su contexto sociolingüístico amplio como base del análisis, pues le interesa explicar por qué la lengua ofrece posibilidades aparentemente sinónimas y por qué el hablante escoge una de ellas en un discurso dado, qué factores en el contexto motivan la elección de una u otra forma de decir "la misma cosa."

En lo que sigue, ilustramos estas preocupaciones a través de diversos estudios de variación no fonológica.

4.2. La variable Indicativo-Subjuntivo

La variación que existe en el uso de formas de Indicativo (I) o Subjuntivo (S) en diversas comunidades hispanohablantes ha sido motivo de interés para muchos estudiosos (De Mello 1995; Klein 1990; Lavandera 1975; Ocampo 1990a; Serrano 1994; Silva-Corvalán 1984a; 1994b).

El estudio que presento a continuación trata de la oposición Indicativo-Subjuntivo en una situación de contacto entre el español y el inglés. El español se ha encontrado o todavía se encuentra en situación de contacto intenso con numerosas lenguas en Hispanoamérica: portugués, inglés, quechua, guaraní, lenguas mayas, aztecas, etc. Estas situaciones han adquirido renovado interés, pues constituyen terreno fértil para el examen de cambios que se difunden en corto tiempo y pueden ser observados en su desarrollo. Diferentes estudios han mostrado, además, que estos cambios a menudo corresponden a tendencias que se constatan en variedades monolingües. Así pues, algunos usos de Subjuntivo por Indicativo en el español de Paraguay, los Estados Unidos, Perú o incluso en Buenos Aires podrían ser explicados como estadios más avanzados de reducción del Subjuntivo estimulados por una situación de bilingüismo intenso. Contextos en los que el uso del Subjuntivo era obligatorio son ahora variables o requieren Indicativo sin excepciones. A pesar de todo, la oposición Indicativo-Subjuntivo sigue siendo significativa desde el punto de vista semántico y pragmático.

El español de Los Angeles en los Estados Unidos, donde el contacto de lenguas ha acelerado el cambio modal, ilustra claramente esta variación sintáctico-semántica. El estudio presentado aquí está basado en el análisis de más o menos cuarenta y cuatro horas de conversaciones, transcritas ortográficamente, con familias que incluían dos o tres generaciones de inmigrantes mexicanos.

La variedad de datos necesarios para este tipo de estudio se obtuvo fácilmente de los inmigrantes de primera generación (grupo 1) y de la mayoría de los hijos de estos inmigrantes (grupo 2), pero con los hablantes del tercer grupo (nietos de inmigrantes) hubo dificultades ya que los ámbitos de uso del español se han reducido para ellos, con la consecuente reducción de vocabulario.

Para identificar los patrones de simplificación y pérdida de la morfología verbal, se comparó el comportamiento lingüístico de los hablantes de los grupos 2 y 3 con los del grupo 1.

La simplificación de la morfología de Subjuntivo (Silva-Corvalán 1994b) es evidente en los hablantes del grupo 2, los hablantes menos competentes del grupo 3 no utilizan el Imperfecto de Subjuntivo en absoluto, y la mayoría de los hablantes de la muestra conservan el Presente de Subjuntivo, aunque notablemente reducido en su frecuencia. El cuadro 4.1 resume estas observaciones.

El análisis cuantitativo que se necesita para establecer comparaciones más precisas entre individuos y grupos y examinar los contextos sintáctico-pragmáticos que favorecen la retención del Subjuntivo no es nada fácil. Los problemas residen en la definición de los contextos de uso, la identificación de contextos de distribución complementaria y alternativa (u "opcional") y, como suele suceder con las variables morfosintácticas, la posibilidad de que se considere variable un uso lingüísticamente motivado.

Cuadro 4.1. Simplificación del Subjuntivo en Los Angeles.

	Grupo 1	Grupo 2	Grupo 3
Presente Subjuntivo	+	x	xx
Imperfecto Subjuntivo	+	x	xx
Pluscuamperfecto Subjuntivo	+	xx	−
Presente Perfecto Subjuntivo	x	−	−

Nota. + = uso normal; x = uso reducido; xx = uso muy reducido; − = no se usa.

Aunque se haya estudiado anteriormente como variable en español (Lavandera 1975; Serrano 1994; Silva-Corvalán 1985), la oposición Indicativo-Subjuntivo no responde estrictamente a la definición incuestionable de variable como "dos formas de decir lo mismo."

Los estudios del significado del modo en español suelen coincidir en atribuir al Indicativo el significado de *aserción* y al Subjuntivo, un significado de no aserción, de anticipación o presuposición. Además, se ha señalado que en ciertos contextos sintácticos, los hablantes pueden seleccionar cualquiera de estos significados según su perspectiva pragmática con respecto a una situación (Guitart 1990; King 1992; Klein 1980c; 1990; Lavandera 1983; Silva-Corvalán 1985). Así, los ejemplos 15a–b no son pragmáticamente sinónimos porque (a) es asertivo y (b) no asertivo. En contextos comunicativos, se puede interpretar la no aserción como portadora de distintos mensajes (por ejemplo: duda, anticipación, irrealidad o menor probabilidad).

> 15. a. No creo que tiene (I) fiebre.
>   b. No creo que tenga (S) fiebre.

Los distintos significados que aportan el Indicativo y el Subjuntivo determinan su distribución. Según esto, los contextos típicamente asertivos sólo permiten el Indicativo (ejemplo 16), y los no asertivos el Subjuntivo (ejemplo 17).

> 16. Te aseguro que lo lee (I) bien. (*lea (S))
> 17. Quiero que lo lea (S) bien. (*lee (I))

Entre los dos extremos de aserción y no aserción, donde hay una correlación perfecta entre la matriz léxica o sintáctica y el modo de la cláusula principal y subordinada, hay matrices que van de mayor a menor asertividad y que favorecen la presencia de Indicativo o Subjuntivo, sin requerirla obligatoriamente. Estas matrices permiten mayor creatividad a los hablantes. Así, *quizá*, por ejemplo, coocurre con más frecuencia con el Subjuntivo (Klein 1980c), y *no saber* con el Indicativo, pero los hablantes pueden seleccionar el modo para comunicar su punto de vista con mayor o menor certeza, como en 18 y 19, respectivamente:

> 18. Quizá lo lee (I) / lea (S) bien.
> 19. No sé de qué religión es (I) / sea (S).

Los análisis de variación tienen que diferenciar todos estos posibles contextos de uso del Indicativo y Subjuntivo.

La conciencia de que los procesos de pérdida de estructuras lingüísticas son graduales, suscita otra cuestión interesante: ¿Qué factores lingüísticos pueden promover la pérdida, retención o adquisición más temprana de la morfología del Subjuntivo en este caso?

Todas estas consideraciones llevan a incluir en el estudio las siguientes variables lingüísticas independientes: (a) el contexto sintáctico; (b) el grado de libertad de elección independientemente de los factores pragmáticos; y (c) la adecuación de la forma seleccionada con respecto al contexto de ocurrencia en el discurso amplio.

Con respecto al grado de libertad de elección, diferenciamos cinco tipos de contexto, codificando cada ejemplo independientemente del contexto lingüístico o extralingüístico más extenso. Esta técnica se emplea por dos razones: para comprobar el impacto que puede tener sólo la forma sobre la simplificación o pérdida, y para poder codificar evitando al máximo posible la evaluación subjetiva de diferencias en el mensaje por parte del analista.

El *contexto 1* comprende los contextos de uso obligatorio del Indicativo: cláusulas nominales con matrices típicamente asertivas (asegurar, creer, ver) en forma afirmativa, y apódosis de prótasis en Indicativo, como ilustran 20 y 21:

20. Veo que hay (I) muchas.
21. Si trae al niño, lo hacemos (I) dormir en mi cuarto.

El *contexto 2* comprende los contextos de uso obligatorio del Subjuntivo en la variedad estándar del español de México: cláusulas nominales de matriz volitiva, causativa o de imposibilidad (como en 22); finales (introducidas por *para que* o *con tal de que*, como en 23); y subordinadas de comentario que siempre coocurren con Subjuntivo en el grupo 1 (por ejemplo, introducidas por *es mejor que* o *está bien que*).

22. Es imposible que vengan (S).
23. Lo trajo para que yo lo viera (S).

Los *contextos 3-5* se agrupan aquí como variables u opcionales, pero debemos notar que se diferencian según el grado de distinción semántico-pragmática establecida por la presencia de Indicativo o Subjuntivo en diferencias (a) claras, (b) intermedias y (c) subjetivas.

a. Diferencias claras de significado se constatan en cláusulas relativas (ejemplo 24), adverbiales de lugar (ejemplo 25) y otras.

24. El dinero que me dan (I) / den (S) es poco.
25. Vive allí donde yo trabajo (I) / trabaje (S).

Fuera de contexto, estos ejemplos también pueden ocurrir con Subjuntivo. En contexto, el mensaje del Indicativo es [+objetivo], y el del Subjuntivo [-objetivo]. Por ejemplo, en 25, el Indicativo se refiere al lugar donde trabaja el hablante. El uso del Subjuntivo, en este caso, indicaría posibles lugares de trabajo que no forman parte de la experiencia del hablante, o sea, sería [-objetivo].

b. Diferencias intermedias de significado se constatan en la prótasis de las oraciones condicionales (ejemplo 26).

26. Si vienes (I) / vinieras (S) de Guadalajara para el Cinco de Mayo. . . .

c. Finalmente, hay ejemplos donde el uso de Indicativo o Subjuntivo depende de la evaluación subjetiva de la situación por parte del hablante. Estos casos se relacionan con la noción de [± asertividad] (ejemplos 27–28), más bien que con la de objetividad de lo real frente a lo irreal (como en 24–25).

27. No creo que estoy (I) / esté (S) de acuerdo.
28. Quizá fue (I) / fuera (S) mi culpa.

El lazo de unión de los contextos 3–5 es que sintácticamente aceptan tanto Indicativo como Subjuntivo. Fuera de contexto, la elección de una u otra forma no constituye una violación gramatical, a diferencia de los contextos 1 y 2, donde se requiere Indicativo y Subjuntivo, respectivamente, de tal manera que el uso de uno por otro sí constituye un uso no gramatical. Este uso no gramatical no se constata en los datos de los hablantes en el grupo 1.

Por lo que respecta a la adecuación del modo seleccionado por el hablante en pasajes discursivos específicos en el caso de los contextos 3–5, se distinguen dos variantes: contexto discursivo claramente adecuado (o semi-adecuado) y claramente inadecuado. Los ejemplos 29–31 ilustran esta clasificación.

Contexto discursivo adecuado. El ejemplo 29 es un caso claro donde el uso de Indicativo se amolda perfectamente a la expresión de contenido objetivo o experimentado:

29. Cuando va (I) uno a la escuela ya no tiene tanto tiempo para viajar.

También es adecuado el ejemplo 30, donde aparece Presente de Indicativo en la prótasis, un contexto que también admitiría el uso del Subjuntivo. Se considera que es un uso adecuado de Indicativo porque el hablante recuerda una situación que llegó a realizarse: se casó con el hombre con el que estaba saliendo. La elección de Indicativo en este caso presenta como algo seguro lo que en su tiempo era solamente un evento posible. En el momento de la conversación, la hablante está casada con el hombre de la historia.

30. . . . dije yo: 'Si me caso (I) yo con este hombre, ¿cómo sería mi vida?'

Contexto discursivo claramente inadecuado. Tanto formas de Indicativo como de Subjuntivo se han clasificado como "adecuadas" y "semiadecuadas," pero en el grupo de contextos "claramente inadecuados" se puede decir que, casi sin excepciones, hallamos formas de Indicativo cuando esperaríamos Subjuntivo, como en el ejemplo 31. (Entre paréntesis se identifica el origen del ejemplo: hablante (A34), sexo y edad (f40), grupo (3) y casete (ELA83)).

31. I: Ahm no sé—no he hablado con ellos—no más leí un papelito y, la Ana puso en un papelito en la hielera *"Gloria is having twins."* [Gloria va a tener mellizos] . . . todavía tiene allí el papel, ¿verdad?
AM: Ya, porque no lo he quitado yo porque como está tan bonito. . . . Ahí ['ai] lo voy a dejar hasta que se cae (I). [por caiga (S)] (A34, f40, 3, ELA83)

Una vez identificados los contextos de ocurrencia y las variables independientes (sintácticas y semántico-pragmáticas) que inciden en la elección de una de las dos posibles realizaciones de la variable Indicativo-Subjuntivo, se procede con la codificación de cada ejemplo y con la cuantificación.

Nuestros datos incluyeron un total de 2.721 casos donde los porcentajes de usos modales corresponden a 28,4 por ciento de formas de Subjuntivo y 71,6 por ciento de Indicativo. Se establecieron dieciocho tipos diferentes de construcciones sintácticas, de las cuales sólo las construcciones causativas (ejemplo 32) ocurrieron categóricamente con Subjuntivo.

32. El profesor hacía que yo hiciera (S) el trabajo.

El cuadro 4.2 recoge los resultados de las construcciones que registraron al menos treinta ocurrencias en la muestra total. Los resultados se ordenan de mayor a menor según la frecuencia de uso del Subjuntivo.

En estas catorce construcciones sintácticas, la distribución del Subjuntivo disminuye de 42.4 por ciento en el grupo 1, a 26.5 por ciento en el grupo 2 y a 17.3 por ciento en el grupo 3 (ver cuadro 4.3). Como se ha dicho, sólo las construcciones causativas (rarísimas en el grupo 3) mantienen siempre el Subjuntivo.

La tabulación cruzada según el grupo para las construcciones con un número suficiente de ejemplos que permitiera esta operación refleja un patrón similar de mantenimiento del Subjuntivo en cada grupo, como muestra el cuadro 4.4.

Con la sola excepción de la apódosis, el uso del Subjuntivo disminuye en cada grupo siguiendo el patrón que corresponde a la frecuencia relativa de ocurrencia de esta forma en el habla del grupo 1 (la diferencia entre las volitivas y finales en el grupo 1 no es significativa). Es interesante notar que

Cuadro 4.2. Frecuencia del Subjuntivo en distintos contextos sintáctico-semánticos.

Proposición	N	%	Ejemplo
Volitiva	170/204	83,3	quiero que hable
Subordinada final	80/105	76,2	para que hable
Subordinada concesiva	25/34	73,5	aunque hable
De comentario	32/56	57,1	lamento que hable
Oración principal con verbo modal	16/44	36,4	debiera hablar
De acto mental	9/32	28,1	no advierte que hable
Subordinada temporal	70/252	27,8	cuando hable
Apódosis	70/270	25,9	. . .le hablara
Prótasis	78/306	25,5	si viniera . . .
Incertidumbre	78/393	19,8	no sé si hable
Subordinada modal	16/108	14,8	así como hable
Subordinada locativa	10/70	14,3	donde hable
Subordinada relativa	86/758	11,3	el que hable
Asertiva	4/52	7,7	sé que hable

Cuadro 4.3. Porcentaje de uso del Subjuntivo en catorce contextos (ver cuadro 4.2) en tres grupos de hablantes. ($p \leq .000$)

Hablantes		
Grupo 1	376/886	42.4%
Grupo 2	225/849	26.5%
Grupo 3	171/986	17.3%

Cuadro 4.4. Frecuencia del Subjuntivo en seis contextos sintáctico-semánticos por grupo. ($p \leq .000$)

	Grupo 1		Grupo 2		Grupo 3	
	N	%	N	%	N	%
Matriz						
Volitiva	81/82	98.8	32/36	88.9	46/63	73.0
Final	45/45	100.0	20/25	80.0	15/35	42.9
Temporal	24/62	38.7	25/65	38.5	21/125	16.8
Apódosis	20/95	21.1	25/91	27.5	25/84	29.8
Prótasis	49/113	43.4	16/85	18.8	14/108	13.0
Incertidumbre	37/104	35.6	25/145	17.2	16/144	11.1

la apódosis permite una forma del Subjuntivo, el Imperfecto de Subjuntivo (Simple o Compuesto), que alterna con el Condicional en muchas variedades del español, incluyendo la mexicana. La ausencia de morfología de Condicional en el español de los grupos 2 y 3, por tanto, puede explicar el uso más frecuente de Subjuntivo en la apódosis.

La tabulación cruzada del modo por contextos obligatorios versus opcionales (contextos 3–5), presentada en el cuadro 4.5, indica claramente un proceso de pérdida gradual de las distinciones modales a medida que desciende el nivel de competencia en español.

En los contextos que exigen Subjuntivo, el uso de este modo desciende de 93,8 por ciento en el grupo 1, a 75,0 por ciento en el grupo 2 y a 52,5 por ciento en el grupo 3. En los contextos opcionales, el uso del Subjuntivo disminuye de 30,9 por ciento a 23,3 por ciento y a 12,4 por ciento.

Los resultados del cuadro 4.5 muestran que el uso destacado de Indicativo entre los hablantes de los grupos 2 y 3 es mayor en los casos de "opcionalidad," pero no indica si la elección de este modo está motivada por el contexto discursivo. La adecuación de la elección se examina en el cuadro

Cuadro 4.5. Frecuencia del Subjuntivo según el tipo de contexto y según el grupo. ($p \leq .000$)

	Contexto obligatorio		Contexto opcional	
Grupo 1	183/195	93,8%	185/599	30,9%
Grupo 2	90/120	75,0%	134/574	23,3%
Grupo 3	73/139	52,5%	85/685	12,4%

4.6, que muestra un aumento de usos inadecuados del Indicativo bastante revelador: del 6,5 por ciento en el grupo 1, al 19,6 por ciento y 39,1 por ciento en los grupos 2 y 3, respectivamente.

Observemos que el cuadro 4.6 muestra un 6,5 por ciento de usos inesperados de Indicativo por Subjuntivo entre los hablantes del grupo 1. En mi opinión, este es un indicio claro de que las semillas del cambio se encuentran en las comunidades monolingües de origen. El fenómeno analizado aquí de la pérdida gradual de las distinciones modales es parte de una tendencia evolutiva del español y otras lenguas romances.

A través de su historia, las lenguas romances han experimentado la pérdida de formas temporales del Subjuntivo (Camús Bergareche 1990; Harris 1974; Poplack 1992) y la extensión de las formas de Indicativo y del Condicional a contextos que anteriormente eran exclusivos del Subjuntivo (Klein-Andreu 1991; Silva-Corvalán 1985). En este momento, distintas variedades estándares del español (por ejemplo, el español de Argentina, México, Paraguay, Uruguay y Venezuela) reflejan procesos de simplificación del Subjuntivo en comparación con etapas anteriores de la lengua y variedades más conservadoras de la misma (Blake 1982; García y Terrell 1977; Lope Blanch 1979). Dado que esta situación se debe a un cambio que tiene motivación interna, parece ser que el contacto de lenguas provoca solamente su aceleración.

No es mucho lo que sabemos sobre cómo funcionan los tiempos verbales en su realidad sociolingüística. Aunque el Presente y el Pretérito de Indica-

Cuadro 4.6. Porcentaje de usos inadecuados de Indicativo por Subjuntivo.

Hablantes	Uso inadecuado de Indicativo	
Grupo 1	26/402	6,5%
Grupo 2	55/280	19,6%
Grupo 3	110/281	39,1%

tivo no parecieran estar sujetos a grandes diferencias interdialectales, es de esperar que incluso estos tiempos tengan valores y usos diferentes según las formas a las que se opongan dentro de cada dialecto. Por otra parte, es bien sabido que el resto de las formas finitas de Indicativo y Subjuntivo, simples y compuestas, el Imperativo y las construcciones progresivas presentan bastante variación interdialectal, tanto diatópica como diastrática, pero hay, que yo sepa, muy pocos estudios sociolingüísticos sistemáticos de esta variación. Los estudios de De Mello (1994; 1995; 1996) examinan algunos tiempos verbales sólo en relación a su distribución geográfica; de tinte sociolingüístico son Gutiérrez (1995) y Serrano (1994; 1995–96), además de los que examino a continuación.

El modelo de análisis desarrollado para el estudio del español de Los Angeles se puede aplicar a cualquier dialecto del español y a cualquier oposición dentro del sistema verbal. No tenemos información precisa sobre procesos de simplificación del Subjuntivo en Sudamérica, por ejemplo, pero notamos su existencia en la ocurrencia de ejemplos en los que el Indicativo aparece en cláusulas temporales de Futuro (ejemplo 33) y el Presente de Subjuntivo se usa en vez del Imperfecto de Subjuntivo cuando la orientación es de tiempo pasado (ejemplo 34).

33. Lo voy a ir a ver cuando *regreso* de Paraguay.
34. Lo hice así para que me *resulte* más fácil.

Además, aparentemente las formas progresivas ganan terreno sobre las simples en numerosos dialectos urbanos, entre otros los de Madrid, Lima y Santiago de Chile. En estos dos últimos, se informa de construcciones tales como la del ejemplo 35.

35. Te estoy/estaré/estaría viendo mañana.

Finalmente, en 36a–c se observa el fenómeno de variación entre Condicional, Imperfecto de Indicativo y Pluscuamperfecto de Subjuntivo, que podría tener relación con la expresión de diferentes grados de certeza (Silva-Corvalán 1985).

36. a. Si hubiera salido te lo *habría* comprado.
    b. Si hubiera salido te lo *había* comprado.
    c. Si hubiera salido te lo *hubiera* comprado.

Como hemos dicho, la alternancia Indicativo-Subjuntivo ha sido estudiada empleando el método variacionista, entre otros por Lavandera (1975) y Silva-Corvalán (1984a; 1985; 1994b). Pionero en este sentido es el trabajo de Lavandera, quien examina en detalle diferentes patrones de covariación entre la elección de Condicional, de Presente de Indicativo o de Imperfecto de Subjuntivo (ejemplos 37, 38 y 39, tomados de Lavandera 1975) y tres factores sociales: sexo, edad y educación. La muestra incluye poco más de cien hablantes de Buenos Aires, un número paralelo de hombres y mujeres estratificados por edad en cuatro grupos (13–15, 18–34, 35–49 y 50+) y por educación en tres grupos (primaria, secundaria y universitaria).

37. Si *tendría* que hacer una cosa como ésa, me gustaría.
38. Si yo *tengo* que ir a vivir al campo, iría, por seguirlo y todo.
39. Si *consiguiera* trabajo, me voy a dar una vida de reyes.

Lavandera (1975) observa que los hablantes que usan variablemente una forma Condicional lo hacen a expensas del Subjuntivo y propone que esta sustitución es motivada por una necesidad comunicativa de los hablantes: el deseo de diferenciar entre situaciones más o menos probables de actualizarse en un mundo futuro.

Los contextos más probables favorecerían el uso del Condicional y los menos probables el del Imperfecto de Subjuntivo. La tercera forma, Presente de Indicativo, es la única de las tres que puede referirse a hechos no contrarios a la realidad (ejemplo 40), aunque también puede referirse a hechos que son sólo probables (ejemplo 41) y no probables (ejemplo 42) (Lavandera 1975, 237 y 281).

40. No, yo no me amargo, si lo *puedo* hacer, lo hago, pero no digo nada.
41. ... pero si me *ofrecen* un sueldo de 400.000 pesos, ahora lo aceptaría.
42. Si yo *soy* provinciano, y acá tengo un trabajo bueno, y vivo cómodo, no me voy a ir a mi provincia a tentar fortuna a ciegas. [el hablante es de Buenos Aires, no es provinciano]

Lavandera (1975) nota correctamente que el grado de mayor o menor probabilidad de la situación no está relacionado exclusivamente con la forma verbal de la prótasis, sino también con la combinación de formas verbales en la prótasis y la apódosis. Es claro, entonces, que nos encontramos aquí con una variable morfosintáctica cuyo elemento común es el significado referencial equivalente, pero cuyas variantes (Indicativo y Subjuntivo) conllevan diferentes significados semánticos y pragmáticos que pueden motivar su uso en el discurso. En otras palabras, la elección de una u otra forma verbal no parece ser libre, sino motivada por necesidades de la comunicación.

Así y todo, Lavandera (1975) establece correlaciones entre la frecuencia de uso de estas formas verbales y factores de tipo social. La cuantificación indica que la elección entre Condicional e Imperfecto de Subjuntivo en la prótasis de oraciones condicionales tiene correlación con el nivel de escolaridad del hablante, ya que la frecuencia de uso del Condicional disminuye regularmente a medida que aumenta dicho nivel: educación primaria, 20 por ciento; secundaria, 14 por ciento; y universitaria, 11 por ciento. El Condicional en la prótasis aparece como un uso socialmente estigmatizado.

En general, las mujeres usan la variante de prestigio, el Imperfecto de Subjuntivo, con mayor frecuencia que los hombres. Dentro de los diferentes grupos, las mujeres con menos educación escolar usan más frecuentemente la variante estigmatizada, mientras que las mujeres con educación secundaria usan la variante Imperfecto de Subjuntivo aun con mayor frecuencia que las universitarias, resultado que Lavandera (1975, 328) interpreta como un posible caso de hipercorrección.

Esta interpretación no me parece justificada, sin embargo, especialmente a la luz de las críticas iniciadas por Lavandera misma en contra de la asignación de significados sociales a los esquemas de covariación frecuencial entre variables sintácticas y sociales. Dado que el Imperfecto de Subjuntivo es la forma que comunica menos ambiguamente el significado de menor probabilidad (o más contrario a lo esperado), es posible suponer que las necesidades comunicativas de un cierto grupo de hablantes requirieron el uso más frecuente de esta forma. La comparación de frecuencias de uso de las variantes por los diferentes grupos sociales tendría que hacerse, como ya hemos sugerido, en relación a cada contexto comunicativo.

Volvemos a insistir, entonces, que dado un contexto discursivo X, dos variantes (morfo)sintácticas, Y y Z, que alternan en X, y dos grupos sociales, A y B, tenemos que establecer la frecuencia de ocurrencia de Y y Z en el contexto X para cada grupo A y B. El empleo de este procedimiento haría que los resultados fueran comparables y permitieran evaluar la conducta de un grupo social con respecto a otros ya que las frecuencias relativas serían indicadoras de significado social.

La elección entre Imperfecto de Subjuntivo y Presente de Indicativo también tiene correlación con la educación y el factor sexo: los hombres con educación primaria y secundaria favorecen el uso del Presente, mientras que entre las mujeres, el Presente es favorecido por las universitarias (58 por ciento, comparado con 33 por ciento para los hombres universitarios).

Lavandera (1975) sugiere que el uso más frecuente del Presente que del Imperfecto sirve para identificar el habla de los grupos activos en la sociedad bonaerense, los grupos que aspiran a subir en la escala social. Es interesante notar que los resultados cuantitativos se interpretan a la luz de las características de la sociedad a la que pertenecen los hablantes. Así, para Lavandera no es sorprendente que las mujeres universitarias usen modos masculinos de habla, ya que la apertura relativamente reciente de este nivel de educación a la mujer ha tenido como consecuencia que éstas sientan que han adquirido un derecho masculino, lo que las hace adoptar rasgos de conducta lingüística masculina.

Este aspecto de la metodología de Lavandera implica que no se pueden establecer reglas universales de interpretación de patrones de covariación sociolingüística, ya que los valores, principios, convenciones, etc., que determinan la conducta de un grupo de hablantes pueden variar (en realidad, varían) de una sociedad a otra. Es posible, eso sí, establecer regularidades y tendencias (por ejemplo, comparadas con los hombres, las mujeres tienden a usar variantes no estigmatizadas con mayor frecuencia) en las relaciones sociolingüísticas, lo que constituye un aporte a nuestro conocimiento de la psicología social y la estructura de una o más sociedades.

En los capítulos anteriores nos hemos referido ya a los estudios que la autora ha realizado en Covarrubias, donde se da un fenómeno de variación muy similar al estudiado por Lavandera en Buenos Aires. En Covarrubias, el Condicional no sólo ocurre en la prótasis de oraciones condicionales, sino que en todo contexto en el que otras variedades del español sólo aceptan el Imperfecto de Subjuntivo. Este uso de Condicional por Subjuntivo es característico también del español hablado en la Comunidad Autónoma Vasca. La variable, que podemos llamar "variable modo," tiene tres variantes: Imperfecto de Indicativo (la variante -ba), Condicional (la variante -ría) y las dos formas del Imperfecto del Subjuntivo (la variante -ra/-se). No he diferenciado estas dos formas debido a la bajísima frecuencia del Imperfecto en -se en Covarrubias.

Las tres variantes alternan en los mismos contextos sintácticos en el habla del mismo individuo, como muestran 43 y 44.

43. Es como si *quedaría* (C) muerto, ¿no?, pero no importa porque ya no me vuelve a molestar.
44. Es como si te lo *quisieras* (IS) llevar todo para ti, ¿no?, lo quisieras llevar a pedacitos.

En otro trabajo (Silva-Corvalán 1985) hemos analizado la variación sincrónica observada en Covarrubias y postulado que representa un estadio en una lenta pero continua cadena de cambios en el sistema verbal del español que han afectado principalmente las formas verbales que pueden ser usadas para expresar modalidad. Aquí enfocamos los aspectos sincrónicos y algunas correlaciones sociolingüísticas (la relación entre la variación sincrónica y el cambio lingüístico se discute en el Capítulo 6).

La variable modo ocurre en los siguientes contextos: oraciones condicionales, oraciones subordinadas adjetivales y subordinadas sustantivas. El cuadro 4.7 presenta la frecuencia relativa de las variantes en los contextos identificados.

En el habla de Covarrubias las variantes -ra y -ría no contrastan semánticamente en oraciones condicionales; por otra parte, la variante -ba parece comunicar un grado más cierto de probabilidad (ver Silva-Corvalán 1985 y 1989 para un examen más detallado de esta cuestión). Ilustramos, sin comentario, con algunos ejemplos (45–50) que muestran que -ra y -ría ocurren en contextos en los que los enunciados se refieren a hechos posibles y no posibles. Los ejemplos 46 y 48, en los que -ra y -ría ocurren en prótasis coordinadas, apoyan claramente la igualdad semántica. En cambio, 49 y 50 ilustran la diferencia en el grado de certeza comunicada por el Condicional (ejemplo 49) y el Imperfecto de Indicativo (ejemplo 50).

45. El si *saldría* otra cosa, se *marchaba*, pero está tan malo España, está muchísimo malo.

46. ¿Dónde vas con cincuenta años? Unicamente si los hijos *emigraran* y *harían* allí fortuna, vamos, entonces si *harían* fortuna, se llevarían a los padres cuando seríamos más viejos.

47. Ahora que si yo me *volvería* joven, me *dirían*, "Te vas a volver joven, Joaquina, y no vas a cobrar una perra de pensión," yo mejor *quería* la juventud.

48. Y decíamos, "Si ahora *despertaría* y se *viese* con su trajecito del Corazón de Jesús."

49. Sería feliz si no *tendría* este dolor.

50. Si ella estaría sola, se *arreglaba* con ese dinero.

Cuadro 4.7. Frecuencia relativa de las variantes -ra/-se, -ría, -ba en los diferentes contextos lingüísticos.

	N	-ra /-se		-ría		-ba	
Prótasis	72	25	38%	46	64%	1	1%
Apódosis	33	—		19	55%	14	45%
Otros contextos	169	36	21%	133	79%	—	

Identificados los contextos de ocurrencia de las variantes y sus posibles diferencias de significado más allá del nivel lógico-referencial, la cuantificación permite establecer algunas correlaciones con dos factores sociales: sexo y edad. Como hemos dicho, esta tarea es difícil, entre otros, por el problema de la escasez de ejemplos cuando se trata de variables (morfo)sintácticas. En este estudio, por ejemplo, en treinta y seis horas de grabación hay un total de solamente 241 ocurrencias de las variantes en todos los contextos posibles.

El cuadro 4.8 presenta las frecuencias relativas de la variante *-ra/-se* versus *-ría* según el sexo y la edad de los hablantes. La cuantificación está basada en los casos observados en el habla de todos los individuos grabados: catorce mujeres y doce hombres, ocho de menos de treinta años de edad, dieciocho de más de treinta.

Estamos conscientes del problema que se desprende de la agrupación de los hablantes, pero el procedimiento parece justificado en este caso tanto por razones prácticas como sustantivas. Consideraciones prácticas obligan a agrupar a los sujetos para poder trabajar con un número suficiente de casos en el cálculo de porcentajes relativos de ocurrencia de las variantes. Por otra parte, el grado de cohesión social de la comunidad y la densidad de las redes sociales a las que pertenecen los hablantes, parecen asegurar un cierto grado de cohesión lingüística que podría compensar los efectos negativos de la agrupación.

La variante *-ría* ocurre más frecuentemente que las otras dos. No parece covariar significativamente con el factor sexo, pero aumenta notablemente entre los jóvenes. El significado de esta covariación por edad es dudoso por ahora, dada la escasez de datos en el grupo más joven, pero una de las posibles interpretaciones es que la variante *-ría* se está afianzando en la comunidad y podría llegar a desplazar totalmente a *-ra*.

Cuadro 4.8. Frecuencia relativa de las variantes *-ra/-se, -ría* según la edad y el sexo de los hablantes.

	N total	-ra /-se		-ría	
		N	%	N	%
Mujeres	126	34	27%	92	73%
Hombres	114	27	24%	87	76%
Edad: más de 30	209	58	28%	151	72%
14–30	31	3	10%	28	90%

El cuadro 4.9 muestra las frecuencias relativas de -*ría* y -*ba* en la apódosis de oraciones condicionales irreales de no-pasado. Debido al número reducido de casos, sólo se han establecido correlaciones con el factor sexo.

Se puede observar en el cuadro 4.9 que las mujeres usan la variante -*ba* con mucho más frecuencia que los hombres (65 por ciento versus 21 por ciento). Recordemos que hemos postulado que -*ba* y -*ría* no son exactamente sinónimas ya que comunican mayor y menor probabilidad de actualización de una situación en el contexto de la apódosis. Es posible, por tanto, que la distribución diferente de estas variantes en el habla de hombres y mujeres se deba a diferentes necesidades comunicativas. Aun más, la diferencia se puede interpretar como un índice de diferentes estilos de comunicación (Lavandera 1984, Capítulo 8). De acuerdo con esta hipótesis, las mujeres en esta comunidad tendrían un estilo de comunicación más determinado, categórico o concluyente que los hombres.

Esta hipótesis es interesantísima, especialmente si se considera una similar postulada por Lavandera (1975), discutida más arriba. Una de las observaciones de Lavandera es que las mujeres universitarias han adoptado modos masculinos de habla asociados con el uso relativamente más frecuente del Presente de Indicativo en condiciones irreales. Los altos porcentajes de uso del Presente por parte de los hombres sugiere que éstos prefieren hablar en términos mas factibles y reales; es decir, los hombres tienen un estilo de comunicación más conclusivo. Este estilo está siendo adoptado por el grupo de mujeres con educación universitaria, las que subrayan así una actitud más firme y segura, conforme con su nuevo status de igualdad con los hombres. La situación descrita por Lavandera es ciertamente diferente a la de Covarrubias, donde son las mujeres en general las que prefieren hablar de manera más terminante o concluyente, sin que incida el factor educación.

Estas hipótesis sobre diferencias en estilos de comunicación son de gran interés por lo que pueden aportar a nuestro conocimiento de la dinámica y la psicología social de una comunidad. Sin embargo, las correlaciones establecidas a partir de una sola variable lingüística no son suficientemente

Cuadro 4.9. Frecuencias relativas de -*ría* y -*ba* en la apódosis de oraciones irreales de no-pasado.

	N Total	-ría		-ba	
Total hablantes	33	19	55%	14	45%
Mujeres	19	8	35%	11	65%
Hombres	14	11	79%	3	21%

fiables. Es necesario investigar dos, tres o más variables cuyas variantes comuniquen el mismo significado pragmático; por ejemplo, seguridad y determinación. Si las correlaciones frecuenciales fueran iguales a través de un número de variables, entonces quizá sería justificable interpretarlas como índices de diferenciación de estilos comunicativos.

4.3. La variable expresión del sujeto

Otro fenómeno que ha resultado de gran interés estudiar dentro de la perspectiva variacionista ha sido el de la expresión variable del sujeto, ilustrada en 51.

51. Me vine con Pepe hoy a la oficina; *Pepe/él/0* vive cerca de mi casa.

La expresión llamada "opcional" del sujeto parece válida sólo en un número limitado de contextos discursivos. Obviamente, si la información transmitida por el sujeto es nueva o focal, éste debe expresarse. Si la información es recuperable por el oyente, entonces entran a desempeñar un papel factores pragmáticos que motivan la expresión (categórica o preferencial) o la no expresión del sujeto, pronominal o nominal.

Estudios realizados en los últimos veinte años (e.g., Bentivoglio 1987; Enríquez 1984; Morales 1982; Silva-Corvalán 1982) han mostrado que la expresión variable del sujeto está controlada por factores sensibles al discurso, a saber, el establecimiento del tópico oracional o de una unidad discursiva; la expresión de información focal (nueva o contrastiva); la clarificación del referente del sujeto; la ambigüedad de la forma verbal; y la correferencialidad con el sujeto precedente. El ejemplo 52 ilustra correferencialidad: dos formas verbales finitas en cláusulas contiguas con el mismo sujeto. Este último ha resultado ser el factor estadísticamente más significativo en todos los estudios realizados. Así pues, en diversos dialectos del español, los sujetos correferenciales se expresan en más o menos el 25 por ciento de los casos y los sujetos que implican cambio de referente se expresan en alrededor del 50 por ciento de los casos.

Ilustramos la variación con los ejemplos 51 y 52, en los que el sujeto no se requiere, pero la expresión del sujeto es obligatoria en 53, 54 y 55. Los análisis cuantitativos deben tomar estas diferencias en consideración, especialmente cuando se comparan variedades sociales o diatópicas.

52. *0/yo* hablo bien español, pero el francés *0/yo* lo hablo muy mal.
53. *Contraste*
Mi señora habla bien inglés pero *yo* lo hablo muy quebrado.

*Mi señora habla bien inglés pero *0* lo hablo muy quebrado.

54. *Información focal*

A: ¿Quién trajo este diario? B: *Yo* lo traje. / *0 lo traje.

55. *Clarificación del referente del sujeto*

S: Pues, se me grabó tanto en la mente que cuando la sepultaron, yo de noche miraba visiones, pero era la realidad. Porque yo despertaba gritando y mi hermana tenía que levantarse a verme. /C: Ah, fíjate./ (a) Y ella iba a mi lado (b) y *yo* estaba temblando, que hasta los dientes se oían que pegaban.

En un estudio de la expresión del sujeto de primera persona (*yo* y *nosotros*) en el habla de doce individuos (seis varones y seis mujeres entre treinta y cuarenta y cinco años de edad) de Caracas, Venezuela, Bentivoglio (1987) también llega a la conclusión de que la variable expresión del sujeto no está controlada por factores sociales, como vemos en el cuadro 4.10, adaptado de Bentivoglio, en el que se tabula la expresión según el sexo y la clase social.

Los resultados no son sorprendentes ya que la expresión del sujeto es una variable cuyas variantes conllevan significados diferentes en el contexto discursivo. La frecuencia de expresión del sujeto es mínima cuando su referente se puede identificar sin posibilidad de ambigüedad y cuando no hay un cambio de tópico oracional o del discurso. La expresión del sujeto es obligatoria, en cambio, cuando es foco de contraste. En la mayoría de los casos, el sujeto aparece en posición preverbal si la información que transmite es conocida o más conocida que aquélla transmitida por los demás constituyentes de la oración (Ocampo 1990b).

Morales (1982) ha examinado la posición del sujeto en el español de Puerto Rico y ha concluido también que esta variable obedece a factores

Cuadro 4.10. Frecuencia de expresión del sujeto de primera persona según el sexo y la clase social del hablante.

	Sujeto expreso	
Clase alta	185/465	40%
Clase baja	172/427	40%
Varones	178/439	41%
Mujeres	179/453	40%

Nota. Numerador = sujetos expresos; denominador = número de contextos posibles para la expresión del sujeto.

del discurso que tienen que ver con la información que aporta el sujeto (conocida o nueva). Morales codifica 3.268 cláusulas, en las cuales el sujeto aparece fonéticamente explícito en 52,97 por ciento de los casos (p. 207).

Bentivoglio (1987) agrega una variable independiente, tipo de verbo, a las ya estudiadas por Morales (1982) y Silva-Corvalán (1982) (correferencialidad y ambigüedad de la forma verbal), que resulta ser significativa. Los verbos se codifican de acuerdo con la siguiente clasificación:

a. Cognitivos: pensar, saber, creer, etc.
b. De percepción: oler, ver, sentir, etc.
c. Enunciativos: comentar, decir, afirmar, etc.
d. Desiderativos y de manipulación: querer, pedir, desear, ordenar, etc.
e. Otros verbos (i.e., todos aquéllos que no corresponden a los grupos en a–d).

Bentivoglio (1987) aplicó el programa VARBRUL a sus datos, el que eliminó como no significativas las variables clase social, énfasis y ambigüedad morfológica en el contexto. Aunque VARBRUL calculó índices de probabilidad para sexo y turno de habla, los valores de estos factores (0,55 versus 0,45) están tan cerca de 0,50 que su efecto sobre la ocurrencia del pronombre sujeto se interpreta como mínimo. Presentamos los resultados en el cuadro 4.11, adaptado de Bentivoglio (1987), donde "referente idéntico" corresponde a sujeto correferencial y [+ turno] corresponde a un cambio en el turno de hablar de los participantes en la grabación.

Es interesante observar que las probabilidades asignadas al factor correferencialidad del referente del sujeto son exactamente iguales a las obtenidas

Cuadro 4.11. Resultados del programa VARBRUL, que estima la contribución de variables independientes a la expresión del pronombre sujeto de primera persona.

1. *Referente*	2. *Número del sujeto*	3. *Sexo del hablante*
diferente = ,66	singular = ,68	M = ,55
idéntico = ,34	plural– = ,32	F = ,45
4. *Ambigüedad*	5. *Tipo de verbo*	6. *Turno de habla*
ambiguo = ,59	de percepción = ,59	[+ turno] = ,55
no ambiguo = ,41	cognitivo = ,48	[– turno] = ,45
	enunciaciativo = ,45	
	desiderativos = ,41	
	otros = ,34	

por Silva-Corvalán (1982) para el español de Los Angeles (0,34 cuando el sujeto es correferencial en oposición a 0,66 cuando no lo es, en los dos dialectos). El factor ambigüedad de la forma verbal también muestra correlaciones similares en los dos dialectos. También es notable la diferencia entre la probabilidad de la expresión del sujeto cuando es singular (0,68) y cuando es el plural *nosotros* (0,32), diferencia que se ha constatado en todas las variedades estudiadas.

Bentivoglio (1987) observa que estos hechos sugieren algunas generalizaciones interdialectales, quizá incluso válidas para el español en general. La afirmación parece ahora prematura, sin embargo, con respecto al factor ambigüedad, pues mientras un número de estudiosos ha sustentado la idea de que la ambigüedad se correlaciona con mayor frecuencia de expresión de sujetos (e.g., Bentivoglio 1987; Hochberg 1986; Medina-Rivera 1991; Montes Miró 1986; Silva-Corvalán 1977; 1982; 1994a), otro número similar no encuentra apoyo para tal relación (e.g., Barrenechea y Alonso 1977; Enríquez 1984; Miró Vera y Angel de Pineda 1982; Ranson 1991).

Algunos resultados globales de expresión de sujetos pronominales indican que éstos se expresan con mayor frecuencia en el español del Caribe y en Santiago de Chile que en otras variedades del español. Esta comparación no es del todo fiable, sin embargo, pues los estudios examinados no han incorporado los mismos factores, no han separado en todos los casos contextos obligatorios de los opcionales y se han propuesto diferentes preguntas. Las discontinuidades frecuenciales observadas se han postulado como diferencias diatópicas más que sociales, aunque éstas no han sido examinadas sistemáticamente. A pesar de los problemas que presenta la comparación, intento dar una idea sobre las diferencias y semejanzas interdialectales en cuanto a la expresión de pronombres sujeto en general y sobre la primera persona singular y plural en el cuadro 4.12.

La elisión de /s/ implosiva es más frecuente en la variedad caribeña (representada por Boston) y en Santiago que en las variedades madrileña y mexicana (Los Angeles). La hipótesis funcional defendida por Hochberg (1986) propone que la mayor frecuencia de sujetos en el Caribe responde a la necesidad de compensar la información de persona y número que se pierde al elidir la /s/ de las desinencias verbales. Sin embargo, nótese que los porcentajes para Madrid y Los Angeles son diferentes (21 por ciento y 35 por ciento), a pesar de que ambos dialectos retienen la /s/ implosiva.

La hipótesis funcional ha sido cuestionada de manera convincente por Ranson (1991) y por Cameron (1993). Sus análisis del español de Andalucía, en el que la elisión de /s/ es casi categórica, no indican una correlación significativa entre la alta frecuencia de elisión de /s/ y la mayor frecuencia de expresión de sujeto.

Cuadro 4.12. Porcentajes de expresión de sujetos pronominales en Boston (inmigrantes puertorriqueños), Caracas, Los Angeles (inmigrantes mexicanos), Madrid y Santiago de Chile.

	Pronombres / N total expresos / de verbos	%	Yo		Nosotros	
Boston		37%	573/1333	43%	35/208	17%
Caracas	[sólo 1a. pers.]	40%	329/721	46%	28/171	16%
Santiago	1587/4182	38%	752/2238	34%	99/571	17%
Madrid	4857/23717	21%	3249/10185	32%	253/2431	10%
Los Angeles	260/754	35%	108/258	42%	13/81	16%

[Madrid (Enríquez 1984); Boston (Hochberg 1986); Caracas (Bentivoglio 1987); Santiago (Cifuentes 1980–81)]

Por otra parte, Cameron descubre un contraste interesante entre Puerto Rico (PR, con elisión de /s/) y Madrid (con retención de /s/), que se oponen con respecto a la expresión de *tú* no-específico (NE). En un trabajo más reciente, Cameron (1996) incluso predice que los dialectos con menos de 35 por ciento de *tú* expresados favorecerían la expresión de *tú* específico (E), mientras que aquéllos con más de 35 por ciento favorecerían la expresión de *tú* no-específico (NE).

Hochberg (1986) fue la primera en evaluar la hipótesis funcional considerando la expresión del sujeto con diferentes tiempos verbales, técnica aplicada más tarde por Ranson y por Cameron. Se plantea que los hablantes deberían usar frecuencias similares de pronombres expresos con los tiempos en A y B (explicados en el cuadro 4.13), y frecuencias mayores de expresión con los tiempos en C.

La distribución de sujetos expresados en los datos de Hochberg (1986) siguió en parte sus predicciones: encontró un mayor porcentaje de expresión

Cuadro 4.13. Tipos de verbo según la diferenciación en la marcación de persona.

Tipo A: Pretérito, y *ser* en Presente I. (Sin sincretismo de persona)
Tipo B: Presente, Futuro Indicativo, Simple y Compuesto. (Sincretismo: 2a. y 3a. persona singular, (tú) *canta(s)* - (él)*canta*).
Tipo C: Imperfecto, Condicional, y Subjuntivo, Simple y Compuesto. (Sincretismo: 1a., 3a. pers.sg. + 2a. pers.sg., (yo,él) *cantaba* - (tú)*cantaba(s)*)

Nota. en dialectos que retienen /s/ el sincretismo ocurre sólo con tiempos del tipo C entre 1a. y 3a. persona (pers.) singular (sg.).

con verbos B y C, pero la misma tendencia se daba con verbos en plural, los que no sufren sincretismo. Además, Ranson (1991) no constató aumento de expresión de sujeto con verbos B y C en una variedad del español andaluz, que tenía 91 por ciento de elisión de /s/. El contexto discursivo y el conocimiento compartido por los hablantes clarificaba el referente del sujeto en casi todos los casos; sólo en aproximadamente 4 de 100 casos tenía el sujeto una función clarificadora.

Es cierto que Ranson (1991) estudia solamente tres hablantes de Puente Genil, Córdoba, lo que no constituye una muestra muy fiable, pero la metodología cuantitativa que aplica a las 1,035 oraciones examinadas es impecable. Los resultados, sorprendentes, indican que los sujetos pronominales se usan significativamente menos frecuentemente con formas verbales ambiguas que con no ambiguas. El examen minucioso de cada ejemplo en su contexto amplio de ocurrencia la lleva a concluir que la marcación de persona en Puente Genil sigue la línea identificada por Poplack (1981, 70) con respecto a la marcación de número en el español de Puerto Rico, a saber, que consideraciones funcionales afectan los procesos de elisión de manera difusa ya que la presencia de una marca de pluralidad, donde sea, parece determinar la posibilidad de elisión de /s/ (ver también Capítulo 3, sección 3.1.1). Así también, la motivación funcional para la expresión del sujeto es débil, ya que la información que éste comunica puede ser dada de otra manera en el contexto tanto lingüístico como no lingüístico.

No podemos aseverar, entonces, que haya una relación causal entre elisión de /s/ y expresión de sujeto, ni tampoco que la mayor expresión se deba a una tendencia a fijar el orden de palabras sujeto-verbo-objeto (Morales 1986). Estas hipótesis, que apuntan hacia la interacción de los niveles fonológico, morfológico y sintáctico, deberían examinarse a través de la comparación de variedades del español que presenten diferentes grados de elisión de /s/ y de /n/, ambos segmentos con valor morfológico (cantas - cantan). Pero sólo una comparación interdialectal realizada con metodologías equivalentes y utilizando las más avanzadas técnicas de análisis variacionista cualitativo y cuantitativo nos permitirá evaluar la validez de las hipótesis.

Los estudios de Cameron (1993; 1995a y b; 1996) se acercan a este tipo de metodología. Cameron (1993) examina la variable expresión del sujeto en un estudio comparativo del español de Puerto Rico (EPR) con el de Madrid (EM). Analiza grabaciones de conversaciones con diez hablantes de San Juan, hombres y mujeres, de veinte a setenta años de edad, profesionales y oficinistas. Los datos de Madrid incluyen también diez hablantes, comparables con los de PR, elegidos de las transcripciones en Esgueva y

Cantarero (1981). Selecciona los primeros dos cientos ejemplos de cada hablante, más todos los casos de *tú*. Cameron aplica las mismas técnicas de análisis cualitativo y cuantitativo a las dos muestras.

Sus resultados indican que (a) la correlación entre ambigüedad de la desinencia verbal y la expresión del sujeto es similar en ambos dialectos; (b) los efectos de la ambigüedad morfológica interactúan con el cambio de referencia; y (c) ambos dialectos muestran efectos similares según la clase de verbo. Por lo tanto, Cameron concluye que esta semejanza interdialectal es totalmente contraria a la hipótesis funcional de Hochberg. En verdad, se esperarían semejanzas en los verbos de tipo A y B, pero no un aumento con verbos de tipo C en el español de Madrid (donde no habría ambigüedad triple); sin embargo, esto es exactamente lo que ocurre, como se observa en el cuadro 4.14, adaptado y traducido de Cameron (1993, 319).

Aunque los porcentajes de frecuencia de uso de pronombres sujeto expresos son más altos en el EPR, los resultados de VARBRUL muestran que el peso probabilístico de las restricciones asociadas con clase de verbo y cambio de referente en San Juan y Madrid es el mismo. Por otro lado, el EPR y el EM difieren con respecto a las restricciones variables asociadas con la especificidad de *tú*, como veremos más adelante.

La autora ha examinado estas hipótesis en datos de trece inmigrantes méxico-americanos (M-A) en Los Angeles y extendido el análisis a todas las formas pronominales que pueden tener referencia específica o no-específica (tú, usted/es, uno, nosotros). En los datos de los trece hablantes en los

Cuadro 4.14. Probabilidades VARBRUL asociadas con clase de verbo y cambio de referente en San Juan y Madrid.

		San Juan	Madrid
Pretérito (Tipo A)			
Correferencialidad	No	.57	.61
	Sí	.33	.32
Ambigüedad doble (Tipo B)			
Correferencialidad	No	.61	.63
	Sí	.30	.34
Ambigüedad triple (Tipo C)			
Correferencialidad	No	.74	.76
	Sí	.39	.39
Presente de "ser"			
Correferencialidad	No	.85	.83
	Sí	.45	.48

Cuadro 4.15. Expresión de sujeto pronominal según tipo de verbo. ($p \leq .02$)

	Tipo A		Tipo B		Tipo C	
	N	%	N	%	N	%
Pronombres expresados	105/387	27%	236/718	33%	172/479	36%

que se examinó la restricción de la ambigüedad, los resultados muestran que es estadísticamente significativa, pero tal como en el EPR, el porcentaje de expresión de sujetos pronominales aumenta gradualmente de 27 por ciento con verbos tipo A, a 34 por ciento con tipo B y a 40 por ciento con el tipo C. Véase el cuadro 4.15.

El cuadro 4.15 claramente indica que el argumento ofrecido en apoyo de la función compensatoria de los pronombres sujeto en dialectos que eliden /s/, a saber, aumento de la expresión a partir de verbos del tipo A, llegando al porcentaje más alto con verbos del tipo C, es también válido para dialectos que no eliden /s/, un resultado inesperado que invalida la hipótesis. Además, en el español M-A, en el que no se elide la /s/, los pronombres sujeto singulares también se expresan mucho más frecuentemente que los pronombres plurales.

La distribución de pronombres sujeto según la morfología verbal y según el número evidentemente requiere una explicación más convincente. Silva-Corvalán (1997) ha propuesto que es el tiempo verbal, más que la ambigüedad, y aun más específicamente la función de los diferentes tiempos en el discurso, lo que se correlaciona con expresión del sujeto. Obsérvese que los tres tipos de verbos establecidos por Hochberg corresponden a la semántica y la pragmática de los tiempos verbales como se indica aproximadamente en el cuadro 4.16.

Cuadro 4.16. Funciones de los tiempos verbales.

Tipo A: Pretérito: factual, asertivo, dinámico, foco en el evento, *foregrounded*. (*Ser* en Presente de Indicativo es diferente y necesita estudiarse).

Tipo B: Presente: factual y asertivo, pero no siempre dinámico y focal como el Pretérito. (El Futuro de Indicativo se usa rara vez en el español oral en las Américas).

Tipo C: Imperfecto, Condicional, y tiempos del Subjuntivo: *backgrounded*, irrealis, no-dinámico, no-asertivo, cortés.

Dada la función pragmática del tiempo en el discurso, se podría esperar un número menor de sujetos expresos con Pretérito, y porcentajes que irían en aumento con los verbos de tipo B y C. Esta predicción se basa en el presupuesto de que los pronombres sujeto expresados atraen la atención hacia el referente del sujeto y consecuentemente disminuyen la atención prestada al evento (o *situación*, en el sentido de Comrie 1976). El examen de esta hipótesis requiere considerar las tareas discursivas, como ilustramos con el análisis de la narrativa siguiente de Ana, hablante M-A de setenta y dos años, que ha vivido en los Estados Unidos desde más o menos los veinte años de edad. Los resultados dan en principio algo de apoyo a la hipótesis.

56. *A*: A9, m62, 1, ELA3; *B*: A29, h60, 2, ELA3.
A: Entonces, yo jugando con ella, jugando con ella, todo el tiempo.
    Entonces, *volvió* en otra ocasión
    y *dice*, "¿Pues, sabes qué?" *dice* "No le hace lo que *tú pienses,tú te vas a casar* con mi hijo."
B: Otra vez le *volvió a repetir* (sic) la misma cosa.
A: Y le *dije yo*, "Bueno, ándele pues."
    Yo iba a llevarle la corriente, le *llevaba* la corriente;
    todos los días *salíamos* a comprar verdura o alguna cosa;
    'tonces nos *encontrábamos*, "Buenos días, ¿cómo está?" Y, y todo esto, y así, ¿verdad?
    Todavía no le *conocía*, ¿okey?
    Pasó.
    Entonces en una, en una tarde había terminado, *habíamos terminado mi hermana y yo* de la cena.
    Y *lavé* los trastes y todo eso;
    entonces el, *los botes de los desperdicios estaban* afuera.
    Entonces, *llevaba yo* el, el traste de los desperdicios, iba/ya en la tarde como, cosa de las seis de la tarde,
    y *salí* afuera allá a tirar los desperdicios al bote.
    Y *abrí* la puerta y el/
    salí.
    Pero así, al salir la puerta había ramas, ¿verdad? Y ento/
    había una banqueta que era la que xxx hasta los últimos xxx atrás.
    Y en eso que *voy saliendo*
    y *va pasando una persona* así,
    ya mero que le *echo* los desperdicios,
    "¡Ay, perdone!"

Y ya me, me *detuve.*
"Oh, no tenga cuidado," *dice.*
Luego *la persona siguió caminando.*
Entonces ya *fui yo*
y *tiré* los desperdicios.
¿Quién era esa persona? (la hablante se ríe y mira a su esposo, B).

El ejemplo 56 contiene 27 verbos finitos (en cursiva), que podrían haber ocurrido con sujeto expresado. De éstos, 11 están en el Pretérito, 8 están en el Presente de Indicativo y 8 en el Imperfecto. Como muestra el cuadro 4.17, hay un aumento gradual de expresión del sujeto partiendo del Pretérito, luego el Presente de Indicativo, seguido de las formas de Imperfecto con el porcentaje más alto de expresión.

El ejemplo 56 motiva una cuestión metodológica interesante con respecto a la selección de pasajes incluidos en estudios de la expresión de pronombres sujeto. Las funciones identificadas para los diferentes tiempos (cuadro 4.16) son características del discurso narrativo y éste es el tipo de discurso quizá más frecuentemente analizado. Estudios futuros de la expresión del sujeto deberían incorporar una gran variedad de géneros o tareas discursivas y tabulaciones cruzadas que controlen estas diferencias de género, así como también otros factores que se sabe que tienen correlación con la expresión del sujeto (e.g., los sujetos se expresan más frecuentemente cuando representan cambio de referencia del sujeto precedente, cuando el referente es primera persona singular y cuando es el *uno* no-específico). Quedarían excluidos de estos estudios de variación los sujetos contrastivos o los que representan información nueva en el discurso, pues su expresión es obligatoria.

Parece que la frecuencia de sujetos expresados con diferentes personas gramaticales responde a restricciones de tipo comunicativo/pragmático que se reflejan en la distribución diferencial de pronombres específicos y no-específicos. Los pronombres específicos tienen un referente identificable, bien delimitado; los no-específicos, *uno*, y ocasionalmente *tú*, tienen un

Cuadro 4.17. Expresión de pronombres sujeto según el tiempo usado.

	Tipo A (Pretérito)		Tipo B (Presente I.)		Tipo A (Imperfecto)	
	N	%	N	%	N	%
Pronombres expresados	3/11	27%	3/8	38%	4/8	50%

referente indefinido, que incluye al hablante, posiblemente al interlocutor, y a otros, no especificados. Los ejemplos 57 y 58, de datos de Los Angeles, ilustran pronombres no-específicos.

57. *Estás acostada, estás acostado* aquí en la noche, y de repente oyes una balacera y los policías correteando.
58. C: . . . después que ya he estado hablando unas dos, tres horas en inglés, me siento como cansada, quiero poder hablar en español, fíjate. No sé si a ti te pase igual.
A: Sí, porque *se esfuerza uno* más, *está uno pensando* en español y tratando de hablar en inglés y es doble trabajo, entonces.

En el ejemplo 57 el hablante generaliza su propia experiencia de estar en cama y oír disparos a cualquier persona, incluyendo al interlocutor. El ejemplo 58 ilustra dos usos del numeral *uno* como pronombre no-específico. En ambos casos su posición es postverbal.

A partir de un estudio de cinco dialectos del español, Cameron (1996) ha propuesto, como hemos dicho, que los dialectos con menos de 35 por ciento de *tú* expresados favorecerían la expresión de *tú* específico (E), mientras que aquéllos con más de 35 por ciento favorecerían la expresión de *tú* no-específico (NE). Esta afirmación predice que en el español M-A hablado en Los Angeles, *tú* específico debería favorecer la expresión de sujetos. Desafortunadamente, el uso de *tú* es escaso en los datos; hay 96 ejemplos de verbos en segunda persona singular: en 21 de 81 *tú* específicos el sujeto está expreso (26 por ciento), y en 5 de 15 no-específicos (33 por ciento). Estos pocos casos no apoyan la predicción de Cameron, como indica el cuadro 4.18.

Aunque en el español de Los Angeles el sujeto se expresa en menos del 35 por ciento de los casos, esta variedad se comporta más bien como los otros dialectos latinoamericanos, *tú* se expresa más frecuentemente cuando no es específico, aunque la diferencia según especificidad no es tan marcada. En verdad, la pregunta que surge es por qué un factor de frecuencia de expresión de *tú* tendría que tener un efecto sobre la mayor o menor expresión que se correlaciona con un factor pragmático: la especificidad referencial. Quizá sea más válida una explicación relacionada con el valor sociolingüístico de *tú* no-específico en los dos lados del Atlántico. Las gramáticas del español peninsular condenan el uso de "*tú* indefinido o impersonal." Gómez Torrego (1992, 61), por ejemplo, afirma que en vez de *tú* se deben usar las formas impersonales *se*, *uno* y la primera persona plural. Es posible que éstas y otras normas prescriptivas sean más severas y se respeten más en

Cuadro 4.18. Expresión de *tú* según especificidad referencial.

| | (A) Menos de 35% de *tú* expreso | | |
	Madrid	Sevilla	Los Angeles
Específico	40%	42%	26%
No-especif.	19%	18%	33%
	(B) Más de 35% de *tú* expreso		
	P. Rico	Santiago	Buenos Aires
Específico	48%	43%	31%
No-especif.	69%	65%	55%

España que en Latinoamérica. Así, la realización fonética nula de *tú* no-específicos y el uso sólo del verbo en segunda persona singular evitaría llamar la atención hacia un uso considerado inapropiado.

Por otro lado, los resultados de Cameron pueden deberse también a su decisión de no incluir pronombres sujeto postverbales en su estudio. Si los hubiera incluido, quizá habría obtenido una expresión mayor de *tú* no-específicos. Esta presunción se basa en la observación de que la posición postverbal de pronombres sujeto funciona como estrategia desfocalizadora. Los resultados de la tabulación cruzada de la posición del sujeto según todos los tipos de pronombres no-específicos ofrece inicialmente apoyo a esta hipótesis. Véase el cuadro 4.19.

El cuadro 4.19 indica que el pronombre sujeto no-específico se ubica mucho más frecuentemente en posición postverbal comparado con el pronombre específico. Este resultado apoya el análisis presentado aquí e introduce ciertas dudas sobre la validez de las diferencias interdialectales asociadas con los efectos de la especificidad en la expresión de *tú*.

No se puede negar, sin embargo, que el tipo de sujeto tiene correlación con la frecuencia de expresión en todos los dialectos: los pronombres singulares se expresan más a menudo que los plurales, *uno* no-específico es el

Cuadro 4.19. Posición del pronombre sujeto según su especificidad. ($p \leq .00$)

	Específico		No-específico	
Postverbal	40/157	25%	20/40	50%
Preverbal	117/157	75%	20/40	50%

que se expresa con la mayor frecuencia y *yo* se expresa más frecuentemente que todos los otros pronombres específicos. Véase el cuadro 4.20.

La frecuencia de expresión de todos los pronombres excepto *uno* se ha explicado con referencia al rol de los participantes en la conversación (Silva-Corvalán 1994a, Capítulo 5). El mayor porcentaje de casos de *yo* respondería a la naturaleza egocéntrica de la comunicación verbal: al referirse a sí mismo de manera explícita el hablante se establece como centro deíctico de su mundo (cf. Morales 1986, Capítulo 5). Esta estrategia no se aplica en el caso de *nosotros*, porque en la primera persona plural la referencia al hablante es difusa. Se ha mostrado que la expresión del sujeto en español tiene una función enfatizadora, que atrae la atención hacia el referente del sujeto y quizá por esto transmite un mensaje de mayor asertividad. No debería sorprender, por tanto, que *yo* sea el pronombre sujeto más frecuentemente expresado: se puede ser más asertivo cuando el enunciado se presenta desde la perpectiva del propio hablante, del *yo*.

Nos preguntamos, entonces, por qué *uno* es también favorecido con expresión frecuente si sólo se refiere indirectamente al hablante. Es posible que esta frecuencia se deba a la necesidad de expresar un pronombre de tercera persona singular para desambiguar su referente (*él, ella, usted* o *uno*). La hipótesis funcional podría así salvarse, no en relación a la elisión de *-s* implosiva, sino simplemente porque en todos los dialectos del español sería necesaria la realización fonética de un sujeto cuyo referente no podría recuperarse de otra manera.

Obsérvese nuevamente el ejemplo 58, repetido aquí como ejemplo 59: sin el pronombre *uno*, el enunciado de A podría interpretarse como si tuviera el sujeto *usted*, cuyo referente sería el interlocutor (C), y no implicaría claramente referencia al hablante. Este mensaje sería inapropiado en el

Cuadro 4.20. Expresión del sujeto según persona.

	Los Angeles		Puerto Rico	Andalucía
Yo	225/532	42%	47%	50%
Tú	34/109	31%		21%
El/Ella	125/399	31%	37%	10%
Nosotros/as	32/183	18%	19%	19%
Ellos/as	57/312	18%	18%	9%
Uno	43/52	83%		
	($p \leq .00$)			

Los Angeles (Silva-Corvalán 1997); Puerto Rico (Morales 1986); Andalucía (Ranson 1991).

contexto específico del ejemplo 58. Como la hablante (A) desea incluirse entre los individuos para quienes los enunciados de C y A son válidos, debe entonces expresar el pronombre *uno*. La función discursiva de este pronombre es la de clarificar el referente del sujeto sin llamar la atención hacia él. Esto se cumple colocando *uno* en posición postverbal, desfocalizadora, donde no recibe el acento oracional inicial.

59. C: . . . después que ya he estado hablando unas dos, tres horas en inglés, me siento como cansada, quiero poder hablar en español, fíjate. No sé si a ti te pase igual.

A: Sí, porque *se esfuerza uno* más, *está uno pensando* en español y tratando de hablar en inglés y es doble trabajo, entonces.

Estos y otros hechos deben considerarse al evaluar la hipótesis funcional en relación al factor ambigüedad en la marcación de persona de ciertas inflexiones verbales. Paredes Silva (1993), por otro lado, defiende la hipótesis funcional en su estudio de la expresión variable de sujetos en portugués.

Debemos notar que Paredes Silva (1993) trabaja con datos escritos: setenta cartas personales, escritas por individuos de Río de Janeiro con nivel de instrucción alto. Pero la hipótesis que defiende esta autora es más bien similar a la de Ranson (1991) (y a la que sugiere la mayor expresión de *uno*), ya que establece que el factor determinante más importante no es la cuestión de la ambigüedad de la morfología verbal sino factores discursivos: tanto la clarificación de un referente como la llamada de atención hacia uno de varios posibles candidatos para la función de sujeto promueven la expresión de éste. En este sentido, el uso del pronombre sujeto es *funcional* en cuanto a que representa el mantenimiento de información semánticamente relevante en la superficie.

Así pues, en los datos de Paredes Silva (1993), el sujeto aparece explícito con mucho mayor frecuencia cuando la forma verbal es ambigua, como en 60 (p. 39).

60. Mamãe me disse que você *está* com alergia, o que foi?
Mamá me dijo que Ud. *tiene* una alergia, ¿qué pasó?

Sin "Ud.," tanto "mamá" como la receptora de la carta podrían ser las que sufren la alergia. Los porcentajes de expresión de sujetos son evidentes: 19 por ciento con formas no ambiguas, 43 por ciento con verbos ambiguos cuyo referente es clarificado por el contexto de uso, y un altísimo 90 por ciento de expresión con formas que permanecerían ambiguas en el contexto.

La segunda y tercera persona singular son siempre ambiguas en portugués brasileño ya que *tú* ha sido reemplazado por *você* con inflexión verbal de tercera persona. Esto puede explicar el que en las cartas estudiadas la expresión de segunda y tercera persona sea más frecuente que la de primera: 23 por ciento de *eu* 'yo' expresos, bastante más bajo que en la lengua hablada (41 por ciento); 70 por ciento de *você* expresados, casi el doble de lo que se expresa en la lengua hablada; y 50 por ciento de tercera persona singular expresada, más alto que en la lengua hablada (33 por ciento). Es muy posible, entonces, que en la lengua escrita el que escribe evite referirse explícitamente a sí mismo con demasiada frecuencia. Esta es una cuestión que sería interesante de investigar también en el español escrito.

Un aporte valioso del estudio de Paredes Silva (1993) es su propuesta de diferentes grados de *conectividad discursiva*. Recordemos que en los estudios de expresión del sujeto en español se había examinado la correferencialidad como una dicotomía: referencia igual versus diferente. El problema de esta dicotomía es que no considera la relación existente entre las dos oraciones contiguas que se examinan para establecer si existe o no correferencialidad entre sus sujetos. La autora toma en cuenta estas relaciones entre oraciones y establece seis grados de conectividad (véase el cuadro 4.21) que constituyen una variable escalonada o graduada, que va de "conectividad óptima" (primer grado) a "conectividad interrumpida" (sexto grado) (Paredes Silva 1993, 43–44).

Brevemente, estos grados se establecen tomando en consideración no sólo el referente del sujeto, sino también la continuidad del tiempo y modo verbal, la presencia de otros posibles referentes en una cláusula intercalada, la función sintáctica del referente en su mención anterior y, en un sexto

Cuadro 4.21. Efecto de la conectividad discursiva sobre la ausencia de sujetos de primera persona (Paredes-Silva 1993, 45).

Categoría	Frecuencia de sujetos no expresos		Peso Relativo
Primer grado	209/212	(99%)	.94
Segundo grado	336/395	(85%)	.59
Tercer grado	143/178	(80%)	.47
Cuarto grado	55/78	(70%)	.34
Quinto grado	262/410	(64%)	.25
Sexto grado	266/377	(70%)	.23
Total	1271/1650	(77%)	

grado de conectividad, el cambio de tema. El cuadro 4.21 muestra el obvio efecto de estos factores en la no expresión del sujeto. El peso probabilístico relativo de cada factor corresponde a los resultados obtenidos de la aplicación del programa VARBRUL.

Los resultados de acuerdo con la conectividad discursiva son más precisos y muestran clara relación entre diferentes grados de conectividad y expresión de sujeto. De manera interesante, esta jerarquía de conectividad parece tener aplicación en otras áreas de la gramática del español. Me refiero aquí a la variable *posición del adjetivo demostrativo*, ilustrada en 61a y b, estudiada por Brizuela (1997) en materiales de Buenos Aires. En este trabajo, Brizuela muestra que la posición pre- o postnominal del demostrativo es sensible a grados de conectividad discursiva. Ranson (1999) también examina la posición del adjetivo demostrativo, pero no considera la conectividad discursiva. La autora demuestra, por otra parte, que la posición pre- o postnominal tiene relación con las funciones espacial, temporal, referencial y emocional del adjetivo demostrativo.

> 61. a. Estas flores no se han regado hace tiempo.
>   b. Las flores estas no se han regado hace tiempo.

Como esperamos haber mostrado, los factores que parecen determinar la realización fonética variable de los pronombres sujeto en el español oral son complejísimos (y he dejado algunos factores sin mencionar). Respuestas más apropiadas se podrán ofrecer cuando se analicen muestras extensas de diferentes dialectos, aplicando exactamente los mismos métodos cualitativos y cuantitativos de análisis. En todo caso, vemos que una variable cuyas variantes conllevan diferencias de significado en el nivel semántico-pragmático sí pueden estudiarse dentro del modelo variacionista. En verdad, nos parece que éste es el único modelo que permite avanzar nuestro conocimiento de los valores que tienen las unidades lingüísticas no arbitrarias en los diversos dialectos del español.

4.4. La variable orden de palabras

El orden de las frases o constituyentes dentro de una oración es variable en español, pero esta variación no es arbitraria, sino que motivada por factores de tipo semántico-discursivo y pragmático, como hemos dicho al principio de este capítulo. Su análisis, por tanto, debe seguir las líneas metodológicas sugeridas en las secciones precedentes. Afortunadamente, existen ya estudios cualitativos del orden de palabras en variedades del español oral que pueden servir de base para su examen en relación a diferencias diafáticas y sociales. Me refiero aquí, entre otros, a los estudios de Fant (1984), Ocampo (1990b; 1991; 1993), Ocampo y Klee (1995) y Silva-Corvalán (1983c; 1984b).

Las entidades que los hablantes introducen en su discurso pueden tener diversos status en cuanto a la novedad de la carga informacional que conllevan (Chafe 1987; Prince 1981):

a. Pueden ser conocidas por los participantes en la conversación. En este caso, las entidades pueden haber sido ya introducidas en el discurso y tener por tanto un status de prominencia discursiva, o pueden ser conocidas pero no haber sido activadas en el discurso precedente ni en el entorno.

b. Pueden ser inferibles a partir del discurso o del entorno.

c. Pueden ser totalmente nuevas.

El esfuerzo cognitivo que significa para el oyente la identificación de las entidades referidas en el discurso es mayor cuando éstas son totalmente nuevas. Así pues, Lambrecht (1988) ha propuesto que las exigencias de procesamiento y seguimiento de entidades o referentes en el discurso se reflejan en la siguiente máxima comunicativa: no introduzca un referente nuevo y diga algo sobre él en la misma cláusula.

El español conversacional no escapa a esta máxima, la que se refleja en por lo menos tres estrategias: la casi obligatoriedad de introducir entidades totalmente nuevas en la posición postverbal de verbos semánticamente simples, *haber*, *tener*, *estar* (i.e., que sólo comunican "existencia," Ocampo 1993); el uso altamente frecuente de oraciones o cláusulas con una sola frase nominal expresa: sujeto o complemento directo, pero no los dos (Bentivoglio 1992); y la marcada tendencia al ordenamiento de los constituyentes oracionales de tal manera que las entidades conocidas (o más o menos conocidas) preceden a las nuevas (o relativamente más nuevas). Esta restricción en el orden de los constituyentes crea un discurso cohesivo, en el que se facilita la tarea más pesada de identificar entidades totalmente nuevas presentándolas ligadas o ancladas a información ya conocida.

Considérense los ejemplos 62 y 63, de una mujer chilena de cuarenta y un años, en los que he enmarcado las oraciones entre corchetes. A continuación de los corchetes indico entre paréntesis la posición de la información nueva ('IN') o conocida ('IC') con respecto al verbo, unida con un guión a la función sintáctica de la frase que comunica esta información (S = sujeto; V = verbo; CD = complemento directo; FP = frase preposicional). En 63 sólo me interesa notar que la introducción de referentes **totalmente nuevos** se hace en la posición postverbal de verbos de existencia (*haber*, *existir*) y de un verbo en una estructura pasiva impersonal con *se*. En todos los casos es uno solo el referente nuevo que se introduce.

62. I: ¿Así es que tú en cuanto te casaste quedaste esperando a Juany?

R: No, pues, si [yo me casé en enero del sesenta y siete] (SV 'IN'-FP) y [la Juany nació en mayo del sesenta y ocho] (SV 'IN'-FP) (pausa) [al ir a preparar el desayuno] (V 'IN'-CD) [se me rompió la bolsa de agua] (V 'IN'-S) (pausa) y [ahí me di cuenta ('IC'-V) [que iba a empezar el parto]] (V 'IC'-S) [porque se había roto la bolsa de agua] (V 'IC'-S). Tenía, [tenía que ir a la clínica] (V 'IN'-FP). [Así que llamé al médico] (V 'IN'-CD). Y [estaba Lalo esa vez] (V 'IN'-S). [Partimos a comprar los pañales] (V 'IN'-CD), [porque no había comprado pañales] ('IC'-no V CD) y [a preparar la maleta] (V 'IN'-CD). [La Juany nació como a las doce de la noche] (SV 'IN'-FP), [pero yo me fui a la clínica como a las siete] (SV 'IN'-FP), [porque en la mañana [después de que me acomodé] llamé al doctor] (V 'IC'-CD), [le expliqué todo], [después ubicamos a la matrona] (V 'IN'-CD). [Fuimos a hacer las compras] (V 'IN'-CD). [Preparé todo]. [Como a las siete de la tarde me fui a la clínica] (V 'IC'-FP) y [la gorda nació como a las once, once y media, sin mayores problemas] (SV 'IN'-FP). (R,f41,1,CH61)

63. I: Y hablando de ciencia ficción, ¿tú crees en, en que alguna gente pueda tener poderes mentales así como para/ ?

R: Mira, yo creo que no es cuestión de creer o no creer ¿En, en qué sentido te digo que no es cuestión de creer o no creer? En el sentido de que [[**hay** *algunos hechos*] (V 'IN'-CD) [que están científicamente probados]], como por ejemplo el que, e:, el, el, [en el cerebro **existen** *ondas de, de energía*] (V 'IN'-S) e:, y que [incluso **se ha fotografiado** *un campo*, un campo de, [¿cómo pudiéramos llamar?] un campo magnético alrededor del imán] (V 'IN'-S), se han fotografiado estos campos de fuerza.

Estos ejemplos apoyan la propuesta de DuBois (1985) y específicamente la de Bentivoglio (1992) sobre el español de Caracas, en cuanto a que el habla favorece fuertemente la ocurrencia de una sola FN por verbo y que esta frase es o un sujeto no agentivo (i.e., normalmente de verbo intransitivo) o un CD. Así pues, en el ejemplo 62 hay siete verbos de dos argumentos y ninguno ocurre con sujeto expreso; los diez sujetos expresos en el pasaje ocurren todos en construcciones intransitivas. Además, sólo dos de estos sujetos constituyen referentes nuevos ("el parto" y "la bolsa de agua"), aunque claramente inferibles a partir del tema del discurso (el nacimiento de una hija).

Observemos además la marcada tendencia al ordenamiento de los constituyentes oracionales de tal manera que las entidades conocidas (o más o menos conocidas) preceden a las nuevas (o relativamente más nuevas) (cf. Fant 1984; Ocampo 1990b; Silva-Corvalán 1983c; 1984b). Así, en 62 y 63 las entidades nuevas aparecen siempre en posición postverbal. Este es el orden seguido también en 64 y 65, de datos de Santiago de Chile, en los que el CD codifica una entidad ya introducida en el discurso previo, con función de tópico, pues sobre ella se está agregando información en la oración. El CD aparece, entonces, en posición preverbal.

64. A la Mayi nunca me la quisieron.
65. . . . porque esa monja la adorábamos.

Una estrategia asociada con la variación en el orden de palabras es la que denomino de *iconicidad sintáctica*. Una vez establecido que el orden información conocida-información nueva, prosódicamente no marcado, es pragmáticamente neutral, en el sentido de que la función del enunciado es la de comunicar información sin otras connotaciones, el reverso de este orden, que consideramos un *orden marcado*, se asocia directa e icónicamente con una función pragmática también *marcada*. Los ejemplos 66 y 67, también de datos de Santiago, son ilustrativos. Los dos ejemplos tienen el orden marcado información nueva-información conocida, sintácticamente verbo-sujeto [V S] en 66; objeto indirecto-verbo-objeto directo [OI V OD] en 67, con curva entonacional no marcada.

66. . . . se le sienta el caballo (y no da un paso más). [V S]
67. I: ¿Y nunca has estado en una situación en que tú digas: '¡Oy!, Dios santo ayúdame. Si tú me ayudas yo te voy a rezar,' o algo así?
O: No. A la Virgen no más le he hecho eso, a la Virgen del Carmen. [OI V OD]

La función pragmática marcada que cumple el orden marcado es la de indicar que el elemento inicial es un centro de atención, ya sea porque es contrario a lo esperado, como es que el caballo se siente en medio de una carrera (ejemplo 66), o porque es foco de contraste, como en 67, en que la Virgen se contrasta con Dios. Conclusiones similares alcanza Ocampo (1991) en su estudio del orden de palabras en el español rioplatense.

Este autor muestra que en el español hablado en el Río de la Plata, las frases nominales (FNs) sujeto aparecen casi categóricamente en la posición preverbal en construcciones pragmáticamente no marcadas [S V X] (95 por ciento). Por otro lado, con verbos no estativos de una sola valencia, [S V] es menos frecuente que [V S] (40 por ciento vs. 60 por ciento), pero se puede predecir que el sujeto estará casi categóricamente en posición preverbal (96 por ciento) cuando comunica información conocida en construcciones pragmáticamente no marcadas. El ejemplo 68 (ejemplo 14 en Ocampo 1990b) ilustra la posición [V S], en la que S es nuevo en el discurso. El ejemplo 69, de datos del Este de Los Angeles (ELA) ilustra el orden más frecuente con dos y tres argumentos, [V S] y [S V O]. La cláusula subordinada en 69 e tiene el orden [V S X], donde S es un pronombre no focalizado cuya posición es frecuentemente postverbal.

68. . . . estuve una hora ahí: (en una clínica) tocando timbre, *salió el médico*. [V S]

69. Pero yo me levanto a ver qué se va a hacer ese día. (a) Si el niño necesita esto [S V O], (b) si la niña necesita lo otro [S V O], (c) y así va la rutina [V S]. . . . (d) Y los niños realmente nos tienen jóvenes [S V X]. Porque Héctor dice de (e) cuando tenía él dieciséis [V S X], diecisiete (f) y llegaba el mes de marzo [V S], le gustaba subirse a una loma y volar papalotes.

La cuantificación de la posición de 133 sujetos en datos de un inmigrante méxico-americano (M-A) en Los Angeles muestra que las FNs y pronombres no personales ocurren menos frecuentemente que los pronombres personales en la posición preverbal, pero la tendencia en favor de esta posición en los datos es evidente (85 por ciento, 56 por ciento, y 60 por ciento), tal como en La Plata. Véase el cuadro 4.22.

En relación a la posición de objetos directos e indirectos en el español de Santiago de Chile, por otra parte, Silva-Corvalán (1984b) establece que, por sus características semánticas (son generalmente humanos y definidos), los OIs ocurren en posición preverbal casi tan frecuentemente como postverbal. La posición usual del OD, en cambio, es postverbal. La aparición en posición preverbal es explotada con varios propósitos comunicativos, los que van desde el establecimiento de cohesión en el discurso hasta indicar

Cuadro 4.22. Sujetos preverbales según clase sintáctica en datos de un hablante méxicoamericano.

Pronombres Personales		Frases nominales		Otros pronombres		$p \leq .00$
N	%	N	%	N	%	
71/84	85	22/39	56	6/10	60	

que el referente del O es contrario a lo esperado. Existe además una relación interesante entre la entonación y el orden de palabras: ciertos Os son colocados en posición preverbal porque, en esta posición, el contorno entonacional de la oración permite asignar prominencia a constituyentes preverbales que no comunican información nueva, como se puede ver en 70.

70. Ese detalle lo contaban por muy bien cierto.

Es importante tener en cuenta que las nociones de información nueva y conocida constituyen un continuo, o al menos que estos valores son relativos. Es decir, los constituyentes de una oración pueden representar información que es relativamente más o menos nueva tanto en cuanto a la novedad relativa de la información que los constituyentes de un enunciado comunican, como a que sus referentes pueden estar más o menos presentes en la conciencia del oyente en el momento del habla. El orden linear de estos constituyentes responde a los valores relativos de novedad de la información.

En un gran número de casos el O preverbal es un foco contrastivo, como en 71–73.

71. A la Hilda no le queda buena [O V], a mí me quedó buena. [O V]
72. Tengo hartos papeles [para hacer volantines]. Hilo no tengo. [O V]
73. [El papel de nacimiento no lo tengo]. Pero carnet tengo. [O V]

Decimos que una frase nominal es un foco contrastivo cuando el referente de la frase en cuestión se opone a un número limitado de alternativas que son claramente identificables como elementos de un mismo conjunto semántico. La noción de alternativas en oposición, y no simplemente una lista de alternativas, en cuanto a que sólo una de ellas es la correcta con respecto a la situación contrastiva, es crucial en la definición de contraste.

Además, cuando una FN1 es el foco de contraste, hay siempre un elemento X que está relacionado con esta FN y participa en la situación contrastiva en oposición a otro elemento Z que está relacionado con una FN2, la alternativa que contrasta con la FN1. Hay, por tanto, por lo menos dos elementos contrastivos en una oración contrastiva (FN1 y X) y si los elementos con los cuales contrastan (FN2 y Z) no están explícitos en el discurso, la información puede ser inferida inequívocamente.

En el ejemplo 71, la FN1 "a la Hilda," relacionada con el elemento X "no le queda buena," contrasta con la FN2 "a mí," relacionada con el elemento Z "me quedó buena," que a su vez contrasta con X.

Podemos preguntarnos por qué un objeto contrastivo aparece frecuente-mente en posición inicial, incluso cuando la FN introduce un referente nuevo en el discurso, como en los ejemplos 72 y 73. Notemos que, como lo requiere la definición de contraste, las entidades nuevas "hilo" y "carnet" pertenecen al mismo conjunto semántico específico que las entidades ya mencionadas en el discurso, "papeles para hacer volantines" y "papel de nacimiento," con las cuales están en contraste. En nuestro caso, hilo y papeles pertenecen al conjunto de útiles necesarios para hacer volantines, carnet y papel de nacimiento son co-elementos de un conjunto de documen-tos de identificación. Es claro, entonces, que la FN contrastiva es inferible y en este sentido más conocida que el elemento con respecto al cual contrasta ("no tengo" y "tengo" en 72 y 73, respectivamente).

En resumen, un objeto es colocado en posición preverbal cuando la información que transmite es más conocida que la del resto de la oración. En esta posición, al O se le asigna el punto de prominencia inicial del contorno entonacional informativo cuando el referente del O es un centro de atención en el discurso, ya sea porque es el tópico o tema del discurso, un foco contrastivo, o un referente que el hablante intenta destacar por razones que son específicas a un discurso determinado. Cuando la función del O es sólo la de enlace textual, se le asigna un tono relativamente bajo.

Consideramos también un tipo diferente de construcción con un comple-mento objeto preverbal que representa la información que inferimos como sorprendente o contraria a lo esperado por los interlocutores. Estas construc-ciones se diferencian en dos aspectos de las discutidas anteriormente: el O preverbal puede representar información nueva; el contorno entonacional que las acompaña, que llamamos *contorno contraesperado*, está compuesto de un tono inicial alto y de una caída rápida del tono al final del O preverbal, seguido de un tono bajo y sin prominencias que se mantiene hasta el final de la oración.

Así pues, los Os iniciales en 74 y 75 representan información contraria a lo esperado o sorprendente.

74. A: Daniel tiene cincuenta (años).
    E: ¡Cincuenta tiene Daniel! [O V S]
75. F: Me hicieron seis puntos.
    C: ¿A sangre fría?
    F: A sangre fría. ¡Seis puntos me hicieron! [O V]

En 74, E. indica lo inesperado de la edad de Daniel repitiendo la asevera-ción, colocando el O en posición inicial y asignándole el contorno entonacional contraesperado. Igualmente, es inesperado que a una persona le hagan seis puntos sin anestesia (ejemplo 75).

Finalmente, el O puede aparecer en posición preverbal cuando representa la información nueva en la oración, es decir, es focal, como en 76.

76. A: ¿Qué te dieron para la artritis?
    B: Aspirina me dieron. [O V]

La diferencia estructural entre los Os focales y los contrarios a lo esperado es establecida por la entonación. En el caso de los focales, el O preverbal constituye el único punto de prominencia y el descenso del tono no es gradual sino brusco. Se diferencian así de las construcciones en las que el objeto es enlace textual o foco de contraste, donde se dan dos puntos de prominencia.

En resumen, la investigación de la función pragmática de la posición preverbal de ODs y OIs en español muestra que la misma estructura sintáctica con un complemento objeto inicial puede tener diferentes funciones que se correlacionan con la entonación y con la información transmitida por el complemento (nueva o contrastiva), más o menos de la siguiente manera:

[−nuevo, −contrastivo] = enlace contextual
[−nuevo, +contrastivo] = foco contrastivo
[±nuevo, +contrastivo] = contrario a lo esperado
[+nuevo,−contrastivo] = complemento focal

Este breve examen de la variable orden de palabras deja en claro las dificultades inherentes a la extensión del concepto de variable *socio*lingüística al nivel de la sintaxis. Esta variable es cualitativamente diferente, pues está condicionada por factores relacionados con el mayor o menor peso informativo de los constituyentes de una oración. La frecuencia de ocurrencia de una u otra variante posicional, por tanto, refleja primeramente propiedades del discurso y consecuentemente no tiene por qué formar un patrón regular de covariación con factores sociales.

Como sugerimos en secciones anteriores, este tipo de variables requiere antes que nada un estudio riguroso de la función de cada variante en el discurso. Luego, el establecimiento de correlaciones sociolingüísticas válidas podrá hacerse con respecto a cada una de las funciones de cada variante y esto siempre que identifiquemos variación con respecto a cada función. En verdad, los estudios de Ocampo (1990b; 1991; 1993) apuntan casi a reglas categóricas de ordenamiento de frases determinadas por diferentes funciones discursivas. Dada esta situación, ¿qué se podría concluir si encontráramos diferencias sociales en la frecuencia de uso de diferentes órdenes de palabras y funciones? Ocampo y Klee (1995) identifican estas diferencias en datos del español de Perú y las explican como resultado de influencia pragmática del quechua. El campo apenas empieza a ser explorado.

Pasamos ahora a examinar algunos fenómenos relacionados con el uso de los pronombres átonos, llamados también *clíticos verbales* o simplemente *clíticos*, los que sí se han prestado para establecer correlaciones con factores sociales.

4.5. Variación en el uso de los clíticos verbales o pronombres átonos

4.5.1. Los clíticos pleonásticos

Nos hemos referido varias veces a lo que llamamos *clíticos pleonásticos*— el uso repetitivo del clítico verbal, ilustrados en 77 y 78.

77. Yo *me* tenía que vacunar*me*, así que mi mamá *me* fue a dejar*me* al hospital.

78. El *se la* estaba pasándo*sela*.

El uso repetitivo del clítico verbal, o pronombre átono, ocurre con series verbales que permiten la subida del clítico de un verbo subordinado ("vacunar" y "dejar" en el ejemplo 77) a un verbo semi-auxiliar ("tener que" e "ir a" en el ejemplo 77). La presencia o ausencia del clítico pleonástico no conlleva diferencias de significado contextual. En variedades estándares, el clítico sólo puede ocurrir a la izquierda del verbo finito o a la derecha de la forma no finita, pero no en las dos posiciones.

La autora examinó los clíticos pleonásticos en Santiago de Chile y constató que no ocurren en el habla de individuos con nivel terciario de escolaridad. Por otra parte, en los datos de dieciséis hablantes de nivel primario de escolaridad, ocurrieron con un porcentaje global de 11 por ciento. En este grupo socioeconómico, los clíticos son al menos indicadores sociolingüísticos ya que covarían con factores sociales adscritos: edad y sexo.

Según la edad, Silva-Corvalán (1981a) establece cuatro grupos: 4;6–6;0, 15–17, 30–45, y 50+. La frecuencia de uso de los clíticos pleonásticos aumenta en cada grupo, de aproximadamente 4 por ciento entre los niños a 15 por ciento entre los de más de cincuenta años de edad. Dentro de cada grupo por edad, la variable diferencia claramente a los hombres de las mujeres (i.e., covaría con el factor sexo), ya que ocurre siempre con más frecuencia en el habla de los hombres, alcanzando el porcentaje más elevado entre los hombres de quince a diecisiete años, 31 por ciento. Los clíticos pleonásticos son, pues, de manera similar a una variable sociofonológica, una variable sociosintáctica.

4.5.2. Leísmo y laísmo

Las variaciones en el uso de los clíticos en España han sido extensamente estudiadas, entre otros, por Klein(-Andreu) (1979; 1980b; 1999), Marcos Marín (1978), Quilis et al. (1985), Urrutia (1995), Urrutia y Fernández (1995) y Martín Zorraquino (1979). Las variantes en cuestión son:

a. El *leísmo*: uso de *le* para referirse a un ser viviente masculino (uso aceptado por la Real Academia) o femenino (ejemplo 79, no aceptado aún), en oposición al llamado *sistema casual*, que mantiene *lo* y *la* en el caso acusativo (i.e., para ODs). El uso del plural, *les*, en lugar de *los/las*, tampoco aceptado como estándar.

b. El *leísmo inanimado*: tal como en (a), pero con referente inanimado (uso no aceptado como estándar). Ver ejemplo 80a.

c. El *laísmo*: el uso de *la* referido a un ser viviente femenino (uso no aceptado como estándar, ejemplo 81a), cuando tiene la función sintáctica de OI (caso dativo). El *sistema casual* mantiene *le* para el caso dativo.

Sistema referencial	*Sistema casual*
79. a. *Le* conocí ayer (a él/ella).	b. *Lo/la* conocí ayer (a él/ella).
80. a. *Le* puse en el estante (el libro).	b. *Lo* puse en el estante (el libro).
81. a. *La* dijeron que fuera el martes. (a ella)	b. *Le* dijeron que fuera el martes. (a ella)

Klein (1979) se refiere a los usos en 79a, 80a y 81a como "sistema referencial" y a aquéllos en 79b, 80b y 81b, como "sistema casual" y establece que el sistema referencial está mucho más extendido en Valladolid, donde se emplea entre el 45 y el 90 por ciento de los casos, que en Soria y Logroño, donde corresponde a menos del 30 por ciento. El factor lingüístico que incide en la variación es de tipo semántico, ya que ésta responde a las características del referente del pronombre clítico. Por ejemplo, el leísmo es más frecuente con referentes animados y con referentes inanimados de género masculino. Por otra parte, Klein establece ciertos patrones de covariación entre los empleos referenciales y la clase social y sexo de los hablantes en Valladolid, Soria y Logroño. Presentamos en el cuadro 4.23 algunos de estos patrones.

Cuadro 4.23. Frecuencia de empleos referenciales en varones de Valladolid en función de la clase social del hablante.

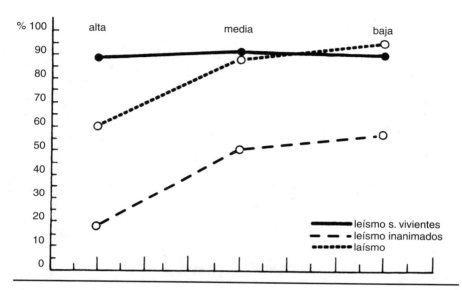

El cuadro 4.23 (tomado de Klein 1979, 51) presenta parte de los resultados obtenidos para Valladolid. Este cuadro muestra que las tres clases sociales estudiadas en Valladolid no se diferencian en cuanto a su preferencia por el sistema referencial leísta con seres animados. El laísmo, fenómeno reprobado por las gramáticas normativas, es incluso más frecuente que el leísmo con seres vivientes en la clase baja, pero el grupo de la clase alta (que en Valladolid incluyó solamente a los hombres) se aparta de los otros dos en el empleo de las variantes no estándares: 60 por ciento de laísmo (entre 85 por ciento y 95 por ciento en los otros grupos), y el leísmo con entes inanimados no alcanza al 20 por ciento, mientras que los grupos de clase media y baja evidencian porcentajes de 50 por ciento y más.

Estos porcentajes parecen reflejar un cambio ya completado para el leísmo, un cambio en curso en el caso del leísmo inanimado, que podría detenerse o avanzar muy lentamente debido a su rechazo por la clase alta, y un cambio en curso para el laísmo, que podría seguir avanzando pues ya ha sobrepasado el 50 por ciento de ocurrencia en todos los grupos sociales.

En Soria, por otra parte, la frecuencia de uso de las variantes no estándares es mucho menor que en Valladolid, al menos con respecto al leísmo inanimado y al laísmo. El cuadro 4.24 presenta los resultados obtenidos en Soria (Klein 1979, 58).

Cuadro 4.24. Frecuencia de empleos referenciales en Soria en función de la clase social y sexo del hablante.

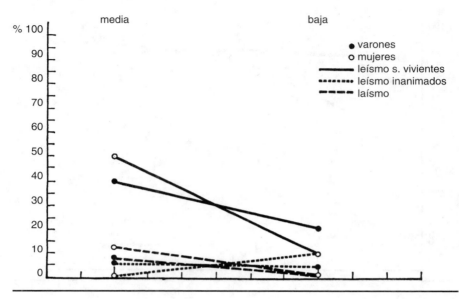

Es interesante notar que en Soria el sistema más usado es el que se basa en la distinción de casos, es decir, el sistema casual predominante fuera de Castilla, y que es la clase media la que muestra una tendencia más clara a adoptar los usos típicos del castellano actual. No hay usos de laísmo en la clase baja y en la clase media es poco frecuente. El leísmo inanimado es también poco frecuente en ambas clases. Además, no existe una correlación clara con el factor sexo. En cambio, la frecuencia de uno de los usos referenciales, el leísmo para seres vivientes, estratifica a la población en dos grupos por clase social, una clase media con tendencias leístas (40 y 49 por ciento) y una clase baja poco leísta (20 y 9 por ciento), y separa también a los hombres de las mujeres en las dos clases. En el grupo bajo, los hombres duplican la frecuencia de uso de *le* en oposición a *lo* y *la* en comparación con las mujeres. Lo contrario ocurre en el grupo medio, donde son las mujeres las que sobrepasan a los hombres en la frecuencia de uso de leísmo.

Según los resultados obtenidos, Klein (1979) concluye que el leísmo con seres vivientes es una variante prestigiosa en Castilla. Su conclusión se apoya especialmente en el hecho de que otros estudios sociolingüísticos han mostrado repetidamente que las mujeres tienen la tendencia a adoptar, en situaciones relativamente formales (como la de la entrevista grabada), precisamente las variantes/rasgos que se consideran de prestigio en la comunidad. Aunque los resultados discutidos por Klein representan un estudio aún no completo, parecen sugerir ya que el laísmo y las dos versiones del leísmo son variables que funcionan como indicadores de diferencias diatópicas y diastráticas dentro mismo de Castilla. Hace falta investigar más detenidamente la frecuencia de uso de las variantes para poder llegar a conclusiones más fiables. Como dice Klein (p. 64), la edad puede ser "la variable social-demográfica adicional de mayor interés, por su relación más directa con la investigación del *cambio* en valores sociales."

En un estudio más reciente, Klein-Andreu (1999) examina la variación en el uso de *le/s*, *la/s* y *lo/s* en Soria, Valladolid, La Mancha y Toledo Norte (N). La autora constata que Soria mantiene de forma más conservadora el uso etimológico de *le/s*, mientras que la provincia de Valladolid resulta más innovadora. En la provincia de Toledo, por otra parte, identifica dialectos intermedios: Toledo N con usos más parecidos a los de Valladolid, y Toledo Sur (que la autora denomina "La Mancha" para simplificar) con usos relativamente más conservadores. Estos usos se reflejan en los porcentajes recogidos en el cuadro 4.25 (adaptado de Klein-Andreu 1999, cuadros 2 y 6).

Como indica el cuadro 4.25, Valladolid presenta porcentajes bastante avanzados de leísmo y laísmo (68 por ciento y 97 por ciento, respectivamente), en oposición a Soria (región nororiental), que no evidencia leísmo en los datos de Klein-Andreu (1999), y donde el laísmo es también de escasa ocurrencia (2 por ciento).

Quilis et al. (1985) examinan exhaustivamente materiales del habla culta de Madrid y constatan, además de los usos etimológicos (llamados también sistema casual) y referenciales ilustrados arriba, una variante loísta, infre-

Cuadro 4.25. Porcentaje de *le/s* en contextos acusativo y dativo.

	Referentes masculinos en contexto acusativo (*leísmo*)			Referentes femeninos en contexto dativo (*laísmo*)		
	le/s	lo/s	%le/s	le/s	la/s	%la/s
Soria	0	25	**0**	123	2	**2**
La Mancha	1	10	**9**	31	1	**3**
Toledo N.	12	18	**40**	20	73	**78**
Valladolid	17	8	**68**	3	103	**97**

cuente, que consiste en usar *lo* en función de objeto indirecto, como muestran 82 y 83. (Klein-Andreu [1999] también encuentra loísmo en las regiones por ella estudiadas).

82. *Lo* puede dar más compañía [al padre].
83. Pero eso sí que no *lo* doy ninguna importancia.

En cuanto al leísmo aceptado y al inanimado o con referente femenino, y al uso del laísmo, las cifras que Quilis et al. (1985, 46–64) citan nos permiten establecer los porcentajes en el cuadro 4.26.

4.5.3. Leísmo, clíticos duplicados y objetos nulos

Las entidades ya introducidas en el discurso pueden adquirir el status de *tópico oracional*, es decir, ser la entidad sobre la cual se dice algo en una oración dada. Los tópicos se codifican usualmente como sujetos gramaticales en la mayoría de las lenguas. En secuencias de tópicos referencialmente idénticos, el español deja normalmente vacía la posición de sujeto y la referencia se mantiene en la desinencia verbal (ver sección 4.3). Esto se ilustra en la secuencia en 84.

84. . . . pero *yo* me fui a la clínica como a las siete, porque en la mañana, después de que *0* me acomodé, *0* llamé al doctor. *0* Le expliqué todo.

Es posible, sin embargo, que un referente codificado como CD o CI sea topical y entre a competir con el sujeto por el status de tópico. En este caso, observemos que el español hace uso de una estrategia sintáctica que consiste en marcar concordancia entre el verbo y el objeto por medio de un pronombre átono o clítico verbal (Silva-Corvalán 1981b). Esta concor-

Cuadro 4.26. Porcentajes de *leísmo* y *laísmo* en el habla culta de Madrid.

	leísmo OD masculino *le* en vez de *lo*			leísmo OD femenino *le* en vez de *la*			laísmo OI femenino *la* en vez de *le*		
	le	*lo*	% *le*	*le*	*la*	% *le*	*la*	*le*	% *la*
animado:	354	175	67%	18	205	8%	57	254	18,3%
inanimado:	94	1133	7,6%	105	769	12%	6	66	8,3%

dancia es motivada por el relativo valor de topicalidad de la frase nominal acusativa o dativa. En el español hablado en Santiago de Chile (y en la mayoría de las variedades orales del español) la concordancia es categórica con el CI, ya sea pronombre o nominal, preverbal o postverbal (ejemplos 85a y 88a). La realización del clítico acusativo es también obligatoria con el CD pronominal (ejemplo 86), muy frecuente con CDs nominales preverbales (ejemplo 87) y en vías de expansión con CDs nominales postverbales (ejemplos 85b y 88b).

85. a. Yo le_k caí muy bien *a mi suegra$_k$*. b. Yo la_k quería mucho *a la señora María$_k$*. Yo no le decía nunca "suegra."

86. *Lo$_i$* veía *a él$_i$* todos los días.

87. *La culpa$_i$ la$_i$* tiene ella.

88. . . . los profesores de castellano, Benito Silva, gran poeta, pero que tenía el hobby de (a) enseñar*les$_k$ a los alumnos$_k$* el Quijote de la Mancha, así que nos hacía leer el Quijote cuando teníamos once años. (b) Y yo *lo$_i$* encontraba un poco latoso *el Quijote$_i$*, en ese tiempo.

La estrategia de usar un clítico acusativo correferencial con un CD postverbal, como en ejemplos 85b y 88b, es considerada redundante por la Real Academia Española (1979). Aunque referencialmente redundante, me parece justificada en la conversación como una manera de facilitar el seguimiento de referentes topicales que no son el sujeto gramatical. Así pues, el clítico acusativo correferencial con un CD postverbal ocurre más frecuentemente cuando éste es humano y definido (29 por ciento en datos de Santiago), como en el ejemplo 85b, que cuando es definido pero no humano (10 por ciento en los datos de Santiago), como en 88b, es decir, cuando el CD reúne rasgos semánticos más bien típicos de un sujeto y parece más necesario diferenciarlo claramente y a la vez marcarlo como tópico. Los ejemplos 89–91 provienen de los datos de Santiago de Chile.

89. A mí se me abrió el mundo cuando *lo$_i$* conocí *a Enrique$_i$*.

90. *Lo$_i$* adoraba *a su perro$_i$*.

91. Unos *los$_i$* ve *los problemas$_i$*, digamos, reducidos en dimensión.

Resulta interesante observar que numerosas variedades de español oral emplean esta estrategia del clítico correferencial. Es frecuente en el español hablado en el Cono Sur de Sudamérica, donde ha sido estudiada cuantitativamente, y yo misma he recogido ejemplos en Madrid, producidos por individuos de nivel sociocultural medio-alto. La ocurrencia variable del clítico duplicado en ejemplos del tipo de 89–91 es controlada principalmente por factores lingüísticos semántico-discursivos. Desafortunadamente, nada podemos decir del status sociolingüístico de esta variable, ya que no se ha estudiado según factores sociales y estilísticos.

Variaciones de esta estrategia se documentan además en el español vasco (Urrutia 1995) y en el quiteño (Yépez 1986), ambos leístas. En estas variedades leístas, la concordancia es muy frecuente con CDs animados (ejemplos 92 y 93), mientras que con CDs no animados se da el fenómeno casi contrario: cero clítico y cero CD (ejemplos 94 y 95). (Los ejemplos 92 y 94 están tomados de Landa 1995; 93 y 95 de Yépez 1986.)

> 92. No le_i he visto *a Juan$_i$* todavía.
>
> 93. .... le_i conoció *a mamá$_i$*.
>
> 94. A mí me mandan hacer, por ejemplo, qué te voy a decir, una puerta sí se puede hacer, porque *una puerta$_i$* coges la escuadra y las medidas y 0_i haces 0_i.
>
> 95. a. Yo le_i reconocí al hombre$_i$ que 0_j trajo 0_j. (0 = el paquete$_j$)

Aunque las estrategias seleccionadas son superficialmente diferentes, doble mención en el caso de la duplicación o cero mención, es importante notar que responden a una motivación similar: marcar topicalidad y facilitar el seguimiento de referentes. En el caso de las variedades leístas vasca y quiteña, dado el proceso de pérdida del sistema casual de clíticos con referentes animados, sólo *le* coocurre con complementos (directos o indirectos). Para CDs topicales inanimados, se reserva la marca cero. Se mantiene así una clara diferenciación de aquellas entidades que no son el sujeto gramatical (y que quizá podrían llegar a interpretarse como tal).

4.5.4. La subida de clíticos

Hemos dicho ya que en variedades estándares del español, el clítico puede ocurrir a la izquierda del verbo finito en perífrasis verbales o a la derecha de la forma no finita. La ocurrencia a la izquierda del verbo finito se ha descrito como "la subida del clítico" y puede examinarse como una variable dependiente: pre- versus postposición del clítico, como en los ejemplos 96a–b.

> 96. a. *Lo* puedo hacer mañana. b. Puedo hacer*lo* mañana.

En su estudio de la subida del clítico en muestras de español escrito, Myhill (1988) prueba cuantitativamente que este fenómeno es sensible a la semántica del verbo semi-auxiliar, de tal manera que aquellos verbos cuyo significado léxico sea más débil y cuyo significado gramatical sea más fuerte, tenderán a ocurrir con mucho mayor frecuencia con el clítico en posición preverbal. Nos encontramos aquí, entonces, con otra variable que conlleva diferencias semánticas. Su estudio ha sido motivado más bien por el interés en constatar el proceso de gramaticalización que parece afectar a estos verbos semi-auxiliares en español (ver 97–98), sin que haya aún estudios, que yo sepa, que incorporen variables sociales.

> 97. *Verbo matriz*: *venir* (significado básico)
> Pepe viene a entrevistar*me* hoy.
> 98. *Verbo matriz*: *venir* (significado gramaticalizado)
> Pepe *me* viene molestando por años ya.

Un examen cuantitativo de la posición del clítico en parte de los materiales para el estudio de las normas cultas en cuatro países según la semántica del verbo semi-auxiliar da los resultados presentados en el cuadro 4.27 (Silva-Corvalán 1994a, mi traducción). El mismo verbo semi-auxiliar puede tener un significado gramaticalizado (por ejemplo, de aspecto repetitivo o iterativo, como en 98) o básico (como en 97). El verbo *ir a* puede aparecer en la columna de "futuro" cuando su valor es gramatical (marcación de futuridad), o en la de "significado básico" si su sentido es de movimiento (por ejemplo, "Va a verlo todos los días").

La tendencia a la posición preverbal es menos marcada en muestras del español escrito, pero incluso en éstas la posición preverbal es casi categórica con *estar* + Gerundio (valor progresivo, 89 por ciento; ver cuadro 4.28) y muy frecuente con *ir a* + Infinitivo (75 por ciento), como indica el cuadro 4.28, en el que presentamos unidos los resultados de los datos de las normas cultas y añadimos dos columnas, una con los resultados obtenidos de un análisis de datos orales de inmigrantes méxico-americanos en Los Angeles (Grupo 1) y otra con porcentajes para el español escrito (Myhill 1989).

La motivación semántica que condiciona la frecuencia de aparición del clítico en posición preverbal queda en clara evidencia en el cuadro 4.28, que muestra los porcentajes más altos con los semi-auxiliares *ir a* y *estar*, usados con el valor gramatical de futuro y de aspecto progresivo, respectivamente.

4.6. *El '(de)queísmo'*: "Dime con quién andas. . . ."

El *dequeísmo* ha sido definido como la anteposición de la preposición *de* al complementante *que* cuando la norma estándar no hace esperar su presencia, como en 99–100.

Cuadro 4.27. Tabulación cruzada entre posición del clítico y semántica del verbo matriz. Cuatro países: Chile, México, Venezuela y España. Los porcentajes corresponden a la posición *preverbal*. ($p \leq .00$)

	Total casos	%	epistém.	deónt.	gramatic.	progresivo	futuro	signif. básico
Chile	232	70%	85%	15%	92%	89%	91%	33%
México	210	77%	75%	63%	88%	80%	92%	41%
Venezuela	302	62%	75%	56%	78%	75%	74%	32%
España	327	70%	79%	60%	89%	91%	94%	41%

Nota. epistém. = modales epistémicos *(poder, deber de)*; deónt. = modales deónticos *(deber, tener que)*; gramatic. = otros signif. gramaticalizados, incluyendo progresivos y futuros; signif. = significado.

Cuadro 4.28. Posición preverbal del clítico en perífrasis verbales con auxiliares que ocurren diez o más veces en la muestra.

Verbo matriz	Grupo 1	Chile-Mex.-Ven.-Esp.	Español escrito
Ir a	92%	89%	75%
Estar	91%	83%	89%
Poder	60%	76%	19%
Querer	32%	61%	13%
Empezar	73%	46%	9%
Tener que	57%	45%	15%
Deber	17%	34%	11%

99. Creía *de que* tenía razón.
100. Yo considero *de que* el divorcio puede aceptarse.

El *queísmo*, por el contrario, consiste en la omisión de la preposición *de* delante de *que* cuando la norma estándar hace esperar su presencia, como en 101–102.

101. Se acordó *0* que tenía que ir.
102. Lo va a hacer a pesar *0* que no tiene mucho tiempo.

Tanto el *queísmo* como el *dequeísmo* (algunos autores se refieren a los dos fenómenos como dos caras de uno solo, el *(de)queísmo*) ocurren variablemente en el habla del mismo individuo. Desde que Rabanales (1977) llamó nuestra atención hacia este fenómeno, se ha publicado una serie de artículos que han avanzado diversas hipótesis para su explicación (Bentivoglio 1976; 1980–81; García 1986; Gómez Molina y Gómez Devís 1995; Quilis Sanz 1986; Schwenter 1999, entre otros), que incluyen la sugerencia de que la inserción de *de* es un caso de *ultracorrección lingüística* por parte de los hablantes de clase media en Caracas (Bentivoglio 1976); la explicación funcionalista de García (1986), que plantea que la presencia de *de* conlleva el mensaje de distanciamiento del emisor con el contenido de su enunciado; y una hipótesis aún inédita según la cual *de* funciona como marcador de información focal en San José de Costa Rica (Martínez Sequeira 2000).

Estudios del *(de)queísmo* en el portugués de Brasil han examinado además hipótesis que podrían denominarse *psicolingüísticas*. Scherre y Naro (1991), por ejemplo, proponen que el procesamiento de material lingüístico se facilita cuando se emplean estructuras paralelas (conocida como la hipótesis de "dime con quién andas y te diré quién eres"), lo que en el caso del *dequeísmo* motivaría una mayor frecuencia de *de que* cuando hay un *de* en el contexto precedente.

Mollica (1991) encuentra apoyo para esta hipótesis en datos de Brasil y, aun más, observa que existe además un efecto fono-gramatical. No sólo la presencia de un *de* es relevante, sino también la naturaleza de este *de*. Así pues, cuando el *de* precedente es también una preposición, la probabilidad de que ocurra *dequeísmo* es de 0,68, mientras que si se trata de una sílaba *de* (como en "a*de*más"), la probabilidad baja a 0,45 y, finalmente, la ausencia de *de* se correlaciona con la probabilidad más baja–0,35.

La hipótesis semántica de García (1986) es también sustentada por los resultados del estudio de Mollica (1991), quien, de acuerdo con García, examina si la presencia de *de* se correlaciona con impersonalidad y con persona gramatical. Se esperaría mayor porcentaje de *dequeísmo* cuando el sujeto de la oración principal es impersonal, que cuando es tercera o segunda persona, y que cuando es primera persona (en este orden), dados los diferentes grados de participación en (o distanciamiento de) la aserción codificada en la oración principal asociados con los posibles sujetos de tal aserción. Las probabilidades asignadas por VARBRUL para la ocurrencia de *dequeísmo* son 0,60 con sujeto impersonal, 0,58 con segunda/tercera persona y 0,31 con primera persona.

Al menos una variable independiente más surge como estadísticamente significativa en el trabajo de Mollica: la presencia de material lingüístico entre el verbo de la cláusula principal y la cláusula subordinada. El hecho de que el distanciamiento entre el verbo y la cláusula subordinada favorezca el *dequeísmo* (0,78 en oposición a 0,22 cuando las cláusulas van yuxtapuestas) lleva a Mollica a proponer que *de* sirve para reforzar la unión sintáctica y conceptual que existe entre las dos cláusulas. Este estudio empírico predice que el *dequeísmo* tendrá una probabilidad más alta de ocurrencia en un ejemplo como 103 y más baja en uno del tipo de 104.

103. Ellos creían posiblemente *de que* eso no era lo mejor.
104. Yo creía *que* eso no era lo mejor.

Gómez Molina y Gómez Devis (1995) examinan el *(de)queísmo* en el español hablado en Valencia, en el que también encuentran apoyo para las hipótesis examinadas arriba. De manera interesante, estos autores confirman la influencia de factores sociales en el mantenimiento del *dequeísmo*; por ejemplo, el nivel sociocultural medio alcanza un porcentaje de realización de *dequeísmo* superior a los otros niveles; el sexo masculino favorece el *dequeísmo*; el porcentaje de *dequeísmo* en esta comunidad es muy bajo (alrededor del 9 por ciento) y está claramente estigmatizado por la mayoría de los informantes.

Los fenómenos variables son prototípicamente condicionados por más de un factor, cuya importancia relativa en la ocurrencia de una u otra variante puede examinarse con programas estadísticos (e.g., VARBRUL). El *dequeísmo* constituye claramente un fenómeno que responde a causas múltiples y que debe ser examinado como tal. Así lo hace Ana Teresa Martínez Sequeira (2000) en su tesis doctoral. Martínez Sequeira identifica una nueva estructura, no mencionada en estudios anteriores, en la que el *dequeísmo* ocurre con la mayor frecuencia en datos de San José de Costa Rica. Se trata de cláusulas hendidas, ilustradas en 105–106, tomados de Martínez Sequeira.

105. ... ahora la última noticia es *de que* hasta la extrema derecha está implicada en este asunto.

106. ... uno el consejo que le da es *de que* no se embarace en los años que está haciendo sus estudios.

En su tesis doctoral, Martínez Sequeira concluye que el *dequeísmo* no es motivado solamente por un factor semántico, sino que varios factores, compatibles entre sí, confluyen en la misma dirección. Motivaciones semántico-pragmáticas, discursivas y cognitivas justifican la introducción de *de* ante *que* y hacen posible que el *dequeísmo* se mantenga, incluso que se haga más frecuente, a pesar de las actitudes normativas negativas hacia este fenómeno.

4.7. Otros estudios de variación

Además de las variables morfosintácticas que hemos presentado en este capítulo, se han realizado estudios de variables que podríamos denominar *léxico-pragmáticas*. Estas incluyen la variación en el uso de pronombres u otros ítemes en la referencia a uno mismo y a otros. Turell (1989) y Lavandera (1984, Capítulo 6), entre otros, han examinado las correlaciones entre el uso de diversos pronombres y factores extralingüísticos que dependen de relaciones interpersonales y de cuestiones de poder y solidaridad. Aquí también se hace necesario hacer referencia a los numerosísimos estudios del *voseo* en oposición al *tuteo* y al *ustedeo* (Jaramillo 1995; Páez Urdaneta 1981; Solé 1970; y Uber 1985).

Las rutinas conversacionales, tales como disculpas, consultas, peticiones, invitaciones, etc., también han sido objeto de estudio sociolingüístico. De interés en este sentido, por ejemplo, son el trabajo de Moreno Fernández (1989) y los estudios relacionados con el proyecto *Val.Es.Co.* (Valencia, Español Coloquial), auspiciados por el Departamento de Filología Española de la Universidad de Valencia (Grupo *Val.Es.Co.* 1995).

No podemos dejar de reconocer los avances logrados en el estudio de la variación sintáctica y morfológica, pero todavía queda mucho por hacer. Hemos dejado claro, por lo demás, que el estudio de la variación en estos niveles descriptivos lleva necesariamente al sociolingüista a considerar la cuestión del significado en el proceso de investigación de los contextos de variación. Al realizar esta tarea, el sociolingüista ha hecho y seguirá haciendo aportes importantes a la semántica y pragmática del discurso oral. El análisis del discurso ha logrado avances independientes importantes. Dedicamos a esta subdisciplina el próximo capítulo.

Ejercicios de reflexión

Ejercicio 1
Los siguientes pares de oraciones representan variación morfosintáctica. Analice los ejemplos y determine si las variantes representadas podrían darse en variación libre en el discurso o por el contrario la variación conlleva diferencias de significado semántico o pragmático.

1a. Le ordenaron que se fuera.
1b. Le ordenaron que se fuese.
2a. Se fueron por esta carretera.
2b. Se fueron por la carretera ésta.
3a. Se puso el vestido que le regaló su mamá.
3b. Se puso el vestido que le había regalado su mamá.
4a. Hoy día, tú sales a buscar trabajo y sin experiencia no hay nada que hacer.
4b. Hoy día, uno sale a buscar trabajo y sin experiencia no hay nada que hacer.
5a. Se presentó con una amiga que, la verdad, no la habíamos visto nunca.
5b. Se presentó con una amiga que, la verdad, no habíamos visto nunca.

Ejercicio 2
Lavandera (1975) y Silva Corvalán (1984a) han estudiado los factores que condicionan la elección de tiempo y modo verbal en oraciones condicionales en Buenos Aires y Covarrubias respectivamente. Compare los dos estudios con especial atención a las siguientes cuestiones:

a. ¿Se consideran las mismas variables en los dos estudios?

b. ¿Tienen las diferentes variables en los contextos estudiados diferentes significados semántico-pragmáticos o pueden ir en variación libre en el discurso?

c. ¿Se consideran factores extralingüísticos?

Ejercicio 3

De entre los estudios de variación sintáctica reseñados en este capítulo (Condicional/Subjuntivo, expresión del sujeto, orden de palabras, clíticos pleonásticos, laísmo y leísmo, duplicación de clíticos, objetos nulos, subida de clíticos y dequeísmo) determine cuáles consideran factores extralingüísticos exclusivamente, cuáles consideran solamente factores lingüísticos y cuáles consideran los dos.

Ejercicio 4

La menor frecuencia textual de las variantes morfosintácticas es un inconveniente a la hora de su estudio. Por ejemplo, en el estudio del habla de Covarrubias de Silva-Corvalán, treinta y seis horas de grabación sólo dieron como resultado 241 ocurrencias de oración condicional. ¿Puede usted proponer algún recurso metodológico para compensar este inconveniente?

Ejercicio 5

Una hipótesis que trata de explicar la expresión del sujeto en el español caribeño propone que la mayor frecuencia de sujetos en estas variedades responde a la necesidad de compensar la información de número y persona que se pierde al elidir la -s final (cf. Hochberg 1986). Algunos estudios ponen a prueba esta hipótesis investigando otros dialectos con elisión de -s y comparándolos con la expresión del sujeto en dialectos que retienen la -s (cf. Ranson 1991; Cameron 1993). ¿Qué sugieren estos estudios con respecto a la hipótesis funcional de Hochberg?

Por otra parte, los estudios de retención de -s final reseñados en el Capítulo 3 (Poplack 1979; Samper Padilla 1990; Cedergren 1973), ¿tienen alguna relevancia en el estudio de esta cuestión? Si es así, ¿apoyan las tesis de Hochberg?

Ejercicio 6

Elabore y analice una lista de fenómenos de variación morfosintáctica en una comunidad hispanohablante de su elección. ¿Tiene usted la impresión de que ciertas variables son favorecidas por determinados grupos de edad, sexo y/o nivel socioeconómico?

— 5 —

Análisis del discurso

5.1. Aproximaciones al análisis del discurso

El campo denominado análisis del discurso incluye una amplia variedad de estudios que van desde los análisis altamente formalizados que se realizan en inteligencia artificial, hasta los esencialmente interpretativos ya sea de intenciones de los hablantes o de la manera como los participantes en una situación comunicativa construyen sus individualidades en la interacción oral (Schiffrin 1994 ofrece una muy útil introducción a este campo).

Si consideramos esta amplia gama de intereses como un continuo, los estudios que la autora ha hecho de análisis del discurso se ubicarían en un punto intermedio entre lo puramente pragmático o psicosocial y lo estrictamente estructural y formalizado. Esta tarea lingüística ha estado enmarcada dentro de una concepción de la lengua como sistema cuyas estructuras responden a la función primaria de este sistema: la de ser instrumento de comunicación creado y empleado por seres humanos. En consecuencia, se espera que refleje tanto las capacidades como limitaciones cognitivas y sociales de sus creadores. La lengua se define, entonces, "como *un sistema integrado con el conocimiento que el hablante tiene del mundo y la sociedad. Este sistema debería describirse en términos lingüísticos, cognitivos y sociales, tomando en consideración las condiciones en las que los hablantes lo usan.*" (Beaugrande 1997, 40, mi traducción, énfasis en el original).

Los lingüistas que comparten esta postura teórica según la cual el lenguaje es un ejemplo particular de comportamiento humano, buscan respuestas a preguntas lingüísticas dentro y más allá del sistema lingüístico que se examina. De acuerdo con este enfoque, llamado generalmente *discursivo-funcional* (Cumming y Ono 1997), la gramática se origina en los patrones que se repiten una y otra vez en el discurso. De manera interesante, las preguntas que se plantean los estudios discursivo-funcionales coinciden en gran parte con las que se examinan en sintaxis variacionista. Una de estas preguntas, por ejemplo, tiene que ver con los motivos que llevan a los hablantes a elegir una de las diferentes maneras léxicas o gramaticales con que cuenta una lengua para expresar el "mismo mensaje."

Al lingüista le preocupa estudiar y explicar de qué forma el uso de la lengua en instancias comunicativas moldea y determina las formas de la lengua. Considérese el ejemplo 1.

  1. a. ¿Qué has hecho últimamente?
     b. *"Pinocho" vi ayer.

La respuesta en 1b es ciertamente gramatical, es decir, la estructura objeto-verbo-sujeto es aceptada por las reglas gramaticales del español. Sin embargo, por razones que tienen que ver con la forma en que la información debe fluir en el discurso, 1b es inaceptable. Comparemos con 2.

  2. a. ¿Qué película has visto últimamente?
     b. "Pinocho" vi ayer.

La respuesta en 2b sí es aceptable. ¿Cuál es la diferencia entre 1 y 2? La diferencia se deriva de las *presuposiciones* involucradas en las preguntas: en 1 nada hace suponer que el hablante haya visto películas como parte de sus actividades recientes. Por tanto, la posición preverbal del objeto directo ("Pinocho") es inaceptable, porque éste conlleva información totalmente nueva que no es esperable. Por el contrario, en 2 la pregunta presupone que el interlocutor ha visto películas últimamente. En este contexto discursivo, en el que el objeto directo representa una entidad inferible, su colocación en posición preverbal es aceptable.

Si el objetivo de la lingüística es explicar el *conocimiento* que un hablante tiene de su lengua, obviamente el tipo de conocimiento ejemplificado en el uso apropiado en 2b y el inapropiado en 1b debe ser también descrito y explicado.

Como planteamos en el Capítulo 4, el orden de palabras es un aspecto de la gramática de las lenguas en general que parece ser especialmente sensible a cuestiones relacionadas con el status informativo de las entidades codificadas en los enunciados. Pero el efecto de factores discursivos no se detiene solamente en el orden de palabras. Veamos otro caso, que afecta ahora la posibilidad de aparición de los llamados clíticos verbales o pronombres átonos, como ilustramos en 3b y 4b.

  3. a. ¿Llegarás tarde?
     b. No. Yo no *te* llego jamás tarde.
  4. a. ¿Cuando llegas?
     b. *Yo *te* llego esta tarde.

La posibilidad de ocurrencia del clítico, aceptable en 3 y no aceptable en 4, depende de un factor semántico-discursivo, o pragmático si se prefiere: la intención del hablante de involucrar a su interlocutor en un enunciado que parece sorprendente o de alguna manera especial. Así pues, en 4, "llegar esta tarde" tiene la función no marcada de comunicar información, sin más implicaturas, sobre una acción común, regular, no sorprendente. La proposición en 3b, por el contrario, "no llegar jamás tarde," comunica información que parece sorprendente o especial. Este contexto discursivo, entonces, permite la aparición del clítico y constituye un tipo de conocimiento pragmático de la lengua que debe ser adquirido y que tiene consecuencias estructurales.

Otra línea de estudios lingüísticos del discurso examina la relación que existe entre la forma en que los hablantes estructuran diferentes tipos de discurso, géneros o registros discursivos y ciertos fenómenos gramaticales (ver Biber 1988; Biber y Finegan 1994). Se presupone que cada discurso (o pasajes de un discurso) responde a las presiones de la compleja situación en la que se produce, de tal manera que se acomoda a los objetivos y función de la comunicación, a los receptores, a la situación física en que ocurre la comunicación, al modo (escrito u oral), a niveles de formalidad, etc., dando así lugar a diferencias lingüísticas y de estructuración de la comunicación que corresponden a una variedad de registros y géneros (ver varios artículos en Coulthard 1994). Así pues, los términos *registro* y *género* se emplean para explicar correlaciones con patrones de variación tanto de fenómenos lingüísticos como de fenómenos sociales y culturales (Hymes 1967; 1974; Halliday 1978).

Sin embargo, no es fácil definir universalmente estos términos, pues en la literatura se emplean a veces de manera sinónima y, otras veces, lo que un autor denomina registro es lo que para otro corresponde a género. En mis estudios, asocio el concepto de *registro* con propósito (estrechamente relacionado con el tema de la comunicación) y medio (escrito, oral) (ver Capítulo 1), de tal manera que identifico tales registros como el técnico o no-técnico, escrito u oral, y, dentro de éstos, ensayístico, legal, científico, periodístico, conversacional, de conferencia, etc.

El concepto de *género*, por otra parte, aunque también definido en parte por el propósito de la comunicación, constituye una variedad discursiva (según el uso que se hace de la lengua) menos global que el registro. Podemos definir género como el conjunto de rasgos léxicos, morfológicos, sintácticos y de estructuración del discurso que se correlacionan con un pasaje o sección del discurso, identificado según este conjunto de rasgos y su contenido temático como narrativo; expositivo de hechos pasados, presentes o futuros; diálogo; hipotético; argumentativo; descriptivo; de planificación; etc. Estos diversos géneros constituyen maneras diferentes de usar una lengua para cumplir ciertas tareas que responden a su vez a diversos propósitos u objetivos culturalmente establecidos (Eggins y Martin 1997).

Hemos dado aquí una solución simplificada al problema de la diferenciación y definición de los conceptos de registro y género. En el uso de una lengua, registros y géneros con frecuencia se superponen y entrelazan, haciendo difícil trazar una línea divisoria discreta entre ellos. Por dar algunos ejemplos, se puede concebir un registro "telefónico-conversacional-científico" e, incluso dentro de este registro, identificar los géneros descriptivo, expositivo presente y argumentativo; existe un registro narrativo y un género denominado narrativa o narración. Aun más, como veremos más adelante, un pasaje discursivo identificado globalmente como género argumentativo, puede contener narración, descripción y argumentación propiamente tal.

Lo que podríamos denominar *registro conversacional* ha recibido atención muy especial, pues la conversación es la forma primaria y más frecuente de comunicación entre la gente (¿Estará siendo reemplazada por el *correo electrónico* ('e-mail')?). Numerosos estudios dedicados al análisis de la conversación (Briz 1998; Tannen 1984; 1993; Tusón 1997, entre muchos) han demostrado que este registro tiene sus propias reglas y convenciones tanto lingüísticas como de la forma en que la interacción debe proceder. Algunas de las preguntas que se examinan en esta línea de estudios incluyen: ¿Cómo se estructuran los turnos de hablar? ¿Cuán universales o culturalmente específicas son estas estructuras? ¿Qué papel desempeñan o qué significado tienen el silencio, las repeticiones, las autocorrecciones y las pausas en una conversación? ¿Cuáles son las estructuras lingüísticas y las convenciones sociales que subyacen a tales actos conversacionales como los saludos, las despedidas, las disculpas, los mandatos y las sugerencias?

En esta línea de investigación se entrecruzan las preocupaciones de sociolingüistas y pragmaticistas, como bien lo plantea Reyes (1990, 55) al decir: "El campo de trabajo que más naturalmente comparten ambas disciplinas es la conversación, objeto predilecto de estudios sociolingüísticos en los últimos años." La pragmática examina tales fenómenos como los actos de habla, las presuposiciones e implicaturas, la deixis y otros que se manifiestan en la conversación. La sociolingüística ha incorporado también estos fenómenos en sus análisis del habla espontánea y ha examinado, por ejemplo, la relación entre diversos actos de habla y algunos casos de variación sintáctica o morfosintáctica.

La comunicación lingüística no se realiza solamente con el propósito de informar de algo, sino que muy frecuentemente con el propósito de lograr que alguien haga algo, que reaccione de alguna manera al enunciado de un emisor. Es decir, la lengua nos sirve para *hacer* cosas: hacer preguntas,

saludar, pedir disculpas, ofrecer condolencias, pedir un favor, dar direcciones, insultar, invitar, prometer, amenazar, etc. Estos constituyen *actos de
habla*, las unidades mínimas de la comunicación verbal.

Los actos de habla han sido estudiados principalmente por filósofos
que adoptan una perspectiva funcional del significado de las expresiones
lingüísticas. Se ha propuesto que un acto de habla tiene varios componentes,
tres de los cuales nos interesan aquí. Primero, el componente *locutivo* o *acto
de emisión*, que corresponde al enunciado mismo, su estructura gramatical y
su significado básico. Segundo, el componente o *acto ilocutivo*, que corresponde a la intención (o intenciones) con que se produce el acto de emisión
(e.g., la emisión "Hace frío," una afirmación como acto locutivo, puede ser
dicha con la intención ilocutiva de *pedir* al oyente que cierre una ventana).
Finalmente, el *acto perlocutivo* es el efecto o consecuencia que tiene el
acto locutivo (e.g., el oyente cierra la ventana).

Todo acto de comunicación involucra al menos los componentes locutivo,
ilocutivo y perlocutivo. El ejemplo dado, "Hace frío," sugiere sin duda que
en la interpretación de la fuerza ilocutiva de un enunciado, la inferencia
desempeña un papel importante, ya que lo que el hablante dice no corresponde exactamente a lo que quiere decir. Este significado contextual o
mensaje va más allá de la suma del significado de las palabras que constituyen la emisión y el oyente aplica procesos de inferencia para comprenderlo.
(El lector interesado en profundizar en este tema puede consultar Bach y
Harnish 1982).

Los postulados conversacionales de Grice (1975) han motivado una buena
parte de los análisis de la conversación que aspiran a desentrañar lo que
un hablante quiere decir, la fuerza ilocutiva de los enunciados. Según Grice,
el éxito de la interacción comunicativa depende de la existencia de un
principio de cooperación que implica que los usuarios de una lengua comparten el objetivo común de lograr que la interacción se desarrolle sin tropiezos.
Grice (1975, 45–46) postuló además cuatro máximas que complementan el
principio de cooperación y que explican y guían la conversación. Son:

a. *Máxima de la cantidad*: haz que tu contribución no sea ni más ni
menos informativa de lo que se requiere.

b. *Máxima de la cualidad*: di la verdad. No digas lo que crees que es
falso ni tampoco lo que no puedes sustentar con evidencia adecuada.

c. *Máxima de la relación*: di lo que es relevante.

d. *Máxima de la modalidad*: sé claro. Evita la expresión oscura, evita
la ambigüedad, sé breve y sé ordenado.

Estas máximas son obviamente ideales y muy relativas. Su cumplimiento
depende de factores contextuales, sociales y culturales que condicionan sus
límites. Por ejemplo, la máxima de la cualidad puede o debe violarse a

veces para evitar insultar o asustar a alguien, pero cuándo hacerlo varía de cultura a cultura. Lo mismo ocurre con la máxima de la cantidad, ya que cuán breve debe ser la comunicación depende de normas culturalmente específicas y, por tanto, relativas.

El análisis de la conversación ha hecho notar que la *cortesía* tiene un papel importantísimo en la interacción comunicativa. Ya Grice (1975) se refirió a las implicaturas conversacionales que llevan a inferir que un enunciado es más o menos cortés. Desde entonces, se han multiplicado los estudios de la cortesía, se han propuesto máximas e incluso un *principio de la cortesía* (Leech 1983) que prevalece sobre el principio de cooperación (ver Haverkate 1994 para un estudio detallado de la cortesía verbal y aplicaciones al español).

Los registros orales más estudiados han sido la conversación y la narración y, a pesar de las dificultades que presenta un análisis que incorpore la noción de registro o género como posible factor condicionador de algún fenómeno de variación, se han hecho avances en este sentido. Hemos visto ya en el Capítulo 3 algunos casos de variación fonética condicionada por la tarea o género discursivo. De gran interés resultan también los usos diferenciados de tipos de cláusulas relativas (Gervasi 2000) y de marcadores discursivos en diferentes registros y géneros (Chodorowska 1997, ver sección 5.4), además de la distribución e interpretación de tiempos verbales según el género al que corresponda la comunicación.

Es bien sabido que la descripción del significado de los morfemas verbales de tiempo, modo y aspecto es una cuestión complicada. A mi parecer, los acalorados debates y soluciones contrarias que suscita este problema se derivan en gran medida del hecho de que se confunden los niveles de análisis y no se diferencia claramente entre significado referencial o básico y significado contextual o discursivo, como planteamos en el Capítulo 4. A estos dos niveles de significación parece necesario agregar un tercero: el significado discursivo prototípico.

Así pues, con respecto al aspecto, por ejemplo, con frecuencia se propone que el Imperfecto de Indicativo significa habitualidad, simultaneidad o iteratividad. Por su parte, los rasgos de secuencialidad y puntualidad son frecuentemente asociados con el Pretérito Perfecto Simple del Indicativo. Sin embargo, resulta fácil encontrar ejemplos, como 5 a 7, que muestran que estos aspectos recién mencionados no están incluidos dentro del significado básico de la oposición morfológica perfectivo versus imperfectivo.

5. Durante esos años Diego *jugó* mucho fútbol.
6. Lo pasamos estupendo en la playa: *conversamos*, nos *asoleamos* y *jugamos* al naipe.

7. El hombre parecía estar loco: *abría* la caja, *metía* la cabeza y la *sacaba* llena de harina.

En 5, la forma perfectiva ocurre en un contexto de pasado habitual. Por otra parte, se infiere que las situaciones en 6 han ocurrido *simultáneamente,* a pesar de la marca de perfectividad del pretérito, a la cual se le ha atribuido una importante función de "secuencialidad de eventos" (Hopper 1982, 5–16).

Con respecto al ejemplo 7, se infiere que las formas imperfectivas son: *secuenciales,* a partir de nuestro conocimiento general del mundo, y *repetitivas,* inferencia obtenida de la marcación de un verbo puntual o cíclico (*abrir, meter, sacar*) mediante la morfología de imperfectividad. En otras palabras, el aspecto léxico (*Aktionsart*) puntual, más el significado imperfectivo no dinámico, estativo, temporalmente extendido (o suspendido), deben interpretarse, si es que pueden ser interpretados, como repetitivos.

En cuanto a los rasgos prototípicos de las formas verbales de Pretérito e Imperfecto, éstos sí son sensibles a la estructura del género discursivo; vale decir, deben ser definidos con referencia ya sea a *contextos* específicos de discurso ya a *tipos* específicos de discurso (por ejemplo, descripción de lugares, argumentación, narraciones o instrucciones).

Veamos cómo funcionan en el discurso narrativo.

5.2. El discurso narrativo

Labov (1972b, 359–60, mi traducción) define la narración como "un método de recapitulación de la experiencia pasada adecuando una secuencia verbal de proposiciones a la secuencia de sucesos que (se supone) ocurrieron realmente." Una narración totalmente desarrollada puede presentar los elementos siguientes (ilustrados en el ejemplo 13): *compendio o resumen, orientación, acción complicante* (que culmina en el clímax), *evaluación, resolución o resultado* y *coda* (ver Silva-Corvalán 1983b).

El *compendio* resume la historia; comunica los hechos más importantes en unas pocas palabras. El compendio no ocurre muy a menudo en las narrativas conversacionales, es decir, aquéllas que surgen espontáneamente en la conversación.

Las narrativas que tienen compendio se caracterizan porque los sucesos se presentan en forma compacta; las diversas acciones se suceden como en cadena, una después de otra, sin largos intervalos entre ellas. En las narrativas conversacionales, el compendio puede ser creado mutuamente por los interlocutores, como vemos en el ejemplo 8.

8. V: . . . pienso yo que se siente más segura diciendo, "Mira, estoy pololeando con él." Porque/

I: ¿Y cuándo entonces empiezan a pololear, o sea, qué establece que ya están pololeando?

V: La única/ El hecho de decir, "Estoy pololeando," nada más.

I: ¿Pero quién lo dice, tú o él?

V: Bueno. En este caso fuimos los dos. Me dijo/ Un día estábamos, el veinticuatro, que es día feriado. . . .

El pasaje citado en 8 muestra cómo la conversación lleva a contar una historia. El compendio se puede reconstruir en la interacción que precede a la narrativa; así, cuando Vicki (V) empieza a contar ("Un día estábamos . . ."), la interlocutora ya sabe cuál es el resultado de los sucesos: un día un amigo y Vicki se pusieron de acuerdo en decir que estaban pololeando (*pololear*, en Chile, significa "salir con alguien/tener novio").

La *orientación*, como indica su nombre, da información sobre el tiempo, el lugar, los participantes y el contexto general en que ocurrieron los hechos relatados. Esta orientación se puede dar en una sección aparte o puede aparecer en las cláusulas narrativas mismas. La forma verbal más frecuente en las secciones de orientación es el Imperfecto de Indicativo (I), pero también aparecen el Presente Simple (PI) y Progresivo, el Imperfecto Progresivo, el Pretérito (P) y el Futuro morfológico.

Uno de los elementos más importantes de la narrativa es la *evaluación*, aquella sección en la cual el narrador indica cuál es la razón de ser de la narrativa, por qué los hechos son importantes, por qué vale la pena recordarlos y contarlos. La evaluación también puede darse en secciones independientes o en las cláusulas narrativas a través de toda la historia. En el primer caso, la evaluación se clasifica como *externa*, en el segundo, como *interna*. Los elementos lingüísticos empleados en la evaluación pueden ser de tipo léxico, sintáctico y prosódico; por ejemplo, ciertos adjetivos, cláusulas superlativas, el coloquio directo, exclamaciones, preguntas retóricas, acentuación enfática, pausas y, como veremos a continuación, el uso del Presente histórico.

La *coda* y la *resolución* o resultado tienen funciones que coinciden parcialmente según las definiciones dadas por Labov. La resolución dice lo que ocurrió finalmente. La coda, por su parte, señala explícitamente que la historia ha terminado, por medio de expresiones tales como: "Y eso fue todo," "Y así terminó la cosa," "Y eso fue lo que nos contó," o puede indicar el efecto de los hechos relatados. De cualquiera de estas maneras, la coda permite un cambio de pasado a presente en el enfoque temporal y señala además el término de un tipo de discurso. Todas las narraciones tienen resolución, pero sólo una minoría contiene una coda expresada lexicalmente.

En el discurso narrativo, por ejemplo, el Presente del Indicativo (PI) es prototípicamente imperfectivo, estativo, en las secciones que sirven a la función de orientación; mientras que es necesaria y prototípicamente perfectivo y dinámico en las cláusulas narrativas (ver el ejemplo 13). Por otro lado, el resumen de una historia, que contiene los acontecimientos más sobresalientes, es codificado, prediciblemente, en una forma perfectiva, como se muestra en 9 y 10.

    9. a. Sí, yo fui a Celaya. Fui a Celaya y entonces, después, otra vez *atropelló* (P) otro carro a mi hermano. . . .
        b. *Venía* (I) en la bicicleta dando la vuelta, cuando *dicen* (PI) que un, un/
        c. Uno de esos carros de la, de la Coca-Cola lo *aventó* (P)
        d. y *fue a dar* (P) arriba del prado. . . . (UNAM 1976b, 204)
    10. a. Ese profesor las *sabe* (PI) todas. Se *llama* (PI) el De la Fuente. Se *sabe* (PI) todo, todo.
        b. Lo *pilló* (P) a uno y lo *dejó* (P) paralizado. [pilló = descubrió]

El resumen en 9 está presentado en 9a: un carro atropelló al hermano del hablante. El ejemplo 10 contiene en 10b el resumen de una narración obtenida de un hablante chileno de dieciséis años de edad, sobre lo que en la escuela se llama *copiar* (o sea, engañar) durante un examen. Se advierte que si en 10b se usara el Imperfecto, cambiaría no sólo la función de esas cláusulas de resumen a orientación, sino que cambiaría también el significado del pronombre *uno,* como mostramos en el ejemplo 11.

    11. Ese profesor lo *pillaba* a uno y lo *dejaba* paralizado.

En 10b *uno* es interpretado como "referente específico identificable por el hablante," mientras que en 11 pasa a interpretarse como "hablante más otros, no definidos."

Ocurre que en las secciones independientes con función de orientación, el tiempo más frecuente, y con mucho, es el Imperfecto. Tal función se deriva naturalmente del valor de estatividad del aspecto imperfectivo. Las cláusulas de orientación en una narrativa no llevan la acción adelante, sino que presentan situaciones de manera estática, proveyendo de un trasfondo para la comprensión de los acontecimientos. Esto concuerda con la correlación entre cláusulas de trasfondo y aspecto imperfectivo empleada en el marco de trabajo de Hopper y Thompson (1980), y también con las funciones asignadas al Imperfecto en diversas gramáticas del español (e.g., Alcina Franch y Blecua 1980; Bello y Cuervo 1977).

Sin embargo, orientación no es el significado básico ni exclusivo del Imperfecto, ni tampoco de ningún otro tiempo verbal. Esto se puede comprobar si consideramos, por una parte, que en el ejemplo 10 el Presente de Indicativo concurre a dicha función, y, por la otra, que el Imperfecto sirve también para la presentación de acontecimientos sobresalientes (*foregrounded*) dentro de otro tipo de discurso, tal es, la *exposición de hechos pasados*, como ilustra 12.

> 12. a. Yo era la de todo, como si fuera un hombre. Eso es precisamente lo que yo les digo a mis hijos: "Abran los ojos, le digo, "porque cuando yo tuve un pedazo para sembrar, no nos moríamos de hambre," señorita. ¿Que amanecía sin dinero? ¿Que . . . ?
>
> b. Ya mi maíz *estaba* (I) grande; *iba* (I) y *tumbaba* (I) unas mazorcas, las *desgranaba* (I), las *ponía* (I) y ¡zaz!, que me *iba* (I) a molerlas. *Venía* (I), les *hacía* (I) unas tortillas. . . .
>
> c. *Había* (I) mucho nopal. *Cortaba* (I) hartos nopales tiernitos, los *pelaba* (I) y los *asaba* (I). (UNAM 1976b, 194–95)

En 12 se observan acontecimientos ordenados temporalmente (tanto en 12b como en 12c), pero están ausentes otros rasgos que parecen ser necesarios para definir apropiadamente este texto como narración; a saber, un clímax y una resolución. Esta distinción resulta importante para los fines de la presente discusión. De hecho, nótese que en el tipo de discurso que denominamos "exposición de situaciones pasadas," el Imperfecto se refiere a acontecimientos habituales, repetitivos, secuenciales, y sobresalientes. La contribución específica del Imperfecto es el contenido de pasado imperfectivo. Por otra parte, cuando se emplea el Imperfecto en contextos discursivos perfectivos, de situaciones en secuencia (lo que se infiere gracias a nuestro conocimiento del mundo), la única interpretación posible de la imperfectividad o suspensión temporal introducida por el Imperfecto es la de recurrencia o iteratividad de las situaciones (como en el ejemplo 7). El contexto conversacional más extenso del ejemplo 12, en el que se habla de la vida del hablante en años anteriores, nos permite inferir, además, que estas situaciones eran habituales. La habitualidad es eliminada, por otra parte, en la orientación de una narrativa propiamente tal.

Veamos esto ilustrado en 13, la narrativa completa de donde se tomó el ejemplo 10.

13.

a. Por ejemplo, en sociales, jamás. No podemos.

b. Ese profesor las sabe todas.
Se llama el De la Fuente.
Se sabe todo, todo. — orientación

c. Lo pilló a uno
y lo dejó paralizado. — compendio

d. Esos profesores que, nunca le vai a tomar mala porque, e:, es como quien dice, a ver, si te pilla haciendo algo malo, te liquida, pero de una forma simpática, ¿ah? Por ejemplo, uno, mmm, se sentaba delante mío,

e. no sabía nada, ¿ah?

f. Yo no le podía soplar,
porque me iban a pillar, nada.
Ese profesor me pilla,
yo sé que me pillaba.

> orientación y evaluación

g. Entonces botó el, el, cuaderno de sociales al suelo, — cláusulas narrativas

h. y con el pie lo daba vuelta, la hoja,

i. y miraba de arriba p'abajo así,

j. y estaba copiando lo más feliz y contento.

k. Ya iba en la sexta ya.

> cláusulas coordinadas

l. El profesor estaba en la otra esquina. — orientación

m. Y a esto que el profesor le, le hace así (gesto)
salta un banco,
salta otro,
salta una fila,
corre,

> cláusulas narrativas

n. va corriendo así, de esto a lo "lolo" así el profesor, de una esquina a la otra, — cláusula limitada

o. lo pilla
y le dice
"¡Te pillé!,"
le dice así.
Y el gallo se congela así.

> cláusulas narrativas

acción complicante

acción complicante

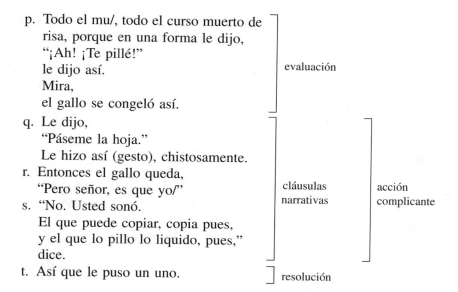

p. Todo el mu/, todo el curso muerto de
   risa, porque en una forma le dijo,
   "¡Ah! ¡Te pillé!"
   le dijo así.   evaluación
   Mira,
   el gallo se congeló así.

q. Le dijo,
   "Páseme la hoja."
   Le hizo así (gesto), chistosamente.

r. Entonces el gallo queda,
   "Pero señor, es que yo/"   cláusulas   acción
s. "No. Usted sonó.   narrativas   complicante
   El que puede copiar, copia pues,
   y el que lo pillo lo liquido, pues,"
   dice.

t. Así que le puso un uno.   resolución

Observemos la narrativa en 13. La acción complicante empieza con la cláusula (g). Esta cláusula inicia una serie de hechos narrativos que continúan en 13h–k, 13m–o, y 13q–t. Notemos que el Pretérito, el Imperfecto, y el Presente ocurren en esta sección de la narrativa en ciertos tipos específicos de cláusulas. Las cláusulas narrativas presentan los hechos de la acción complicante en el orden en que se presume que ocurrieron: así pues, 13g ocurrió antes de 13h–k y antes de 13m; y los hechos en 13m ocurrieron en secuencia, uno después de otro.

Sin embargo, las cláusulas en 13h–k no están ordenadas temporalmente de manera secuencial; esto es, pueden cambiarse de orden sin alterar la interpretación semántica del orden en que ocurrieron los hechos. Este efecto se logra usando el Imperfecto, que indica acción extendida o continuada, de tal manera que una serie de sucesos en el Imperfecto se interpretan como coincidentes, o como si se repitieran varias veces uno después del otro. En el Pretério, los sucesos en 13h–k podrían interpretarse únicamente como una secuencia con articulación temporal, ya que dos cláusulas tienen articulación temporal cuando al cambiar su orden relativo, ocurre también un cambio en la interpretación semántica original de la secuencia temporal.

Por otra parte, debido a que el Imperfecto permite la división de la estructura temporal interna de una situación, los hechos codificados en el Imperfecto corresponden a lo que Labov y Waletzky (1967) llaman *cláusulas limitadas* y *coordinadas*. Las cláusulas coordinadas pueden intercambiarse entre sí mismas y las limitadas pueden desplazarse sobre otras cláusulas, sin afectar el significado de la secuencia temporal. De acuerdo con esta definición, 13h, 13i y 13k son cláusulas coordinadas y 13j es una cláusula limitada. Estos dos tipos de cláusulas corresponden a otra diferencia de aspecto en español, progresivo para las cláusulas limitadas (13j), y no progresivo para las coordinadas (13h, i y k).

El progresivo es muy poco frecuente en nuestros datos: poco más de 2 por ciento (13/476). Los demás casos son de Imperfecto. De dos interpretaciones posibles del Imperfecto, continuidad y hábito, sólo la primera es posible en el contexto de las cláusulas narrativas limitadas y coordinadas, que se refieren a condiciones propias de la narrativa; pero las dos son posibles en las secciones de evaluación y orientación. Es el contexto, por tanto, el que determina el significado específico de la forma.

Las otras formas verbales que ocurren en la acción complicante son el Pretérito y el Presente de Indicativo, que como variante del Pretérito se denomina Presente histórico (PH). El Presente de Indicativo y el Pretérito alternan en las cláusulas narrativas. En el ejemplo 13, el Pretérito ocurre en g, q y t y el Presente histórico en m–o, en r y en s. Otros usos del Presente de Indicativo, como en la orientación, tienen como punto de referencia temporal el momento de hablar y no podrían ser sustituídos por el Pretérito.

En la narrativa oral, entonces, la variación Pretérito-Presente histórico es posible sólo en las cláusulas narrativas. Aquí, el Presente histórico tiene una función retórica: la de presentar hechos pasados en forma más vívida; es decir, su función es evaluativa.

Recordemos que un elemento importante de la narración es su evaluación: los mecanismos mediante los cuales el narrador hace que la historia parezca interesante, divertida, entretenida o fuera de lo usual.

Observemos que la secuencia de Presentes históricos en la narrativa en el ejemplo 13 ocurre precisamente en el relato de las acciones cómicas, que salen de lo común y que hacen resaltar la finalidad de la historia: mostrar que no se puede engañar a este profesor porque siempre descubre al que engaña, pero que lo hace de una manera tan simpática que no es posible sentir antipatía hacia él. Así, los saltos del profesor, su carrera de un lado al otro de la sala, el momento en que "pilla" al alumno y el gran susto que éste se lleva se relatan en el Presente histórico, tal como un comentador deportivo, por ejemplo, usa el Presente de Indicativo para relatar las acciones que están ocurriendo casi simultáneamente con el relato. Al usar el Presente de Indicativo para describir hechos ocurridos en el pasado, el hablante los presenta como si los estuviera viendo en el momento de hablar. Esto produce un efecto de proximidad y hace la narrativa más vívida y dramática. El Presente histórico es, por lo tanto, un mecanismo de evaluación interna.

El Presente histórico no tiene el mismo efecto en todo tipo de género, ya sea oral o escrito. Por ejemplo, el uso exclusivo del Presente histórico en el ejemplo 14 no hace más vívida la narración, sino que simplemente parece reproducir las reglas para el uso del Presente en la descripción de ciertos sucesos en una novela, reglas que no son necesariamente las mismas en el habla. Otra característica del ejemplo 14, que confirma nuestro análisis de falta de expresividad, es la ausencia de rasgos típicos de una narrativa actuada, tales como el coloquio directo, la repetición, las exclamaciones, sonidos expresivos y gestos—en una palabra, la ausencia casi total de evaluación.

14. Pasa en Massachusetts. Y las, se viene ella a vivir a Maryland. Entonces cuando se cambia, hay un cambio bastante grande en ella porque conoce a una niña que ella, que pensaba que no era adicta a las drogas pero también le hacía. Y empiezan a revender drogas, y al final esta niña muere, muere por demasiadas, ingerir demasiadas drogas.

Ejemplos del tipo de 14 parecen negar la validez de la hipótesis tradicional, que propone que el Presente histórico tiene una función retórica. Por otra parte, el reconocimiento de que la interpretación de una forma depende del contexto y el hecho de que el ejemplo 14 no es en realidad una narrativa conversacional, nos lleva a considerar más cuidadosamente la hipótesis.

El análisis de más o menos treinta y cinco narraciones orales nos permite establecer que si un narrador usa uno o más casos de Presente histórico, éstos ocurrirán en el momento climático de la narración. Véase el ejemplo 15.

15. a. Y mi mamá estaba lavando, unas toallas,

b. entonces fue/ la/ mamá empezó a pensar, "¡Pucha! La Blanca podría traer las chombas, pero como es tan chica que no tiene idea qué chombas. . . . "

c. Y de repente mi hermana aparece en la puerta del baño

d. y le dice, "Mamá, ¿querías esto?"

e. Las chombas.

Es importante notar que la expresión "de repente," que introduce un hecho inesperado o dramático, coocurre con el Presente histórico. En el ejemplo 15, la aparición de la hermana con las chombas (en Chile, chomba =

jersey) es extremadamente dramática y subraya la finalidad o punto de la historia: mostrar que los miembros de la familia de la hablante tienen poderes extrasensoriales.

La función de la morfología verbal y en especial la función evaluativa del Presente histórico en la narración oral no tienen fronteras diatópicas ni diastráticas. Los ejemplos discutidos hasta ahora provienen de hablantes chilenos de nivel socioeconómico y cultural medio-alto. Nótese cómo el ejemplo 16, contado por una hablante mexicana de nivel de escolaridad bajo (sólo escuela básica completa), ilustra claramente las mismas funciones de la morfología verbal e incluso ofrece una estructura más compleja. Basada en este ejemplo y otros similares, Silva-Corvalán ha propuesto (1994a, Capítulo 3) añadir tres elementos más a los seis identificados por Labov, a saber: *prenarrativa*, *prefacio* y *elaboración*.

Ilustramos estos tres elementos en la narrativa presentada en el Capítulo 4 (ejemplo 56), repetida y algo extendida aquí como 16. Este ejemplo es parte de un pasaje más largo de conversación acerca de cómo Ana (A) llegó a conocer y a casarse con Beto (B).

16. A: A9, m62, 1, ELA3; B: A29, h60, 2, ELA3
    a. A: Entonces, yo jugando con ella, jugando con ella, todo el tiempo.
    b. Entonces, volvió en otra ocasión
    c. y dice, "¿Pues, sabes qué?" dice "No le hace lo que tú pienses, tú te vas a casar con mi hijo."
    d. B: Otra vez le volvió a repitir (sic) la misma cosa.
    e. A: Y le dije yo, "Bueno, ándele pues."
    f. Yo iba a llevarle la corriente, le llevaba la corriente;
    g. todos los días salíamos a comprar verdura o alguna cosa;
    h. 'tonces nos encontrábamos, "Buenos días, ¿cómo está?" Y, y todo esto, y así, ¿verdad?
    i. Todavía no le conocía, ¿okey?
    j. Pasó.
    k. Entonces en una, en una tarde había terminado . . . habíamos terminado mi hermana y yo de la cena.
    l. Y lavé los trastes y todo eso;
    m. entonces el, los botes de los desperdicios estaban afuera.
    n. Entonces, llevaba yo el, el traste de los desperdicios, iba/ ya en la tarde como, cosa de las seis de la tarde,
    ñ. y salí afuera allá a tirar los desperdicios al bote.
    o. Y abrí la puerta y el/
    p. salí.

q. Pero así, al salir la puerta había ramas, ¿verdad? Y ento/

r. había una banqueta que era la que xxx hasta los últimos xxx atrás.

s. Y en eso que voy saliendo

t. y va pasando una persona así,

u. ya mero que le echo los desperdicios,

v. "¡Ay, perdone!"

w. Y ya me, me detuve.

x. "Oh, no tenga cuidado," dice.

y. Luego la persona siguió caminando.

z. Entonces ya fui yo

aa. y tiré los desperdicios.

bb. ¿Quién era esa persona? (hablante se ríe y mira a B, su esposo).

cc. B: Y, y, yo cuando llegué a la casa me quedé pensando. Dije, "¿Quién era esa señorita que está ahí, que vive enfrente?" Yo nunca la había visto aquí.

A: Yo no me di cuenta porque ya estaba oscuro.

B: Y yo le pregunté a mi mamá.

A: Yo no me di cuenta. Yo no más vi que era un hombre, pero no me di cuenta quién era, ni sabía tampoco quién era, no lo conocía.

El enunciado en 16k ilustra lo que denominamos *prefacio*: una o más oraciones que indican que lo que sigue es una narrativa. El prefacio crea el *marco* dentro del cual el hablante espera que su interlocutor interprete el material lingüístico. Varias expresiones pueden servir de prefacio: "entonces una tarde," "fíjate que un día," "te voy a contar algo," "me acuerdo de una vez."

La *prenarrativa*, ilustrada en los enunciados 16a–j, precede a la narrativa propiamente tal. La prenarrativa es una narrativa corta, ofrece orientación y tiene una función evaluativa: crea interés y curiosidad en el interlocutor. Observen que la prenarrativa en 16 subraya el sentido de la inevitabilidad o predeterminación de ciertos sucesos ("tú te vas a casar con mi hijo"). Poco antes, la hablante había dicho: "Porque como te digo, ya estábamos en el plan de Dios que así tenían que ser las cosas."

La contrapartida de la prenarrativa es la *elaboración*, que ocurre después de la narrativa. En este pasaje el hablante amplía la narración, clarifica y da más detalles. La elaboración también parece tener una función evaluativa: subraya el hecho de que los sucesos fueron interesantes e inesperados. El ejemplo 16 concluye con una elaboración en (cc).

La narración en el ejemplo 16 es rica en mecanismos evaluativos. Además de la prenarrativa y la elaboración, contiene coloquio directo (en 16v y

16x), una pregunta retórica (la coda en 16bb), y Presente histórico en los momentos culminantes de la narración (16s, 16t y 16u), inmediatamente antes de la resolución (16w–16aa).

En conclusión, hemos visto aquí cómo las diferentes secciones de la narración oral pueden llevarnos a inferir significados temporales y aspectuales que, aunque no son necesariamente parte del significado básico de la morfología verbal, interactúan con éste abriendo la posibilidad de moldearlo.

Pero el estudio de las narrativas va mucho más allá, ofreciendo un campo muy amplio de investigación. Se pueden hacer numerosas e interesantes preguntas en relación a este género o tarea discursiva: ¿Cuál es la relación entre los varios componentes de una narrativa y diversas estructuras lingüísticas? ¿Qué tipos diferentes de narrativas orales se pueden identificar? ¿Por qué cuentan historias los hablantes, en qué situaciones y con qué objetivo? ¿Cuáles son las semejanzas/diferencias entre una historia oral y una escrita? ¿Cuál es la correlación entre elementos lingüísticos y diversos tipos de narrativa? ¿Qué papel desempeña la narrativa oral como tipo de discurso ritualizado o no dentro de un grupo social y a través de diferentes grupos sociales? ¿Qué patrón de desarrollo siguen los niños en la adquisición de competencia narrativa? ¿Cuáles son las características de los varios componentes de una narrativa en diferentes etapas de desarrollo de la competencia en español como primera o segunda lengua?

5.3. El discurso argumentativo

De gran interés también es el examen de otro tipo o género de discurso oral, el *discurso argumentativo*, que permite estudiar los rasgos estructurales y de lengua que parecen indicar diferencias de estilos comunicativos. Este discurso argumentativo, hipotético, o teorizante corresponde en la escritura al prototípico *ensayo* de corte puramente intelectual, que parece ser el que está más alejado de las prácticas orales que caracterizan la vida diaria.

El ensayo escrito parece, además, como planteamos en el Capítulo 1, especialmente difícil para aquellos individuos que provienen de grupos familiares con nivel bajo de instrucción. En gran medida, esto se debe a que las sociedades modernas han desarrollado formas más ritualizadas o estandarizadas de escribir, que se alejan bastante de las formas más espontáneas de comunicación escrita (cartas, diarios de vida, listas de compras o memos). Estas formas estandarizadas han aumentado las diferencias entre lengua oral y escrita, al menos aquella lengua escrita que se desarrolla en escuelas y universidades, que en general no permite variaciones ni idiosincracias individuales.

En lo que sigue, veremos cómo al menos la estructura del discurso oral argumentativo producido por dos hablantes de nivel sociocultural medio-bajo no se diferencia radicalmente de la estructura propuesta para el ensayo escrito. No diremos mucho más en relación a la oposición entre estos dos modos de comunicación, notando solamente que es un campo rico en posibilidades de investigación.

El *discurso argumentativo* presenta una o más hipótesis sobre un asunto. Es, por tanto, característicamente hipotético y conjetural. Los hablantes plantean, con o sin la intención de persuadir, los pros y contras de una tesis o aseveración, la posibilidad de que la tesis sea verdadera o falsa, etc.

El hecho de que estos textos orales no se refieran a situaciones que los hablantes hayan experimentado con anterioridad y que, además, no tengan una línea icónica de referencia y desarrollo temporal y espacial, explica el que no muestren una estructura muy determinada o fija. El grado de hipoteticidad del discurso argumentativo puede ser también la causa de que en algunas comunidades no constituya un tipo frecuente de discurso, en comparación con la narración o la exposición de hechos presentes o pasados.

Sin embargo, veamos cómo el discurso argumentativo de estas hablantes de nivel medio-bajo, que puede tener las secciones listadas en 17, se compara bien con las secciones que se sugieren para el ensayo argumentativo.

17. *Oral*

	Escrito
Macro-marco hipotético (M/Hip)	Tema
Aseveración hipotética (As/Hp)	Tesis
Argumentación/Justificación (Argu)	Justificación
Anclaje (Ancl)	Ilustración
Modificación (Mod)	Modificación
Reserva (Res)	Reserva
Coda	Conclusión

La estructura de un discurso sobre situaciones hipotéticas o de un discurso argumentativo tiene relación con el estilo comunicativo del hablante. La argumentación y el anclaje (narrativa ilustrativa que presenta hipótesis y argumentación) se correlacionan con *estilo asertivo*. Por el contrario, mientras mayor sea el número de modificaciones y reservas en relación al número de aseveraciones hipotéticas, menos asertivo y más defensivo aparecerá el estilo. Obviamente, la morfología verbal y el léxico también contribuyen a debilitar o reforzar el grado de certeza de las proposiciones que conforman las diferentes secciones.

Los ejemplos 18 y 19 nos sirven para ilustrar. Ambos provienen de hablantes mexicanas, que no completaron sus estudios secundarios en México, y que emigraron a Los Angeles, California, después de los veinte años de edad.

El ejemplo 18 se refiere a la posibilidad de tener que resolver el problema que plantearía el que un hijo quisiera casarse con alguien de un grupo cultural o étnico diferente.

18. C: a. ¿Qué harías si una de tus hijas o un hijo viniera un día y te dijera, "Me voy a casar con un, alguien que es musulmán, o budista, o con un japonés, o un iraní," ¿verdad?, pues/   *M/Hip*

R: b. Pues no, no he pensado,   *Res*

c. (*Anclaje*: narrativa ilustrativa)   *Ancl*

tengo la experiencia de una, una supervisora que tenía antes.

c1. Ella es de religión también católica y, y hace como unos dos años, salió la hija con un judío.   *Marco*

Me dice exactamente así que, "Parece, pero,

c2. no creo que llegue a ninguna seriedad, no creo, no."   *As/Hp*

Y sí, yo le digo a fulanita, me acuerdo que es la única mujer que tiene, tiene tres hombres, es mayor que Raúl, como dos años yo creo. Y hace unos tres, cuatro meses volvió a la oficina a saludarme. Y le pregunté, le preguntaron por su familia. Me dice,

c3. "Pues, fíjate que Bo, Bo está haciendo planes ya de casarse."   *Mod*

c4. Y le digo, "¿Y cómo aceptan a este güero?"   *Marco*

c5. Dice, "No sé, dice, yo creo que voy a tener que empezar a hacer a, a convertirlo al catolicismo.   *As/Hp*

c6. No sé cómo lo voy a hacer.   *Res*

c7. Yo le digo a Bo que va a ser un, un amigo muy difícil,   *As/Hp*

c8. porque él es un judío, judío, de religión bien, bien fundada, bien sedimentada, como la de nosotros."   *Argu*

c9. Decía, "No sé, voy a tener que, se, se son-, se rió, bromeó, voy a tener que, hacerlo, hacerlo católico."   *As/Hp*

c10. De allí si no lo logra es que,   *Mod*

c11. bueno, no sé, no sé, pero ya es cuestión de Bo, pero yo no he pensado tampoco en eso. ....   *Res*

C: d. ¿Pero tú crees que podrías aceptarlo? Tú te, imagínate que un día venga uno [de tus hijos] y te diga/   *M/Hip*

R: e. Yo pienso, Carmen, que,   *Mod*

f. yo tendría que [aceptarlo].   *As/Hp*

(R, f43, ELA77, B262–80)

Estructura del ejemplo 18:
a. Macro-marco hipotético (M/Hip)

b. Reserva (Res)
c. Anclaje (Ancl)
   c1. Marco 'real'
   c2. Aseveración hipotética (As/Hp)
   c3. Modificación (los matrimonios mixtos se dan) (Mod)
   c4. Marco hipotético replanteado
   c5. Aseveración hipotética
   c6. Reserva (Res)
   c7. Aseveración hipotética
   c8. Argumentación (Argu)
   c9. Repetición de la aseveración hipotética en c5
   c10. Modificación
   c11. Reserva
d. Marco hipotético (recreado)
e. Modificación
f. Aseveración hipotética

En el ejemplo 18 la hablante replantea el marco hipotético propuesto por la investigadora en términos del mundo real (18c1). Después de establecer que las relaciones mixtas existen y que en verdad pueden conducir al matrimonio mixto (18c3), la hablante *ancla* el marco hipotético planteado por la investigadora (18c4) y su propia afirmación hipotética (18c5) a hechos reales comparables con los cuales ella parece identificarse en el momento de la conversación. La respuesta de la hablante al marco hipotético recreado en (d) apoya nuestra tesis de que el *anclaje* cumple la función comunicativa de presentar, a través de hechos reales, las hipótesis y la argumentación del hablante. En la historia ilustrativa, aunque la madre se da cuenta de que los matrimonios mixtos pueden causar problemas, ella acepta la decisión de la hija. De la misma manera, la hipótesis final de la hablante (18f) acerca de sus propias acciones es que ella tendría que aceptar también un matrimonio mixto.

El anclaje parece crear un estilo comunicativo más seguro, enérgico, sin dudas, comparado con el del ejemplo 19, sin anclaje. Notemos que los elementos en el pasaje anclado nunca se codifican en Condicional, pues son reales. Todos estos factores, por tanto, nos llevan a proponer que la pragmática del ejemplo 18 es que la hablante intenta asegurar positivamente que a un hijo no se le puede impedir que se case con quien ha elegido. Sin embargo, la actitud de la hablante hacia los matrimonios mixtos es una de aceptación forzada. Esta actitud queda explícita en la afirmación hipotética final, que la hablante modaliza con *tener que*. La alternativa no modalizada, *yo lo aceptaría*, no comunicaría la misma actitud de resignación a fuerzas externas que la obligan a aceptar una situación que podría no ser aceptada por su grupo social.

Veamos ahora el ejemplo 19, producido también por una hablante mexicana residente en Los Angeles.

> 19. E: a. ¿Entonces tú, te, te harías [ciudadana americana]?   *As/Hp*
> L: b. Tal vez sí.   *Res/As/Hp*
> c. Pues depende de la, depende de como, de la, de la situación en que me encuentre,   *Mod*
> d. porque tal vez   *Mod*
> e. si en el futuro pensamos irnos a México, a vivir allá,   *As/Hp*
> f. pues entonces tal vez   *Mod*
> g. no podría hacerlo   *As/Hp*
> h. en caso de que nos fuéramos   *Mod*
> i. pero si con el tiempo no nos fuéramos a vivir allá y me quedara aquí y ya llevara varios años,   *As/Hp*
> j. yo creo que   *Mod*
> k. sí me haría.   *As/Hp*
> (L, f23, ELA72, A180–90)

El ejemplo 19 ilustra un caso de estilo comunicativo relativamente poco enérgico o seguro. Nuestra interpretación de la pragmática de este ejemplo es que la hablante refleja una actitud dudosa con respecto a hacerse ciudadana norteamericana. ¿Qué justifica esta interpretación? Por una parte, la estructura misma de la unidad discursiva: el ejemplo contiene tres aseveraciones hipotéticas, todas ellas modificadas o con reservas, y no contiene anclaje; por otro lado, los mecanismos lingüísticos empleados.

Notemos, por ejemplo, el uso del modal *poder*. Sabemos que una proposición puede ser modalizada para expresar la incertidumbre del hablante o la predicción sobre la probabilidad de realización de un evento. La semántica de *poder* tiene un elemento negativo; *poder* comunica que las circunstancias **no impiden** que algo ocurra (Silva-Corvalán 1995). Así, por ejemplo, "Juan viene mañana" afirma sin duda su contenido, mientras que "Juan puede venir mañana" comunica que **no** hay circunstancias que **impidan** el venir de Juan (es decir, que venga Juan es posible), y, por lo tanto, implica la posible existencia de circunstancias que lo impidan.

Obsérvese que en 19 la hablante usa *poder* para modalizar la apódosis negativa en (g) ("*no* podría hacerlo"): esto indica que el no hacerse ciudadana norteamericana depende de circunstancias externas que la hablante no puede controlar. Por otra parte, la ausencia de un modal en (k) ("sí me haría"), donde la afirmación hipotética está reforzada por "sí," nos lleva a inferir que la hablante favorece la decisión de hacerse ciudadana, actitud que había dejado entrever antes en la conversación, como muestra 20.

20. L: . . . tal vez como traicionando a México, ¿no?, traicionando a tu patria. Pero si te ves obligado, si tienes la necesidad de hacerlo, pues tienes que hacerlo, porque si el gobierno de México pensara que también él nos traiciona haciendo tantas cosas que no deben de hacer, entonces ellos no lo piensan, ¿por qué nosotros lo vamos a pensar? (L, f23, ELA72, A170–75)

Sin embargo, a pesar de la justificación dada en 20, la hablante está consciente de la problemática de la "traición a México" y de su valor social negativo. En consecuencia, tanto la estructura como la lengua que emplea en el ejemplo 19 contribuyen a crear un estilo vacilante, dudoso, con el cual la hablante construye su imagen, un yo con atributos sociales positivos dentro del contexto social local al que ella pertenece.

En conclusión, a través de los ejemplos 13–16, 18, y 19 hemos visto cómo la forma del discurso oral está estrechamente relacionada con el tema o género del discurso, con un número de factores contextuales complejos que incluyen los sistemas de creencias de los hablantes y con el efecto que éstos esperan lograr en sus interlocutores. La evaluación que el hablante hace de estos factores lo lleva a tomar algunas decisiones con respecto a las alternativas que le ofrecen dos sistemas diferentes: un sistema de principios de organización del discurso y un sistema lingüístico. Estas decisiones, paradigmática y sintagmáticamente consistentes, se hacen con respecto a todos los niveles de lengua (fonético, prosódico, léxico, morfológico y sintáctico) así como también en relación a la forma en que se estructura y desarrolla un discurso.

Sabemos que la lengua es sensible a diferencias diatópicas, diastráticas y diafásicas. Podemos esperar también que quizá la organización del discurso varíe de acuerdo con diferencias socioculturales y cognitivas. Es un campo por investigar, junto a muchas otras preguntas que quedan sin responder, como por ejemplo: ¿Qué géneros discursivos incorporan anclaje? ¿Qué tipos de temas se presentan con más o menos asertividad? ¿Qué mecanismos lingüísticos específicos forman relaciones sintagmáticas coherentes con diferentes grados de asertividad? Estas y otras preguntas se pueden plantear también en relación a procesos de adquisición del español como primera o segunda lengua.

La estructura del discurso y la lengua interactúan de manera compleja pero coherente en varios textos orales. Lo que hemos mostrado ha sido sólo un pequeño grano de arena en nuestro afán por responder a cuestiones de semántica y pragmática de la comunicación.

5.4. Los marcadores del discurso

5.4.1. Definición y clasificación

En años recientes ha habido un aumento notable en el interés por estudiar un grupo heterogéneo de elementos que en la literatura se han denominado y clasificado de manera diversa como marcadores u ordenadores del discurso, expresiones pragmáticas, muletillas, rellenos de pausa y conectores, entre otros (e.g. Cortés 1991; varias referencias en Cortés 1996; Martín Zorraquino y Montolío Durán 1998; Portolés 1998; Romera 2000; Schiffrin 1987). Se han estudiado como marcadores en español y otras lenguas unidades tan diversas como *o sea, bueno, vamos, pues, pero, entonces, y, tú sabes, ahora* y *de ahí*, lo que ha hecho difícil encontrar una definición que las abarque a todas y deje afuera aquéllas que no pertenecen a esta categoría.

Portolés (1998, 25–26) ha propuesto, sin embargo, una definición que incorpora aspectos gramaticales y pragmáticos que sirve para limitar las unidades llamadas marcadores del discurso y crear así una categoría homogénea: "Los *marcadores del discurso* son unidades lingüísticas invariables, no ejercen una función sintáctica en el marco de la predicación oracional y poseen un cometido coincidente en el discurso: el de guiar, de acuerdo con sus distintas propiedades morfosintácticas, semánticas y pragmáticas, las inferencias que se realizan en la comunicación."

Esta definición intenta captar la observación de que los marcadores del discurso señalan las relaciones que existen entre unidades del discurso y funcionan en varios niveles: proposicional o semántico, e inferencial o pragmático. Romera (1998, 17, mi traducción) clarifica esta doble función afirmando que "un marcador tiene una función semántica cuando une el contenido proposicional de dos unidades discursivas y una función pragmática si relaciona las actitudes o creencias del hablante hacia la realidad de los hechos expresados por los enunciados." Así, "pero" en el ejemplo 21 es la conjunción adversativa con la función semántica de unir el contenido de dos enunciados que están en contraste o antiorientados; en el ejemplo 22, "pero" es la *conjunción-marcador*: relaciona las actitudes o creencias de los hablantes hacia los hechos expresados por los enunciados que une. Nótese que ni las actitudes ni los hechos se encuentran antiorientados en 22; "pero" introduce un segundo miembro que repite con mayor énfasis el contenido del primero (ver Porroche 1996 para un estudio más extenso de *pero*).

21. Me gustan los tamales, *pero* no las enchiladas.
22. Me gustan los tamales, *pero* muchísimo.

Gramaticalmente, entonces, los marcadores están fuera de la sintaxis oracional y pertenecen a categorías invariables: conjunción (*y, aunque, pero*) y adverbio (*bueno, ahora, así*), aunque también son marcadores algunos elementos con base nominal (*hombre, niño*) o verbal (*tú sabes, mira*), considerados interjecciones por algunos autores, que como formas apelativas conservan la posibilidad de flexión (*mira-mire, niña-niño*).

Los ejemplos 23–24 ilustran el uso de *bueno* y de *o sea* como marcadores (para estudios detallados de bueno y o sea, véase Bauhr 1994 y Schwenter 1996a, respectivamente):

23. Se comió todo el pastel. *Bueno*, casi todo.
24. Es muy humano, *o sea*, muy comprensivo.

Aun más importante que los aspectos gramaticales en la identificación de la categoría marcador del discurso es la función pragmática que cumplen estos elementos: guiar las inferencias que se realizan en la comunicación. A partir de estas posibles funciones, Portolés (1998, 135–46) propone una clasificación de los marcadores del discurso en cinco categorías (cada una con subgrupos que no mencionaré aquí):

a. *Estructuradores de la información*: pues, bien, por una parte . . . por otra parte, a propósito, etc.

b. *Conectores*: además, incluso, entonces, pues, así pues, en cambio, ahora, etc.

c. *Reformuladores*: o sea, es decir, más bien, al fin y al cabo, en conclusión, etc.

d. *Operadores discursivos*: en realidad, claro, por ejemplo, bueno, etc.

e. *Marcadores de control de contacto*: mira, oye, hombre, vamos, anda, etc.

Los marcadores de control de contacto, que yo denominaré más bien *marcadores fáticos o apelativos*, son aquéllos que de alguna manera refuerzan la relación entre los participantes en la conversación y entre éstos y sus enunciados (Briz 1998, 224–39). Los ejemplos dados muestran claramente el valor exhortativo y apelativo de estos marcadores, que implican activamente al interlocutor y atraen su atención.

Aunque estudiada como una fórmula de cortesía (Chodorowska 1997; 1998) en conversaciones entre un agente de viajes y diversos clientes, la expresión *¿Me entiendes?* ilustra un caso de marcador apelativo, como muestra 25 (tomado de Chodorowska 1998, 277, ejemplo 8).

25. El billete de vuelta lo puedes dejar abierto, pero yo no te lo aconsejo, porque. . . . Puede que vayas a cerrarlo y luego te digan que no tienen plazas hasta dentro de veinte días luego ¿me entiendes?

Es por demás sabido que una misma secuencia de palabras puede dar lugar a inferencias diferentes en diferentes contextos de uso. Así pues, una de las preguntas centrales que se plantea la pragmática es la de cómo se infieren mensajes o significados a partir de las expresiones lingüísticas empleadas en la comunicación. Los marcadores del discurso tienen un papel importante en la determinación de estos mensajes.

Además, el hecho de que estos elementos funcionen tan frecuentemente en un nivel pragmático en el que su significado original aparece muy debilitado, los ha convertido en interesante objeto de estudio en el examen de procesos de gramaticalización. Ilustramos este tipo de estudio en la sección siguiente a través del análisis del adverbio temporal *ahora*.

5.4.2. Marcadores del discurso y gramaticalización

Un postulado central de la *teoría de la gramaticalización* es que la lengua es un sistema dinámico en constante cambio. La evolución de formas gramaticales a partir de formas léxicas, es decir, el *proceso de gramaticalización*, da lugar a formas polisémicas que retienen en parte o totalmente su significado original, al que han agregado nuevos significados en una especie de "hojaldre semántico" lo que en inglés se denomina *semantic layering* y en español podríamos llamar *imbricación semántica*.

Recordemos que uno de los postulados del funcionalismo es que las lenguas no se pueden comprender cabalmente si no comprendemos también sus procesos de cambio. Esto hace que haya una importante convergencia teórica entre funcionalismo y gramaticalización. Además, la teoría de la gramaticalización ha demostrado que es imposible explicar los procesos de gramaticalización independientemente del uso de una lengua ya que los cambios surgen precisamente en este uso. Como lo expresa Lichtenberk (1991, 76, mi traducción), "Las gramáticas dan forma al discurso, y el discurso, a su vez, da forma a las gramáticas."

Los estudios de gramaticalización emplean técnicas de análisis del discurso para identificar los mecanismos de inferencia y de creatividad en el uso del lenguaje que impelen a los hablantes a asignar nuevos sentidos a ciertas estructuras lingüísticas. La gramaticalización prosigue de manera gradual en el tiempo, en el individuo, en la sociedad y en la gramática y, de manera importante, tiende a seguir siempre el mismo patrón unidireccional de evolución a través de las lenguas. Así pues, los estudios de gramaticalización han revelado decisivas regularidades sobre la naturaleza de la conducta lingüística y sobre la naturaleza del lenguaje humano (Heine et al. 1991).

Parece ser que las zonas de una lengua donde la gramaticalización puede ocurrir con facilidad son aquéllas en las que el punto de vista del hablante, su subjetividad, es un elemento esencial. Un ejemplo prototípico de gramaticalización lo constituyen los verbos modales o defectivos en inglés: *must*, *will*, *can*, *may*, etc., que se han desarrollado a partir de formas léxicas más plenas y han pasado luego a expresar modalidad epistémica. Es posible que tales verbos como *poder* y *deber* en español hayan tenido un desarrollo comparable, en cuanto a que sus significados epistémicos (más subjetivos) han derivado de significados radicales (menos subjetivos) de capacidad y obligación.

Otro caso de gramaticalización lo constituye el desarrollo del tiempo Futuro en español, de Infinitivo más *haber*, a un tiempo morfológico en el que *haber* se ha fusionado con el Infinitivo (ejemplo 26).

26. hacerlo hemos mañana   lo haremos mañana

El círculo evolutivo continúa con el desarrollo de una nueva forma de Futuro sintáctico con *ir a* + Infinitivo, que en el español conversacional de América evoluciona hacia la morfologización. Apoyo a esta hipótesis lo dan aspectos de reducción fonológica y la posición del clítico, que es en el 90 por ciento de los casos preverbal (ver Capítulo 4, cuadro 4.28).

27. *lo* voy a ver mañana [lo ßoa ßer mañána]
    voy a ver*lo* mañana   (de rarísima ocurrencia con clítico postverbal)

Aunque el concepto de gramaticalización fue propuesto hace ya más de setenta años, la visión moderna de este fenómeno es más amplia e interesante. Algunas de las preguntas que se plantean incluyen, por ejemplo, ¿Qué es lo que potencialmente conduce a la gramaticalización de una forma y cómo sabemos que está ocurriendo? ¿Qué motiva la diferente velocidad de los procesos de gramaticalización; por ejemplo, el hecho de que categorías de aspecto, tiempo y modalidad se desarrollen más de prisa? ¿Qué conceptos son los que sirven de origen a un proceso de gramaticalización? Se ha observado que conceptos objetivos o más cercanos al emisor y elementos de uso frecuente tienden a participar en procesos de gramaticalización que parecen resultar de la extensión metafórica de significados.

En este sentido, se han propuesto varias escalas de abstracción metafórica, que constituyen posibles cadenas de gramaticalización (Heine et al. 1991). Una de estas escalas ha sido defendida por Traugott (1989, 31), quien propone "que el cambio semántico-pragmático en las etapas tempranas de gramaticalización es unidireccional: significados con contenido proposicional pueden desarrollar significados textuales (de establecimiento de cohesión) o expresivos (presuposicionales u otros de tipo pragmático) o ambos, en el orden:

a. proposicional } ((textual) } (expresivo))."

El proceso de cambio representado en la etapa de expresividad en (a) se conoce como *subjetivización*, porque implica la adición de significados epistémicos y evidenciales que comunican la actitud del emisor hacia el contenido de su enunciado.

El desarrollo de marcadores del discurso constituye un ejemplo de gramaticalización del tipo definido por Traugott (1989), pues se trata de un cambio funcional a una categoría (semi)cerrada de elementos que desarrollan significados textuales y frecuentemente además expresivos. Estudios recientes de *¿Me entiendes?* (Chodorowska 1997), *o sea* (Schwenter 1996a) y *ya* (Ocampo y Ocampo 1999) han sugerido que su uso como marcadores del discurso en español representa una instancia de gramaticalización.

5.4.2.1. *Ahora* como marcador discursivo

Basándome en datos del español de Chile, mostraré que *ahora* ha experimentado (o está experimentando; desafortunadamente no se han examinado datos diacrónicos) un proceso de gramaticalización, que corresponde a lo que en la teoría se conoce como subjetivización.

Observemos 28, desvinculado de su contexto extraoracional y de las condiciones y circunstancias de producción.

28. *Ahora* yo pienso que es un problema.

¿Qué significado podemos postular para *ahora* en 28? ¿Se trata del adverbio *ahora*, en oposición a *antes* o *entonces*? Si es un adverbio, ¿cuál es su distribución sintáctica? Notemos que Alvarez Martínez (1992, 19) define los adverbios como "unidades tónicas, autónomas, que pueden combinarse con curva de entonación y constituir mensajes . . . , desempeñan una función sintáctica en la oración . . . y pueden ocupar cualquier posición dentro de la frase en la que aparecen." Las conjunciones, por el contrario, "son átonas y no autónomas . . . , sólo sirven para establecer las relaciones de subordinación o coordinación . . . y se sitúan siempre delante del elemento que capacitan o coordinan." Volveremos sobre esto más adelante.

Ahora en 28 puede responder a la definición de adverbio: constituye mensaje y tiene flexibilidad posicional, como en 29a, b y c.

> 29. a. Yo *ahora* pienso que es un problema.
> b. Yo pienso *ahora* que es un problema.
> c. Yo pienso que es un problema *ahora*.

Esta metodología descontextualizada, sin embargo, nos llevaría a contestar inadecuadamente las preguntas planteadas. Notemos que el significado adverbial y la distribución en 29a, b y c es posible, como muestra la continuación propuesta en 30. Pero el ejemplo 28 está tomado del pasaje dado en 31, donde el sentido adverbial está ausente y nos encontramos con un *ahora* que responde en cierto modo a la definición de conjunción: una forma no autónoma con posición fija.

> 30. *Ahora* yo pienso que es un problema; *antes* me parecía fácil.
> 31. Tú no puedes decir "Mire, fíjese, mire la casualidad; la cuestión falló, no sé qué." Y frente a eso, existe la situación de que el aborto por razones médicas o el aborto por razones de responsabilidad familiar o de varios motivos, que yo diría que se justifica el aborto. *Ahora* yo pienso que es un problema. Yo no pienso, no parto de la base del problema de que si es una criatura viva o muerta, o no sé qué lío. Yo no, yo creo que no, yo creo que hay que verlo más allá de eso, de un problema frente a ya una guagua que nace, ¿qué va a ocurrir con ese ser? (m47, CH2:4B) [guagua = bebé]

El lexema *ahora* señala un límite entre las partes del texto en 31. El tema de la conversación es la posibilidad de legalizar el aborto. En 31, el hablante reitera su opinión de que el aborto se justifica. El comienzo de un subtópico: la problemática del aborto, está marcado por el uso de *ahora*, que encabeza una proposición de contenido subjetivo, puesto que contiene la actitud del sujeto hacia su emisión. Notemos, además, que *ahora* en 31 no tiene la flexibilidad posicional ilustrada en 29a, b y c: su posición es inicial fija. Se trata, pues, del *ahora* discursivo. Teórica y metodológicamente importante es el hecho de que estas observaciones sólo pueden hacerse si estudiamos la actuación lingüística, el uso situado de una lengua. Partimos, entonces, del nivel pragmático discursivo como la forma más apropiada de descubrir, comprender y explicar la naturaleza del lenguaje y de una lengua en particular.

Hemos propuesto que en el ejemplo 31 *ahora* señala un límite entre las partes del texto y a la vez encabeza una proposición de contenido subjetivo. Si consideramos el origen de *ahora*, antes *agora*, del latín *hac hora* 'en esta hora,' vemos obviamente que estamos frente a un elemento reducido, lexicalizado o gramaticalizado ya en su paso del latín al castellano. Este proceso de gradual gramaticalización ha seguido adelante a través de la evolución del castellano, de tal manera que en la lengua de hoy, la forma *ahora* no es sólo un *deíctico temporal* sino también un *deíctico de discurso* e incluso nos atrevemos a sugerir que es un *deíctico modal*. Los cambios semántico-pragmáticos experimentados por *ahora* constituyen un caso típico de lo que se denomina *imbricación semántica* en teoría de la gramaticaliza-ción, es decir, una expresión dada puede agregar significados sin perder los originales.

Las gramáticas del español concurren en proponer que *ahora* es un adverbio deíctico de tiempo. Los deícticos temporales pueden tener un punto de referencia objetivo y delimitado, sometido a medida cronológica, incluyendo *hoy* en oposición a *ayer* y *mañana*, por ejemplo. Otro grupo de adverbios deícticos de tiempo no tiene una medición precisa. A este grupo pertenece *ahora*, que puede incorporar el momento de la palabra, pero tiene límites vagos, y se opone a *antes*, *luego*, *después* y *entonces* como las situaciones que no corresponden al *ahora*.

El ejemplo 32 ilustra el uso de *ahora* como adverbio de tiempo, con su significado pleno de simultaneidad con el momento de habla.

32. Eran treinta y tres las líneas de tranvía, que se las sabía de memoria uno y cuando salía de la casa uno sabía qué tranvía tenía que tomar para ir a tal parte. *Ahora* cuando sale tiene que estar averiguando qué pasará por allá, o sea, se ha complicado mucho la ciudad. (m70, CH1:B)

La semasía propia de *ahora* es relativamente vaga, no tiene una referencia temporal precisa. Tampoco tiene *entonces* una referencia temporal precisa, como la tiene *ayer*, por ejemplo. Esto hace que tanto *ahora* como *entonces*, a diferencia de *hoy*, *ayer* o *mañana*, sean aptos para debilitar su contenido léxico y para ser utilizados con valores pragmáticos y discursivos.

Las gramáticas del español advierten que los adverbios pueden tener también una función *incidental*, ya sea como subordinadores y coordinadores o como atributos oracionales cuando se encuentran a principio de oración y en todos los casos separados de ésta por una pausa (o una coma en la lengua escrita) (Alvarez Martínez 1992, 40; Alcina y Blecua 1980, 885).

El elemento en función incidental establece coherencia y cohesión textual y desempeña un papel contextualizador del enunciado en una situación comunicativa más amplia. Estos elementos, considerados periféricos, son los llamados ordenadores o marcadores del discurso.

Lamíquiz (1993) y Carranza (s.f.) discuten explícita, aunque brevemente, el uso de *ahora* en función no adverbial en español. Las intuiciones de ambos autores sobre el comportamiento discursivo de *ahora* son bastante acertadas. Las de Lamíquiz están basadas en ejemplos tomados de los materiales publicados en varios países como parte de lo que se conoce como "el estudio de la norma culta del español" (ver Lope Blanch 1969). El análisis de Carranza, por otra parte, está basado en las transcripciones de conversaciones espontáneas de trece graduados universitarios de la ciudad de Córdoba (Argentina), grabadas por la autora misma. En 158 minutos analizados, los individuos estudiados emplean 16 veces *ahora* como marcador. El marcador más frecuente es *bueno*, empleado 169 veces, y uno de los menos frecuentes es *digamos*, empleado sólo 5 veces. Ambos autores coinciden en proponer que *ahora* señala un límite entre unidades discursivas, con un valor adversativo (de reticencia o reserva), que incluye el de cambiador de tema conversacional, y que puede tener además el valor fático de llamar la atención del oyente.

Los dos estudios constituyen excelentes puntos de partida para el estudio más extenso y sistemático de la forma *ahora* que presento a continuación. Veremos que el análisis indica que las observaciones de Lamíquiz y Carranza son en parte correctas, pero que fallan en algunos puntos importantes: no examinan la correlación entre el uso de *ahora* y géneros discursivos; no dicen nada sobre la prosodia de *ahora*, excepto repetir la observación de que va separado por pausa del enunciado que encabeza; y no se plantean la cuestión de la relación u oposición entre *ahora* y otras conjunciones o marcadores. Por el contrario, nuestro análisis muestra que la presencia de *ahora* aparece motivada, o fuertemente favorecida, por géneros discursivos no familiares (es decir, su presencia parece responder a factores relacionados con el procesamiento del discurso), que *ahora* se emplea frecuentemente sin pausa posterior y que hay una correlación sistemática entre el valor discursivo de *ahora* y la posibilidad de alternancia con otros conectores.

5.4.2.2. El análisis de *ahora*

Los datos que he analizado corresponden a aproximadamente quince horas de conversaciones grabadas de trece hablantes de Santiago de Chile, con edades que van de los veinte a los ochenta y cuatro años de edad; siete hombres (cinco con educación universitaria y dos con menos de tres años de escolaridad) y seis mujeres (todas con educación universitaria). Los datos no son lo suficientemente numerosos como para examinar posibles correlaciones sociolingüísticas, pero sí permiten establecer algunas generalizaciones sobre el uso de *ahora* en el nivel textual y en el oracional. Además, debo notar que *ahora* como conector se constata también en los datos de los hablantes con menos de tres años de escolaridad.

El análisis empírico confirma la existencia de *ahora* con su conocida función de adverbio temporal que incide sintácticamente sobre el verbo, junto a un *ahora* pragmático-discursivo con función conectora de enunciados que alude o afecta a toda la oración que encabeza y la relaciona con significaciones externas a ésta. Como muestra el cuadro 5.1, de 770 casos de *ahora*, 604 de éstos corresponden a usos con pleno significado temporal, 148 a usos discursivos de *ahora* y 18 a casos que denomino intermedios, porque parecen cumplir una función conectora, pero el contexto permite también una interpretación temporal externa al discurso.

Como adverbio temporal, *ahora* es un elemento tónico, con mobilidad posicional dentro de la oración, que puede ocurrir en posición inicial, media y final de turno de habla. Como marcador o conector, *ahora* es sintáctica y pragmáticamente diferente: no ocurre en posición final de turno de habla, porque tiene posición fija inicial de oración o, en nuestros datos, precedido a veces por el conector *y*. Además, *ahora* conectivo no aparece en todos los casos seguido de pausa breve o de un patrón entonacional de final de grupo tónico que lo separe del enunciado que encabeza. Tampoco muestra un grado de reducción fonológica cualitativamente diferente del de *ahora* temporal, aunque sí es producido con más frecuencia en un tiempo más rápido y con reducción de la vocal final a *schwa*. Sin embargo, *ahora* puede recibir acento enfático en sus dos funciones, como en los ejemplos 33 y 34.

Deíctico temporal
    33. C: El de hace dos años. El de hace dos o tres años atrás.
        H: No, el de **ahora**, el de **ahora**. [acento enfático]
        C: El de ahora fue en Los Angeles.
        H: En Los Angeles. (H, m47, CH2:14B)

Cuadro 5.1. Funciones de *ahora* en datos conversacionales.

	N	%
Deíctico temporal	604/770	78.4
Deíctico de discurso	148/770	19.2
Intermedio	18/770	2.3

Deíctico de discurso

34. No, por ser en partes me˙ llaman, pongamos el caso que en un casamiento, ¿ya? Por ser la niña/ la, la señora me dice, "Bueno, ¿qué tengo que hacer? qué es lo que esto y esto, esto aquí y acá." **Ahora** [acento enfático], la misma persona de esa casa me dice "¿Cómo puedo, eh:, presentar la mesa tanto pa' los novios y pa' las visitas?" . . . (M, m43, CH2:19B)

El cuadro 5.2 presenta la correlación de *ahora* con dos niveles de acentuación: tónico sin énfasis y reducido. Los porcentajes señalan que 16 por ciento de las formas tónicas corresponden al uso discursivo (al que se han sumado los usos intermedios). En su función temporal plena, *ahora* recibe acento tónico sin reducción fonológica en 84 por ciento de los casos, pero también aparece con reducción fonológica en un alto 65 por ciento.

Sirvan los ejemplos y resultados cuantitativos para remarcar el hecho de que el factor prosódico por sí solo no es suficiente para distinguir las funciones de *ahora* cuando esta forma no va separada por pausa o límite entonativo del enunciado que introduce (en nuestros datos, *ahora* temporal nunca ocurre separado por pausa de la oración en que se encuentra). Es el contexto discursivo el que determina la interpretación de *ahora* cuando no hay una marca prosódica.

La distribución de *ahora* en el turno de habla muestra que no tiene un papel importante como enlace entre turnos de habla ya que sólo 7 de 148 casos ocurren en posición inicial de turno. Por el contrario, como deíctico de discurso *ahora* sólo puede ocurrir en posición inicial de oración (138 casos) o precedido por la conjunción *y* (10 ejemplos). La única interpretación posible de *ahora* en posición final de oración o inicial precedido por un marcador que no sea *y* (por ejemplo, *o sea*, *pero*, o *entonces*) es la de deíctico temporal. Es interesante notar, sin embargo, que en los dieciocho casos que llamo intermedios, *ahora* se emplea precedido por *y*.

Cuadro 5.2. Correlación entre función de *ahora*, acento y reducción fonológica. ($p \leq .00$)

	Tónico		Reducido	
Deíctico				
de discurso + intermedio	88/546	16%	71/205	35%
temporal	458/546	84%	134/205	65%

En este punto se hace necesario postular cuál es el significado de *ahora*. Si suponemos correcta la hipótesis de la gramaticalización de este lexema, debemos tomar como punto de partida su significado temporal, históricamente primario, y examinar su distribución en la lengua y en el discurso. Ya hemos dicho que la perspectiva temporal de *ahora* incluye el momento de la enunciación, que tiene límites temporales imprecisos y que se opone a *antes*, *entonces*, *luego* y *después*, que no tienen referencia simultánea con el momento del habla.

De manera interesante, en los datos examinados *ahora* se opone a *antes* o a *entonces* explícitamente o de manera implícita sobresaliente en la mayoría de los casos. Esta oposición motiva una inferencia de cambio en los hechos referidos en el discurso, lo que se observa claramente en los ejemplos 32 y 33. En el ejemplo 32 el hablante opone un tiempo anterior cuando era fácil conocer todas las líneas de los tranvías, a ahora, cuando la ciudad es más complicada. La oposición en el ejemplo 33 es entre un terremoto anterior y "el de ahora," reciente. Los ejemplos 35–36 ilustran también una oposición explícita entre ahora y un tiempo pasado. Nótese, sin embargo, que la referencia imprecisa de *ahora* lleva al hablante a especificar la referencia temporal con la frase "este año" en 35. Esta expresión abre la posibilidad de interpretar *ahora* como elemento conectivo sin referencia temporal externa al discurso y, a mi parecer, crea el tipo de contexto que promueve el desarrollo del valor discursivo.

35. O sea me resfriaba y al tiro me daba amigdalitis. *Ahora*, este año, no tanto así, pero el, cuando chica sí, harto, me daba amigdalitis, eh, me dio, neumonía un verano. (C, f20, CH2A)
36. C: ¿Pero por qué pensó que tenía que casarse?
    F: Porque creo yo que el hombre, y de acuerdo con las costumbres de aquel entonces y de *ahora*, debe tener un hogar con sus hijos y acondicionar la vida a ese sistema que es bonito en el fondo. (F, m70, CH1:50B)

Así pues, el deíctico temporal *ahora* agrega frecuentemente un sentido de oposición en el nivel del discurso. Su significado contextual sería "perspectiva de presente + oposición." Proponemos, pues, los significados en 37 para *ahora* deíctico temporal.

37. *ahora: deíctico temporal*
Significado básico: "perspectiva de presente del emisor"

Significado contextual: "perspectiva de presente del emisor + oposición"

El uso de *ahora* como marcador de tiempo discursivo es un desarrollo esperable y natural, pues el discurso es lineal y transcurre en el tiempo real en todas sus modalidades. El paso de deíctico temporal a deíctico de discurso no constituye un cambio radical: *ahora* mantiene su perspectiva de simultaneidad con el momento de habla y, en la enunciación, agrega también el sentido de oposición. De acuerdo con la teoría de la gramaticalización, sería posible suponer que *ahora* tiene un significado más abstracto o menos específico como deíctico de discurso. Como tal, además, solamente tiene significados contextuales propios, pues comparte el significado básico del *ahora* temporal. Es razonable proponer, por tanto, el mismo significado de perspectiva de presente, esta vez con respecto al discurso, más el sentido de oposición, como indicamos en 38.

> 38. *ahora: deíctico de discurso*
> *Significado básico*: "perspectiva de presente del emisor"
> *Significado contextual*: "perspectiva de presente del discurso + enlace introductor de contenido discursivo levemente opuesto al de la enunciación precedente."

La pregunta que surge naturalmente es qué contextos enunciativos promueven el uso de *ahora* discursivo que dan apoyo al significado contextual propuesto. El análisis de los datos indica que *ahora* cumple una función central de enlace oracional en contextos en los que el hablante (a) introduce un subtópico relacionado con el tema o tópico global de la conversación; (b) reintroduce un subtópico; (c) introduce una restricción o reserva a lo dicho en el discurso precedente; (d) plantea una condición; (e) emite una pregunta retórica (que considero retórica en el sentido de que el hablante se hace la pregunta a sí mismo y la responde él mismo o no espera que sea contestada) o un enunciado aclaratorio relacionado con una pregunta retórica; y (f) en algunos pocos casos, simplemente coordina enunciados.

Los ejemplos 34 y 39 ilustran las funciones (a) y (b) de introducción y reintroducción de subtópico. En 34, el hablante introduce el subtópico de la presentación de las mesas en un casamiento. En 39, el subtópico que se reintroduce es el libro *Ulises*. En este ejemplo, *ahora* introduce además una reserva, función (c), un componente característico del género discursivo argumentativo en el que el hablante parece defensivo y restringe de alguna manera las afirmaciones hechas sobre la cuestión que está discutiéndose

(Silva-Corvalán 1992; ver también sección 5.3), la pertenencia de *Ulises* a la categoría de literatura psíquica en el ejemplo en cuestión. Las mismas funciones tiene *ahora* en 31, un pasaje en el que el hablante justifica el aborto, pero luego debilita esta justificación al plantear, en el enunciado encabezado por *ahora*, que el aborto es un problema.

39. Hablando de literatura, y de Joyce y el *Ulises*. . . . Igual es una época bien vinculada a la cuestión de, el psicoanálisis y todo ese círculo de la Virginia Wolf, el Joyce, Freud; igual fueron gente bien cercana. La Virginia Wolf igual tiene algunos libros que están muy vinculados a eso, tratar como de:, e:, como bien psíquica, como una literatura bien psíquica. Igual/ *ahora no sé qué tanto el Ulises*. Yo no lo he leído, pero igual cacho que se enmarca dentro de eso, un tipo de literatura bien ah:, vinculada:, a la mente. (C, m21, CH2B)

Veamos ahora los ejemplos 40–42, que ilustran las funciones (d) y (e). En 40, *ahora* introduce una condición cuyo contenido, aunque relacionado con el discurso precedente, supone un cambio en el desarrollo de la argumentación. En 41, enlaza una pregunta retórica a la previa inmediatez enunciativa, mientras que en 42 *ahora* introduce un elemento dislocado o extraído de una pregunta retórica, específicamente "el día que se llegue a dominar esa fuerza mental," extraído de la pregunta "¿a dónde se va llegar el día que se llegue a dominar esa fuerza mental?"

40. Entonces pongamos el caso que tenga dos niñas, dos niñas que xxx, que conversen conmigo y yo mismo les digo cómo van poniendo, la mesa. *Ahora* si esa persona no quiere que yo esté sirviendo, a las mismas niñas yo mismo me encargo de decirles, "Así, acá," porque lo primero que tienen que hacer. . . . (M, m43, CH2:l9B)

41. C: ¿Tú tienes una posición frente a este problema del divorcio aquí en Chile?

H: Sí, yo pienso que debería legalizarse, debería legalizarse, debería legalizarse. Yo diría de que debería darse forma de que la mujer quedara más protegida. *Ahora*, ¿qué repercusiones traería?, no lo sé, no sé si aumentaría el divorcio o no, pero yo pienso que: no lo va a aumentar ni lo va a disminuir, lo que sí puede normalizar situaciones que hoy día son irregulares, que no tienen sentido, ¿ya? (H, m47, CH2:14A)

42. . . . voy pensando en un amigo y, y, y voy llegando a la esquina y viene por el otro lado el amigo que iba pensando yo, que no pensaba verlo. Hay cosas así, que, hay, hay fuerza mental que va, y puede alcanzar

a, a otro. *Ahora* eh:, el día que se llegue a, a dominar esa fuerza mental, ¡puh:! ¿a dónde se va llegar? No sé. (F, m70, 1, CH1:52)

Considérense finalmente los ejemplos 43 y 44, en los que la función de *ahora* es la de coordinador aditivo. En 43b *ahora* introduce una condición (función (d)). Nos preguntamos qué función cumple en 43a. Claramente no enlaza ni una pregunta, ni una condición. Podría argumentarse que introduce un subtópico, "muchas personas que se han casado así no más," pero es un subtópico que tiene corta vida: dos referencias implícitas en las dos oraciones inmediatamente posteriores, y que tiene además una referencia vaga, imprecisa, no característica de las entidades que funcionan como tópicos. Así pues, en estos casos planteamos que la función de *ahora* es simplemente la de coordinador aditivo. La interpretación temporal referida al presente del hablante es posible si no se considera el factor prosódico, pero en 43a el hablante separa *ahora* de la oración con una pausa, breve pero clara, que no deja dudas sobre su función discursiva.

La función de coordinación aditiva es también propuesta para *ahora* cuando precede a un Imperativo con función conativa o apelativa, como en 44, aunque generalmente *ahora* más el apelativo introducen un subtópico. En 44, "la fruta," en la intervención de M, es subtópico del tema global "las cosas que suben día a día."

43. M: ¿Va a saber o no va a saber? [que está embarazada; la idea es que la mujer pudo haber engañado al que va a ser su esposo]
I: O piensa no más.
M: a. *Ahora*, hay muchas personas que se han casado así no más y de repente de la noche a la mañana dicen "Pucha, estoy embarazada"; entonces ¿por qué no llegan a un acuerdo?
b. *Ahora*, si él, si él la ve, si ella le dice "Esto, bueno sabís qué más, mejor que no nos casemos, mejor que tú pa' tu lado y yo pa'l mío. . . ." (M, m43, CH2:19A)

44. M: Por ser, ahora en este momento, usted compra un cuaderno, pucha, le cuesta sus trescientos o cuatrocientos pesos. . . . Y más a veces.
I: Súper caro lo encuentro.
M: Súper caro, poh, imagínese poh. *Ahora* imagínese, la fruta *en este momento*, está muy cara, muy cara, demasiado cara.
I: Las chirimoyas, por ejemplo. (M, m43, CH2:19A)

La distribución cuantitativa de *ahora* en las diferentes funciones discursivas identificadas se presenta en el cuadro 5.3, en el que se han unido la introducción y reintroducción de un tema en una función. El total de 166 casos incluye los 18 usos llamados intermedios.

Las tres funciones discursivas más frecuentes de *ahora* tienen en común el hecho de que introducen un elemento topical o un subtópico (como en las preguntas retóricas). Por otra parte, se ha demostrado el carácter topical de las prótasis en oraciones condicionales (Haiman 1978; Schwenter 1996b) en cuanto a que la prótasis sirve de marco para la información presentada en la apódosis. Esto queda muy bien ilustrado en 45, entre otros.

45. M: Pero lo que no me ha gustado, lo que nunca me ha gustado si, que me metan las manos en la cocina, . . . ¿Por qué?, porque a uno lo ponen nervioso, la verdad de las cosas. *Ahora* si usted le mete una cuchara cuando la comida se está haciendo, no le queda buena, aunque le eche lo que le eche. (M, m43, CH2:l9B)

Además, la prótasis de una oración condicional representa una condición y, como tal, comunica una reserva o restricción a lo dicho. Así pues, este contexto de ocurrencia de *ahora* conectivo es levemente adversativo.

En el 75 por ciento de sus usos, entonces, *ahora* introduce o reintroduce un elemento no continuativo, que en cierto modo se opone al contenido del discurso precedente. El mismo sentido de oposición se infiere cuando *ahora* introduce una reserva o restricción: "en el discurso anterior dije X, *ahora*

Cuadro 5.3. Distribución de *ahora* según función discursiva. ($p \leq .00$)

Función	N	%	Introduce tema	Oposición
(Re)introducción del tema	62/166	37		
Introducción de pregunta retórica	35/166	21	75%	
				88%
Introducción de condición	28/166	17		
Introducción de reserva	22/166	13		
Coordinación	19/166	12		

voy a decir no-X o X modificada." Esto significa que en el 88 por ciento de sus usos en nuestros datos, *ahora* cumple una función discursiva central de enlace oracional en contextos en los que el hablante opone el contenido del enunciado encabezado por *ahora* al contenido de la enunciación precedente.

Es de gran interés notar que la sola excepción a esta generalización la presenta la función de coordinación aditiva, la función menos frecuente en nuestros datos. Debemos notar además que cuando *ahora* discursivo va seguido de un Imperativo su función ilocutoria puede interpretarse como llamada de atención que hace el emisor para lograr un efecto perlocutivo de expectación en el receptor. Es posible que *ahora* tenga estos valores ilocutivo y perlocutivo de llamada de atención y anticipación en todos sus usos discursivos, los que serían reforzados en combinación con una forma imperativa.

En conclusión, el análisis presta apoyo al significado contextual propuesto para *ahora* discursivo en 38: perspectiva de presente del discurso + enlace introductor de contenido discursivo levemente opuesto al de la enunciación precedente. Las inferencias según el contexto llevarían a interpretar la función del conector como de introducción o reintroducción de un tema; introducción de·pregunta retórica, de reserva (*ahora* adversativo), de condición; introducción de un Imperativo conativo; y, con énfasis prosódico, llamada de atención.

El significado contextual que hemos propuesto nos permite explicar por qué *ahora* puede ir precedido por *y* en la posición inicial de oración. *Y* no destaca ninguna de las partes que une, significa simplemente unión, continuación de la misma línea de argumentación; precisamente debido a esta baja especificidad, *y* es compatible con un introductor de oración que conlleva un significado pragmático-discursivo de leve oposición. Nótese que, como lo ha observado Boretti di Macchia (1984), *y* no es acumulable con el coordinante fuertemente adversativo *pero*.

Conectores con una carga semántica más específica, como *pero*, *entonces*, *bueno*, u *o sea*, no podrán preceder en el eje sintagmático contiguo a un conector que tenga la función primaria de introductor de oración.

Barrenechea (1979, 11) plantea que *pero* "significa unión . . . y con el agregado de que llama la atención dicho enlace por el contraste de valores." Parcialmente similar a *ahora* es la forma *entonces* cuando se emplea como enlace ilativo en el discurso (Lamíquiz 1993). Surge entonces la pregunta de si es posible intercambiarlos en la enunciación. La respuesta debería ser fácil: no son intercambiables, porque sus significados son diferentes. Sin embargo, debemos reconocer que hay pasajes discursivos donde parece posible alternar entre estas formas. Esto es así debido al carácter difuso de los contextos en los que se emplean, que permite varias interpretaciones del conector. Veamos el ejemplo 41, repetido más extensamente en 46.

46. C: ¿Tú tienes una posición frente a este problema del divorcio aquí en Chile?

H: Sí, yo pienso que debería legalizarse, debería legalizarse, debería legalizarse. Yo diría de que debería darse forma de que la mujer quedara más protegida.

a. *Ahora*, ¿qué repercusiones traería?, no lo sé, no sé si aumentaría el divorcio o no,

b. *pero* yo pienso que: no lo va a aumentar ni lo va a disminuir, lo que sí, puede normalizar situaciones que hoy día son irregulares, que no tienen sentido, ¿ya?, no tienen ningún sentido;

c. *entonces* puede dejar mejor a los cabros, puede dejar mejor a la mujer. Incluso, fíjate, para el mismo hombre, imagínate que no puede rehacer su vida, porque tiene que quedarse con dos casas, el sueldo no le da para mantener dos familias,

d. *entonces* es una chacra que uno nunca entiende. . . . (H, m47, CH2:14A) [chacra = enredo (chilenismo, coloquial)]

El contexto de 46 parece permitir las tres formas, *ahora*, *pero* y *entonces* en el enunciado (a), como mostramos en 47p, q y r, pero las inferencias obtenidas son diferentes: *pero* agrega la noción de contraste, una noción que es más fuerte que la de leve oposición que conlleva *ahora* y, en consecuencia, el sentido de restricción o reserva es más fuerte con *pero*. *Entonces*, por otra parte, agrega el sentido de conclusión o resultado (Lamíquiz 1993, 26), que es posible en el enunciado (a), pero no en (b), como indicamos en 47r.

47. p. . . . (a) *Ahora*, ¿qué repercusiones traería?, no lo sé, no sé si aumentaría el divorcio o no, (b) *ahora* yo pienso que: no lo va a aumentar ni lo va a disminuir, . . .

q. . . . (a) *Pero*, ¿qué repercusiones traería?, no lo sé, no sé si aumentaría el divorcio o no, (b) *pero* yo pienso que: no lo va a aumentar ni lo va a disminuir, . . .

r. . . . (a) *Entonces*, ¿qué repercusiones traería?, no lo sé, no sé si aumentaría el divorcio o no, (b) *pero/ahora/*entonces* yo pienso que: no lo va a aumentar ni lo va a disminuir, . . .

Nótese que en 46c y d el sentido resultativo de *entonces* es evidente: el resultado o la consecuencia de que exista divorcio es que "puede dejar mejor a los cabros . . ."; la consecuencia de que no exista es que la situación "es una chacra que no se entiende." En consecuencia (o entonces), en este contexto enunciativo específico ni *ahora* ni *pero* pueden sustituir a *entonces*, como mostramos en 48c y d.

> 48. . . . (c) *entonces/*pero/*ahora* puede dejar mejor a los cabros, puede dejar mejor a la mujer. . . . (d) *entonces/*pero/*ahora* es una chacra que uno nunca entiende. . . .

Este ejercicio de conmutación de diversos conectores en usos considerados incidentales en las gramáticas, nos lleva a poner en duda la afirmación de Alarcos Llorach (1994, 322) de que hay grupos oracionales enlazados por unidades adverbiales o locuciones de tipo adverbial que deberían considerarse grupos yuxtapuestos, "ya que el sentido sugerido por ellos [las unidades o locuciones] suele ser ilativo, consecutivo, continuativo, y en general proviene de los contenidos sucesivos de cada oración. Esas aparentes unidades conjuntivas *pueden eliminarse sin que la relación semántica entre las oraciones se suprima; cumplen más bien un papel adverbial de referencia anafórica a lo expresado en el contexto precedente*" (mi énfasis). La afirmación de Alarcos Llorach puede ser válida a veces, pero en la mayoría de los contextos enunciativos en nuestros datos, la elección de uno u otro conector está determinada por la semántica del conector y su sustitución o eliminación, si fuera posible, tendría consecuencias en la interpretación de los enunciados.

Me ha sorprendido la escasísima atención prestada a la forma *ahora* en estudios del español oral. Esto parece deberse a que esta forma no sólo tiene valores que la distinguen de otros conectores en el nivel de enlace oracional, sino también a que ocurre en géneros y temas del discurso que no aparecen frecuentemente en los corpus usualmente estudiados.

Específicamente en relación a marcadores del discurso, Oliveira e Silva y Tavares de Macedo (1992) observan correlaciones sistemáticas entre algunas de estas formas (e.g., *né?, ah, bom, entendeu?*) y diferentes géneros de discurso en el portugués hablado en Río de Janeiro. Las autoras notan, además, que el carácter subjetivo u objetivo del discurso tiene relación significativa con la selección de uno u otro conector.

En el estudio de *ahora* he considerado que el discurso tiene *carácter objetivo* cuando las situaciones codificadas están ancladas en la experiencia del emisor y cuando éste da información factual que puede ser ratificada por otros. He considerado que tiene *carácter subjetivo*, por otra parte, cuando el emisor expresa opiniones, evalúa hechos, o especula sobre hechos posibles. Como en el caso del portugués, la distribución de *ahora* según el tipo objetivo o subjetivo de discurso resulta significativa, según indica el cuadro 5.4.

La distribución cuantitativa de *ahora* en estos dos tipos de discurso señala que la función conectiva se asocia con discurso subjetivo. En este tipo de discurso predomina el empleo no temporal, que sube de 12 por ciento en el discurso objetivo/familiar a 51 por ciento en el subjetivo. ¿Cómo se puede explicar esta distribución, por lo demás estadísticamente significativa con una probabilidad de 0,000? Dos explicaciones compatibles parecen posibles:

a. El procesamiento de un discurso menos familiar para el emisor motiva el uso de *ahora* como una manera de facilitar la producción y estructuración espontánea de discurso.

b. El discurso menos familiar, generalmente argumentativo en nuestros datos, puede asociarse con el registro escrito, en el que se constata el uso de *ahora* y *ahora bien*.

Estas hipótesis necesitan obviamente ser investigadas en estudios futuros; pero la aparición de *ahora* conectivo en el habla de personas con muy bajo nivel de escolaridad, que habrían tenido escaso contacto con el registro escrito, inclina la balanza en contra de la asociación de *ahora* conectivo con este registro. En cambio, es plausible argumentar que la función facilitadora del procesamiento es más relevante, pues el uso de *ahora* introductorio crea una breve pausa que el emisor puede aprovechar para organizar sus ideas y para indicar al oyente cómo debe interpretar el mensaje.

El tema, la estructuración y el propósito de la interacción dan lugar a diversos géneros de discurso. En el nivel macrodiscursivo he identificado los siguientes en los datos examinados: narrativo, expositivo de hechos pasados o presentes, hipotético, argumentativo, descriptivo y diálogo rápido.

Mi impresión es que *pero* y *entonces* tienen una distribución más o menos homogénea a través de diferentes géneros, aunque es posible que un examen cuantitativo muestre que *entonces*, por ejemplo, es favorecido

Cuadro 5.4. Distribución de *ahora* según tipo de discurso. ($p \leq .000$)

| | Tipo de discurso | | | |
| | Objetivo/familiar | | Subjetivo/no-familiar | |
Función	N	%	N	%
Discursiva	69/578	12	97/192	51
Temporal	509/578	88	95/192	49

en narración y exposición de hechos pasados. En cambio, como es de esperar, considerando conjuntamente las dos funciones de la forma *ahora* (ver la columna "Ambos usos" en el cuadro 5.5), ésta aparece favorecida en el género expositivo con orientación de presente, al que corresponden 40 por ciento de sus instancias. De mayor interés, sin embargo, es la distribución cuantitativa de *ahora* en diferentes géneros de discurso comparando la función temporal con la discursiva, ilustrada en las primeras dos columnas del cuadro 5.5.

La distribución de *ahora* en diferentes géneros discursivos no es un fenómeno aleatorio, sino sistemático y explicable. Nótese que el mayor uso de *ahora* como conector ocurre en los géneros hipotético y argumentativo, 67 por ciento y 52 por ciento. Estos géneros no codifican hechos experimentados e involucran al hablante en una tarea de razonamiento, especulación e imaginación (Silva-Corvalán 1996) que representa una carga cognitiva relativamente más pesada para los interlocutores si la comparamos con la que significa recordar hechos experimentados para los que ya existe una representación en la memoria. Así pues, la distribución de *ahora* según género discursivo apoya la hipótesis de facilitación del procesamiento que habíamos sugerido antes. Es cierto, además, que en la argumentación y en el discurso hipotético, pero no en el narrativo, el hablante a menudo expresa reservas y modificaciones a sus planteamientos; éste es un contexto en el que *ahora* ocurre con frecuencia dada su útil función introductoria de contenido levemente contrastivo.

De gran interés es notar que *ahora* se desliza hacia el extremo de la modalidad epistémica debido precisamente a su ocurrencia frecuente en pasajes discursivos hipotéticos y argumentativos. La misma observación es

Cuadro 5.5. Distribución de *ahora* según género discursivo. ($p \leq .00$)

		ahora				
	Discursivo		Temporal		Ambos usos	
Género discursivo	N	%	N	%	N	%
Hipotético	18/27	**67**	9/27	33	27/762	3.5
Argumentativo	83/159	**52**	76/159	48	159/762	21
Descriptivo	4/16	25	12/16	75	16/762	2
Exposición pres.	49/305	16	256/305	84	305/762	**40**
Diálogo rápido	8/141	6	133/141	94	141/762	18.5
Exposición pasado	4/98	4	94/98	96	98/762	13
Narrativo	0/16	0	16/16	**100**	16/762	2

válida en el nivel microdiscursivo, es decir, según el acto de habla que realiza el enunciado en que se inserta. Obsérvese en el cuadro 5.6 la correlación significativa entre el empleo de *ahora* y enunciados hipotéticos o que tienen el valor ilocutivo de reserva. El adverbio temporal *ahora* no ocurre en ningún enunciado que indique reserva y es poco frecuente en condiciones e hipótesis. Por el contrario, estos son los contextos que más favorecen el uso de *ahora* conectivo.

5.4.2.3. *Ahora: un ejemplo de proceso de gramaticalización*

La distribución de *ahora* que exhiben los cuadros 5.4, 5.5 y 5.6 ofrece fuerte apoyo en favor de la hipótesis de subjetivización de esta forma. Nuestros datos contienen pasajes argumentativos en los que los hablantes plantean sus opiniones sobre el divorcio, el aborto, la política nacional, las relaciones matrimoniales, las relaciones entre padres e hijos, etc., pasajes puramente hipotéticos sobre lo que los interlocutores harían en una situación imaginada. En estos géneros surgen con frecuencia hipótesis, reservas y condiciones, como se puede ver en los ejemplos ya citados. Se trata, entonces, de un contexto ideal para que se produzca la gramaticalización: asociación frecuente con un tipo y género de discurso que promueven la expresión de la actitud del hablante hacia la enunciación.

Parece indiscutible que la teoría de la gramaticalización explica de manera adecuada la distribución sintáctica y las funciones de *ahora*. Tanto la teoría funcionalista, según la cual el uso situado de una lengua moldea y determina sus formas, como la de la gramaticalización, que propone la noción de

Cuadro 5.6. Distribución de *ahora* según acto de habla. ($p \leq .00$)

	ahora			
	Discursivo		Temporal	
Acto de habla	N	%	N	%
Reserva	17/17	**100%**	0/17	0%
Condición	12/15	**80%**	3/15	20%
Hipótesis	60/76	**79%**	16/76	21%
Aseveración presente	58/427	14%	369/427	86%
Aseveración pasada	6/42	14%	36/42	86%
Descripción	4/35	11%	31/35	89%
Pregunta	9/97	9%	88/97	91%
Respuesta	0/61	0%	61/61	100%

imbricación semántica, encuentran apoyo en el estudio de *ahora*. No es necesario clasificar discretamente la forma en cuestión, sino que se acepta que en diferentes contextos discursivos *ahora* puede responder más o menos exactamente a una definición de conjunción o de adverbio temporal y que puede asumir diferentes significados contextuales.

La asociación entre *ahora* y el discurso subjetivo hipotético y argumentativo da lugar a que desarrolle significados contextuales epistémicos de probabilidad, posibilidad, creencia, intención o duda, que corresponden a lo que en teoría de la gramaticalización se denomina *subjetivización*. Repito aquí la escala de Traugott (1989) e indico cómo le corresponde el desarrollo de *ahora*.

49. *Subjetivización de* **ahora**.
proposicional   } ((textual)   } (expresivo))
deíctico temporal } deíctico de discurso } epistémico y apelativo

El paso de deíctico temporal a deíctico de discurso no implica un gran salto. En realidad, ha cambiado, diríamos levemente, el espacio deíctico, de tiempo a texto/discurso. Pero el discurso se desarrolla en el tiempo y está por tanto inextricablemente enlazado a la noción de temporalidad. El límite entre ambos espacios deícticos es borroso y permite la interpenetrabilidad. El proceso de cambio representado en 49 propone una etapa intermedia basada en parte en los datos pero más fuertemente basada en la teoría. Un apoyo empírico más definitivo debe buscarse en datos diacrónicos en futuras investigaciones.

Nuestro estudio reafirma la necesidad metodológica de obtener muestras de interacción espontánea no dirigida en la que los interlocutores se sienten libres de manipular el desarrollo de la conversación y en las que el investigador introduce sutilmente temas de variada naturaleza que resulten en la riqueza de géneros de discurso necesarios para llevar a cabo un análisis adecuado de la relación entre gramática y discurso.

Schiffrin (1987) señala que no existe acuerdo en la literatura sobre la semántica de los marcadores del discurso. ¿Son elementos con significado propio o depende su significado del contexto? La autora propone que los marcadores poseen significado ideacional nulo o debilitado. Aunque esta hipótesis puede ser válida en el caso de algunas muletillas o rellenos de pausa, como *eh*, *este* o *poh* (de *pues*), nuestro estudio indica que *ahora*, al menos, conserva su significado de perspectiva presente y cambia el de referencia temporal externa al de referencia temporal interna al discurso. La interacción de este significado con un contexto determinado es precisamente lo que permite la inferencia de significados pragmático-discursivos variados que hacen imposible su libre intercambiabilidad con otros conectores.

De acuerdo con su origen adverbial temporal, *ahora* señala el punto en el que se emite una nueva proposición y tiene orientación principalmente catafórica: indica que el enunciado que encabeza no continúa estrictamente el contenido discursivo inmediatamente anterior, pero es relevante a dicho contenido. Queda claro que *ahora* funciona en más de un plano: en la estructura secuencial marca un límite en el discurso, en la ideacional señala la actitud del hablante (valor epistémico) y en la interaccional involucra al receptor (función apelativa).

Este resultado presta apoyo al modelo de Schiffrin (1987), según el cual los marcadores del discurso funcionan en varios planos de manera simultánea, ya que hacen referencia a la estructura textual, al contenido del enunciado y a los interlocutores. Texto y contexto son, pues, inseparables. No es posible interpretar adecuadamente uno sin hacer referencia al otro, así como tampoco parece ya posible hacer lingüística sin considerar cómo se usan las unidades lingüísticas en el discurso. En casi cien años, hemos avanzado desde el triángulo saussuriano de signo, significante y significado, en el que estos dos últimos se conciben como dos caras de la misma moneda (el signo) hasta el de texto, contexto y mensaje, en el que los dos primeros se conciben como dos caras de la misma moneda: el mensaje, es decir, el significado o sentido que se infiere a partir de la interacción entre texto y contexto. El diagrama 5.1 ilustra estas dos perspectivas diferentes.

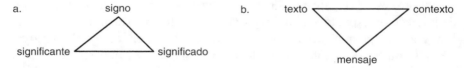

Diagrama 5.1. Triángulo estructural (a) y triángulo pragmático (b).

Ejercicios de reflexión

Ejercicio 1

Analice el contraste del significado de las palabras en negrita en cada par de oraciones:

1a. Entonces Juan **va** y dice: "No aguanto más."

1b. Entonces Juan **va** al estrado y dice: "No aguanto más."

2a. La música de esa emisora está **como** muy bien.

2b. La música de esa emisora es tan buena **como** la de esta otra.

3a. **Ahora** estoy muy ocupado pero mañana te podría ayudar.

3b. Hoy estoy muy ocupado; **ahora**, mañana te podría ayudar.

4a. **A ver** si todo sale bien.

4b. Vamos **a ver** la película.

Ejercicio 2

En muchas ocasiones la gracia de los chistes reside en la situación absurda que produce una violación de las máximas de Grice. Analice el siguiente cuento y explique utilizando el modelo griceano por qué es (supuestamente) gracioso.

"Un joven de la capital que paseaba por el campo se encontró a un pastor con unas ovejas. Con intención de entablar conversación se dirigió al pastor y le preguntó: "Buenos días amigo, tengo curiosidad por saber cuánta leche le dan sus ovejas." El pastor le respondió con otra pregunta: "¿Las negras o las blancas?" Al joven esta respuesta lo desconcertó un poco (no imaginaba que el color de las ovejas influyera en la cantidad de leche que dan), pero por saber a dónde llevaba todo esto continuó: "Pues las blancas," a lo que el pastor respondió "Las blancas dan tres litros al día." "¿Y las negras?" preguntó, intrigado, el joven. "Las negras igual," respondió el pastor.

Después de hacer varias preguntas por el estilo y de encontrarse la misma respuesta el joven se impacienta y le dice al pastor: "¿Pero a qué viene el responderme a cada pregunta que si le pregunto por las negras o las blancas si al final para todo son iguales?" A lo que el pastor responde: "Es que las ovejas blancas son mías." "¿Y las negras?" "Las negras también."

Ejercicio 3

Seleccione un pasaje narrativo preferiblemente procedente de materiales orales y analícelo señalando los elementos identificados por Labov más los propuestos por Silva-Corvalán.

Ejercicio 4

Obtenga de un medio de comunicación social una entrevista, seleccione un pasaje con discurso argumentativo y analícelo de manera similar a como se ha hecho con el ejemplo 18 en el capítulo 5.

— 6 —

Variación y cambio

6.1. Introducción

Uno de los objetivos centrales de la sociolingüística variacionista ha sido la identificación y explicación de los procesos de cambio lingüístico. La lingüística histórica se plantea como objetivo la investigación y descripción de los sistemas lingüísticos a través del tiempo; su enfoque es diacrónico. La lingüística descriptiva, por otra parte, analiza la lengua tal como existe en un momento dado, la congela (podríamos decir) en el tiempo y la analiza como sistema estático; su enfoque es esencialmente sincrónico. La sociolingüística, en cambio, subraya la validez de una perspectiva que examine posibles fenómenos de cambio en un momento sincrónico de lengua y que, además, explique, cuando así se justifique, un estado de lengua en relación a su desarrollo histórico; ésta es, pues, una perspectiva *pancrónica* (Gimeno Menéndez 1983; Romaine 1982b).

Los miembros de una comunidad lingüística no tienen generalmente conciencia del cambio, pero una mirada hacia el pasado, cien o más años hacia atrás, muestra claramente que un número de elementos de la lengua y sus valores relativos en el sistema son diferentes, tanto así que por ejemplo el español del siglo doce resulta ininteligible para la mayoría de los hispanohablantes de hoy. La evolución evidente de las lenguas plantea al lingüista preguntas tales como ¿por qué cambian los patrones lingüísticos? ¿De qué manera puede cambiar un sistema lingüístico? ¿Qué cambios son posibles en las lenguas naturales? ¿Qué factores detienen o promueven el cambio dentro de los sistemas lingüísticos y sociales? Estas y otras preguntas han sido enfocadas y respondidas de forma diferente por diferentes escuelas lingüísticas, de las cuales revisaremos brevemente dos: la postura neogramática del siglo diecinueve y la estructuralista del siglo veinte.

Los neogramáticos, un grupo de estudiosos de las lenguas indoeuropeas, postularon que el cambio lingüístico estaba controlado por dos principios fundamentales: la regularidad del cambio fonético y la analogía. La regularidad del cambio implica tanto que la dirección de éste es la misma para todos los miembros de la comunidad lingüística en cuestión como que todas las ocurrencias del fonema en los contextos en los que se da el cambio son de hecho afectadas por el cambio de la misma manera. Las reglas que regulan el cambio fonético son exclusivamente fonológicas, es decir, independientes de la función morfológica, sintáctica y/o semántica de los elementos en los que se da el contexto propicio al cambio y, además, no tienen excepciones.

Aunque se ha mostrado que los principios y reglas postulados por los neogramáticos no son universalmente válidos, el rigor de las metodologías desarrolladas para comprobar la regularidad de los cambios y el enfoque del método comparativo dentro de una perspectiva histórica significaron un avance para la lingüística histórica y la general.

La analogía, a diferencia del cambio fonológico autónomo, afecta precisamente la relación entre la estructura fonológica y la estructura morfológica, sintáctica o semántica. Es el mecanismo que regulariza la relación entre forma fonológica y función gramatical una vez que esta relación se ha roto como resultado del cambio fonológico. Se ha propuesto que existen dos tipos de formación analógica: el cambio analógico y la creación analógica (Bynon 1977).

El desarrollo del sustantivo *honor* en latín a partir de *honos* nos sirve para ilustrar el cambio analógico, el mecanismo básico mediante el cual se regularizan las reglas morfológicas de una lengua. Observemos que las formas del período prelatino (el asterisco indica que son formas reconstruidas) en la columna de la izquierda en 1 fueron afectadas por una regla fonética de rotacismo que cambió *s* a *r* en posición intervocálica, dando el paradigma ilustrado en la columna central como resultado. En una etapa posterior, los dos morfemas radicales diferentes, *honos/honor,* se igualan: el fonema /s/ del nominativo es sustituido por /r/, no debido a un cambio fonológico general, sino por analogía con los otros miembros del paradigma (genitivo y dativo). En latín clásico el paradigma aparece ya regularizado, como se ve en la columna de la derecha.

1.			
Nominativo	*honos	honos	honor
Genitivo	*honos-is	honor-is	honor-is
Dativo	*honos-i	honor-i	honor-i

La creación analógica, por otra parte, es el mecanismo que permite la renovación de los recursos léxicos. Prácticamente todas las innovaciones léxicas que no son resultado de préstamos de otras lenguas se forman a partir de morfemas ya existentes en la lengua siguiendo la típica proporción analógica:

A : B :: Y : X

Así por ejemplo, la relación tierra : aterrizar ha servido de modelo para la creación de alunizar, de acuerdo con la proporción:

tierra : aterrizar :: luna : alunizar
A : B :: Y : X

El concepto estructuralista de la lengua como sistema cuyos elementos se definen por el lugar que ocupan dentro de él en oposición a otros elementos dentro del sistema, causó importantes modificaciones teóricas y metodológicas en el estudio del cambio lingüístico.

El enfoque atomista de los neogramáticos, quienes habían estudiado la evolución de ciertos elementos fonéticos, morfológicos o léxicos a través de un número sucesivo de estados de una lengua determinada, sin intentar describir explícitamente la relación de estos elementos con el resto del sistema en uno u otro estado sincrónico, fue rechazado enérgicamente por Saussure (1966). Como un medio de hacer más preciso y adecuado el estudio de la lengua, Saussure propuso la dicotomía sincronía-diacronía como una herramienta metodológica. Según Saussure (1966, 79–80), toda ciencia debería distinguir dos ejes de referencia temporal: el eje de las simultaneidades o eje sincrónico, que representa las relaciones coexistentes en un sistema sin que intervenga el factor tiempo y el eje de la sucesiones o eje diacrónico, que incluye el factor tiempo y los cambios que afectan a uno u otro elemento de un sistema dado.

De acuerdo con esta diferenciación, Saussure propone distinguir dos ciencias del lenguaje: lingüística evolutiva o diacrónica y lingüística estática o sincrónica. La lengua, entonces, puede estudiarse en uno, dos o más períodos diferentes en forma totalmente independiente de los hechos que causaron el cambio de un período a otro. Al mismo tiempo, Saussure reconoce que es importante comprender la génesis de un estado particular de lengua, es decir, los procesos que han conducido a este estado, para poder comprender también la verdadera naturaleza de un estado sincrónico de la lengua. Aunque no estamos de acuerdo con todos los postulados saussureanos, es necesario reconocer que su concepto de la lengua como sistema estructurado de signos tuvo una consecuencia positiva en lingüística histórica, porque motivó el paso del centro de interés desde ciertos elementos aislados hacia los efectos que el cambio tiene o puede tener en la estructura de una lengua.

El principio fundamental del estructuralismo diacrónico es que el cambio se halla condicionado por el sistema lingüístico en el que tiene lugar, es decir, el condicionamiento del cambio es interno a la lengua. Así, la explicación del cambio se busca, principalmente, en la estructura interna del sistema lingüístico mismo, tomando en cuenta la existencia de espacios fonológicos más o menos amplios, de correlaciones fonológicas incompletas o en desequilibrio, etc.

Por ejemplo, se podría explicar la fricativización de /č/ (č ⇒ š) como resultado de la existencia de un desequilibrio: /č/ es el único fonema africado en español; en cambio, las fricativas /š/ y /ž/ formarían un par equilibrado. La motivación interna no es necesariamente la misma en todos los casos de cambio; se explica a veces a partir de la estructura del sistema y otras según la función que los elementos en cuestión tienen dentro del sistema.

La función tiene que ver con el rol que los elementos desempeñan en la comunicación en cuanto a facilitar el proceso cognitivo de la comprensión. En este sentido, el modelo estructuralista impone dos requisitos: (a) que los cambios no deben impedir la comprensión de los ítemes léxicos afectados, pues haría ininteligible la comunicación entre los hablantes que usan el sistema conservador y los que usan el innovado; y (b) que si la carga funcional de la oposición fonológica que puede resultar afectada es alta, es decir, si la oposición es importante en la diferenciación de un gran número de palabras muy comunes y útiles, habrá resistencia al cambio y viceversa.

En español, por ejemplo, se ha observado que la /s/ se aspira con más frecuencia en posición final de palabra, donde es usualmente morfemática (plural o inflexión verbal) y contextualmente redundante (Poplack 1979; Ranson 1991; ver Capítulo 3, sección 3.1.1). La /s/ interior de palabra tiende a no aspirarse tanto como en final de palabra, lo que podría deberse a la existencia de numerosos pares mínimos: asma-ama, costa-cota, hasta-ata, pista-pita, poste-pote, pasta-pata, pesto-peto, basta-bata, quiste-quite. Por otro lado, la oposición palatal lateral [ḷ] versus no lateral [y] no tiene carga alta, ya que hay poquísimos pares mínimos en los que esta oposición establece diferenciación (poyo-pollo, vaya-valla); por tanto, tiende a perderse más fácilmente.

Coseriu (1973), Bynon (1977) y King (1967; 1969), entre otros, presentan una discusión más detallada del modelo estructuralista diacrónico, de sus aportes y sus debilidades. No profundizamos aquí más sobre el tema ya que lo que nos interesa es entrar en la discusión del cambio según los factores externos al sistema lingüístico propiamente tal. Por esta misma razón, y además porque está aún cambiando y evolucionando, no incluimos un tercer modelo, la teoría generativo-transformatoria, a pesar de la gran importancia que este modelo teórico ha tenido en las últimas tres décadas. El lector interesado puede consultar, entre otros, Stockwell y Macaulay (1972), Bynon (1977), Lightfoot (1979) y Lass (1980).

6.2. Sociolingüística histórica

6.2.1. Introducción

Una de las aplicaciones más importantes de la sociolingüística, como lo formuló Bright (1966) en la primera conferencia de sociolingüística celebrada en 1964 en la Universidad de California en Los Angeles, ha sido en el área de la lingüística histórica. El análisis de la variación ha sido empleado en el reexamen de documentos históricos y, aun más frecuentemente y con gran éxito, en el estudio de procesos de cambio lingüístico en curso en el habla de ciertas comunidades. Parece natural que la sociolingüística pueda hacer aportes valiosos en este campo ya que es la disciplina que ha desarrollado las herramientas metodológicas necesarias para analizar la lengua como plurisistemática.

En oposición al concepto estructuralista de lengua como sistema monolítico, uniforme y homogéneo, la sociolingüística propone el concepto de sistema inherente y ordenadamente heterogéneo y variable. Como veremos, esta heterogeneidad coexistente en un sistema sincrónico dado explica de manera más adecuada el paso de un estado de lengua a otro, es decir, la diacronía. En las palabras de Weinreich, Labov y Herzog (1968, 100–101, mi traducción), "La clave para una concepción racional del cambio lingüístico—en verdad, de la lengua misma—es la posibilidad de describir la diferenciación ordenada en una lengua que está al servicio de la comunidad. . . . [E]l manejo de estructuras hetereogéneas en la lengua materna no es una cuestión de multidialectalismo o 'simple' actuación sino parte de la competencia lingüística unilingüe."

Es necesario notar, sin embargo, que ni la sociolingüística rechaza de plano las ventajas prácticas que puede tener la asunción de homogeneidad, ni la lingüística (estructural, histórica o dialectológica) niega la existencia de la variación. Romaine (1982b), por ejemplo, observa que la variación nunca ha sido ignorada por los lingüistas. La presuposición de que las lenguas y las comunidades lingüísticas son homogéneas ha respondido más bien a un principio práctico que ha permitido el planteamiento de una base descriptiva sólida y que, a su vez, ha hecho posible el desarrollo de la sociolingüística.

A diferencia del modelo estructural, que pone énfasis en los factores internos, uno de los principios básicos de la sociolingüística histórica es que **no es posible comprender el desarrollo de un cambio lingüístico**

fuera de la estructura social de la comunidad en la que ocurre. El estructuralista se refiere a las presiones del sistema; el sociolingüista, en cambio, se refiere a las presiones sociales que continuamente operan sobre la lengua.

La investigación sociolingüística ha comprobado el hecho de que ciertas diferencias en el habla de los miembros de una comunidad covarían con ciertos factores sociales y estilísticos. Este hecho sirve de base a un segundo principio: **la heterogeneidad lingüística es en sí una fuente constante de cambio**; muchos de estos cambios tienen una motivación social. En verdad, la covariación sociolingüística, que implica mayor o menor frecuencia de uso de ciertas variantes lingüísticas, es necesaria para que se produzca el cambio, que refleja el triunfo (o derrota) de una de las formas en competencia sobre las demás. Como bien lo ha resumido Gimeno Menéndez (1983, 190–91): "Variabilidad y cambio están, pues, íntimamente unidos, hasta el punto de ser las dos caras—sincrónica y diacrónica—del mismo hecho de la lengua. Ahora bien, no toda variabilidad y heterogeneidad en la estructura lingüística envuelve cambio; pero todo cambio lingüístico implica variabilidad y heterogeneidad sincrónica en la comunidad de habla."

Para la sociolingüística está claro, pues, que el estudio del cambio lingüístico debe hacerse tomando en cuenta el contexto social ya que la variación social y estilística desempeña un papel importante en el cambio. Pero la explicación del cambio lingüístico no se busca solamente en lo social, pues la causa de un cambio es siempre compleja: intervienen aspectos fisiológicos, acústicos, perceptuales y cognitivos, además de los lingüísticos y sociales.

La forma más adecuada de solucionar los problemas relacionados con el cambio es a través del estudio de los patrones de variación sincrónica existentes en una comunidad, ya que estos patrones iluminan no sólo los mecanismos de un cambio en curso sino también los de cambios ya verificados. En este sentido, Labov (1994, 21–23) supone válido el *principio del uniformitarismo,* según el cual las presiones que motivan y controlan la evolución lingüística en el presente son las mismas que actuaban en el pasado y, por tanto, pueden llegar a conocerse si se estudian procesos de cambio en marcha. Labov reconoce, sin embargo, que ciertos factores presentes ahora no existían en el pasado; por ejemplo, los medios de difusión tales como la televisión, la radio y la prensa, la alfabetización masiva, el desarrollo del vocabulario científico y el contacto entre muchas lenguas, pero plantea que su investigación no ha detectado una influencia notable de estos factores en el cambio fonético. Por el contrario, a pesar de la presencia intensa de la televisión en los hogares norteamericanos, Labov ha notado en varias oportunidades que el inglés vernáculo hablado en diversas regiones de los los Estados Unidos se diferencia fonéticamente cada día más.

6.2.2. Mecanismos y principios del cambio lingüístico

Con respecto a la evolución lingüística, la teoría sociolingüística se plantea cinco principios o problemas que subyacen a los fundamentos empíricos de la teoría: restricción, transición, inserción, evaluación y actualización.

a. La *restricción* consiste en determinar qué tipos de cambios y de condiciones para la ocurrencia del cambio son universalmente posibles.

b. La *transición* corresponde a la ruta entre dos etapas de un cambio y constituye un problema lingüístico interno.

c. La *inserción* tiene que ver con la identificación tanto de la matriz social como lingüística en la que se verifica el cambio. Es en la resolución de este problema donde el concepto de variable lingüística y los estudios de variación encuentran su más valiosa aplicación.

d. La *evaluación* consiste en identificar las actitudes subjetivas de los miembros de la comunidad hacia el cambio en marcha.

e. La *actualización*, finalmente, tiene que ver con la identificación de los factores tanto lingüísticos como sociales que motivan el cambio. La complejidad de los factores que pueden inducir la evolución lingüística hace que éste sea el problema más difícil de resolver.

Según Labov, los dos primeros problemas se podrían examinar a través del estudio de cambios ocurridos en el pasado. Los restantes pueden investigarse a través del estudio empírico de los cambios en curso. Con respecto al intrincado problema de la actualización, Weinreich, Labov y Herzog (1968) sugieren que el cambio procede de la siguiente manera: un cambio lingüístico empieza cuando una variante se generaliza en un subgrupo de una comunidad y adquiere una cierta dirección y significación social. El rasgo innovador es parte de un sistema lingüístico; por tanto, se generaliza también gradualmente a otros elementos del sistema. Esta generalización involucra la covariación de un número de cambios relacionados durante un largo período de tiempo, de tal manera que antes de que el proceso se complete, se producen normalmente cambios en la estructura social de la comunidad.

La interacción de los cambios lingüísticos y sociales explica en gran medida la complejidad de los patrones de covariación sociolingüística. El avance de la innovación puede ir acompañado de una toma de conciencia del cambio por parte de los hablantes, lo que puede llevar a la creación de un estereotipo social y, en algunos casos, a la represión del cambio. Finalmente, la completación del cambio ocurre cuando la variable en cuestión se convierte en un elemento lingüístico categórico que ha perdido además el significado social que pudo haber tenido anteriormente.

Los estudios de variación sincrónica investigan la posibilidad de cambio en lo que se denomina el *tiempo aparente*. Esto significa que el estudio compara el habla de los miembros de una comunidad estratificados en varios grupos según la edad (i.e., grupos etarios o generacionales). Si hay diferencias, se interpretan como posible resultado de un cambio en curso, porque se presupone que los patrones lingüísticos ya establecidos en la adolescencia se mantienen más o menos estables a través de la vida del individuo, de tal manera que el habla de los individuos que tienen setenta años hoy representaría la de los de veinte años cincuenta años antes y, por tanto, se puede comparar con la de los individuos que tienen veinte años hoy. Por otra parte, un estudio en el *tiempo real* compara el habla de los mismos individuos a través de varios años (estudio longitudinal) o compara el habla de una muestra de hablantes de una comunidad cada cierto número de años.

Los estudios que se realizan en el tiempo aparente pueden conducir a interpretaciones erróneas que deberían evitarse. Por ejemplo, las diferencias generacionales observadas pueden ser resultado de diferencias generacionales estables; es decir, se puede tratar de un caso de movilidad o cambio lingüístico a través de la vida de los individuos, quienes adoptan patrones diferentes de conducta lingüística según su edad. Es posible también que la variación sea un fenómeno estable, o que refleje la supresión de una innovación.

Este tipo de cambio se denomina *cambio desde arriba*, o cambio consciente, porque los hablantes son conscientes de que se trata de la supresión de un rasgo lingüístico estigmatizado. Los *cambios desde abajo*, o no conscientes, por otra parte, se difunden sin que la comunidad tenga conciencia de la innovación. " 'Arriba' y 'abajo' se refieren aquí simultáneamente a niveles de conocimiento o de ser consciente de un rasgo lingüístico y a posiciones en la jerarquía socioeconómica." (Labov 1994, 78, mi traducción). Así pues, cuando un cambio es introducido por la clase social alta dominante, se denomina también cambio desde arriba. Por el contrario, "los cambios desde abajo son cambios sistemáticos que aparecen primero en la variedad vernácula y resultan de la acción de factores lingüísticos internos." (Labov 1994, 78, mi traducción). El grupo social no tiene conciencia de estos cambios, al menos en sus etapas iniciales e intermedias.

Estos dos tipos de cambios parecen ser los que se dan en el caso de dos variables fonológicas en el español de Santiago de Chile, la velarización de /f/ y la elisión de /b/, que discutimos a continuación. Recordemos que la muestra incluye treinta y dos hablantes pertenecientes a cuatro grupos de edad y a dos niveles educacionales (A = tres años de escuela, B = doce o más años de escuela), con un número paralelo de hombres y mujeres en cada grupo.

Como ya hemos señalado, una de las variantes de (f) en el español de Chile (de hecho en todos los países hispanos) es la velar fricativa [x]. La cuantificación de la variante [x], en oposición a todas las otras posibles variantes de (f), según la edad, resulta en las correlaciones ilustradas en el diagrama 6.1.

La distribución de la variante muestra que los niños y los mayores tienen conductas similares que los diferencian de los adolescentes y adultos dentro de los grupos A y B. El diagrama 6.1 es una curva normal invertida que sugiere claramente la supresión de un rasgo estigmatizado por parte de los hablantes en los grupos intermedios. La comparación de los grupos A y B indica, además, que la educación escolar es un factor influyente, que sin

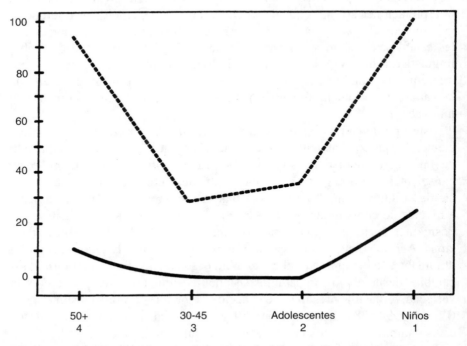

Diagrama 6.1. Correlación entre frecuencia de [x] y edad en dos niveles educacionales. Grupo A----; Grupo B ___.

duda contribuye a la estigmatización de la variante [x]. En la comunidad en cuestión, la variante [x] tiene el estatus de *estereotipo lingüístico*; es decir, la comunidad en general es consciente de sus connotaciones sociales y geográficas (caracteriza al hablante como sin instrucción y/o de procedencia rural).

Si las correlaciones ilustradas en el diagrama 6.1 muestran un cambio en curso, representa entonces un cambio desde arriba porque se trata de la supresión consciente de un rasgo estigmatizado. La variable (b), por otra parte, presenta un patrón opuesto de distribución.

Una de las variantes de (b) en posición intervocálica es cero fonético. La cuantificación de esta variante según la edad, en oposición a todas las posibles variantes de (b) en este contexto, resulta en las correlaciones ilustradas en el diagrama 6.2.

Es interesante comparar la forma de las curvas de distribución en los diagramas 6.1 y 6.2. En los dos casos la variante no estándar es más frecuente en el grupo de bajo nivel educacional, pero en el grupo A la frecuencia de cero fonético es mayor entre los adolescentes y adultos y en el grupo B es

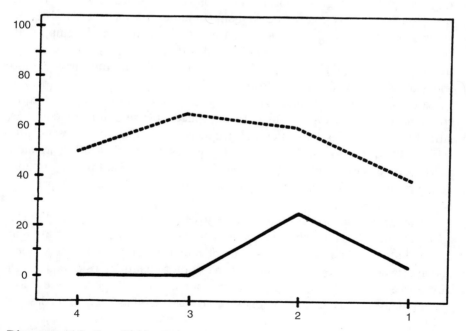

Diagrama 6.2. Correlación entre frecuencia de cero y edad en dos niveles educacionales. Grupo A----; Grupo B ___.

mayor entre los adolescentes, lo que hace que la distribución por edad adopte la forma de una curva normal para el grupo A y casi normal para el B en el diagrama 6.2; no es la curva invertida como en el caso de la velarización.

¿Qué nos pueden decir estos resultados acerca de la posibilidad de que tengamos aquí un cambio en marcha? Desgraciadamente, el nuestro es un estudio en el tiempo aparente; es decir, se estudia la distribución de las variables en diferentes grupos estratificados por edad, y no tenemos datos cuantitativos similares que nos permitan establecer la historia de la variante cero en el tiempo real.

Es bien sabido, sin embargo, que en español los procesos de fricativiza-ción y elisión de las obstruyentes sonoras en varios contextos fonológicos son fenónomenos variables de gran estabilidad a través de la historia de la lengua (Menéndez Pidal 1973). Pero, por otra parte, el aumento del porcen-taje de elisión entre los adolescentes y la estratificación por edad totalmente opuesta en comparación con la variante [x] nos permite suponer la existencia de un cambio fonológico en curso, tal como Feagin (según se cita en Labov 1981) lo ha postulado en el caso de las pasivas con *get* en inglés. El gran aumento que esta lingüista observa en el uso de pasivas con *get* (en vez de *to be* 'ser') entre los jóvenes de Alabama conduce a Labov (1981, 182, mi traducción) a afirmar que "aunque no hay confirmación en el tiempo real, existen razones internas que apoyan la idea de que éste es un cambio en curso, ya que todas las otras variables sociolingüísticas muestran el tipo opuesto de estratificación por edad."

La elisión de (b), además, no parece estar firmemente asociada con un grupo de menor prestigio social, lo que puede permitir que se continúe difundiendo entre los hablantes del grupo B. Sin embargo, no es posible predecir el futuro de este fenómeno. Hay varias posibilidades: la variación puede permanecer estable, la elisión puede seguir aumentando en la comuni-dad, o puede transformarse (o ser ya) un rasgo de identificación de grupo— en este caso, por edad.

Es evidente que los resultados de un estudio realizado en el tiempo aparente serán más confiables si se complementan con estudios en el tiempo real. Desafortunadamente, éstos son prácticamente difíciles de realizar y, en la mayoría de los casos, no contamos con estudios cuantitativos comparables llevados a cabo en épocas pasadas; así, por ahora sólo podemos esperar que algunas de las investigaciones realizadas puedan ser replicadas en el futuro.

Ahora bien, ¿qué hechos se han tomado como **indicadores de cambio en el tiempo aparente**? Se han incluido al menos los siguientes (a–f):

a. La distribución curvilínea según edad: si una variante es favorecida por grupos medios, dieciocho a cuarenta y cinco años de edad, se considera cambio en curso.

b. La distribución curvilínea según nivel socioeconómico: si una variante es favorecida por grupos medios, normalmente por el grupo bajo-alto y medio-bajo, se considera cambio en curso.

c. Una variante no sensible a diferencias de estilo, o favorecida en el estilo formal parece indicar cambio.

d. Una variante favorecida por las mujeres se considera generalmente indicio de cambio.

e. La hipercorrección, que se manifiesta en el patrón de entrecruce que resulta del uso más frecuente de una variante en el estilo formal por parte de grupos intermedios, quienes sobrepasan a los de su grupo social superior.

f. Reacciones subjetivas positivas hacia la variante innovadora por parte de los grupos que la están adoptando.

Estos hechos son muy generales y pueden presentarse de manera diferente según si la variación corresponde a variación estable, a un cambio reciente, a uno que está en una etapa intermedia de difusión, o que está ya por completarse.

La correlación con edades diferentes no es el único tipo de información sincrónica relevante. Las variables lingüísticas muestran ciertos perfiles de distribución según el sexo, el estilo, la clase social, etc., que pueden tener relación con las diferentes etapas de difusión de un cambio. Labov (1981) nota, por ejemplo, que los estudios realizados en diferentes países sugieren la existencia de tres perfiles de distribución relacionados con variables estables, etapas iniciales de un cambio y etapas finales, respectivamente.

Una *variable sociolingüística estable* muestra correlaciones regulares con la clase social, de tal manera que la frecuencia de uso de la variable estratifica a los hablantes en clases sociales (alta, media alta, media, media baja, etc.) claramente diferenciadas. Las variables estables se ordenan paralelamente con la jerarquía socioeconómica. Las prestigiosas son más frecuentes en la clase alta, en el habla femenina y en el estilo formal. Todos los grupos sociales las admiran y estereotipan las variantes con las que están en oposición. Hay autocorrección. La variable estable covaría con el estilo, ya que en el estilo formal todos los hablantes usan un mayor número de las formas asociadas con el habla de la clase alta y, en el estilo informal, ocurre lo contrario. El perfil de distribución prototípico de una variable estable podría ser como el ilustrado en el diagrama 6.3.

En el caso de las variables sociolingüísticas estables, las diferencias de clase y de estilo van usualmente acompañadas de diferencias entre mujeres

Porcentaje de
la variante
innovadora

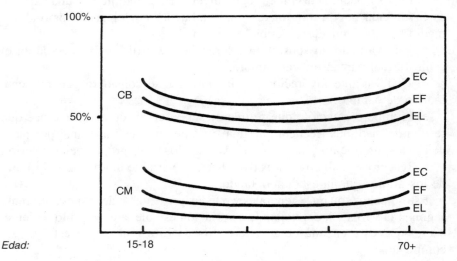

Diagrama 6.3. Prototipo de distribución de una variable sociolingüística estable.
CM = clase más alta, CB = clase más baja; EL = estilo de lectura, EF = estilo
formal; EC = estilo informal o coloquial.

y hombres: las mujeres usan con mayor frecuencia las variantes estándares,
conservadoras y/o asociadas con mayor prestigio.

Otra característica de las variables estables es que las reacciones subjetivas hacia ellas son también estables. Los miembros de los diferentes grupos
sociales estigmatizan las formas de menor prestigio y se autocorrigen en
el habla espontánea en la dirección de la variante más prestigiosa.

En las *etapas iniciales e intermedias* de un cambio en curso, la variable
covaría con clase social, sexo y/o edad, pero no con el factor estilo; es
decir, los hablantes no parecen tener aún conciencia clara del rasgo en
cuestión. La covariación se asocia con una distribución curvilínea (ver
diagramas 6.1 y 6.2) que muestra que los hablantes que encabezan el proceso
de cambio pertenecen a los grupos sociales intermedios y a los grupos de
edad entre más o menos quince y cuarenta años de edad. El perfil prototípico
de una variable en las etapas iniciales o intermedias de un cambio podría
ser el ilustrado en el diagrama 6.4. La comparación de esta distribución
con la de otras variables en la misma comunidad puede ayudar a resolver

la cuestión de la existencia o no de un cambio en curso cuando se carece de datos obtenidos en el tiempo real.

En las *etapas finales* de un cambio en curso la difusión adopta un patrón de distribución conocido como *curva S*. Los grupos más avanzados siguen avanzando con más lentitud, mientras que los otros grupos avanzan con rapidez. Para hacer este tipo de observación, sin embargo, es necesario hacer proyecciones estadísticas más o menos complejas (ver Labov 1994, Capítulo 3).

Otro de los rasgos característicos de las etapas finales de un cambio lo constituye la *hipercorrección* por parte de los hablantes de un grupo social intermedio, usualmente la clase media-baja o la clase baja-alta, quienes sobrepasan a los de su grupo social superior en la frecuencia de uso de la variante que se está extendiendo. Esta conducta lingüística se explica suponiendo que se debe a que en las situaciones en que un grupo social intermedio puede prestar gran atención a su manera de hablar, exagera el

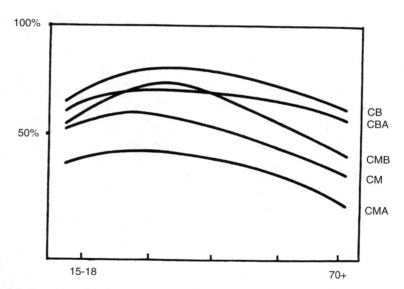

Diagrama 6.4. Prototipo de distribución de una variable en las etapas iniciales o intermedias de un cambio. CB = clase más baja, CBA = clase baja alta, CMB = clase media baja, CM = clase media, CMA = clase media alta.

uso de un rasgo de prestigio y sobrepasa incluso a los hablantes de un grupo social superior.

Uno de los ejemplos mejor conocidos de hipercorrección es el descubierto por Labov (1972a, 124–26) en su estudio de la variable (r) en Nueva York. La variante de prestigio, [r], alterna con cero, [0], en posición implosiva en palabras como *four* 'cuatro' y *sermon* 'sermón.' La distribución de [r] (ver diagrama 6.5) muestra claramente hipercorrección por parte del grupo de clase media baja en los estilos de lectura.

Se supone que la hipercorrección refleja la *inseguridad lingüística* característica de la clase media-baja, que no tiene la seguridad social de la clase media-alta y que no está lo suficientemente distante de la clase baja-alta como para sentirse segura de no ser identificada con ella. La *hipercorrección cuantitativa* debe diferenciarse de otro tipo de hipercorrección—individual—que consiste en la aplicación errónea e irregular de una regla; por

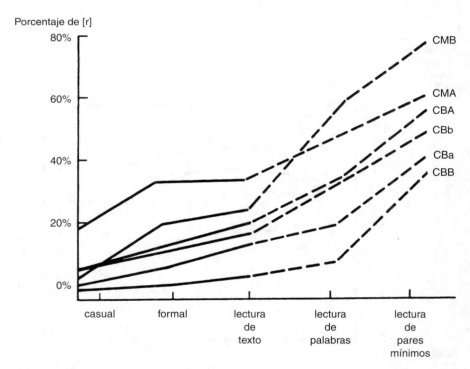

Diagrama 6.5. Modelo de hipercorrección en la distribución de [r] según la clase social y el estilo. CBB = clase baja baja, CBa = clase baja a, CBb = clase baja b, CBA = clase baja alta, CMB = clase media baja, CMA = clase media alta.

ejemplo, la inserción de [s] en morfemas que no poseen este segmento, como en el ejemplo 2, por parte de hablantes de dialectos que normalmente eliden /s/ (Terrell 1982).

    2. Dice que él viene*s* mañana.

    Un perfil de hipercorrección similar al de (r) en Nueva York es el que emerge de la cuantificación de la variable (s) en un estudio realizado por Lafford (1982) en Cartagena, Colombia. La variante sibilante, [s], aparece como un rasgo de prestigio asociado con alto status socioeconómico y sensible además al parámetro estilístico: su frecuencia de ocurrencia aumenta directamente con el grado de formalidad en los estilos. El patrón de hipercorrección se revela en el comportamiento de los grupos socioeconómicos medio y medio-alto en los contextos estilísticos C y D, y en el comportamiento del grupo medio-bajo con respecto al bajo, como ilustra el diagrama 6.6.

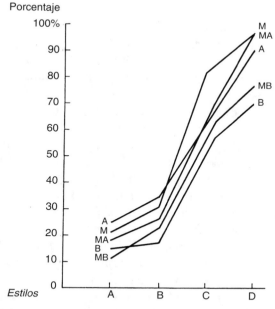

Diagrama 6.6. Distribución de [s] según el grupo socioeconómico y el estilo en Cartagena, Colombia. A = alto, MA = medio alto, M = medio, MB = medio bajo, B = bajo; A = informal, B = formal, C = lectura de texto, D = lectura de una lista de palabras.

En las etapas finales de un cambio, las reacciones subjetivas hacia el rasgo innovador tienden a ser altamente positivas, tanto en la evaluación del habla de otros hablantes como de la propia; es decir, la variante que está en vías de imponerse se considera un rasgo de prestigio o al menos no estigmatizado. La actitud opuesta podría conducir a un cambio desde arriba y a un proceso regresivo de supresión de la variante no valorizada.

Labov (1972a; 1981; 1991), en particular, ha desarrollado el marco teórico y metodológico necesario para identificar y estudiar la variación lingüística en el tiempo real o en el tiempo aparente (i.e., sincrónicamente a través de grupos de edad), demostrando así la factibilidad de verificar nuestras inferencias sobre el cambio.

En este contexto, uno de los temas más debatidos ha sido el postulado de que la variación sincrónica a través de grupos de edad, sexo y clase social pueda constituir evidencia de cambio. Ciertamente, sin información suplementaria de estudios pasados sobre el mismo fenómeno, cualquier variación identificada como cambio a partir de distribuciones diferenciales de variantes a través de grupos de edad o clase social podría corresponder también a gradación por edad (como ya hemos sugerido) o a variación estable en los diferentes grupos socioeconómicos.

La necesidad de examinar el discurso en el tiempo real ha motivado el re-examen de comunidades estudiadas doce o quince años antes (e.g., Cedergren 1988; Labov 1981; 1991; 1994, Thibault y Daveluy 1989; Thibault y Vincent 1990, que enfocan principalmente cambios fonológicos y lexicales). La hipótesis principal que motiva este tipo de investigación es que el análisis sociolingüístico del discurso producido por individuos caracterizados por diferencias sociales, de sexo y de edad, en la extensión del tiempo real, puede revelar la intersección de estos factores sociales con el cambio sintáctico (Labov 1991). Esta hipótesis requiere tanto la inclusión de dos corpus obtenidos en dos puntos en el tiempo, así como la aplicación de técnicas de análisis cuantitativo y cualitativo en la investigación propuesta.

La conducta lingüística puede seguir básicamente dos patrones. El primero es un *patrón móvil*, que implica que cambian las conductas lingüísticas a través de la vida de un individuo. Este patrón corresponde a gradación por edad ((b) en el cuadro 6.1). El segundo es un *patrón estable*, que significa que el individuo mantiene las conductas lingüísticas a través de su vida ((a) en el cuadro 6.1). Así pues, si se constata cambio según el tiempo aparente, el patrón estable individual implica que existe un cambio en curso en la sociedad estudiada. El patrón móvil, por el contrario, podría conducir a inferir erróneamente un cambio en curso.

Labov (1991) sugiere las posibilidades de relaciones entre tiempo aparente y real recogidas en el cuadro 6.1. Ya hemos explicado las relaciones (a)

Cuadro 6.1. Relaciones entre tiempo aparente y real.

	El individuo	La comunidad
(a) Estabilidad	estable	estable
(b) Gradación por edad	inestable	estable
(c) Cambio generacional	estable	inestable
(d) Cambio en la comunidad	inestable	inestable

y (b). La relación (c), cambio generacional, es típica del cambio fonológico y morfológico: se obtiene cuando el individuo "entra" a la comunidad con una frecuencia X de una variable y la mantiene a través de su vida, pero nuevas generaciones evidencian cambios en estas frecuencias y esta situación conduce a cambios en la comunidad.

El cambio en la comunidad se presenta cuando todos los miembros de una comunidad cambian sus conductas al mismo tiempo o adquieren nuevas formas simultáneamente. Labov sugiere que este patrón de relación (d) parece característico del cambio léxico y sintáctico.

Ahora bien, si los cambios sintácticos siguen un patrón individual móvil y la comunidad es también inestable, entonces serían invisibles en un estudio en el tiempo aparente. La distribución de frecuencias en diferentes edades será plana, recta, la misma, pareja. La identificación del cambio sintáctico, por tanto, será difícil. Requerirá que se utilice una combinación de dos tipos principales de investigación en el tiempo real, uno llamado *estudio de tendencia*, que involucra la obtención de muestras nuevas de hablantes en dos tiempos reales, y un *estudio de panel*, que consiste en el examen de algunos de los mismos individuos en estos dos tiempos. Que yo sepa, no se han realizado aún estudios de este tipo en el mundo hispanohablante.

De los cinco problemas que la sociolingüística se plantea en relación a la evolución lingüística, hemos visto en esta sección cómo ciertos factores que estructuran el sistema social intervienen en la transición, la inserción y la evaluación de un cambio. Nos referimos a factores tales como la edad, el sexo, el nivel de escolaridad, la clase social y el prestigio social asociado con ciertas formas lingüísticas. A continuación presentamos algunos estudios de cambios en curso en algunas variedades del español que nos permitirán ver en más detalle la relación entre variación social y evolución lingüística.

6.3. Cambios en curso en el español

En este y otros capítulos anteriores nos hemos referido a fenómenos de variación sociolingüística que parecen constituir procesos de cambio en marcha; por ejemplo, la duplicación de pronombres clíticos con un complemento directo postverbal no pronominal (especialmente en Argentina, la Comunidad Autónoma Vasca, Ecuador y Chile); los clíticos redundantes con perífrasis verbales (en Chile), el leísmo inanimado y el laísmo (especialmente en Castilla), el yeísmo en Covarrubias y la reestructuración fonológica de las obstruyentes palatales en Bahía Blanca.

De hecho, son numerosísimos los fenómenos de variación constatados en el mundo hispánico que será de gran interés estudiar usando las técnicas de investigación sociolingüística. Entre muchos otros, podemos mencionar la variación entre Pretérito Perfecto Simple y Compuesto, que en Castilla en general parece inclinarse en favor de la difusión del Compuesto a expensas del Simple, mientras que lo contrario ocurre en Argentina, Paraguay y Galicia; la variación entre Futuro perifrástico (*voy a cantar*) y morfológico o sintético (*cantaré*), que en Hispanoamérica parece ya resuelta en favor del perifrástico para referirse a situaciones futuras en la lengua hablada; la expansión de formas de Indicativo a expensas de las del Subjuntivo; la expansión de la forma de tratamiento más familiar *tú* a expensas de *usted*; una variedad de cambios que afectan el uso de los clíticos verbales (o pronombres átonos): duplicación, ausencia, leísmo, etc.; el *queísmo* y el *dequeísmo*; la pérdida de la preposición en las cláusulas relativas (*La casa 0 que vivimos no me gusta*); la variación entre *a* y *para* en frases adverbiales de lugar (*Hace un año fuimos a/para Los Angeles*, ver García 1979); y numerosos fenómenos fonéticos, además de los ya mencionados en éste y otros capítulos, tales como el debilitamiento de vocales inacentuadas (Martín Butragueño y Lastra 1999), la simplificación de grupos consonánticos, la alternancia entre [č] y [tj] (en Chile y Puerto Rico, por ejemplo, en palabras como *coche* [kóče/kótje]), etc.

Aquí, sin embargo, presentamos sólo cinco estudios de cambios en curso, seleccionados porque ilustran algunas de las metodologías aplicadas en este campo.

6.3.1. La expansión de la elisión de /s/ en Toledo

En un minucioso estudio de las variantes de /s/ implosiva en el habla de treinta y siete toledanos, Calero Fernández (1993) concluye que "el ablandamiento de /s/" está extendiéndose entre los jóvenes, que en su muestra incluyen cinco mujeres y seis varones entre los veinticinco y los treinta y cinco años. Calero Fernández examina datos recogidos en entrevistas semi-informales, no ajustadas a un cuestionario, grabadas en el domicilio o en el lugar de trabajo del hablante.

La llamada "aspiración de /s/" es un fenómeno que se remonta al menos al siglo dieciséis (Frago García 1983). A través de la historia del español, parece ser que la aspiración se ha producido en el siguiente "orden de prioridad: ante semiconsonante, ante líquida, ante nasal, ante fricativa sonora, ante fricativa sorda y oclusiva sonora por igual y, para acabar, ante oclusiva sorda." (Calero 1993, 98). Los estudios sincrónicos de la variable (s), sin embargo, no muestran una correlación exacta entre estos contextos fonéticos y porcentajes descendentes de aspiración o elisión de acuerdo al "orden de prioridad" diacrónico.

La variable (s) tiene al menos tres variantes en español, que parecen reflejar el proceso diacrónico gradual de laxitud de la sibilante implosiva, la sibilante [s], la aspirada [h] y el cero fonético (ver Capítulo 3). Entre estas dos últimas, puede darse además la asimilación a la zona articulatoria de la consonante que sigue a /s/, asimilación que no ha sido bastante estudiada. Todas estas variantes se constatan en los datos de Toledo, en los que las cuatro variantes de (s), en un total de 6.819 casos examinados por Calero (1993), alcanzan los siguientes porcentajes: 52,44 por ciento de [s], 18,96 por ciento de [h], 14,53 por ciento de variante asimilada y 14,07 por ciento de cero fonético.

Las correlaciones entre la variable (s) y factores sociales no permiten establecer una dirección clara de cambio, ya sea de mantenimiento o extensión de la variante normativa [s], o de extensión de las consideradas no normativas. Obsérvense los datos en el cuadro 6.2, adaptado de Calero (1993, 138, cuadro 18).

Aunque Calero (1993, 138) nota que el proceso de debilitamiento "comienza a extenderse, sin duda a causa del predicamento que están alcanzando algunas realizaciones meridionales admitidas en las normas andaluza y latinoamericana, donde ha penetrado incluso en las clases cultas," los datos desplegados en el cuadro 6.2 no apoyan claramente tal extensión. En verdad, los pórcentajes a través de los tres grupos según edad no son significativamente diferentes. Por otra parte, la autora observa correctamente que los fenómenos de aspiración y elisión en la capital toledana son antiguos,

Cuadro 6.2. Variantes de (s) final de palabra según edad en Toledo.

Edad	25–35	36–55	56+
Variantes			
[s]	54,1%	55,0%	47,4%
[h]	17,8%	18,4%	20,9%
asimilada	14,1%	15,1%	14,3%
[0]	14,1%	11,5%	17,4%

ya que se dan con alta frecuencia también en los hablantes de mayor edad.

La distribución de las variantes de (s) según el nivel sociocultural podría apoyar en parte la afirmación de Calero en cuanto a la extensión de las variantes debilitadas. Estas variantes son favorecidas por el estrato medio (los otros dos grupos son el medio alto y el bajo) y, de manera interesante, dentro de este estrato, mujeres y varones eliden /-s/ con frecuencias bastante similares: 16 por ciento para el sexo masculino y 12,7 por ciento para el femenino. Los resultados se presentan en el cuadro 6.3, adaptado de Calero (1993, 143, cuadro 21).

Los porcentajes de aspiración y elisión del estrato medio son superiores a los del estrato medio-alto y los porcentajes de elisión superan incluso a aquéllos del estrato bajo. Si a esto agregamos que en el grupo medio no hay gran diferencia entre habla femenina y masculina con respecto a la realización de (s), podemos sugerir con algo más de seguridad que nos encontramos frente a hechos indicadores de cambio. Recordemos que la distribución curvilínea según nivel socioeconómico se ha interpretado como "cambio en curso" cuando una variante es favorecida por grupos medios, normalmente por el grupo bajo-alto y medio-bajo.

6.3.2. El yeísmo en Covarrubias

El yeísmo se define como la convergencia de la oposición entre el fonema palatal lateral sonoro /ʎ/ y el fonema palatal fricativo sonoro /y/ en un solo fonema /y/ con varios alófonos. El yeísmo es actualmente la norma general en Hispanoamérica (excepto Bolivia y Paraguay), Andalucía, Galicia y el Centro de España. En Covarrubias, sin embargo, el yeísmo no es un fenómeno categórico. La variación que existe parece reflejar las etapas intermedias o finales de un cambio en curso. En verdad, la distribución de las

Cuadro 6.3. Variantes de (s) final de palabra según nivel sociocultural en Toledo.

Nivel	Medio-Alto	Medio	Bajo
Variantes			
[s]	66,8%	45,1%	43,0%
[h]	11,8%	22,2%	24,1%
asimilada	13,5%	13,3%	17,0%
[0]	7,9%	19,4%	15,9%

variantes [ḷ] y [y] según la edad indica claramente que la variante lateral está en vías de desaparición.

El estudio de Chapman et al. (1983) de la variable (ḷ) codificó un total de 2.535 casos, de los cuales 1.336 (53 por ciento) corresponden a [ḷ] y 1.199 (47 por ciento) a la fricativa [y] para el total de veintiséis hablantes estudiados en Covarrubias. De los 1.336 casos de [ḷ], sin embargo, 1.194 (89 por ciento) se dan en el habla de individuos de más de cuarenta años de edad.

El análisis cuantitativo consideró otros dos factores externos además de la edad: el sexo y el estilo. En relación a este último se diferenció solamente entre estilo informal y formal. Estos dos términos parecieron convenientes para distinguir la ocurrencia de la variable (ḷ) en palabras usadas durante un pasaje de la conversación que se ajustaba a la definición de habla informal dada por Labov (1972a, 85–96), por una parte, y de palabras que respondían directamente a una pregunta o que constituían nombres propios o repeticiones, por otra. El cuadro 6.4 presenta la contribución de los diferentes factores, en valores de probabilidad calculados con el programa VARBRUL.

Es evidente que los hombres en la comunidad y el estilo informal son promotores del cambio. Las mujeres muestran un comportamiento lingüístico más conservador, probablemente debido a su estilo de vida, que comparado con el de los hombres, se caracteriza por una menor movilidad y participación en la vida pública. En una comunidad que mantiene ciertos valores y tradiciones, es posible que la presión social sobre las mujeres en cuanto al uso de formas lingüísticas más "correctas" sea mayor que la ejercida sobre los hombres. De hecho, algunas mujeres expresan que sus padres les corregían su manera de pronunciar palabras como "pollo" y "gallina." En todo caso, si consideramos la dramática disminución del porcentaje de uso de la variante [ḷ] en los grupos de menor edad en relación al destino de esta variante en la mayor parte del mundo hispánico, no

Cuadro 6.4. Contribución del estilo, sexo y edad a la retención de [ḷ] en Covarrubias.

Estilo		Sexo		Edad	
Formal	,58	Mujeres	,56	[61+]	,80
Informal	,42	Hombres	,44	[41–60]	,67
				[26–40]	,28
				[13–25]	,23

parece posible dudar que el yeísmo se convertirá también en la norma en Covarrubias.

6.3.3. El yeísmo rehilado en Argentina

Esta sección resume algunas de las observaciones hechas en dos estudios sociolingüísticos realizados en la provincia de Buenos Aires a los que nos hemos referido anteriormente, el de Fontanella de Weinberg (1979) y el de Wolf y Jiménez (1979). En Buenos Aires, el fonema palatal fricativo sonoro incluye un rasgo de estridencia, conocido como "rehilamiento," por lo que el fonema se describe como prepalatal, fricativo, sonoro y rehilado y se representa con el símbolo /ž/. Las variantes más frecuentes de /ž/ en el Gran Buenos Aires son seis: (1) prepalatal, fricativa, sonora, rehilada [ž]; (2) ensordecida [ž̦]; (3) sorda [š]; (4) prepalatal, africada, sonora [ẑ]; (5) ensordecida [ẑ̦]; (6) sorda [ŝ]. De éstas, los dos estudios mencionados examinan principalmente las tres primeras y llegan a resultados muy similares en relación al papel que desempeñan los parámetros sociales en el mecanismo del cambio que implica la difusión de las variantes fricativas ensordecidas y sordas [ž̦] y [š].

Recordemos que Fontanella de Weinberg (1979) computa el promedio de uso de las tres variantes, [š, ž̦, ž], de (ž) según los índices asignados a cada una de tal manera que a medida que aumenta la incidencia de variantes ensordecidas y sordas, sube también el valor del índice (ver Capítulo 3, sección 3.2.1). Fontanella de Weinberg cuantifica las variantes según nivel educativo, edad y sexo. Wolf y Jiménez, por otra parte, cuantifican [ž̦] y [š] juntas y computan el promedio de uso de estas dos variantes en la totalidad de casos, incluyendo la variante estándar [ž] con la que alternan; es decir, porcentaje de [ž̦] + [š] sobre [ž̦] + [š] + [ž].

En una muestra de noventa hablantes de la ciudad de Buenos Aires, Wolf y Jiménez (1979) obtienen tendencias bastante similares a las obtenidas por Fontanella de Weinberg (1979) en Bahía Blanca. El ensordecimiento aparece como un fenómeno relativamente reciente y en rápido avance. Los porcentajes son muy bajos en el grupo de mayor edad (50+), con diferencias leves según la educación y el sexo. En el grupo de edad media (35–49), el cambio es claramente promovido por las mujeres y el yeísmo ensordecido se puede considerar un rasgo típicamente femenino. En el grupo más joven (18–34), sin embargo, los hombres con educación terciaria ensordecen con casi tanta frecuencia (cerca de 60 por ciento) como las mujeres.

El factor estilístico (sin considerar las tareas de lectura en el estudio de Fontanella de Weinberg), resultó no ser muy relevante en ninguno de los estudios. Importantes probaron ser el factor sexo y la edad. En ambos lugares el grupo impulsor del cambio ha sido, en una primera etapa, el integrado por las mujeres universitarias, pero luego hay una variación en el subgrupo más avanzado ya que las mujeres menores de treinta y cinco años con educación primaria sobrepasan al grupo con educación superior en el uso de variantes ensordecidas. En todo caso, el hecho de que las mujeres encabecen el proceso, seguidas ya muy de cerca por los varones universitarios, sugiere que el desarrollo de un rasgo asociado con diferenciación sexual puede llevar a la generalización de este rasgo en el grupo opuesto, esto es, a la completación de un proceso de cambio.

Wolf y Jiménez (1979) basaron su trabajo en un corpus que incluyó varios muestreos diferentes de hablantes. Uno de estos muestreos incluyó 240 estudiantes distribuidos en cuatro grupos por edad (nueve, doce, quince, y dieciocho años) y en tres grupos según la clase social, la que se determinó tomando en cuenta la educación escolar, residencia y ocupación de los padres. El cuadro 6.5 muestra los porcentajes de variantes ensordecidas.

En todos los subgrupos, las mujeres evidencian porcentajes más altos de las variantes ensordecidas. Llama la atención, sin embargo, la notoria disminución de estas variantes entre los hombres de quince y dieciocho años en las tres clases sociales, entre las mujeres de dieciocho años en las clases baja y media, y la dramática disminución, en razón inversa a la edad, entre las mujeres de la clase alta. Estos cómputos parecen indicar que la progresiva identificación de las variantes ensordecidas con el habla femenina en general, por una parte, y con el subgrupo de mujeres de bajo nivel de instrucción, por otra, pueden estar causando la contención de la difusión de las variantes ensordecidas en el habla masculina y en el habla de las

Cuadro 6.5. Porcentajes de variantes ensordecidas y sordas según edad y clase social correspondientes a 240 estudiantes.

| | Clase social | | | | | |
| | Baja | | Media | | Alta | |
Edad	V %	M %	V %	M %	V %	M %
9 años	73	75	64	83	56	85
12 años	30	86	54	94	25	63
15 años	18	96	31	88	4	36
18 años	13	84	4	74	7	13

Nota. Número de casos = 6.819. M = mujeres, V = varones.

mujeres de la clase alta tradicional. Es posible que nos encontremos aquí con el comienzo de un cambio regresivo, cambio desde arriba o consciente. De hecho, Wolf y Jiménez (1979) expresan que han detectado conciencia social hacia el cambio en un grupo de la clase alta; los jóvenes de esta clase evalúan el yeísmo sordo como característico del habla "vulgar."

En todo caso, cualquiera que sea el destino de las variantes ensordecidas, estos estudios han mostrado cuán crucial es el examen de las variables lingüísticas en su contexto social. Estudios futuros que incluyan otros parámetros, como por ejemplo la investigación sistemática de reacciones subjetivas hacia las variantes y/o que repliquen estos estudios para añadir la perspectiva del tiempo real, arrojarán sin duda más luz al problema. Pero como ha dicho Labov (1981, 196, mi traducción), "Las diferencias que se pueden desprender del estudio de variables cuantitativas en el habla cotidiana no tienen límites. La dimensión dinámica de la estructura sincrónica puede explicar mucho, y buena parte del pasado se puede reconstruir a partir del presente si examinamos éste en profundidad."

6.3.4. La extensión de *estar*

En un estudio del español de Los Angeles, Silva-Corvalán (1986 y 1994a) identificó algunos usos de la cópula verbal *estar* que parecían representar etapas más avanzadas en el desarrollo histórico del español general. Me refiero aquí a la extensión de la cópula verbal *estar* a expensas de *ser* en predicados adjetivales, ilustrada en el ejemplo 3, fenómeno que se presenta con más detalle en el Capítulo 7, sección 7.4.4.5.

3. Mi perrito está chiquito, pero bonito.

La presencia de usos similares al ilustrado en 3 en el habla de inmigrantes mexicanos en Los Angeles era indicio de que sus raíces debían encontrarse en México. Esta hipótesis ha quedado confirmada por los estudios de de Jonge (1987) y Gutiérrez (1994), que muestran que fuera de los Estados Unidos, es en México donde la extensión de *estar* parece más avanzada.

Gutiérrez estudia el uso de las cópulas verbales *ser* y *estar* en Morelia (estado de Michoacán, México) y confirma que en el habla de veintiséis individuos estudiados, *estar* ha extendido su distribución en predicados adjetivales a expensas de *ser*. La proporción de construcciones con el llamado *estar innovador* en los datos estudiados refleja una tendencia fuerte a favor de la innovación.

Como es de esperar en toda situación de cambio en curso, el uso de *estar* es variable en contextos donde la cópula prescrita es *ser*. Así pues, el mismo hablante emplea tanto *ser* como *estar* con el adjetivo *grande*, como en el ejemplo 4 (Gutiérrez 1994, 63–64, ejemplo 30), en enunciados en los que una conducta más conservadora usaría solo *ser*, considerando la regla de la lengua según la cual *ser* establece una norma de clase, mientras que *estar* establece una norma individual.

4. . . . como el camión *era* muy grande tenía asiento de sobra, . . . no, como el carro de mi hijo también *está* muy grande, . . . tiene metro y medio más grande que todos. . . .

Las dos ocurrencias de *grande* introducido por cópula verbal establecen un atributo de entidades que se comparan con una norma de clase (el concepto general que se tiene del tamaño de los camiones y de los carros), no con una norma individual (imposible para un carro o un camión, que no podemos conceptualizar cambiando de tamaño), lo que requiere que la cópula usada en ambos casos sea *ser*. El uso de *estar* es, pues, innovador en 4.

Gutiérrez identifica 1.112 casos de cópula más predicado adjetival en sus datos. De éstos, 67 por ciento corresponden a un uso esperado o estándar de *ser*, 20 por ciento a un uso estándar de *estar* y 13 por ciento a usos innovadores de *estar*. Si *estar* innovador se compara solo con *ser*, la forma en competencia, el porcentaje de innovación asciende a 16 por ciento. Los adjetivos que motivan más frecuentemente la aparición de un *estar* innovador son los de edad y tamaño: alto, chico, grande, pequeño y joven, entre otros, seguidos de cerca por los de apariencia física y descriptivos (bonito, feo, guapo). Los ejemplos 5 y 6 (Gutiérrez 1994, 80 y 121, ejemplos 41 y 45) son ilustrativos.

5. M: ¿Para vivir no te gusta . . . ? / R: . . . no, porque en primer lugar *están* muy chiquitos los departamentos en México y están muy, muy, hacen muchos condominios muy altos. . . .

6. . . . en Huandacareo que hay albercas todo eso para pasear, . . . para pasear; *está* muy *bonito* ahí, por cierto que las, no sé si ha escuchado aquí que carnitas xxx Huandacareo son muy sabrosas. . . .

La distribución de los usos innovadores de *estar* según las variables sociales incorporadas en el estudio, sexo, nivel socioeconómico y edad y la aplicación de un test de evaluación subjetiva del fenómeno, le permiten a Gutiérrez concluir que el cambio sigue avanzando en la comunidad ya que, aunque es resistido por los hablantes de niveles educativos más altos, aparece favorecido por las generaciones más jóvenes y por las mujeres. La conducta de las mujeres, en este caso, no contradice la hipótesis que plantea que éstas más que los hombres respetan con mayor frecuencia las normas de prestigio. Según Gutiérrez (1994), en la comunidad estudiada las actitudes subjetivas hacia *estar* innovador no son negativas; no parece haber conciencia clara del fenómeno. Así pues, Gutiérrez afirma que las condiciones son favorables para que el cambio siga su curso "sin que aparezcan estigmatizaciones explícitas que puedan regular el cambio de dirección o la interrupción de este proceso" (p. 132).

6.3.5. Gramaticalización en construcciones progresivas

Recordemos que la teoría de la gramaticalización (Heine et al. 1991; Hopper y Traugott 1993; Meillet 1958) postula que la lengua es un sistema dinámico en constante cambio (ver Capítulo 5, sección 5.4.2). La evolución de formas gramaticales a partir de formas léxicas, por ejemplo, constituye un proceso típico de gramaticalización, proceso que, con frecuencia, da lugar a formas polisémicas que retienen en parte o totalmente su significado original. Este postulado teórico ha sido examinado recientemente por Torres Cacoullos (1999) en su estudio de variación en el uso de diferentes verbos auxiliares o semi-auxiliares en "construcciones *-ndo*" (llamadas así porque no todas son estrictamente progresivas), como las ilustradas en 7–12, con los auxiliares *estar, andar* e *ir*.

> 7. Kristine está en su pieza tocando el piano.
> 8. Kristine está tocando el piano.
> 9. Carlos anda en México visitando a su familia.
> 10. Pepe anda contando historias todo el día.
> 11. Nicolás y Brennan se van caminando a la escuela.
> 12. Esta historia ya se va haciendo más jugosa.

Torres Cacoullos (1999) examina estas construcciones en datos del habla de la ciudad de México (UNAM 1976b). Su estudio confirma el principio de persistencia, según el cual las formas que se gramaticalizan no pierden sus significados originales, sino que agregan nuevos significados (imbricación semántica)—en este caso, significados aspectuales. En cuanto al mecanismo responsable de la gramaticalización, el análisis cuantitativo desarrollado por la autora apoya la observación de que la alta frecuencia de uso de una forma favorece su debilitamiento semántico y consecuente generalización a nuevos contextos de uso.

La distribución sincrónica de los auxiliares, que despliegan tanto diferencias como solapamientos en ciertos contextos semánticos, lleva a Torres Cacoullos (1999) a sugerir que los tres verbos estudiados han desarrollado el significado de "aspecto continuo" y *estar*, además, de "aspecto habitual." El proceso diacrónico de gramaticalización sugerido por los datos para *estar* es recogido en 13, con ejemplos ilustrativos tomados de Torres Cacoullos (1999, 27 y 41).

13. *estar*: locativo > aspecto progresivo > aspecto habitual
14. ahí estoy en la casa haciendo el quehacer. (locativo)
15. usted me está grabando. (progresivo)
16. - Y sus hijos a qué se dedican?
    - Pues uno está trabajando allá, en [ ] Seguros Atlas. . . . El otro está . . . está estudiando; y la niña está estudiando. (habitual)

La incorporación del significado de aspecto habitual (el más reciente, según la autora) parece haber sido favorecida por la frecuente coocurrencia de *estar* + *-ndo* con verbos tales como *trabajar, vivir* y *pagar cuentas*, en contextos discursivos que se refieren a situaciones características de un período relativamente largo de tiempo.

Por su parte, la gramaticalización de *ir* involucra extender su significado de "movimiento hacia un lugar" (ejemplo 11) al de indicar "aspecto progresivo" (ejemplo 12).

De manera interesante, aunque los tres auxiliares estudiados comparten el significado de aspecto continuo y pueden coocurrir con verbos de percepción, de actividad mental (e.g., *pensar* y *ver*), y de movimiento con o sin una dirección, se diferencian claramente con respecto a su probabilidad de ser usados con estas clases semánticas distintas de verbos, lo que constituye indiscutible prueba de que retienen sus significados básicos. El cuadro 6.6, traducido y adaptado de Torres (1999, cuadro 3), presenta los valores relativos (en probabilidades) obtenidos de la aplicación de VARBRUL a los datos examinados.

Además de los cambios en marcha examinados, el método cuantitativo variacionista se ha aplicado al estudio de procesos de cambio ocurridos en etapas más antiguas de la lengua, tales como el proceso de fijación de la posición de los pronombres átonos (Enrique-Arias 1993), el cambio de modo Indicativo a Subjuntivo de las formas verbales en *-ra* (Klein-Andreu 1991) y la difusión del uso de pronombres átonos correferenciales con un complemento directo o indirecto entre los siglos doce y dieciséis (Silva-Corvalán 1984c), entre muchos otros.

Cuadro 6.6. Contribución de la clase semántica del verbo principal (forma en -ndo) a la elección de auxiliar.

Auxiliar	Estar N = 338/661	Ir N = 146/632	Andar N = 89/635
Verbo principal de percepción, mental	,76	,29	,17
movimiento: sin dirección	,03		,97
con dirección	,10	,87	

La interacción entre factores lingüísticos internos y fuerzas sociales externas a la lengua en lo que Weinreich, Labov y Herzog (1968) llaman la "actualización" o "motivación" del cambio lingüístico constituye un foco central de interés y controversia en lingüística histórica y en sociolingüística. Las lenguas en contacto y el bilingüismo ofrecen un verdadero laboratorio natural para la investigación de tal interacción. Dedicamos el capítulo siguiente, por tanto, al examen de algunos fenómenos sociolingüísticos que surgen en estas situaciones de contacto y bilingüismo.

Ejercicios de reflexión

Ejercicio 1

Explique la evolución histórica de las formas de plural del Presente de Indicativo de *ser* del latín al español desde un modelo neogramático (el asterisco indica que la forma *sutis* ha sido reconstruida). Compare y contraste la regularización de *ser* en el latín hablado con la regularización que los hablantes méxicoamericanos hacen del paradigma del verbo *haber* (yo *ha*, tú has, él ha, nosotros *hamos*, ellos han).

Latín escrito	*Latín hablado*	*Español*
sumus	sumus	somos
estis	*sutis	sodes > sois
sunt	sunt	son

Ejercicio 2

Considere las siguientes situaciones y para cada una de ellas diga si se corresponderían (típicamente) con un cambio desde arriba o si por el contrario se trataría más bien de un cambio desde abajo (cada afirmación debe evaluarse independientemente de las demás).

1. Es un cambio inconsciente.

2. La gráfica muestra un patrón de entrecruce que rompe la estratificación de las clases sociales.

3. Supresión de la pronunciación de /f/ como velar fricativa [x].

4. Se trata de la eliminación de una variable estigmatizada.

5. La comunidad no tiene conciencia de la innovación.

6. Las clases altas no aceptan una innovación y empiezan a suprimirla.

7. En una gráfica de edad nos da una curva con forma de U.

8. Una de las clases medias rompe la estrificación social y muestra usos más altos de la variable en estilo informal.

9. La variable de prestigio se está imponiendo.

10. La variable que se está imponiendo está desplazando a un estereotipo lingüístico en esta comunidad.

11. En tests de autoevaluación lingüística los hablantes niegan usar la variante que se está extendiendo (aunque luego de hecho la usan).

12. Los niños y mayores usan más esta variante.

13. Hay hipercorrección.

14. Hay covariación con sexo y edad pero apenas la hay con estilo.

15. Supresión consciente de un rasgo estigmatizado.

16. Los grupos sociales intermedios se autocorrigen más que los altos en estilo formal.

17. La variable no parece estar asociada con un grupo de menor prestigio social.

18. Cambio iniciado por grupos sociales medios y grupos de edad medios.

19. Los grupos de edad intermedios usan menos esta variante.

20. Eliminación de un rasgo generalmente asociado con habla rural.

Ejercicio 3

Aplicando la teoría funcionalista del cambio a los dialectos del español en que el sonido [s] final de sílaba tiende a debilitarse, se podría predecir que la -s que desempeña una función gramatical (por ejemplo, la -s de plural en *libro-s*) se resistiría más a desaparecer que la que es tan sólo parte del material léxico, como la -s en *lunes*. Un argumento lógico para refutar la aplicación de la teoría a este caso sería argumentar que la -s final no es imprescindible para expresar el plural. ¿Qué otros elementos pueden expresar ese significado funcional? Los estudios reseñados en los Capítulos 3 y 4, ¿apoyan o refutan esta hipótesis en el caso de la -s final?

Ejercicio 4

Considere las siguientes nociones y explique brevemente: (a) si se pueden relacionar con alguno de los enfoques estudiados relativos al cambio lingüístico (por ejemplo, funcionalista o neogramático) y (b) qué relevancia tienen las nociones en cuestión a la hora de estudiar el cambio lingüístico.

1. Hipercorreción.
2. Analogía.
3. Cambio desde arriba.
4. Valor morfemático.
5. Gramaticalización.

Ejercicio 5

Explique qué relevancia tiene el estudio de cada una de las siguientes variables a la hora de estudiar el cambio lingüístico: edad, nivel socioeconómico, sexo y estilo.

— 7 —

Lenguas en contacto y bilingüismo

7.1. Cuestiones teóricas

Los estudios del cambio lingüístico han prestado mucha atención a las lenguas pidgins y criollas, a la adquisición de la lengua materna y otras lenguas y a los fenómenos lingüísticos que se desarrollan en situaciones de bilingüismo y multilingüismo. Las lenguas en desarrollo o en vías de perderse, así como también aquéllas que se mantienen en una situación de contacto, constituyen un laboratorio natural para el examen de hipótesis sobre el cambio lingüístico. Estas lenguas se caracterizan por sus rápidos y continuos cambios, los que pueden observarse en su origen y en su difusión en los sistemas lingüísticos y sociales.

Decimos que dos o más lenguas están en contacto cuando conviven en el mismo espacio geográfico y son usadas por los mismos individuos, es decir, cuando existe bilingüismo (o multilingüismo), situación en la que los hablantes bilingües constituyen el locus del contacto. Reservamos el concepto de bilingüismo para el proceso lingüístico mismo, es decir, para el uso de dos lenguas (multilingüismo sería de tres o más) por un mismo hablante, al que se denomina bilingüe.

Esta situación sociolingüística es una de las más favorables al cambio, ya sea por el gran número de préstamos que se dan entre las lenguas involucradas o por el fenómeno de *interferencia* o *transferencia*. Hablamos de transferencia lingüística o de interferencia cuando una lengua exhibe diferencias o desviaciones de la norma lingüística monolingüe que corresponden, en cambio, a estructuras existentes en la lengua de contacto. Es el individuo el que transfiere de una lengua a otra. Diferenciamos aquí entre transferencia e interferencia según la estabilidad del elemento foráneo en la lengua que lo recibe (i.e., lengua receptora). La interferencia es pasajera, inestable, ocasional. La transferencia, en cambio, corresponde a elementos transferidos de una lengua a otra que se mantienen en forma más o menos estable en la lengua receptora. (Veremos más adelante que estas definiciones no son universalmente compartidas.)

Al lingüista le interesan los fenómenos lingüísticos característicos de una situación de bilingüismo social. Especifico que se trata de *bilingüismo social* o *de la sociedad*, pues casi con certeza podemos predecir que estos fenómenos no tienen por qué ser característicos de otras situaciones de bilingüismo, como el bilingüismo individual y el bilingüismo de grupo o de élite. El bilingüismo social es el que existe cuando grupos numerosos de individuos hablan dos lenguas, mientras que el bilingüismo de grupo está limitado a un grupo pequeño de individuos, definido como grupo ya sea por lazos familiares o de trabajo. Aun más, en esta situación de bilingüismo social, considero bilingüe a un individuo que tiene un cierto grado de competencia en el uso de dos lenguas como vehículos de comunicación, sin que este grado de competencia tenga necesariamente que ser igual al que posee un hablante de la variedad estándar de las lenguas en cuestión. El nivel de competencia mínimo que se podría identificar como definitorio de lo que se requiere para ser considerado bilingüe no es, en mi opinión, importante. Por el contrario, considero importante y necesario identificar y definir diferentes niveles de competencia bilingüe y establecer los factores sociales que puedan explicarlos.

La complejidad de las comunidades bilingües o multilingües explica la existencia de lo que podemos llamar *un continuo bilingüe*, que va desde una variedad estándar o no reducida a una *emblemática* y viceversa en la otra lengua, dependiendo del mayor o menor conocimiento que el bilingüe tenga de las dos lenguas. Esta complejidad explica además los numerosos casos de *bilingüismo cíclico* que se constatan. Este concepto se refiere al hecho de que un bilingüe puede pasar por ciclos de expansión y reducción de su competencia en una de las lenguas involucradas. Estos lectos individuales no corresponden a dicotomías fijas del tipo bilingüe equilibrado-desequilibrado, o compuesto-coordinado. Por el contrario, los lectos individuales representan una amplia gama de niveles *dinámicos* de competencia en la lengua subordinada; es decir, es en principio posible que un individuo se mueva o esté moviéndose hacia uno u otro extremo del continuo en cualquier momento sincrónico de su vida.

En el caso del bilingüismo español-inglés en Los Angeles, por ejemplo, un niño bilingüe puede llegar a perder gran parte de su competencia en español como resultado de su escolarización exclusivamente en inglés. A este período le puede seguir otro de recuperación del español en la adolescencia si la lengua minoritaria se convierte en símbolo étnico o por otras razones. El bilingüe cíclico tiene por lo general un nivel de competencia latente que es relativamente más fácil de activar en comparación con un individuo que nunca ha pasado por una etapa anterior de bilingüismo.

Las situaciones de bilingüismo social son complejas y dan lugar al desarrollo de cuestiones lingüísticas también muy complejas, que han sido el foco de atención de disciplinas tales como la psicología, la educación, la sociología, la política y, obviamente, la lingüística. Es bien conocida la relación entre política y cuestiones relacionadas con el bilingüismo en, por ejemplo, Canadá (entre anglo-parlantes y franco-parlantes), los Estados Unidos (chino, español, alemán, etc. e inglés), Bélgica (francés y flamenco), España (donde las autonomías regionales se apoyan, entre otros factores, en la existencia de lenguas diferentes: gallego, euskera o vascuence y catalán).

Para el lingüista, sin embargo, la preocupación central la constituye la relación estructural entre las lenguas en contacto y la forma y extensión del impacto que este contacto puede tener en las lenguas en cuestión. Pero los lingüistas no han dejado de lado el estudio de factores extra-lingüísticos; por ejemplo, las actitudes subjetivas hacia las lenguas y sus hablantes, el tiempo y la extensión del contacto entre las lenguas, la funcionalidad de estas lenguas como medios de comunicación en diferentes dominios de uso, el valor que pueden tener como identificadores étnicos, las políticas de planificación lingüística y su implementación a través del sistema educativo, etc. (Pedraza 1985). Todos estos factores contribuyen a determinar el mantenimiento de una lengua o su reemplazo paulatino por la lengua de contacto que goza de mayor prestigio social o de mayor funcionalidad y merecen ser examinados detenidamente.

Podemos empezar por preguntarnos, entonces, qué intereses motivan los estudios lingüísticos de lenguas en contacto y de qué manera éstos contribuyen al avance de la teoría lingüística. Es posible, por supuesto, aplicar en la práctica estudios descriptivos de las lenguas en contacto en educación, en traducción e interpretación, en el tratamiento de problemas de comprensión y producción de una lengua y en muchos otros campos.

Con respecto a la teoría lingüística, las preguntas centrales que han motivado una serie de estudios en los últimos veinte a treinta años han sido, por una parte, la necesidad de desarrollar un modelo adecuado para la descripción de la competencia bilingüe y, por otra, el problema de la permeabilidad de los sistemas lingüísticos; es decir, preguntas tales como: ¿Puede una lengua influir directamente sobre otra? ¿Son todos los niveles de lengua, fonético, morfológico, léxico y sintáctico, igualmente permeables? ¿Son los cambios experimentados por las lenguas en contacto resultado de esta permeabilidad o transferencia, o son resultado de evoluciones autónomas, motivadas por el sistema mismo de la lengua en cuestión? A través del estudio de los cambios que pueden afectar a una lengua y del papel que desempeña la lengua de contacto en la promoción de estos cambios, se espera contribuir a nuestro conocimiento del cambio lingüístico y responder a tales cuestiones como ¿Qué cambios lingüísticos son posibles, cómo cambian las lenguas y cómo se difunden los cambios tanto en el sistema lingüístico como en el social?

De gran interés es la observación de que algunos de los fenómenos característicos del bilingüismo y el multilingüismo—la *simplificación*, la *hipergeneralización*, la *transferencia*, el *análisis*, la *convergencia* y el *intercambio de códigos*—se constatan también en diferentes situaciones de estrés lingüístico. Esta observación ha motivado el desarrollo de las correspondientes teorías (e.g., teoría de la transferencia y teoría sobre la simplificación), que serían válidas para todas estas situaciones (e.g., adquisición de una primera (L1) o una segunda lengua (L2), pidginización o pérdida de lengua).

Con respecto al bilingüismo social, parece acertado proponer una explicación basada en la psicología cognitiva, que nos lleva a proponer una hipótesis general según la cual en situaciones de contacto de lenguas los bilingües desarrollan diversas estrategias con el propósito de hacer más liviana la carga cognitiva que implica recordar y usar dos o más sistemas lingüísticos diferentes. Estas estrategias incluyen, entre otras:

a. la simplificación de categorías gramaticales, de oposiciones léxicas y fonológicas y de diferencias fonéticas;

b. el desarrollo de construcciones perifrásticas (análisis), ya sea para lograr regularidad paradigmática o para reemplazar formas que son semánticamente menos transparentes;

c. la transferencia de ítemes léxicos, de rasgos fonéticos, de estructuras sintácticas y de funciones pragmáticas;

d. la hipergeneralización de formas lingüísticas, siguiendo con frecuencia un patrón de regularización; y

e. el intercambio de códigos.

Estas estrategias psicolingüísticas obviamente producen cambios más o menos masivos en las lenguas en cuestión. Los cambios se ven favorecidos, además,

a. por la ausencia de presiones normativistas cuando el nivel de educación formal en una u otra de las lenguas es bajo;

b. por restricciones en la extensión de los usos o dominios de comunicación de una de las lenguas, que influyen directamente sobre el nivel de competencia bilingüe de los hablantes y la frecuencia de uso de las lenguas;

c. por las políticas lingüísticas positivas o negativas hacia las lenguas involucradas; y

d. por las actitudes positivas o negativas de los individuos hacia las lenguas en cuestión.

Los investigadores aún no han podido llegar a un acuerdo sobre lo que significa *simplificación*. En verdad, Ferguson (1982, 58, mi traducción) ha señalado que "las nociones de 'simplicidad' y 'simplificación' están entre

los conceptos más vagamente usados en la caracterización de una lengua."
Sin embargo, agrega que a pesar de esta dificultad, existe acuerdo general
sobre lo que en realidad constituye simplificación lingüística. Simplificación
incluye, por ejemplo, la reducción del inventario de formas lingüísticas, del
alcance semántico o de las funciones de la lengua, y la eliminación de
estructuras alternativas en ciertos niveles (Ferguson 1982, 59).

En un trabajo anterior (Silva-Corvalán 1994a), he propuesto considerar
la simplificación como un proceso. Así pues, defino la *simplificación* como
un proceso complejo que implica también *generalización*, en cuanto a que
una forma dada se está extendiendo a un número cada vez mayor de
contextos. La simplificación, entonces, supone la *extensión* o mayor frecuencia de uso de una forma X en un contexto Y (i.e., generalización) a expensas
de una forma Z, usualmente en competencia con y semánticamente similar
a X, en circunstancias en que tanto X como Z existían en la lengua en
cuestión antes del comienzo del contacto con otra lengua. Mientras la forma
X se extiende, la forma Z *se contrae o reduce*. El resultado final de la
simplificación es la *pérdida* de formas, i.e., *un sistema simplificado* con
menos formas, y posiblemente, aunque no necesariamente, la pérdida de
significados.

Esta definición de simplificación parece corresponder a la noción de
hipergeneralización (cf. Preston 1982; Silva-Corvalán 1994a) como el uso
más extenso de una forma de lo que se esperaría en el uso diario. La única
diferencia es que la simplificación se refiere explícitamente a contracción
o reducción—esto es, al uso menos frecuente de una forma más o menos
alternativa—y la hipergeneralización no. Además, esta última puede afectar
contextos donde no existe una forma con la que podría haber competición,
i.e., donde podemos tener XY extendiéndose a X0 o viceversa (e.g., 0 +
V_i —» *se* + V_i). Un término relacionado es *regularización*, el que uso para
referirme a esos casos donde las formas extendidas o hipergeneralizadas
son aquéllas que tienen una distribución estructural más amplia en la lengua
en cuestión.

Sin lugar a dudas, la noción de *transferencia* es también controvertible.
Puede ser definida simplemente como la incorporación de rasgos de un
idioma a otro, con una consecuente reestructuración de los subsistemas
involucrados (Weinreich 1974). Sin embargo, el problema es que la transferencia no léxica es muy difícil de comprobar. Aun así, consideramos que
puede haber ocurrido transferencia siempre que uno o más de los fenómenos
siguientes aparezcan en los datos:

a. el reemplazo de una forma en la lengua S con una forma de la lengua
F, o la incorporación de una forma (con o sin su significado asociado) de

la lengua F a la lengua S, forma antes ausente en S (lo que en la literatura se denomina usualmente *préstamo*);

b. la incorporación del significado de una forma R de la lengua F, que puede ser parte del significado de una forma P en S, a otra forma, estructuralmente similar a R, en el sistema S;

c. el uso mucho más frecuente de una forma en la lengua S, determinado a partir de una comparación con normas más conservadoras en la misma comunidad (cf. Klein-Andreu 1986; Mougeon et al. 1985; Silva-Corvalán 1986), en contextos donde una forma parcialmente correspondiente en la lengua F se usa ya sea categóricamente o preferencialmente; y

d. la pérdida de una forma en la lengua S, que no tiene una forma exactamente correspondiente en el sistema F (cf. "omisión o eliminación" de categorías obligatorias propuesta por Weinreich 1974).

En un sentido amplio, se puede hablar de transferencia entre dos lenguas diferentes, dos dialectos de una lengua, o dos variedades del mismo dialecto. Las consecuencias que la transferencia puede tener en los sistemas lingüísticos en contacto y los mecanismos que permiten y propagan los rasgos transferidos constituyen un continuo e importante objeto de estudio para el sociolingüista.

Aunque la transferencia puede resultar en *convergencia*, no es la única causa de este fenómeno, que se define como el logro de similitud estructural en un aspecto dado de la gramática de dos o más lenguas, los que se supone que eran en este sentido diferentes al iniciarse el contacto.

Esta tendencia a igualar estructuralmente las lenguas en contacto se ha observado ya en numerosas situaciones. Entre otras, quizá la más conocida sea la discutida por Gumperz y Wilson (1977), que concierne tres lenguas en contacto en una región de la India (Marathi, Kannada y Urdu). Gumperz y Wilson proponen que la convergencia gramatical entre estas tres lenguas se ha producido como resultado de la necesidad de alternarlas frecuentemente en la comunicación diaria. Esta alternancia se denomina *intercambio de códigos* y se define generalmente como el uso alternado de dos lenguas por el mismo hablante en un hecho de habla.

En realidad, la convergencia puede también ser el resultado de cambios motivados internamente en uno de los idiomas, muy posiblemente *acelerados* por el contacto más bien que consecuencia de una influencia interlingüística directa (Silva-Corvalán 1986).

Decimos que un cambio en un idioma L se ha *acelerado* en la lengua de un grupo X cuando tanto el número de tipos de contexto (a diferencia de los casos o ejemplos de un mismo contexto) como la frecuencia de uso de la innovación en un recuento de casos en los varios contextos son más elevados comparados con un grupo Y de edad más avanzada en la misma comunidad de habla del grupo X y, a su vez, este incremento es más elevado que cualquier aumento posible que se pueda identificar en el habla de un grupo P, comparado con un grupo Q de edad más avanzada en la misma comunidad de habla de P. Obviamente, X, Y, P y Q comparten el mismo idioma L.

Esta definición de aceleración está basada en la suposición de que la variación asociada con cambios lingüísticos y observada en el tiempo aparente (ver Capítulo 6), i.e., a través de las generaciones y, de manera crucial, a través del continuo bilingüe en el caso del contacto de lenguas, puede reflejar etapas de difusión en el tiempo real.

El *análisis* es el proceso que subyace al uso preferencial o a la creación de construcciones analíticas o perifrásticas, en oposición a las sintéticas. Esto explica, por ejemplo, el uso mucho más frecuente de las formas perifrásticas de Futuro y Condicional (*ir a* + Inf.) en lugar de las sintéticas correspondientes (*-rá, -ría*) en todas las variedades orales del español.

Al menos tres de los procesos definidos arriba, la simplificación, la hipergeneralización, y el análisis, que son también característicos de los cambios en lenguas no reducidas, pueden explicarse en relación a factores cognitivos e intralingüísticos (ver Silva-Corvalán 1994a), lo que pondría fin a la controversia sobre la permeabilidad de un sistema lingüístico a influencia foránea directa. Pero aunque así fuera, no se puede negar que el contacto lingüístico intenso constituye un poderoso promotor externo del cambio lingüístico.

Thomason (1986) y Thomason y Kaufman (1988) han propuesto una diferenciación importante entre dos tipos de cambios que se producen en situaciones de contacto, *interferencia* y *préstamo*, que reciben nuevas definiciones en el contexto del trabajo de estos autores. La *interferencia* afecta la lengua meta y surge en situaciones de *desplazamiento* de lengua ('language shift'), como resultado del aprendizaje incompleto de la lengua meta (por ejemplo, interferencias del español en el inglés en los Estados Unidos, del quechua en el español o del náhuatl en el español). En el caso de desplazamiento se espera que ocurra interferencia estructural (fonológica, morfológica y sintáctica), pero pocos o ningún préstamo afectarían la lengua meta.

El *préstamo* ('borrowing') se define como la incorporación de rasgos en la lengua nativa en situaciones de *mantenimiento* de esta lengua. En este caso se espera que ocurran principalmente préstamos léxicos ('loanwords'), con interferencia estructural (fonológica, morfológica y sintáctica) después "de un largo período de tiempo" (Thomason y Kaufman 1988, 50).

Es posible que en situaciones de mantenimiento haya también desplazamiento de algunos hablantes hacia la lengua no nativa; así pues, pueden darse tanto interferencia como préstamos en la lengua meta. Por ejemplo, el desplazamiento hacia el inglés por parte de grupos numerosos de hablantes en los Estados Unidos puede haber resultado no sólo en interferencias sino también en préstamos del español en el inglés de los hispanos. No diremos nada aquí sobre esta posible variedad de inglés.

Por otro lado, el bilingüismo cíclico abre las puertas a una situación poco clara en cuanto a la taxonomía *interferencia* versus *préstamo* propuesta por Thomason y Kaufman (1988), ya que podemos considerar que el español se convierte en algún momento en lengua meta, que puede ser re-adquirida de manera incompleta, y ser por tanto susceptible a interferencias del inglés. En una situación de este tipo, de acuerdo con la hipótesis de Thomason y Kaufman, se esperaría encontrar tanto préstamos como interferencias estructurales en la lengua nativa, el español en nuestro caso. Los autores defienden que "mientras más intensa sea la situación de contacto, más probable es que ocurra préstamo estructural masivo" (Thomason y Kaufman, 67, mi traducción).

Sin embargo, mis estudios y otros similares de contacto actual indican que aun en condiciones de intenso contacto y fuertes presiones culturales e ideológicas, los hablantes de una lengua minoritaria simplifican o generalizan ciertas reglas gramaticales, pero no introducen elementos que causen cambios radicales en la estructura de esta lengua.

Creo que podemos decir sin posibilidad de equivocarnos, que los fenómenos característicos del contacto de lenguas—tales como la simplificación de categorías gramaticales y oposiciones léxicas, el desarrollo de construcciones perifrásticas, y la transferencia de ítemes léxicos y de funciones pragmáticas—pueden ser considerados estrategias psicolingüísticas dirigidas a facilitar la fluidez de la comunicación. Estas estrategias pueden obviamente producir cambios más o menos masivos, moldeados en parte por la estructura de las lenguas en cuestión. Sin embargo, los paralelos identificados a través de situaciones y lenguas diferentes nos llevan a proponer que existen principios universales de desarrollo y de simplificación lingüística que determinan la posible permeabilidad de los sistemas lingüísticos. Mis estudios me han llevado a apoyar al menos tres principios, que he llamado de *generalidad*, de *distancia*, y de *transparencia semántica* (ver sección 7.4.5).

Las estrategias mencionadas facilitan, entonces, el mantenimiento de la lengua minoritaria, concurren a hacer más eficiente la comunicación y responden, como ha propuesto Thomason (1986, 250), a los mismos factores que permiten considerar como naturales aquellos cambios internos que simplifican la gramática de una lengua, vale decir, "facilidad de percepción, facilidad de producción y facilidad general de aprendizaje" (mi traducción).

El examen de sistemas gramaticales en situaciones de estrés lingüístico tiene además por objeto revelar cuáles son las funciones básicas o primarias de los elementos o categorías gramaticales. Por ejemplo, se ha discutido bastante si acaso la morfología verbal marca primariamente tiempo o aspecto y se espera poder afirmar, una vez encontrada la respuesta, cuál de las dos categorías gramaticales es más básica o importante en el lenguaje humano. Basado en estudios del inglés en contacto con otras lenguas en Hawaii y en la Guayana Inglesa, por ejemplo, Bickerton (1975) postula que el aspecto es más básico que el tiempo. Aun más, Bickerton afirma que las oposiciones aspectuales puntual/no-puntual y estado versus proceso están dadas genéticamente, en sus propias palabras, *bioprogrammed* ('bioprogramadas') (Bickerton 1981).

Los cambios identificados en el español de Los Angeles apoyan la importancia de la oposición aspectual estado versus actividad en cuanto a que los bilingües con menor dominio del español a menudo usan los verbos estativos solamente en el tiempo Imperfecto, aunque el discurso requiera el uso del Pretérito, diferenciando así verbos con aspecto léxico imperfectivo o estativo de verbos con aspecto léxico perfectivo o dinámico (Silva-Corvalán 1994a). Pero esta situación de reducción del español en contacto con el inglés, en la que los hablantes consideran necesario marcar que un hecho es pasado, opuesto a tiempo presente, pero no consideran necesario marcar morfológicamente el aspecto verbal (imperfectivo vs. perfectivo) indicaría más bien que el tiempo, como categoría gramatical, es más básico que el aspecto.

Es fácil ver, entonces, que el fenómeno de las lenguas en contacto y sus consecuencias lingüísticas deben estudiarse dentro de un marco psicológico y sociocultural para poder comprender su desarrollo y ramificaciones. Esto es así porque un análisis puramente lingüístico puede ser insuficiente para explicar por qué la transferencia ocurre en ciertas áreas de la lengua y no en otras, y por qué se suprime o se extiende al habla monolingüe hasta constituir parte de la norma de todos los hablantes, sean o no bilingües.

El contacto lingüístico es en verdad una expresión más del contacto cultural. La transferencia y la convergencia reflejan un proceso de difusión cultural o aculturación. Es en situaciones donde dos culturas se hayan en contacto directo en una misma área geográfica donde se presentan más clara e intensamente los casos de transferencia lingüística.

A través de la historia, el español ha entrado en contacto con muchas lenguas y culturas y ha dejado una huella lingüística clara, por ejemplo, en las Filipinas y en el Caribe, donde ha servido de base para el desarrollo de lenguas pidgins y criollas; en Hispanoamérica, donde el español se impuso como lengua oficial, pero el contacto con diversas lenguas indígenas (e.g., guaraní en Paraguay, quechua en Perú, Ecuador y Bolivia, lenguas utoaztecas en México) ha dado lugar a variaciones diatópicas; y en España, donde el contacto con el euskera, el gallego y el catalán se refleja también en ciertos rasgos característicos del español hablado en las zonas bilingües. Y más recientemente, la conquista del suroeste de los Estados Unidos por hablantes de inglés y la inmigración masiva de hispanoamericanos a los Estados Unidos ha dado lugar a una situación de contacto entre el inglés y el español en la que, a diferencia de los ejemplos dados arriba, el español no es la lengua oficial ni se asocia con grupos de prestigio socio-político-cultural. Tomando en cuenta los factores psicosociales asociados con estos dos tipos de situaciones de lenguas en contacto, podemos predecir que el impacto del español sobre el inglés será mínimo comparado con el que el español ha tenido en otras situaciones de contacto.

Las situaciones de bilingüismo o multilingüismo *intenso* (uso frecuente de dos o más lenguas), *extenso* (número elevado de bilingües) y *estable* (en que las dos lenguas han existido paralelamente por largo tiempo y ninguna parece estar en vías de caer en desuso) son comunes. Es difícil identificar un país como estrictamente monolingüe, aunque Portugal parece ser un ejemplo. Veamos algunos países donde se hablan dos o más lenguas (en muchos casos más lenguas de las mencionadas abajo).

España:	castellano, catalán, euskera o vasco, gallego
México:	español, nahua o náhuatl, maya yucateco
Paraguay:	español, guaraní
Perú:	español, quechua
Guatemala:	español, lenguas mayas
Estados Unidos:	español, chino, tagalo, inglés
Canadá:	inglés, francés
Gales:	inglés, galés
Suiza:	francés, alemán suizo, italiano, retorromano
Bélgica:	francés, holandés flamenco
Suecia:	sueco, finlandés
Inglaterra:	inglés, paquistano
Francia:	francés, bretón
Rumania:	rumano, húngaro
Uganda:	lugandés, swahili, inglés
India:	hindú, tamil, inglés
Filipinas:	tagalo, ilocano, inglés, español

Si los dominios de uso de cada una de las lenguas están claramente delimitados—por ejemplo, lengua A se usa en el hogar y con los amigos más íntimos, lengua B se usa en todos los demás dominios (escuela, trabajo, lugares públicos, etc.)—nos encontramos con una situación de *diglosia*.

El concepto de *diglosia* fue introducido por Ferguson (1959) para describir la situación que se encuentra en lugares como Grecia, el mundo árabe en general, Suiza y Haití. En estas sociedades existen dos variedades distintas de la misma lengua, una que se usa sólo en ocasiones formales y públicas y otra que es usada por todos los miembros de la sociedad en las situaciones usuales de la vida diaria. Por ejemplo, en una comunidad diglósica árabe, la comunicación en el hogar y en las actividades cotidianas se desarrolla en una variedad de árabe coloquial. En ocasiones formales (discursos públicos, sermones religiosos) se requiere el uso de un árabe más clásico y conservador, una variedad tan diferente de la lengua vernácula que se hace necesario enseñarla en la escuela como si fuera una lengua extranjera.

El rasgo más característico de una situación diglósica es la especialización funcional de las dos variedades, que comprenden una variedad estándar *alta* y una variedad estándar *baja*. Aunque la función de estas variedades varía de una comunidad a otra, en general la variedad alta se usa en los discursos políticos, sermones religiosos, conferencias, radio y televisión, editoriales periodísticos, y en la literatura más selecta. La variedad baja, por otra parte, es empleada por todos los grupos sociales como el medio de comunicación usual en la vida diaria. Ejemplos de comunidades lingüísticas diglósicas son:

	Alto	*Bajo*
griego	katharevousa	dhimotiki
árabe	clásico	coloquial
tamil	literario	coloquial
alemán suizo	alemán alto	alemán suizo

Algunos autores han extendido el término *diglosia* para referirse al uso diglósico de dos lenguas completamente diferentes (Fishman 1971), como, por ejemplo, el español y el guaraní en Paraguay, donde más del cincuenta por ciento de la población es bilingüe en guaraní y en español (hay también un buen número de monolingües en guaraní, especialmente en zonas rurales, y de monolingües en español en zonas urbanas). Para un porcentaje considerable de la población, el guaraní es la lengua vernácula y la mayoría continúa usando esta lengua aun depués de haber aprendido español. Tanto el guaraní como el español son lenguas oficiales, pero éste puede considerarse la variedad alta y el guaraní la baja de acuerdo con su uso especializado en diferentes dominios.

Así también, Tovar (1982, 13–22) establece que la pluralidad lingüística en España ha sido considerada un caso de diglosia entre las lenguas de unidades autonómicas y la estatal. Este enfoque es confirmado por la definición de diglosia dada por Siguán (1982, 35–53): "Situaciones que resultan de un proceso de expansión o de unificación política, por el que una lengua se superpone a otra hablada en un territorio determinado. El que la lengua superpuesta sea solidaria del poder político y social y disfrute eventualmente de un mayor prestigio cultural produce un desequilibrio entre las dos lenguas, que conocemos con el nombre 'diglossia.' "

Pero la situación diglósica en España ha ido desapareciendo en los últimos veinte años. Las lenguas de las comunidades autonómicas comparten funciones públicas con el español, se usan en la televisión, en el gobierno, en las escuelas y universidades y en diarios, revistas y libros. Es una consecuencia natural, nos parece, de los procesos de desarrollo de una variedad estándar de cada una de estas lenguas regionales.

Podemos aceptar la extensión del concepto de diglosia a situaciones de bilingüismo en las que cada lengua tiene una función específica. No es recomendable, sin embargo, extender el concepto de tal manera que abarque cualquier comunidad en la que se empleen dos o más variedades en diferentes circunstancias ya que perdería totalmente el valor que tiene en sociolingüística como término clasificatorio de ciertas comunidades. Es sabido que el repertorio lingüístico de toda comunidad incluye por lo menos diferentes estilos del mismo dialecto (informal, formal, etc.) que se usan en distintas circunstancias; también puede incluir diferentes registros, como por ejemplo el registro didáctico, el del comentario deportivo y el legal. Sin embargo, preferimos referirnos a estas situaciones, características de toda comunidad, como instancias de variación socioestilística general.

Es posible que en una situación diglósica, caracterizada por la extrema especialización situacional y/o temática de cada lengua, la transferencia de rasgos lingüísticos no sea un fenómeno tan frecuente como en situaciones de bilingüismo no diglósico. Por ejemplo, el reconocimiento del francés y el inglés como lenguas oficiales en Canadá y el gran número de hablantes de inglés y español en algunos estados de los Estados Unidos conduce al uso de las dos lenguas sin restricciones temáticas ni de dominio situacional: las dos cumplen funciones públicas y privadas. En estos casos, no se puede hablar fácilmente de una situación diglósica.

Este contexto no diglósico favorece el contacto continuo de las dos lenguas, los consecuentes fenómenos de transferencia lingüística y el intercambio de códigos, fenómenos a los que nos referimos más adelante. Se predice que en estas comunidades bilingües no diglósicas, sin embargo, la lengua minoritaria se encuentra en mayor peligro de desaparecer que en aquellas comunidades donde su uso es exigido en un cierto número de dominios.

7.2. Tipos de transferencia

7.2.1. Transferencia fonológica

La transferencia de rasgos lingüísticos puede ser relativamente *temporal*, por ejemplo durante el proceso de aprendizaje de una segunda lengua o una etapa en la adquisición de competencia nativa, o *permanente*, es decir, los rasgos transferidos pasan a ser una variable o una característica categórica del sistema de la lengua que los recibe. Estas características se encuentran, por lo tanto, incluso en el habla monolingüe.

La transferencia lingüística puede darse en todos los subsistemas de una lengua: fonológico, morfológico, sintáctico, léxico, semántico y pragmático. Sin embargo, los tipos más frecuentes de transferencia no afectan el sistema básico de oposiciones, sino más bien aspectos fonéticos, léxicos y pragmáticos.

En el nivel de descripción fonológica, por ejemplo, podemos identificar un hablante bidialectal andaluz-castellano que posea dos sistemas fonémicos, uno en el que /θ/ es un fonema que establece diferencias entre *casa* /kása/ y *caza* /káθa/ y otro en el que /θ/ no existe como fonema y *casa-caza* son homónimos /kása/. El contacto entre estos dos sistemas podría conducir también al desarrollo de un sistema en el que [θ] y [s] son alófonos de un mismo fonema, digamos /s/. ¿Posee este hablante bidialectal, entonces, un solo sistema en el que [θ] y [s] alternan como alófonos, o es éste un tercer sistema que coexiste con los otros dos sistemas dialectales?

La misma pregunta, interesante desde un punto de vista teórico, se puede postular en relación al hablante bilingüe. Tomemos el caso del inglés y el español con respecto a las unidades /č/ y /š/. Estas unidades tienen valor fonémico en inglés (*chin* /čɪn/ 'mentón,' *shin* /šɪn/ 'pantorilla') y alofónico en español (china [čína/šína]). Los hablantes bilingües transfieren este valor alofónico al inglés y esto resulta en un sistema mezclado en el que /č/ y /š/ no aparecen claramente diferenciados como fonemas (ver estudios de Bills 1977; Jaramillo y Bills 1982; Wald 1981). Este tipo de transferencia fonológica representa un caso de *fusión* o *subdiferenciación fonémica*, que significa la unión de dos sonidos del sistema secundario ([č-š] o [θ-s]) de tal manera que se fusionan en un solo fonema, debido a que en el sistema primario estos sonidos no tienen valor distintivo (Weinreich 1974, 18).

El caso contrario de transferencia, la *ultradiferenciación*, también ha sido constatado. Consiste en la imposición de una distinción fonémica del sistema primario en el sistema secundario, en el que no existe esta diferencia. Por ejemplo, un hablante de inglés que trata el sonido inicial en *bote* y *vote* como realizaciones de dos fonemas /b/ y /v/, que tienen función distintiva en inglés (*boat* [bout] 'bote,' *vote* [vout] 'vote'), pero no en español (vote [vóte/bóte]).

Weinreich (1974, 18–19) da ejemplos de otras dos clases de transferencia fonológica: *reinterpretación* y *sustitución*. La *reinterpretación* consiste en diferenciar fonemas del sistema secundario por medio de rasgos que son distintivos en el sistema primario pero no en el secundario. La *sustitución* ocurre cuando la realización en el sistema secundario de un fonema definido idénticamente en el sistema primario se sustituye por la realización de este fonema en el sistema primario.

Por ejemplo, los fonemas oclusivos sordos /p, t, k/ se definen en forma idéntica en inglés y en español, pero el alófono más frecuente de estos fonemas en inglés es uno aspirado [p^h, t^h, k^h] que no existe en español; el hablante, por lo tanto, puede sustituir estos alófonos por los no aspirados, [p, t, k] del español, durante la etapa de aprendizaje de esta lengua o incluso de manera permanente.

La transferencia fonológica se manifiesta a menudo en la mayor o menor frecuencia de uso de un alófono en un contexto determinado. Cuando en un contexto dado un segmento ocurre con mayor frecuencia que en la lengua o dialecto primario es posible que refleje un caso de *hipercorrección* (cf. concepto de hipercorrección en el Capítulo 6, sección 6.2.2).

La *difusión* de los cambios fonológicos causados por la influencia de otra lengua es un fenómeno interesante de estudiar. ¿Cuáles de estas innovaciones se extienden por razones intralingüísticas y cuáles por razones extralingüísticas? ¿Existen tendencias internas latentes que favorecen la difusión de una innovación? ¿Cómo se pueden identificar estas tendencias internas? ¿Es posible predecir el destino de una innovación a partir de las características del sistema de la lengua primaria y los factores socioculturales?

Muchos lingüistas (entre otros, según Weinreich (1974, 29), Meillet y Sapir) han cuestionado la posibilidad de que pueda haber transferencia morfológica y sintáctica; sin embargo, ésta ha sido atestiguada en algunas situaciones de contacto entre lenguas.

El problema básico que se presenta es tanto uno de definición de lo que es sintaxis como de los límites entre los diferentes niveles de descripción, límites que podrían tener que identificarse para poder decidir si un préstamo o un caso de transferencia es fonológico, morfológico, léxico o sintáctico.

7.2.2. Transferencia morfológica

Seguimos aquí en parte la distinción hecha por Weinreich (1974), pero observamos, eso sí, que aunque puede haber posibilidad de transferencia de morfemas dependientes de tipo flexivo, gramaticales o derivacionales, los casos de esta clase de transferencia desde o hacia el español que conocemos son polémicos.

El morfema derivacional francés *-thèque*, reintroducido al español en la palabra *discoteca*, podría ilustrar un caso de transferencia de morfema derivacional, ya que han aparecido neologismos formados con el morfema dependiente *-teca*, e.g., *enoteca*, *pavoteca*, con el significado de "lugar donde se va porque ahí se encuentra un gran número o variedad de X (X + teca)." Sin embargo, también es posible argumentar que el morfema *-teca* no es lo que se ha pedido prestado ya que existía desde antes en la lengua en palabras como *biblioteca*, e incluso *discoteca*, con el significado de "colección de X." Es decir, se trataría en este caso de una extensión semántica.

Otro candidato es el morfema posesivo *-i* que el español pudo haber pedido prestado del árabe, por ejemplo en *alfonsí* ("de Alfonso") o *israelí*. Este sufijo no parecía ser productivo (i.e., no se aplicaría en la formación de nuevas palabras), lo que habría indicado la posibilidad de que el español hubiera pedido prestado el lexema completo como un solo morfema indivisible. Sin embargo, parece ser que la creación de nuevas repúblicas en el oriente medio ha motivado la creación de gentilicios con el sufijo *-í*, como *kuwaití*.

De manera similar, en España se ha adoptado la palabra inglesa *footing* en *hacer footing* (pronunciada *fúting*) para la actividad de correr regularmente (en los Estados Unidos se dice *jogging*, palabra adoptada en algunos países hispanoamericanos). Las palabras inglesas contienen el morfema flexivo progresivo *-ing*, correspondiente a *-ndo* en español. Este morfema dependiente se ha extendido en España a algunas palabras nativas; por ejemplo, *puente + ing = puenting*, que significa "saltar desde un puente atado a una cuerda elástica" (en inglés, *bungee jumping,* 'saltar con cuerda elástica'), como en *ir puenting* y *hacer puenting.*

Otro caso curioso en España lo constituye la adopción del morfema genitivo del inglés en los nombres de ciertos locales comerciales (especialmente bares estilo *pub* inglés), que aparecen escritos así: *Paco's, Pepe's,* etc. Los morfemas *-ing* y *'s* como préstamos en el español tienen una funcionalidad muy limitada y no parece que puedan llegar a convertirse en morfemas productivos.

7.2.3. Transferencia sintáctica

Hemos dicho que la aceptación de la existencia de transferencia sintáctica depende de la definición de sintaxis que se adopte. Así, si consideramos que la sintaxis de una lengua constituye un componente formal de estructuras y funciones que contraen relaciones sintagmáticas (es decir, combinatorias), sin considerar el significado de los elementos que pueden ocupar dichas estructuras y funciones, entonces será difícil identificar ejemplos de transferencia sintáctica. Esta es la postura defendida por Silva-Corvalán (1994a; 1998), según la cual los bilingües no transfieren estructuras sintácticas. Por el contrario, lo que sí se transfiere son funciones discursivo-pragmáticas (por ejemplo, la posibilidad de comunicar contraste colocando un complemento directo en posición preverbal) cuando las lenguas en cuestión tienen estructuras de superficie paralelas (en cuanto al orden de la secuencia de palabras).

Un ejemplo de transferencia al español de la función discursivo-pragmática de una estructura inglesa paralela, lo ofrece el caso del deíctico *este/estos* en el habla de algunos bilingües. La estructura en español parece calcar la función de *this/these,* 'este/estos,' en inglés para introducir en el discurso referentes indefinidos pero específicos que se colocan en un primer plano de atención. Este tipo de construcción con *nuevo-este* es ilustrada en 1 y 2.

1. ¿Sabes, Bibi? *Este* niño en mi escuela me dijo: . . .
2. . . . había dejado mi papá el carro ahí y había dejado las mulas, ah, irse, ¿ves? Pero *esta* mula tenía la, la idea de que si no comía algo en la casa, no se iba.

En el ejemplo 1 se introduce un referente nuevo en posición de sujeto, modificado por el demostrativo *este*. El ejemplo 2 ilustra un caso similar: el referente *mulas* ha sido introducido, pero la primera mención de una mula específica exige el uso del determinante *una*. El hablante usa, sin embargo, el demostrativo *esta* (*esta mula*), aparentemente extendiendo la función de los demostrativos según el modelo del inglés.

La permeabilidad sintáctica de las gramáticas es evidente sólo en préstamos sintácticos ocasionales, o sea, en casos únicos y no permanentes de perturbación de las estructuras sintácticas superficiales de una lengua. Bajo condiciones de transmisión normal de una lengua a nuevas generaciones (Thomason y Kaufman 1988), la transferencia sintáctica ocasional se difundirá con gran dificultad en el sistema de la lengua y en la comunidad de habla, si es que llega a difundirse, y sin tomar en cuenta las condiciones socioculturales que rodean el contacto. El sistema sintáctico de las gramáticas es muy resistente a la penetración de elementos foráneos.

Así y todo, un número de relaciones sintácticas de orden de los constituyentes, de concordancia, de dependencia y otros fenómenos tales como la opcionalidad de expresión de ciertos argumentos (e.g., el sujeto en español) han sido incluidos en estudios de transferencia sintáctica. Estas posibilidades serán ilustradas más en detalle en la sección 7.4, en la que se examina el español en los Estados Unidos. Aquí damos sólo algunos ejemplos. Nótese el orden de las palabras en el ejemplo 3.

> 3. Nos agarramos y, y, *un montón de policías vinieron.*
> 'We started a fight and, and, *a lot of policemen came.*'

En el español monolingüe, el orden de los constituyentes en la oración intransitiva en cursiva sería verbo-sujeto (". . . vino un montón de policías"). El orden verbo-sujeto es obligatorio en construcciones con verbos presentacionales que introducen un referente nuevo y no contrastivo en el discurso. En inglés, en cambio, el orden es obligatoriamente sujeto-verbo en la oración correspondiente y éste es el orden que copia el ejemplo en español.

Otro caso proviene del portugués de los Estados Unidos, en el que el orden de los sustantivos y adjetivos refleja a veces la influencia del inglés, *Portugués Recreativo Club*, del inglés Portuguese Recreational Club, 'Club Recreativo Portugués.'

Además del orden de palabras, se ha propuesto que el contacto intenso puede conducir a un *cambio de función*, como en 4b, donde la función de posesión no se marca con un clítico verbal, como en 4a, sino con un adjetivo posesivo, replicando la estructura del inglés en 5.

> 4. a. *Te* cortaste el dedo con el cuchillo.
> b. Cortaste *tu* dedo con el cuchillo.
> 5. You cut *your* finger with the knife.

La *pérdida de categorías obligatorias* no presentes en la lengua de contacto se ha interpretado también como caso de transferencia. Ilustramos con el ejemplo 6, donde el clítico verbal *lo*, obligatorio en español estándar, no aparece en una oración producida por un hispano nacido en los Estados Unidos.

> 6. Yo 0 vi a él afuera.

La desaparición de categorías obligatorias en una lengua X en contacto con una lengua Y que no posee estas categorías no se puede explicar solamente como consecuencia de una transferencia de una categoría cero de Y a X. Este fenómeno de reducción o simplificación puede ser también el resultado de tendencias lingüísticas universales que no estarían determinadas por las características lingüísticas específicas de las lenguas en contacto. Este es el caso, por ejemplo, de las lenguas pidgins, que se discuten más adelante.

La transferencia puede también manifestarse en un *cambio en la frecuencia de uso de ciertas categorías variables*; es decir, en un aumento o disminución de la frecuencia relativa de uso de categorías sintácticas en alternancia. Klein (1980a), por ejemplo, ha mostrado por medio de un análisis cuantitativo y comparativo del habla de dos grupos de puertorriqueños en Nueva York, que los hablantes bilingües usan formas verbales progresivas mucho más frecuentemente que los monolingües en español. Klein interpreta este hecho como una señal de convergencia sintáctica del español hacia el inglés, la que sólo puede ser detectada a través de un estudio cuantitativo. Más que sintáctica, podríamos considerarla una convergencia morfosemántica, motivada por la semejanza formal y funcional de las formas en las lenguas en cuestión.

Weinreich (1974, 41) propone que en la mayoría de los casos el modelo que se imita es el que usa morfemas invariantes y más libres. El estudio de Klein apoya esta observación: la forma perifrástica del Presente Progresivo, quizá más explícita y tranparente, es la que gana terreno por sobre la forma sintética del Presente Simple, que es además funcionalmente más compleja.

Las relaciones morfosintácticas de concordancia pueden resultar también afectadas. Por ejemplo, *costumbre* y *frente* (parte de la cara) son femeninas en castellano, pero eran masculinas en catalán (*el costum, el front*). Supuestamente como resultado del contacto entre estas lenguas, *costum* y *front* son ahora femeninas (*la costum, la front*) (José R. Gómez, comunicación personal).

El destino de los préstamos y transferencias es difícil de predecir. Numerosos factores intra- y extralingüísticos entran a desempeñar un rol en el proceso de difusión de una innovación lingüística: (a) la prominencia del rasgo transferido (tal como Naro [1981] ha demostrado en el caso de innovaciones motivadas por factores intralingüísticos en el portugués de Brasil), es decir, cuán fácilmente puede ser percibido el rasgo como transferencia o préstamo por los hablantes; (b) las actitudes subjetivas hacia la otra lengua y sus hablantes; (c) factores socioculturales de gran complejidad que determinan que las transferencias sean evaluadas como indicadores de prestigio o como rasgos estigmatizados.

Por ejemplo, en una situación de contacto dialectal en España, ¿qué ocurre con ciertas diferencias fonológicas, morfológicas y sintácticas tales como la existencia o no existencia del fonema /θ/, el laísmo, o el uso del

Condicional por el Imperfecto del Subjuntivo? ¿Cuál es la actitud de los hablantes de dialectos que no poseen el fonema /θ/ (variedades andaluzas, por ejemplo) hacia la incorporación de este fonema? Y por otra parte, el uso de *la* en el caso dativo cuando el referente es humano y femenino, un fenómeno bastante difundido en Castilla, ¿es percibido como un rasgo de prestigio o estigmatizado por los mismos hablantes laístas y por los hablantes de otros dialectos? ¿Está siendo transferido el laísmo a otros dialectos, o corregido bajo la influencia del dialecto más estándar? Tenemos además el caso del uso del Condicional en Castilla la Vieja, ¿es éste resultado del contacto con el español vasco? ¿Cuán sobresaliente es este fenómeno para los hablantes de otros dialectos? ¿Qué rol puede desempeñar el dialecto estándar, a través de la educación y los medios de difusión (radio, televisión, etc.), en la supresión de este rasgo? ¿Qué asociaciones afectivas, como por ejemplo el valor que el fenómeno pueda tener como indicador de identidad con un grupo, pueden decidir la impermeabilización del dialecto a la influencia de otros dialectos en este aspecto? (Véase la sección sobre actitudes en el Capítulo 2.)

7.2.4. Transferencia léxica

En situaciones de contacto son innumerables los ejemplos de transferencia o préstamos de palabras y morfemas radicales de una lengua a otra. Estos préstamos pueden consistir en la transferencia de un ítem léxico a lexema de una lengua A a una lengua B, o en la extensión semántica de un ítem en B de acuerdo con el valor semántico de un lexema casi homónimo en A. Veremos más adelante que en los Estados Unidos, por ejemplo, el inglés ha transferido numerosas palabras del español y, a su vez, el español en este país ha tomado numerosas palabras del inglés, incluyendo casos de extensión semántica, por ejemplo, *aplicación* ha extendido su significado e incluye el de *solicitud* como consecuencia de su semejanza formal con el lexema inglés *application* 'solicitud'; así también, *aplicar* puede significar "presentar una solicitud" como en 7.

> 7. Apliqué a tres universidades.

Otros ejemplos de este tipo son *registrarse* y *papel*, que han incorporado uno de los significados de los lexemas ingleses formalmente similares, *register* 'matricularse' y *paper* 'diario, periódico.'

La transferencia léxica puede manifestarse también en la forma de un *calco*, que es la traducción literal de una lengua a otra de un lexema compuesto, un modismo u otras expresiones (ver ejemplos en la sección 7.4).

Varias preguntas pueden surgir en un estudio de préstamos léxicos en relación a la cuestión de la integración gramatical del préstamo y a la causa del préstamo. El grado de integración del préstamo en el sistema de la lengua receptora puede investigarse en el nivel fonológico, morfológico y sintáctico (ver, entre otros, Meechan y Poplack 1995). Los lexemas pueden transferirse sin ningún grado de adaptación, en cuyo caso es posible considerarlos *extranjerismos*, o pueden adaptarse más o menos completamente al sistema de la lengua que los recibe.

La adaptación fonológica de nombres propios españoles al sistema del inglés es frecuente en los Estados Unidos. Se pueden citar nombres de calles: Higuera [haigíra], Sepulveda [səpʌlvədə], Pico [pʰíkou]; topónimos: San Pedro [san pídrou], Los Angeles [las ánǰalas], Santa Cruz [sǽna krúz]; y nombres de personas: Rosa [róuza], José [houzéi], Maite [máiti].

Por otra parte, los préstamos del inglés se adaptan rápidamente a la morfofonología del español. En este sentido, es interesante notar qué morfemas se escogen como productivos. En los préstamos verbales, por ejemplo, parece haber preferencia por el morfema derivacional -*ar*, a veces precedido de *e*, como en *tichar* (*teach* + *ar* 'enseñar') y *dostear* (*dust* + *ear* 'sacudir/ limpiar el polvo').

Otra cuestión interesante es la de la asignación de género gramatical al préstamo. ¿Qué motiva la asignación de género femenino o masculino, por ejemplo, a los préstamos siguientes?:

truck 'camión'   la troca / el troque
brake 'freno'   la breca
market 'mercado'   la marqueta
yard 'patio'   la yarda
sweater 'jersey'   la suera
lunch 'almuerzo'   el lonche
sink 'fregadero'   el sinke
chain 'cadena'   el chein
laundry 'lavadero'   el londre
party 'fiesta'   el pari

Los factores que pueden motivar la asignación de género gramatical a los préstamos han sido estudiados por varios lingüistas (Arndt 1970; Barkin 1980; Beardsmore 1971; Haugen 1969; Poplack y Pousada 1980; Tucker et al. 1977; Zamora 1975). Estos estudios han propuesto, entre otros, los siguientes factores: (a) el género fisiológico del referente; (b) la asociación semántica con el lexema equivalente en la lengua que introduce el préstamo (por ejemplo *el lonche* por asociación con *el almuerzo*); (c) la identificación de la forma fonológica del préstamo con una forma que requiere género masculino, femenino o neutro según las reglas de la lengua receptora (por ejemplo, en español la mayor parte de las palabras terminadas en *-a* toman género femenino y las terminadas en *-r* toman género masculino, lo que explicaría el par de préstamos *la* hamburgue*sa* / *el* hamburgue*r*).

En un estudio cuantitativo y comparativo de la asignación de género a préstamos del inglés en el español puertorriqueño de Nueva York y en el francés de Montreal, Poplack y Pousada (1980) muestran que el factor fisiológico determina categóricamente (i.e., sin excepciones) el género gramatical. La forma fonológica de la palabra es también un factor importante aunque no categórico y contribuye con más fuerza a determinar el género del préstamo en español que en francés. Esto se explica hasta cierto punto por la existencia de reglas más generales que relacionan género y forma fonológica en el español monolingüe comparado con el francés monolingüe. Este estudio muestra además que la asociación semántica con un lexema equivalente en la lengua receptora es también un factor variable significativo. Es decir, con excepción del factor que es categórico, el fisiológico, los otros factores incluidos en el estudio determinan ciertos valores de probabilidad de que se asigne uno u otro género a un préstamo.

En la lista de ejemplos dados arriba, elegidos al azar, la forma fonológica y el género asignado concuerdan con la reglas del español monolingüe (con pocas excepciones, palabras que terminan en *-a* inacentuada son femeninas y las que terminan en otras vocales y en consonante que no sea *-d* son masculinas). La asociación semántica con un lexema en español no determina el mismo género en todos los casos, verbigracia *la* marqueta, pero *el* mercado, la yarda - *el* patio, *el* pari - *la* fiesta, *el* chain - *la* cadena.

Una pregunta también interesante es qué motiva la asignación de forma fonológica al préstamo. Es decir, en el estudio de Poplack y Pousada (1980) se presupone que la integración morfofonológica del préstamo (regla 1) es previa a la asignacion de género (regla 2):

> Regla 1   Regla 2
> truck   —»   *troca*   —»   *la* troca

cuando en principio es posible que se asigne primero el género y luego ocurra la integración morfofonológica:

> truck   —»   *la* truck   —»   *la troca*

Si este segundo caso es posible, entonces tendríamos que preguntarnos qué conduce a los hablantes a asignar género femenino a *yard* 'patio' (la yarda) y *market* 'mercado' (la marqueta), y género masculino a *party* 'fiesta' (el pari) y *chain* 'cadena' (el chein).

¿Qué motiva la transferencia de ciertos lexemas de una lengua A a una lengua B? Una razón obvia es la necesidad de referirse a una cosa, persona, concepto, animal, etc., para lo cual no existe un lexema en B. La llegada de los españoles a América y consecuente contacto con lenguas y culturas indígenas motivó la incorporación de numerosas palabras de este origen en las lenguas europeas para referirse a objetos antes desconocidos, verbigracia *canoa*, *patata*, *jaguar*, *chocolate*, *cocoa*, *tabaco* y *tomate*.

Hay también factores de tipo psicolingüístico que parecen causar transferencia léxica. Por ejemplo, puede ser difícil recordar palabras de uso poco frecuente en una de las lenguas, y éstas son reemplazadas por palabras de otra lengua. La evaluación de ciertas palabras como "más expresivas" puede motivar también su transferencia, como por ejemplo *okay*, ya casi una palabra universal (pronunciada [okéi], [oké] u [óká] en diferentes regiones hispanohablantes). El bilingüe puede además considerar que una palabra X en la lengua A transmite más específicamente o en forma más concisa lo que él quiere decir y esta consideración lo lleva a usar X en la lengua B. Esta puede ser la causa de la traducción literal al español en los Estados Unidos de la expresión inglesa *it's none of your business* 'no son tus negocios.'

Finalmente, el status de mayor prestigio que se asigna a una de las lenguas en contacto lleva a los bilingües a usar lexemas de esta lengua en la otra como una señal del status social asociado con el conocimiento de la lengua de prestigio. ¿Por qué otra razón se usarían palabras como *staff* en vez de *personal* o *shopping-center* en vez de *centro comercial* en muchos países hispanohablantes?

7.3. Lenguas pidgins y criollas

La simplificación lingüística es una de las características definitorias de una lengua *pidgin*, una variedad simplificada de lengua que se desarrolla en una situación en la que tres o más lenguas están en contacto. En esta situación, los hablantes desarrollan con propósitos prácticos e inmediatos un sistema lingüístico simple que les permite comunicarse entre sí, frente a la carencia de una lengua común o lengua franca. El pidgin es una variedad interlingüística, una lengua mixta o mezclada, que no es adquirida como lengua materna por ningún grupo social. Cuando un pidgin se estabiliza lingüística y socialmente a medida que se transforma en un sistema lingüístico más rico en vocabulario y más complejo morfológica y sintácticamente, da lugar a lo que se conoce como *lengua criolla* o *criollo*, que es adquirida como lengua materna y que puede llegar a adoptarse como lengua nacional (por ejemplo el Tok Pisin, criollo con base inglesa hablado en Nueva Guinea; el haitiano, criollo con base francesa; el papiamento, criollo con base española y portuguesa hablado en Curazao, Bonaire y Aruba; y el inglés jamaicano). *Lengua franca*, por otra parte, es un concepto más amplio y se refiere a un pidgin, criollo u otra lengua ya existente que se escoge como sistema de comunicación común entre varios grupos que poseen lenguas distintas o, incluso, nacionalidades distintas. Este podría ser, por ejemplo, el status actual del inglés en el mundo de los negocios internacionales.

Es necesario notar que los términos *lengua franca* y *sabir* se emplean también para referirse a un pidgin, ya extinto, usado como medio de comunicación para el comercio en el Mediterráneo. Este pidgin tenía una base léxica que provenía principalmente de lenguas romances.

Durante los últimos cincuenta años ha ido creciendo el interés en las lenguas pidgins y criollas, pues se considera que los procesos de pidginización y criollización reflejan universales lingüísticos que pueden arrojar luz sobre la naturaleza de este fenómeno específicamente humano que llamamos lenguaje y más concretamente sobre procesos de cambio lingüístico. (Referencias de gran utilidad en este campo son Hymes 1977; Hall 1966; DeCamp y Hancock 1974; Perl y Schwegler 1998; Romaine 1988).

Hall, Jr. (1966) acepta como pidgin cualquier variedad de lengua mixta que resulte del contacto de dos o más lenguas. De acuerdo con esta definición, el *cocoliche*, mezcla de español e italiano hablado en Buenos Aires (en vías de desaparición), y el *pocho* (llamado también *Spanglish*), mezcla de español e inglés hablado en el suroeste de los Estados Unidos, serían lenguas pidgins. Nosotros hemos dado aquí una definición diferente. Siguiendo a Whinnom (1977), que usa una terminología biológica, distinguimos tres tipos de creación de lenguas y dialectos: (a) primaria, que es la fragmentación de una lengua en dialectos; (b) secundaria, que es la mezcla de dos lenguas, como por ejemplo en la situación de bilingüismo en la que surgen el cocoliche y el pocho; (c) terciaria, que es la variedad pidginizada que surge a partir de una lengua (L1), cuando los hablantes de otras lenguas (2, 3 o más) necesitan usar L1 para comunicarse entre sí.

La situación sociolingüística que motiva el desarrollo de un pidgin es fundamentalmente diferente de la que motiva el desarrollo de una lengua como el cocoliche o el pocho. En el caso del pidgin, existe una lengua modelo y dos o más lenguas de *substrato*. La lengua modelo o *superstrato* es la hablada por el grupo social económica y políticamente dominante, la lengua de un grupo conquistador (Elizaincín 1992, 46); las lenguas de *substrato* son las nativas de la región o de los hablantes. Esta situación se puede representar por medio de la siguiente fórmula:

$$\frac{\text{Superstrato (por ejemplo español)}}{\substack{\text{Substratos (por ejemplo lenguas filipinas:}\\ \text{tagalo + ilocano + cebuano, etc.)}}} = \text{lengua pidgin} > \text{criollo}$$

Una tercera relación es la representada por el término *adstrato*, que se refiere a la situación de dos lenguas que han convivido en el mismo territorio como substrato y superstrato y luego viven en territorios vecinos (Elizaincín 1992, 46). El zamboangueño y el español podrían haber ilustrado este caso, al menos hasta que el español se mantuvo como lengua socialmente importante en la capital de Filipinas.

Un pidgin no es simplemente una lengua mal hablada, sino una variedad controlada por reglas que no corresponden necesariamente a una u otra de las lenguas que le han dado origen. La lengua pidgin se mantiene simplificada y pobre tanto porque sus dominios de uso como el contacto con el superstrato son limitados, de tal manera que su evolución se detiene porque carece del estímulo necesario o de una motivación práctica fuerte. (Este puede ser el caso, por ejemplo, de algunos pidgins [español y lenguas amerindias] hablados en la región occidental de Venezuela.)

Las características lingüísticas de un pidgin son en general las siguientes: el léxico proviene principalmente del superstrato; la fonología y la sintaxis provienen principalmente de las lenguas de substrato; y la morfología tanto flexiva como derivacional es casi inexistente. La carencia casi total de morfología en todos los pidgins estudiados se ha interpretado como indicadora de una característica lingüística universal: que los procesos morfológicos son en cierta medida mecanismos poco naturales para expresar diferencias semánticas y sintácticas. Como evidencia se presenta el hecho de que aun cuando la morfología flexiva del superstrato es relativamente simple (por ejemplo, el inglés), el pidgin adopta palabras independientes para indicar el mismo significado gramatical. Ilustramos con ejemplos del verbo *comer* en zamboangueño y papiamentu (aunque estas lenguas tienen ya el status de criollas), en los que la forma del verbo es invariante; tiempo y aspecto se indican por medio de morfemas independientes, tales como *ta* (de *estar*), *ya* (la palabra española *ya*) y *lo* (del portugués *logo* 'luego'):

zamboangueño	papiamentu	español
kome	kumi	comer
ta kome yo	mi ta kumi	yo como / estoy comiendo
ya kome yo	mi a kumi	yo comí
ay kome yo	lo mi kumi	yo comeré

Existe una gran variedad de lenguas pidgins en el mundo, la mayoría de las cuales han surgido en situaciones de colonialismo y/o de intercambio comercial en regiones multilingües, lo que explica que muchos de ellos tengan una base lingüística europea: pidgin hawaiano-inglés; pidgins español-lenguas amerindias (e.g., en México y Venezuela); pidgin holandés-amerindio de la Guayana Holandesa, pidgin francés de Vietnam, de Costa de Marfil y otras ex-colonias francesas en Africa Occidental; pidgin inglés de Africa Occidental, de China, de Corea, de la India, etc.; y muchos otros.

Cuando un pidgin se adquiere como lengua materna pasa a llamarse *lengua criolla* o *criollo* y el proceso mediante el cual se produce esta evolución se conoce como *criollización*. Un criollo puede evolucionar libremente cuando no está en contacto con una lengua modelo; o puede evolucionar hacia esta lengua modelo cuando hay suficiente contacto con ella y además factores socioeconómicos que estimulan esta evolución. Este segundo proceso se denomina *descriollización* y se puede observar, por ejemplo, en los Estados Unidos, donde el inglés vernáculo de los afroamericanos, una lengua históricamente criolla, está perdiendo muchas de sus características en un proceso de evolución hacia el inglés estándar, el superstrato modelo.

El estudio de una situación similar en la Guayana Inglesa llevó a Bickerton (1971; 1973; 1975) a proponer la noción del *continuo criollo*, que distingue dos estados extremos: el *basilecto*, la variedad criolla pura, y el *acrolecto*, la variedad estándar local de la lengua modelo, con una serie continua de *mesolectos* que representan la ruta seguida por un basilecto en el proceso de descriollización. Estos lectos diferentes no se pueden comparar con los varios dialectos de una lengua ya que sus características lingüísticas e históricas son completamente diferentes. En verdad, las variedades dialectales de una lengua no se desarrollan a partir de un pidgin ni se diferencian tan profundamente en el nivel morfosintáctico como el basilecto del acrolecto.

Por otra parte, es imposible diferenciar un criollo estable, que haya existido ya por varias generaciones, de una lengua que no haya tenido un origen pidgin y sólo se puede identificar como tal cuando se conoce su historia. Este es el caso de los criollos con base española, los que, además, son escasísimos en comparación con los numerosos criollos de base inglesa, portuguesa o francesa, por ejemplo. La lista de criollos con base española incluye cinco criollos hablados en Filipinas: caviteño y ermitaño (en el área de Manila), zamboangueño o chabacano (en Zamboanga), davaueño (en Davao) y ternateño; el palenquero, en Palenque de San Basilio (Colombia); y el papiamentu, con base léxica mixta española, portuguesa y holandesa, hablado en Aruba, Bonaire y Curazao, parte de las llamadas Antillas Holandesas.

Además de estos criollos, en diferentes publicaciones se han examinado variedades pidgins y *semicriollas* del español con influencia de lenguas amerindias y/o africanas en Venezuela, Ecuador, Panamá, Cuba, México, Trinidad, Perú y República Dominicana (ver referencias en Perl y Schwegler 1998). Un *semicriollo* demuestra características acriolladas, pero no presupone el paso por una modalidad pidgin. Puede ser el resultado de un largo período de bilingüismo, la interlengua fosilizada de un grupo que no adquiere la lengua meta sociopolíticamente superior y que se traspasa a las nuevas generaciones, que la hablarán como su primera lengua o lengua nativa. Un ejemplo de semicriollo sería la variedad de español peruano que se conoce como *castellano andino* (Escobar 1978; Escobar 1990).

Las lenguas pidgins y criollas ofrecen la posibilidad de examinar cómo surge una nueva lengua, cómo evolucionan diferentes aspectos de la gramática de una lengua y las relaciones entre estos aspectos y las funciones sociales y comunicativas de las lenguas en evolución.

Notemos nuevamente que la diferencia entre pidgin y criollo es en un principio más bien social que lingüística, pues se basa en la existencia o no de una comunidad para quienes el pidgin sea la lengua materna, en cuyo momento pasaría a ser un criollo. Una vez que el criollo se convierte en la lengua más importante o única en una comunidad, las necesidades comunicativas del grupo estimulan y aceleran el proceso de criollización.

Se han propuesto varias teorías que intentan explicar cómo han surgido los pidgins (Romaine 1988, Capítulo 3) y cómo y por qué éstos evolucionan hasta convertirse en criollos. El examen de estas teorías queda fuera del propósito de este libro. Los lectores interesados pueden consultar Romaine (1988) y referencias en este libro para una introducción general. Más específicamente para el estudio de pidgins y criollos con base española y portuguesa, son de especial importancia la reciente antología compilada por Perl y Schwegler (1998) y las publicaciones de de Granda (1976; 1994) sobre el tema. De Granda es considerado pionero y propulsor de las investigaciones sobre variedades lingüísticas afroibéricas habladas tanto en Africa como en las Américas.

No existe acuerdo entre los investigadores sobre el grado de influencia que las lenguas africanas de los esclavos traídos a las Américas pudieron tener en la formación, especialmente, de las variedades caribeñas del español. Por un lado, López Morales (1980; 1992) y Lipski (más recientemente en Lipski 1994), entre otros, argumentan en contra de tal influencia más allá de unos cuantos ítemes léxicos y algunos rasgos típicos de una adquisición incompleta del español. Por otro lado, la posible base afrocriolla del español caribeño ha sido defendida, entre muchos, por de Granda (1968; 1976; 1994), Megenney (1986) y Schwegler (1998).

En este contexto, ha resultado de gran interés el examen de la representación en la literatura (siglos dieciséis y diecisiete en España) del habla de los *bozales*, los esclavos africanos en colonias españolas que hablaban muy poco o nada de español. Lipski (1998, 299) plantea que el habla *bozal* nunca fue más que un "pidgin elemental," "un lenguaje de urgencia utilizado por la primera generación de africanos enfrentados a la necesidad de aprender la lengua de los amos." Los hijos de estos bozales adquirían el español vernacular que se hablaba en la región donde vivían. Una postura diferente de la de Lipski, sin embargo, plantea que el habla de los negros nacidos ya en las colonias hispanoamericanas, también denominada *habla bozal*, podría ser el verdadero antecedente del español caribeño (Lipski 1998, 300).

Los estudios de estas variedades resultado de contactos entre el español y dos o más lenguas son relativamente recientes. Teorías y controversias en torno a ellas no se resolverán sin antes realizar nuevas investigaciones empíricas que incorporen perspectivas múltiples: sociolingüística, antropológica y etnohistórica (Schwegler 1998).

7.4. El español en los Estados Unidos
7.4.1. Aspectos sociales y demográficos
Describir los aspectos sociolingüísticos del español en los Estados Unidos no es tarea fácil dado el gran número de variedades o dialectos del español que se hablan en este país. Hasta la primera mitad del siglo veinte, se podría afirmar quizá que eran dos las variedades principales del español en los Estados Unidos: un dialecto de tipo puertorriqueño hablado en la costa este (principalmente en Nueva York y Nueva Jersey) y otro dialecto con rasgos compartidos con la variedad del norte de México, hablado esencialmente en los estados del Suroeste: Nuevo México, Arizona, Colorado, California y Texas.

A partir de la segunda mitad de este siglo, sin embargo, frecuentes y masivas olas de inmigración desde países hispanohablantes, motivadas por factores políticos o económicos, han resultado, por una parte, en un aumento considerable del uso del español en los Estados Unidos y, por otra, en la introducción de nuevas variedades del español, especialmente en los grandes centros urbanos como Los Angeles, Nueva York, Miami, o Chicago, con sus propias peculiaridades fonéticas, morfológicas, léxicas y sintácticas.

La complejidad de las variables demográficas y sociales que caracterizan a la población latina nos permite apreciar la difícil tarea del lingüista y del educador. En verdad, si a los cambios demográficos añadimos la ausencia de un proceso de normalización del español en los Estados Unidos, donde esta lengua no goza de status oficial, se comprenderá fácilmente que se caracterice precisamente por su gran variabilidad sociolingüística y por los continuos procesos de cambio y acomodación a nuevos contextos físicos y socioculturales.

En los Estados Unidos nos encontramos con una situación de bilingüismo español-inglés de la sociedad; es decir, grupos numerosos de individuos hablan las dos lenguas.

A la variación inherente a un sistema lingüístico monolingüe, hay que agregar, en el caso de las comunidades bilingües, la enorme variación causada, entre otros factores, por los diferentes grados de intensidad del contacto. Así pues, la complejidad de la comunidad explica la existencia de un continuo de proficiencia bilingüe (ver Elías-Olivares 1979) que va desde un español estándar o completo a uno emblemático y, viceversa, desde un inglés estándar o completo a uno emblemático, dependiendo del mayor o menor conocimiento que el bilingüe tiene de las dos lenguas. En el nivel individual, estos estadios representan una amplia gama de niveles dinámicos de competencia en la lengua subordinada; es decir, es en principio posible que un individuo se mueva o esté moviéndose hacia uno u otro extremo del continuo en cualquier momento sincrónico de su vida. El término *bilingüismo cíclico* se ha usado para describir esta situación de pérdida y recuperación cíclica de una segunda lengua, en este caso, el español.

Así como en lo lingüístico nos encontramos con el típico continuo bilingüe, en lo social es evidente también una amplia gama de niveles socioeconómicos. Esta gama se extiende desde el nivel de trabajador indocumentado hasta las esferas más altas, donde encontramos hispanos desempeñando quehaceres de importancia en círculos políticos, educativos, comerciales, industriales, artísticos, etc. Así y todo, veremos más adelante que, comparados con otros grupos minoritarios en los Estados Unidos, los hispanos en general parecen experimentar mayores problemas de aculturación, los que repercuten en lo educacional.

No existen, que yo sepa, estudios científicos que apoyen una relación entre estas condiciones adversas y factores tales como diferencias culturales o bajo nivel de ingresos, pero sí se culpa a menudo, sin apoyo empírico confiable, al bilingüismo, con o sin dominio completo del inglés. Sin embargo, las dificultades que enfrentan muchos hispanos afectan no sólo a los nuevos inmigrantes, adultos, jóvenes y niños, sino también a muchos de segunda y tercera generación cuya lengua nativa y única es el inglés, lo que indica que el conocimiento de una segunda lengua no puede ser el factor determinante de los problemas.

De acuerdo con el Censo de 1990, la población hispana de los Estados Unidos constituía el 9 por ciento de la población total (U.S. Bureau of the Census 1993), lo que equivale aproximadamente a veintidós millones y medio de hispanos. Se calcula que en el año 2000 este porcentaje alcanza a más o menos el 12 por ciento de una población total de entre 275 y 276 millones de habitantes. Más de la mitad de este 12 por ciento reside en lo que se conoce como el Suroeste, los estados de California, Arizona, Colorado, Nuevo México, y Texas. Además del Suroeste, hay concentraciones altas de población hispana en los estados de Nueva York y Florida, como se puede ver en el cuadro 7.1. Les sigue el estado de Illinois, con cerca de un millón de hispanos. (El término *hispano* se usa aquí porque es el utilizado por la Oficina del Censo de los Estados Unidos para ciudadanos con ascendientes de Hispanoamérica o España. No obstante, parece que, en general, la mayoría de las personas a las cuales va dirigido el término en cuestión · prefiere el término *latino*.) El cuadro 7.1 indica además el número de personas mayores de cinco años que declaran hablar español en casa según el Censo de 1990.

En los ocho estados mencionados, el 18,7 por ciento de la población total es hispana y un poco menos, el 14 por ciento de la población (o poco más de catorce millones), habla español en casa. Después del inglés, la lengua hablada por un mayor número de personas en los Estados Unidos es el español.

Se calcula que para el año 2010 los hispanos serán el grupo étnico minoritario más grande (13,8 por ciento) y que para el 2050 constituirán el veinticinco por ciento de la población total, estimada para entonces en unos cuatrocientos millones de habitanes (Day 1996). El crecimiento del volumen de la población hispana que pronostican estos cálculos no se corresponde necesariamente con un crecimiento paralelo de los hablantes de español, dado que a partir del establecimiento en los Estados Unidos se produce un desplazamiento masivo hacia el inglés. De hecho, comparando datos del Censo de 1980 (U.S. Bureau of the Census 1982) y 1990, se ha

Cuadro 7.1. Porcentaje de población hispana total en ocho estados y número de personas mayores de cinco años que hablan español en casa (Censo de 1990, U.S. Bureau of the Census 1993).

Población total EEUU 248.709.873		Hispana 22.354.059	% 9	Hablan esp. en casa	% Habl. esp./ pobl. total
Arizona	3.665.228	688.338	18,8%	478.234	13%
California	29.760.021	7.557.550	25,4%	5.478.712	18%
Colorado	3.294.394	424.302	12,8%	203.896	6%
Nuevo México	1.515.069	579.224	38,2%	398.186	26%
Texas	16.986.510	4.339.905	25,5%	3.443.106	20%
Nueva York	17.990.455	2.214.026	12,3%	1.848.825	10%
Florida	12.937.926	1.574.143	12,1%	1.447.747	11%
Illinois	11.430.602	904.446	7,9%	728.380	6%
TOTAL	97.580.205	18.281.934	18,7%	14.027.086	14%

Nota. esp. = español, Habl. = hablante, pobl. = población.

observado (Hernández Chávez et al. 1996) que el porcentaje de hablantes de español no crece al mismo ritmo que el de la población hispana. Aun con todo, el mantenimiento de lazos con parientes, amigos y socios comerciales que, en su mayoría, se encuentran en Latinoamérica, ha favorecido y seguramente seguirá favoreciendo el mantenimiento del español en los Estados Unidos como lengua con una sólida importancia social.

7.4.2. Español colonial

La lengua castellana, o español, ha tenido una larga historia en lo que es hoy los Estados Unidos. Fue llevada primero a La Florida, en 1513, por Juan Ponce de León. Gradualmente, los conquistadores españoles ocuparon lo que llegaría a denominarse *Spanish Borderlands,* 'Territorios Españoles Fronterizos,' que incluían La Florida, Luisiana y el Suroeste (Craddock 1992), donde el español pasó a ser la lengua de prestigio y continuó siéndolo por un período de entre dos y tres siglos (desde la mitad del siglo diecisiete hasta la primera mitad del siglo diecinueve).

El período colonial español fue más largo en Texas y Nuevo México, territorios que fueron explorados por españoles a partir de 1536. Los primeros asentamientos permanentes fueron establecidos en Nuevo México en 1598, y en Texas en 1659. En Colorado, por otro lado, el primer asentamiento permanente fue establecido por campesinos nuevo-mexicanos más tardíamente, en 1851.

Los españoles ya habían comenzado a explorar Arizona desde la década de 1530, pero no sería hasta 1700 cuando misioneros jesuitas que ejercían su labor en el sur de la región fundaron la primera misión. El primer presidio permanente fue fundado en 1752.

California fue la última de las regiones colonizadas por España en el Suroeste. La primera misión en Alta California fue fundada en San Diego en 1769. En la década de 1840 había vientiuna misiones de San Diego a Sonoma, cuatro presidios y tres pueblos, pero la población no indígena tan sólo llegó a alcanzar una cifra máxima de siete mil personas.

México aseguró su independencia de España en 1821, pero la administración mexicana del Suroeste duró pocos años. Texas se declaró independiente quince años después y la subsiguiente guerra entre los Estados Unidos y México (1846–48) terminó con el tratado de Guadalupe Hidalgo de 1848, por el cual se cedió a la nación victoriosa todo el territorio al oeste de Texas. Texas y California pasaron a ser estados de la Unión en 1845 y 1850, respectivamente, seguidos de Colorado en 1876. Una vez se constituyeron como nuevos estados, el inglés fue declarado inmediatamente la lengua única en la enseñanza en las escuelas públicas, así como la lengua de uso en los tribunales y en la administración. Arizona y Nuevo México, por el contrario, tuvieron que esperar mucho más tiempo, hasta 1912, para que se les admitiera como estados, posiblemente porque la mayoría de la población era hispana y básicamente hispanohablante, lo cual hacía difícil imponer el inglés como lengua única en la enseñanza y en la administración.

Hacia el final del siglo diecinueve el número de hispanos en el Suroeste posiblemente alcanzó los cien mil, concentrados principalmente en Texas (McWilliams 1990, 152). Esta situación cambió en el siglo veinte: dos olas masivas de inmigración desde México, la una a partir del comienzo de la Revolución Mexicana en 1910, la otra, después del comienzo de la Segunda Guerra Mundial, así como un número significativo de inmigrantes de Centro y Suramérica han rehispanizado el Suroeste. La inmigración desde Cuba y Puerto Rico ha tenido un efecto similar en Florida y el Noreste (García y Otheguy 1988; Zentella 1988). Hoy día, está claro que los hispanos han extendido su lengua y cultura a todos los estados de los Estados Unidos.

Los dialectos coloniales hablados en Florida, Luisiana y el Suroeste han dado paso a las variedades traídas por los que han llegado durante el siglo veinte, pero tales dialectos no desaparecerían sin dejar una huella importante en las lenguas indígenas, especialmente en forma de préstamos léxicos, y en el inglés, incluyendo un amplio espectro de palabras desde términos geográficos a políticos, que empezaron a ser adoptados desde los primeros momentos de contacto entre las dos culturas.

Por su parte, el español tomó prestado en abundancia de las lenguas indígenas, especialmente del nahua; por ejemplo, coyote, chocolate, tiza, mesquite, aguacate, tomate. La influencia mutua del español y el inglés, especialmente en Nueva York, Florida y el Suroeste es, por otro lado, una realidad ininterrumpida, aunque la dirección de la influencia ha cambiado: en los primeros momentos de contacto el inglés tomó más préstamos del español, mientras que durante el siglo veinte el español ha tomado prestado mucho más del inglés, como sería de esperar en una situación en la que una lengua está subordinada a la otra tanto política como socialmente.

Los colonos anglos no pudieron abstraerse de la influencia de la lengua y cultura de los que les habían precedido en la colonización del Suroeste. En el siglo dieciocho, la vida en el Suroeste tenía un sabor rural; se desarrollaba principalmente en pequeñas poblaciones y en ranchos en los que la cría de ganado era vital. Por aquel entonces, los españoles y mexicanos ya estaban familiarizados con la flora y fauna de la región y con las prácticas de los vaqueros que el cine mitificaría más adelante. Los recién llegados pronto aprendieron y adaptaron a las reglas fonéticas y morfológicas del inglés muchas de las palabras españolas características del medio: cañón (*canyon*), mesa, sierra, arroyo, adobe, chaparral, saguaro, patio, hacienda, rancho (*ranch*), sombrero, vaquero, rodeo, vigilante, desperado, burro, bronco, y muchas otras pasaron a formar parte del léxico inglés. Los nombres de los estados y de muchas ciudades, pueblos, ríos y montañas son también españoles: El Paso, Amarillo, Santa Fe, San Diego, Los Angeles, San Francisco, Palo Alto; los ríos Colorado, Brazos, Río Grande; las Montañas Sandía en Albuquerque, la Sierra Nevada en California y las Montañas Sangre de Cristo en Colorado y Nuevo México.

Otro tipo de préstamo que penetró al inglés antes del siglo veinte es lo que Hill (1993) denomina *Nouvelle Southwest Anglo Spanish*, usado para promover comercialmente el Suroeste como la tierra del "déjalo para mañana," relajada, despreocupada. Estos préstamos están relacionados con la industria turística, sobre todo en Nuevo México, Arizona y la costa del Sur de California, y han experimentado un considerable incremento en los últimos cincuenta años. Entre ellos se incluyen principalmente nombres de comidas, lugares, calles y celebraciones, como por ejemplo guacamole, enchilada, taco, tostada, tamale, margarita, fiesta; frecuentemente a los bares de los hoteles se les denomina "La Cantina" (que paradójicamente se refiere a un bar de poca categoría en Hispanoamérica), La Fiesta de los Vaqueros (un rodeo en Tucson), Cinco de Mayo, El Tour de Tucson (una competición ciclista), y lugares como La Villa, Calle de Paz y Playa del Rey. También son frecuentes las combinaciones de nombres españoles e ingleses: Redondo Beach 'Playa Redondo,' Palos Verdes Estates 'Fincas de Palos Verdes' y El Conquistador Hotel.

7.4.3. El español en el siglo veinte

Durante el siglo veinte las Tierras Fronterizas Españolas se han rehispani-zado debido a la inmigración y el español colonial está dando paso a las variedades traídas por los inmigrantes. El persistente empobrecimiento económico ha seguido enviando millones de ciudadanos mexicanos, princi-palmente de áreas rurales, a través de la frontera Norte. Ellos constituyen el grupo más numeroso entre los inmigrantes de origen hispano en los Estados Unidos. Así mismo, miles de individuos de Centro y Suramérica y de España motivados por factores de tipo político y económico han emigrado a los Estados Unidos.

California, Los Angeles en particular, ha sido elegida como el destino preferente de los refugiados políticos procedentes de Centroamérica. Estos inmigrantes han traído consigo muchos dialectos diferentes del español, pero las variedades dominantes siguen siendo sin duda las mexicanas, que representan formas variadas de hablar el español que abarcan desde lo rural a lo urbano, del Norte de México a lugares tan al Sur de la frontera como Puebla y Oaxaca, y de dialectos no estándares a estándares.

Insisto en que hablar del español en los Estados Unidos no es fácil dado el gran número de variedades de esta lengua habladas en este país. Por ejemplo, el constante flujo de centroamericanos con su característico voseo (uso de *vos* en lugar de *tú*), aspiración de -*s* en final de sílaba (costa se pronuncia [kóhta]) y también frecuentemente en inicial de sílaba (sopa se pronuncia [hópa]), rasgos desconocidos en la mayor parte de los dialectos mexicanos, además de numerosas diferencias de vocabulario, debe ser tenido en cuenta a la hora de identificar su dialecto como una variedad importante del español, al menos en California.

De acuerdo con el Censo de 1990 hay más de trescientos mil salvadoreños en California (de ellos, más de la mitad en el Condado de Los Angeles), y otros trescientos mil individuos originarios de otros países centroamericanos. El cuadro 7.2 muestra el número de individuos de origen hispano en Califor-nia, el estado con la mayor población de este origen en los Estados Unidos. Exceptuando a los centroamericanos, que se hayan muy concentrados en este estado, se puede esperar que los porcentajes relativos de lugar de origen sean similares en el resto del Suroeste, en el Sur y en el Medio Oeste. El porcentaje de puertorriqueños y cubanos, por otro lado, es mucho más alto en el Noreste y en Florida, respectivamente.

Debido a la abrumadora mayoría de mexicanos, puertorriqueños y cuba-nos, el español de los Estados Unidos tiende a ser caracterizado como una variedad básicamente mexicana, puertorriqueña o cubana con una acusada influencia del inglés. Se han acuñado varios términos peyorativos para

Cuadro 7.2. Población hispana en California clasificada por lugar de origen. (Censo de 1990, U.S. Bureau of the Census 1993).

Origen	Número	Porcentaje
Mexicanos	6,070,637	80.0%
Puertorriqueños	131,998	1.7%
Cubanos	75,034	0.9%
Salvadoreños	338,769	4.5%
Otros centroamericanos	298,887	3.9%
Sudamericanos	182,384	2.4%
(principalmente Argentina, Colombia, Perú)		
Otros orígenes (incluyendo España)	459,841	6.1%
TOTAL	7,557,550	100.0%

referirse a estos dialectos anglicados del español: "Tex-Mex," "border lingo," "pocho," "Spanglish," junto al más neutral "U.S. Spanish" ("español de los Estados Unidos"), término obviamente preferible. En la caracterización del español de los Estados Unidos es imperativo considerar no sólo su heterogeneidad sino también los diversos niveles de dominio del idioma que muestran sus hablantes.

Entre los inmigrantes de primera generación, por ejemplo, es muy posible que la confluencia de dialectos lleve a la formación de una *koiné* o variedad lingüística que emerge cuando varios dialectos en contacto pierden sus rasgos diferenciadores y se hacen más similares. Esta es una cuestión que prácticamente no ha sido investigada, con excepción de un estudio de Zentella (1990) en el que se examina la posible acomodación léxica entre puertorriqueños, dominicanos, colombianos y cubanos residentes en Nueva York y otro estudio (Amastae y Satcher 1993) que examina a un grupo de trece hondureños en El Paso. Este segundo trabajo muestra convergencia de tipo fonético hacia la pronunciación del norte mexicano. Por ejemplo, los hondureños velarizan -*n* en final de palabra ("en agua" [eng água]), mientras que los mexicanos del norte no. Después de veinte meses de contacto con la variedad del norte de México, los hondureños muestran una frecuencia mucho más baja de -*n* velarizada en su habla.

Hay también abundante evidencia, si bien anecdótica, de acomodación al léxico mexicano por parte de sudamericanos del Cono Sur (por ejemplo, uso de elote, aguacate, yarda, zacate y pelo chino en lugar de choclo, palta, patio/jardín, césped y pelo crespo). Todavía queda la cuestión de si los mexicanos convergen de alguna manera hacia, por ejemplo, los dialectos de Centroamérica, que es el segundo dialecto más hablado en el Suroeste, o si todos los "dialectos inmigrantes" se desplazan hacia una variedad anglicada del español mexicano, incluso los inmigrantes de primera generación.

Es importante repetir que en los Estados Unidos, como en cualquier otra área lingüística, hay diversidad tanto por hablante como por uso; el español abarca desde formas de estándar culto a estándar coloquial y variedades no estándar, a caló, y a español reducido drásticamente entre hispanos nacidos en los Estados Unidos.

Los resultados de los Censos de 1980 y 1990 indican que el español es la segunda lengua más hablada en el país. En 1980, el 5 por ciento de la población total declaró utilizar el español en casa. En 1990 el número había subido a un 5,3 por ciento. Pero un grupo de estudios sobre el censo realizados por Bills, Hernández-Chávez y Hudson (Bills 1997; Bills et al. 1995; Hernández-Chávez et al. 1996; Hudson et al. 1995) revela que el incremento del número de hispanohablantes se debe al influjo masivo y continuo de inmigrantes procedentes de países de habla hispana durante los últimos diez a quince años, y no tanto a la transmisión del español a las nuevas generaciones de hispanos nacidos en los Estados Unidos.

Si la llegada de inmigrantes es el factor que asegura la creciente presencia del español en los Estados Unidos podemos preguntarnos si es posible hacer predicciones acerca del futuro del español en este país. A este respecto, Hudson, Hernández-Chávez y Bills (1995) proponen algunas medidas para estimar la posibilidad del mantenimiento o desaparición de una lengua minoritaria: entre ellas, densidad y proporción de hablantes de la lengua. Estas medidas tienen también relación con factores sociales como nivel de ingresos, estudios, profesión y grado de integración en la cultura dominante. Los estudios realizados por estos autores les permiten afirmar que California es el único estado del Suroeste en el que no ha habido una baja importante en la proporción de hablantes de español en las comunidades hispanas (Hernández Chávez et al. 1996). Aun más desalentadora es la observación de que menos individuos en los grupos de menor edad están reteniendo el español, un hecho que claramente refleja el rápido proceso de cambio hacia el inglés típico de los Estados Unidos.

En el Suroeste, el tamaño de la población de origen hispano y el número de personas nacidas en México son las variables más sólidas a la hora de predecir el uso del español en el hogar. Por ello, no es sorprendente que, a la vez que la inmigración desde México aumentó en la década de 1980 a 1990, sucedió lo mismo con el número de individuos que, en el Censo de 1990, declaraban que el español era la lengua usada en el hogar. La retención del idioma está además en correlación con el nivel de ingresos y de estudios: los hispanos más pobres y con menos estudios tienden a mantener más el español. Los resultados de estas investigaciones llevan a Hudson et al. (1995, 182, mi traducción) a decir que, al menos en el Suroeste, "en la medida en que [las comunidades que se declaran hispanohablantes] ganen mayor acceso a una enseñanza de calidad, poder político y prosperidad económica, lo harán, al parecer, a expensas de mantener el español, incluso en el entorno familiar."

Sin el influjo constante de nuevos inmigrantes, el resultado más probable sería el final del español como lengua de importancia social en los Estados Unidos. No obstante, parece claro que la inmigración tanto temporal como permanente no está próxima a terminarse, ni las ocasiones de interacción con amigos, parientes y asociados en el mundo de los negocios en Hispanoamérica disminuirán de forma tan drástica como para evitar la revitalización del español.

Además, los hispanos se han convertido en un enorme y atractivo mercado para todo tipo de empresas, las cuales, a pesar de los esfuerzos para suprimir el español (y otras lenguas inmigrantes) en contextos públicos, apoyan la publicidad en español en los medios escritos y audiovisuales, publican manuales de instrucciones y circulares en español, y ofrecen servicios en español. Por ejemplo, la sección de espectáculos de un suplemento dominical del *Los Angeles Times* apareció en 1998 con su título en español, CALENDARIO. *Por AMOR y DINERO*, con un artículo de portada titulado "Hollywood Finally Gets Its Spanish Lesson" ("Hollywood Recibe Finalmente Su Lección de Español"), de acuerdo con el cual los cineastas se están dando cuenta finalmente de la importancia de los espectadores de cine latinos. Con el objeto de atraer a espectadores latinos, los carteles se escriben en español o en mezcla de códigos, es decir mezclando español e inglés: *UNA PELÍCULA CON "GIRL POWER." JENNIFER LOPEZ ES FANTÁSTICA*, reza el cartel anunciador de la película *OUT OF SIGHT* (título no traducido) anunciando, en español, que "SE ESTRENA JUNIO 26."

La importancia del mercado latino y de la lengua española también ha sido puesta de manifiesto en otro artículo del *Los Angeles Times*, titulado *L.A. COUNTY IS HUB OF NATION'S LARGEST LATINO MARKET BY FAR, SURVEY FINDS* ("El Condado de Los Angeles es el mayor centro del mercado latino, según una encuesta") (3 de agosto de 1998), que informa de los resultados de una encuesta de alcance nacional sobre cómo gasta su dinero la población hispana. Casi el 80 por ciento de los hispanos entrevistados declara hacer uso de los medios de comunicación en ambas lenguas, pero en enclaves con alta densidad de inmigrantes, como es el caso de Los

Angeles, entre un 55 por ciento y un 60 por ciento de los adultos responde que prefieren la publicidad en español y que comprenden los anuncios en español mejor que en inglés. Estos resultados inducen a los comerciantes, políticos, oficinas gubernativas, etc., a llegar a los millones de hispanos menos aculturados a través de los medios en español.

No obstante, los hispanos aprenden el inglés con rapidez y ya en la segunda generación es ésta su lengua dominante. Por poner un ejemplo, examinemos la situación en Los Angeles. El Condado de Los Angeles es el más grande en California y tiene la mayor concentración de hispanos del Suroeste (a partir del Censo del 2000, se calcula que la población hispana en el Condado de Los Angeles es ahora de 4.141.317). Según el Censo de 1990, 37 por ciento de los aproximadamente nueve millones de habitantes son hispanos de origen. Los méxicoamericanos constituyen con diferencia el grupo más numeroso (2.519.514), seguidos por los salvadoreños. De hecho, la concentración de población mexicana en el Condado de Los Angeles se ve superada solamente por la de México Distrito Federal y, posiblemente, Guadalajara y Monterrey. La densidad de la población hispana en el Este de Los Angeles, por ejemplo, oscila entre un 30 por ciento y un 80 por ciento. De la población hispana total del condado, un 78 por ciento declara hablar el español en casa. Este porcentaje, sin embargo, se mantiene sólo gracias a la inmigración; los datos del censo de 1990 en el Condado de Los Angeles apoyan esta observación: 53,3 por ciento de los hispanos han nacido en el extranjero. Esto significa que tan sólo alrededor de un 25 por ciento de aquéllos que declaran hablar español en casa son nacidos en los Estados Unidos. Además, el censo no pide a los encuestados que estimen con qué frecuencia hablan la lengua de sus antepasados, ni les pregunta hasta qué punto dominan el idioma. ¿Acaso hablan español en casa todos los días, o tan sólo a veces o raramente? ¿Es su uso del español completamente funcional, es de alguna manera limitado, o no es sino una variedad familiar muy reducida?

Por otro lado, el censo sí da información sobre el dominio del inglés. En el caso particular del Condado de Los Angeles, con la mayor concentración de hispanos en el Suroeste, con una alta proporción de hispanos nacidos en el extranjero, y situado cerca de la frontera mexicana, es decir, tres factores que deberían resultar en una sólida lealtad lingüística hacia el español, que podrían ir de la mano con un dominio pobre del inglés, el Censo de 1990 ofrece la información de que el 65 por ciento de los hispanos que declaran hablar español en casa hablan inglés bien o muy bien, y solamente el 35 por ciento no lo habla bien (lo cual no implica que no puedan comunicarse en inglés en ciertos ámbitos o situaciones) o no lo hablan en absoluto. Esto constituye evidencia de que un porcentaje sustancial de los que han nacido fuera de los Estados Unidos (teniendo en cuenta que sólo un 25 por ciento son nacidos en los Estados Unidos) aprenden el inglés lo suficientemente bien como para participar de manera apropiada en la sociedad estadounidense y es bastante probable que no transmitan a su descendencia una variedad de español completamente funcional.

En los cinco estados del Suroeste, la región más intensamente poblada por hispanos en todo el país, con una alta tasa de inmigración, sólo el 27 por ciento de los que declaran hablar español en casa no saben inglés bien o no lo saben en absoluto, y este porcentaje corresponde, me parece, casi exclusivamente a hispanos no nacidos en los Estados Unidos.

Lo más destacable de estos datos del censo es el deseo de aprender el inglés que se da a través de las generaciones de hispanos, una actitud formalizada en el movimiento *English Plus* 'inglés y más' (ver *Epic News*, la circular del English Plus Information Coalition, Washington, D.C., EPIC). El movimiento *English Plus* reconoce el status prominente del inglés en el ámbito nacional e internacional y el mérito indiscutible de elevarlo a la categoría de lengua común de los Estados Unidos, pero también promueve el mantenimiento de las lenguas ancestrales como medio de enriquecer el entramado cultural y lingüístico de la nación.

Sin embargo, los números pesan y la presencia de millones de hispanohablantes en el suroeste de los Estados Unidos motiva la percepción de que los inmigrantes y sus descendientes no están aprendiendo el inglés. Esta percepción errónea es quizás uno de los factores que han llevado a la promulgación de leyes que fortalecen el papel del inglés y debilitan la posibilidad de mantener el español (y otras lenguas ancestrales) más allá de la primera generación de inmigrantes. El inglés se ha establecido como lengua oficial en ya dieciséis estados, entre los que están Nebraska (en 1920), Illinois (1969), Virginia (1981), Indiana (1984), California (1986), Arkansas (1987) y Arizona (1988), pero no Nueva York ni Texas.

California declaró el inglés como lengua oficial del estado en 1986, una decisión política que reflejaba el clima general de oposición al uso de lenguas aparte del inglés (es decir, el proveer servicios y traducir documentos oficiales a otras lenguas). Doce años más tarde, los californianos acudieron a las urnas de nuevo y refrendaron la proposición 227, una medida que oficialmente suprimió la enseñanza pública bilingüe y la reemplazó con un programa de un año de inmersión, después del cual a los alumnos se les pasa a clases normales donde las clases se imparten completamente en inglés. La aprobación de esta iniciativa (61 por ciento a favor frente a un 39 por ciento en contra, que en el caso de los hispanos se distribuyó justo al revés, con un 60 por ciento a favor de la enseñanza bilingüe, y un 40 por ciento en contra) revela el temor injustificado a que los Estados Unidos llegue a verse dividido por una frontera lingüística, y el mito de que el hablar solamente una lengua conducirá a un idílico crisol anglicanizado en el que todas las culturas inmigrantes se harán una sola.

Es difícil predecir con precisión las consecuencias de prohibir la enseñanza en las lenguas ancestrales de los inmigrantes. A muchos niños el nuevo sistema les va bien, pero no serán capaces de desarrollar un nivel de dominio del idioma plenamente funcional ni llegarán a alfabetizarse en la lengua de sus antepasados.

Por otra parte, el español es la lengua extranjera más estudiada en la enseñanza secundaria en el país. El cuadro 7.3 muestra las estadísticas para los cursos 9 a 12 en los colegios públicos en el otoño de 1994 y los porcentajes de cambio entre 1990 y 1994 para todo el país (National Center for Education Statistics 1997, 69).

La cantidad de diplomas de licenciatura que se conceden es mucho mayor para la especialidad de español que para ninguna otra lengua, un 38 por ciento de los 14.378 licenciados en lenguas y literaturas extranjeras en el año académico 1993–94 (francés es el segundo, con un 22 por ciento) (National Center for Education Statistics 1997, 281). Además, el español ha adquirido cierto prestigio, especialmente entre los jóvenes, como símbolo de sus raíces étnicas y culturales, lo que ha motivado interés en revivir la lengua ancestral. Así pues, muchas universidades han instituido cursos para hablantes nativos de español en los que se pone el énfasis en el desarrollo de la escritura y la lectura, dos áreas que tienden a ser bastante débiles en una lengua básicamente restringida al entorno familiar.

De hecho, el español en los Estados Unidos es un ejemplo de desplazamiento hacia el inglés pero también de notable persistencia. A pesar de los

Cuadro 7.3. Matrícula en lenguas extranjeras en escuelas secundarias públicas. (National Center for Education Statistics 1997)

	Otoño 1994	%	Porcentaje de cambio en la matrícula: 1990–1994
Español	3.220.000	67	+ 23,3%
Francés	1.106.000	23	+ 1,5%
Alemán	326.000	7	+ 10,3%
Otros	161.000	3	
Total Lenguas Modernas	4.813.000	100	+ 17,6%

esfuerzos para limitar el uso de lenguas minoritarias, mi experiencia directa de la situación en los Estados Unidos indica que el español es hablado, tanto en el hogar como en público, por grupos cada vez más numerosos; nuevas publicaciones en español aparecen en el mercado, los programas de televisión y de radio en español ven aumentada su audiencia; y las grandes empresas se anuncian en español y ofrecen servicios al cliente en esta lengua (por ejemplo, compañías de teléfonos, oficinas legales, hospitales y otros centros de salud, y grandes almacenes).

7.4.4. Aspectos lingüísticos del español en los Estados Unidos

7.4.4.1. Efectos lingüísticos del bilingüismo social
En esta sección revisamos algunos de los efectos lingüísticos del bilingüismo social inglés-español en el habla de bilingües pertenecientes a diferentes generaciones. En lo que sigue, me referiré a la primera generación de inmigrantes como "grupo 1," a sus hijos como "grupo 2" y a sus nietos como "grupo 3." La discusión está basada en el examen de datos obtenidos en Los Angeles, pero muchos de los fenómenos constatados en esta comunidad tienen un alcance más general.

Ya hemos dicho que la situación del español en los Estados Unidos es una de *bilingüismo social* con frecuentes casos de *bilingüismo cíclico*. En esta situación, considero *bilingüe* a un individuo que tiene un cierto nivel de competencia en el uso del español y del inglés como vehículos de comunicación, sin que esta competencia tenga necesariamente que ser igual a la que posee un hablante de la variedad estándar de la lengua correspondiente. Debemos insistir además en la cuestión de la complejidad de las comunidades bilingües, en las que se identifican fácilmente diferentes niveles de competencia en las lenguas en contacto (ver Elías-Olivares 1979). Así pues, en el nivel individual, los lectos de los bilingües representan una amplia gama de niveles *dinámicos* de competencia; es decir, es en principio posible que un individuo se mueva o esté moviéndose hacia uno u otro extremo del continuo de competencia en cualquier momento sincrónico de su vida.

La situación familiar típica en las comunidades hispanas es una en la que los hijos mayores de una pareja de inmigrantes por lo general aprenden sólo español en casa y mantienen un buen nivel de competencia comunicativa a lo largo de su vida. Los menores, en cambio, aprenden español e inglés en casa y es más probable que mantengan una variedad de contacto diferente de las normas lingüísticas del primer grupo. Finalmente, los nietos de los primeros inmigrantes pueden adquirir español, pero esta situación no es común en centros urbanos como Nueva York, Chicago y Los Angeles (cf. Zentella 1997).

Los ejemplos 8–10, tomados de conversaciones grabadas con méxico-americanos de los grupos 1, 2 y 3, ilustran tres puntos en un continuo de desplazamiento hacia el inglés. La información entre paréntesis dada al final de cada ejemplo corresponde al grupo (1, 2, o 3) al que pertenece el hablante.

8. Investigadora = C; Silvia = S

C: ¿Y tenían una casa grande para la familia o era chiquita? ¿Cómo/?

S: Bueno, cuando, murió mi papá, vivíamos en una casa bastante, muy grande, donde había, este, muchas huertas, frutales, alrededor. Estaba en el centro la casa y estaba rodeada de puros árboles, puros, puros árboles frutales. O sea que salíamos de allí y, con una canasta o algo así. La llenábamos de duraznos, manzanas, toda clase de, de fruta. Y verdura también que, se sembraba allí. Rábanos, lechuga, todas clases de verduras. (G. 1)

9. Investigador = H; Robert = R

H: ¿Y tu tortuga cómo la conseguiste?

R: Un día yo y mi papá estábamos regresando de, de, de un parque con, con un troque de mi tío. Y estábamos cruzando la calle. Y nos paramos porque estaba un *stop sign*. Y mi papá dijo, "Ey, Roberto. Quita esa tortuga que está en la calle." Y no le creí, *you know*. Y miré. Y creí que era **un piedra**, pero grande. Y no le hice caso. Entonces me dijo, "Apúrele. Quita esa tortuga," *you know*. Y me asomé otra vez. Y sí era tortuga. ¡Estaba caminando **ese piedra** grande! [risa] Pues me salí del carro, del troque. Y fui y conseguí **el tortuga**. Y me **lo** llevé pa' mi casa. (G. 2)

10. Investigadora = C; Nancy = N

C: ¿Y cómo lo haces para poder entender todo en español y hablar en inglés? ¿Cómo lo haces?

N: *Ay, ya no sé*, I don't know. I'm surprised to be able to do that.
   [No sé. Me sorprende poder hacer eso](G. 3)

Nótese que en 8 no se observan diferencias con una norma general para el español oral. En 9, en cambio, un hablante del grupo 2 usa las expresiones *you know* 'tú sabes' y *stop sign* 'señal de detenerse' en inglés, no establece la concordancia de género femenino en algunas frases nominales ni en un pronombre clítico (en negritas en el ejemplo 9) y usa sólo *estar* como auxiliar en todas las construcciones progresivas en las que hablantes nacidos en México usarían con mayor probabilidad formas con semi-auxiliares (por ejemplo *venir* e *ir*). A pesar de estas desviaciones de las normas, su español sólo parece ligeramente no nativo y es perfectamente comprensible. En contraste, en 10 el uso de español es principalmente un símbolo de la etnicidad del hablante y de sus lazos culturales con la comunidad hispana a la que pertenece. Esta hablante está, de hecho, en el último estadio del continuo de competencia en español, mientras que su competencia en inglés se ubica en el extremo superior. Las diferencias ilustradas en 8–10 indican que los estudios que sostienen describir algún aspecto de la o las lenguas usadas por hablantes bilingües quedarán invalidados si no toman en cuenta y especifican explícitamente el lugar que estos hablantes ocupan en el continuo bilingüe.

Desafortunadamente, la mayoría de los estudios lingüísticos del español en los Estados Unidos no hacen referencia a este continuo, lo que debilita el valor de las descripciones ofrecidas. Algunos de los fenómenos identificados en la literatura han sido examinados como casos de *préstamos*, *transferencia o interferencia*, *alternancia de lenguas*, *simplificación*, *pérdida de lengua* y *convergencia gramatical*. De éstos, quizá el más estudiado haya sido el préstamo léxico (ver varios trabajos en Amastae y Elías-Olivares 1982; Bills 1974; Hernández-Chávez et al. 1975; y los estudios de Craddock 1976; Otheguy 1988; Otheguy et al. 1989, entre otros). En los últimos diez años, sin embargo, ha crecido el interés por investigar el préstamo sintáctico o transferencia sintáctica. Trabajos pioneros en este sentido han sido los realizados por Morales (1986) en Puerto Rico; Klein-Andreu (1986), Poplack (1978; 1980), y Pousada y Poplack (1982) en Nueva York; García (1979; 1995; 1998) en Texas; y Silva-Corvalán (1982; 1986; 1994a; 1998) en California.

7.4.4.2. Rasgos léxicos

Como es natural en situaciones de contacto lingüístico, los anglicismos léxicos penetran al español de incluso los hablantes del grupo 1. Los ejemplos incluidos en esta sección corresponden a anglicismos de uso muy general en las comunidades bilingües en este país. Los clasifico en cuatro clases, justificadas lingüísticamente por su posible efecto semántico o sintáctico y socialmente por la mayor o menor presencia de estos préstamos en diferentes grupos según el tiempo de residencia en los Estados Unidos.

Clase 1: **Préstamos de una palabra**. Transferencia de formas con sus significados: *mapear* de 'to mop' (trapear el piso), *sinke* de 'sink' (lavaplatos), *troca* o *troque* de 'truck' (camión), *so* de 'so' (así que), *marqueta* de 'market' (mercado), *obertain* de 'overtime' (tiempo complementario), *bil* de 'bill' (cuenta), etc. La transferencia de signos lingüísticos constituye el tipo de préstamo más frecuente en el grupo 1, mientras que la transferencia de significados solamente (*calcos*) es mucho menor. Lo contrario se da en el grupo 2, donde los calcos sobrepasan a los préstamos.

Clase 2: **Calcos de una palabra**. Transferencia de significados a significantes ya existentes en español: *moverse* incorpora el significado del inglés 'to move' (mudarse de casa), *atender* de 'to attend' (asistir), *aplicación* de 'application' (solicitud), *colectar* de 'to collect' (coleccionar), *cartón (de leche)* de 'carton (of milk)' (caja [de leche]), *carpeta* de 'carpet' (moqueta/ alfombra), *grados* de 'grades' (calificaciones/notas), etc.

Clase 3: **Calcos complejos**. Involucran más de una palabra, pero no alteran rasgos semánticos o sintácticos del español: *máquina de contestar* de 'answering machine' (contestador automático), *máquina lavadora* de 'washing machine' (lavadora de ropa), *escuela alta* de 'high school,' *días de semana* de 'weekdays' (días de trabajo), etc.

Clase 4: **Calcos léxico-sintácticos**. Son calcos que involucran una o más palabras y que alteran rasgos semántico-sintácticos del español. Los calcos léxico-sintácticos, por definición, tienen consecuencias en la sintaxis y la semántica de la lengua que los incorpora, especialmente en tales aspectos como el orden de palabras, las restricciones de selección y la subcategorización de las formas que los bilingües seleccionan como correspondientes a las de la lengua modelo. De manera provisional, he agrupado los ejemplos en seis tipos según el efecto que la transferencia del inglés parece tener sobre el español.

Clase 4, tipo 1: una unidad de más de una palabra que reproduce a una en el inglés (lengua fuente) conlleva un cambio en el significado de una palabra en español (lengua réplica). La palabra modificada con su significado extendido no se restringe a un solo contexto. Considérense los ejemplos 11–13 (esp. gen. se refiere a una variedad más general de español correspondiente a individuos con nivel medio o alto de educación escolar, no en contacto intenso con el inglés).

11. Es un modo de *tener un buen tiempo*. (G. 3)
    esp. gen.: Es un modo de *pasar un buen momento / pasarlo bien*.
12. . . . pero cuando llegó el *tiempo* que ellos ya querían sus carritos. . . . (G. 3)
    esp. gen.: pero cuando llegó el *momento* que ellos ya querían sus carritos. . . .
13. porque otro *tiempo*—ando en el carro—y empecé a notar que. . . . (G. 2)
    esp. gen.: porque otra *vez*/en otra *ocasión*. . . .

La palabra *tiempo* es bastante vulnerable en una situación de contacto porque coincide con algunos de los usos del inglés *time*. Es probable que esta situación favorezca la extensión de *tiempo*, un concepto general básicamente durativo en español, a la noción de un punto específico: "una de muchas instancias, una ocasión, una hora, un momento" (como en 11–13).

El caso frecuentemente citado de *para atrás* es también un ejemplo de un calco léxico-sintáctico del tipo 1. La frase *para atrás* ocurre con un número de verbos de movimiento en español: *mirar para atrás, pasar (X) para atrás, caminar para atrás*. En estas construcciones, *atrás* mantiene su significado general locativo de "(hacia) atrás." En el español de los Estados Unidos, *para atrás* ha extendido su significado para incluir no estrictamente una "repetición," como Otheguy (1988) sugiere, sino el significado de "en respuesta," o "en retorno" que *back* tiene en inglés en frases como *to call back* 'llamar de vuelta,' *to send back* 'devolver.' Algunos ejemplos recogidos en Los Angeles incluyen: *regresar a alguien para atrás* ('mandar de vuelta'), *ir para atrás* ('regresar'), *traer a alguien para atrás* ('traer de vuelta').

Clase 4, tipo 2: una unidad de más de una palabra que reproduce a una en inglés conlleva un cambio en las restricciones de animacidad de los constituyentes, tiempo o aspecto del verbo, u otras restricciones semánticas de la construcción correspondiente en español. El calco afecta el significado de una palabra gramatical o relacional incluida en esta construcción. Considérense los ejemplos 14–15.

14. a. Y tu carro que compraste, *¿cómo te gusta?* (G. 2)
       inglés: "and the car you bought, *how do you like it?*"
    b. Mi carro me encanta. (G. 2)
15. *¿Cómo te gustó* [la película]? (G. 2)
    inglés: "*how did you like it* [the movie]?"

En español, la palabra interrogativa de modo *cómo* no tiene el significado de "hasta qué punto, cantidad o grado," como lo puede tener *how* en inglés en oraciones no exclamativas. Así, las preguntas con *cómo* deben ser contestadas con una descripción del modo en que la situación se desarrolló. Esta diferencia interlingüística de significado da cuenta de la aceptabilidad de 16c y de la no aceptabilidad de 16b como respuesta a 16a en español, mientras que en inglés las dos respuestas correspondientes, b' y c', son correctas.

16. a. ¿Cómo te gusta la sopa?
    b. *Me gusta, está buena.

c. Me gusta bien caliente.
a′. How do you like the soup?
b′. I like it, it's good.
c′. I like it very hot.

Es claro, entonces, que la estructura *cómo X gustar Y* existe en español. Así, ejemplos como 14 y 15 presentan una innovación semántica y no sintáctica. El significado más restringido de *cómo* en español, comparado con el inglés *how*, impone ciertas restricciones a la semántica del sujeto (Y), que debe ser no específico, y al aspecto del verbo, que debe ser imperfectivo, como en 16a. Aparentemente, ni en inglés ni en español se puede preguntar por la manera cómo ha gustado una entidad específica. El significado menos restringido de *cómo* en el español de los bilingües resulta en una sintaxis menos restringida, pero las respuestas apropiadas refieren a cuánto y no a la manera de gustar. La respuesta dada a la pregunta en el ejemplo 14 es ilustrativa.

El significado menos restringido de *como* ha sido extendido también a un contexto declarativo: el complemento de *saber*. Véase el ejemplo 17.

17. Sí sabía *como* hablar español. (G. 3)
    inglés: "He did know *how* to speak Spanish."

Otros ejemplos de cambios en las restricciones semánticas se ofrecen en 18 y 19.

18. OK. Eso está bien conmigo. (G. 2)
    inglés: "OK. That's fine with me."
    esp. gen. Bueno. Me parece bien./Está bien.
19. So él sabrá si se *cambia su mente*. (G. 3)
    inglés: so he'll know if (he) "se" *changes his mind*.
    esp. gen. Así que él sabrá si *cambia de opinión*.

El verbo *cambiarse* en español requiere un objeto alienable (por ejemplo, "So él sabrá si se cambia la corbata"), pero en 19 ocurre con un objeto inalienable. También es posible que la palabra *mente* haya extendido su significado de "memoria, recuerdo" para incorporar uno de los sentidos de *mind* en inglés: opinión, punto de vista, intención. Por otra parte, la construcción reflexiva en 19 ilustra un cierto grado de confusión en el uso de estas estructuras.

Clase 4, tipo 3: calcos que corresponden a una frase preposicional en inglés, la que se reproduce con unidades léxicas del español, pero con la preposición correspondiente a la del inglés. El ejemplo 20 muestra el uso de *en* en vez de *a*, calcando la preposición *on* (García 1995 examina en detalle diferentes usos de *en* en San Antonio, Texas).

    20. para llegar allá *en tiempo* (G. 3)
        inglés: *"on time"*

Casos de falta de preposiciones o usos que no responden a la norma en el español hispanoamericano popular o estándar son bastante frecuentes en el español de los grupos 2 y 3, pero en la mayoría de los casos estas modificaciones no pueden atribuirse a una influencia directa del inglés, como muestran los ejemplos 21 y 22.

    21. y 0 la mañana habló 0 el trabajo (G. 3)
        inglés: "and *in* the morning he called *from* work"
    22. ¿Qué son tus planes *de*l futuro? (G. 2)
        inglés: "What are your plans *for* 'para/por' the future?"

Clase 4, tipo 4: la subcategorización de un verbo en español cambia siguiendo el modelo del inglés. El ejemplo más citado de este tipo de calco léxico-sintáctico es el verbo *gustar*. En español, *gustar* tiene un sujeto con el rol semántico de *tema* y un objeto indirecto con el rol de *experimentador*. En inglés moderno se da la relación sintáctico-semántica opuesta.

Hablantes de los grupos 2 y 3 calcan la estructura sintáctico-semántica de *to like* "gustar," aunque no exactamente (ejemplos 23–26). Los únicos ejemplos de calco exacto con el tema codificado como objeto directo, ausencia de pronombre clítico y ausencia de *a*, son producidos por dos hablantes que se ubican al final del continuum (ejemplos 25 y 26).

    23. Se llama la Sra. X, pero naden le gusta, *a* ella. (G. 2)
        [esp. gen.: *a* nadie le gusta ella]
    24. Los cocodrilos les gustaron *a* matar. (G. 2)
    25. Y gusta golf mucho.(G. 3)
    26. Yo gusto eso. (G. 3)

Puedo afirmar que hay presencia de *a* después de *gusta* en 23 gracias a que la persona que lo produce habla lentamente y hace una pausa.

Cambios en la subcategorización ocurren también cuando se elimina una preposición, quizá porque se calca el verbo inglés, como en 27, donde *entrar* 'to go into,' intransitivo en este contexto en español, aparece como transitivo.

27. . . . y entras 0 el washroom. (G. 3)

Clase 4, tipo 5: un orden de palabras pragmáticamente marcado en español se vuelve no marcado al reproducir el correspondiente orden neutral de palabras en inglés. En el contexto donde ocurre el calco no hay indicación de condiciones pragmáticas marcadas. Esto lo ilustran 28 y 29.

28. Ella hablaba como yo más o menos, *machucado español*, mitad las palabras inglés y mitad, palabras español. (G. 3)
     inglés: "She spoke like me more or less, *chopped up Spanish*, . . .
29. esa es una *diferente generación* (G. 3)
     inglés: "that's a *different generation*"

Es interesante notar que los calcos del tipo 5 ocurren casi exclusivamente en el español del grupo 3.

Clase 4, tipo 6: calcos que son una forma de relexificación y crean estructuras sintácticas no existentes en español. Este último tipo quizá sea el único que pueda llamarse préstamo. Los ejemplos 30 y 31, que presentan el calco de la secuencia *that is why*, son ilustrativos.

30. *Eso es por qué* yo quiero un hijo. (G. 3)
     inglés: *that is why* I want a child.
     esp. gen.: *Por eso es que* yo quiero un hijo.
31. y *eso es por qué* nosotros fuimos p'allá. (G. 3)
     inglés: and *that is why* we went there.
     esp. gen.: y *por eso es que* nosotros fuimos p'allá.

Los calcos léxico-sintácticos se distribuyen diferentemente en los tres grupos que representan el continuo bilingüe: están prácticamente ausentes en el grupo 1 y, aunque aumentan en los grupos 2 y 3, no llegan a ser tan numerosos como los calcos simples o los préstamos discutidos antes (Clases 1, 2 y 3).

7.4.4.3. La alternancia de códigos

Más frecuente y característica a partir del grupo 2 (Otheguy, García y Fernández 1989 observan una situación similar entre los cubano-americanos) es lo que se denomina *la alternancia o intercambio de códigos*, i.e., el uso del inglés y el español por el mismo hablante dentro de un turno de habla. Dado que un bilingüe tiene dos códigos lingüísticos a su disposición, es de esperar que utilice ambos si la situación se lo permite. Entre los factores externos que se han identificado como promotores de la alternancia se incluyen: el entorno físico, los participantes, el tema de la conversación y la identificación étnica. La alternancia de códigos es un fenómeno muy interesante, controlado por reglas tanto gramaticales como funcionales, que presentaré sólo brevemente aquí (para un estudio más extenso de esta cuestión, ver dos excelentes tratados de Myers-Scotton [1993a y b]; sobre el español, ver Valdés-Fallis 1982 y otros trabajos en Amastae y Elías-Olivares 1982; Gumperz y Hernández-Chávez 1975; y Silva-Corvalán 1983a).

Se ha propuesto que la alternancia de códigos está sujeta al menos a dos restricciones gramaticales (Poplack 1980): una restricción morfemática según la cual no puede cambiarse de código entre dos morfemas ligados y una restricción sintáctica que propone que sólo puede cambiarse de código en aquellos puntos en que las estructuras de las dos lenguas son equivalentes. Aunque se han presentado contraejemplos a estas dos restricciones, son en general válidas en el caso de la alternancia español-inglés, especialmente si los hablantes están en los estadios superiores del continuo. Esto indica que los hablantes conocen (intuitivamente) las reglas sintácticas de las dos lenguas.

En cuanto a la función comunicativa de la alternancia de códigos, las funciones propuestas incluyen: la codificación de citas (discurso directo), repeticiones e interjecciones, la codificación de emociones y una función retórica o expresiva. Veamos algunos ejemplos de alternancia español-inglés.

> 32. Le dije, "*You look so upset today. Did you have a hard day?*" Le digo en una forma *nice*, pero también en una *hostile way.* (G. 3)
> [... "Pareces muy molesto hoy. ¿Tuviste un día muy difícil?" ... agradable, ... manera hostil.]
> 33. Una cosa que yo quise hacer cuando fui a Acapulco. ... Me subí en ese *parachute ride*, arriba del agua. Me subí en eso. *Oh! I loved that!* (G. 2)
> [... paracaídas, ... ¡Ah! ¡Me encantó eso!]
> 34. ... en cinco minutos me dijeron que podía *go ahead*, y "so" pues me fui. Y como cuarta milla alguien estaba *coming down at me*. Nadie lo paró y me, me machucó de frente. (G. 3)
> [... seguir, "así que" ... venía bajando derecho hacia mí ...]
> 35. Prosa de un escritor chicano (Ricardo Sánchez, *Canto y grito mi liberación*, New York, Doubleday, 1973, p. 148)
> *Why, I questioned myself, did I have to daily portray myself as a* neo-gringo cuando mi realidad tenía más sangre y pasión?

[¿Por qué, me pregunté a mí mismo, tenía que retratarme a diario como un . . .]

36. Y la señora que *my grandmother worked for* tenía *twenty-seven rooms, you know, and we had our own house—in the back, where we lived at,* y—mi abuelito no pagaba renta. (G. 3)

[. . . para la que trabajaba mi abuela tenía veintisiete piezas, ¿ves?, y nosotros teníamos nuestra propia casa—al fondo, donde vivíamos . . .]

Cada uno de los ejemplos dados ilustra una función diferente de la alternancia de códigos. El ejemplo 32 corresponde a la frecuente tendencia a reproducir el discurso directo en la lengua en que fue codificado originalmente. En el ejemplo 33 la alternancia se da en *parachute ride*, un ítem léxico que la hablante puede no conocer en español, y en una expresión de emotividad, *Oh! I loved that!* Estos tipos de expresiones emotivas aparecen frecuentemente en la lengua en que el hablante tiene mayor competencia. El ejemplo 34 también ilustra el uso del inglés para compensar falta de léxico, temporal o permanente, en español. Aquí se usa además la palabra *so*, que ha prácticamente sustituído a *así que* incluso en el habla de los inmigrantes de primera generación. Por otra parte, el ejemplo 35 ilustra el uso llamado *retórico* (ver Koike 1987) de la alternancia de códigos, el que observamos que no se da solamente en la lengua oral.

Finalmente, el ejemplo 36, producido por una hablante del grupo 3 que representa un caso de bilingüismo cíclico, es interesante. Reproduce casi exactamente la sintaxis inglesa en los puntos donde se produce la alternancia. Así pues, en la cláusula relativa, *que my grandmother worked for . . . ,* literalmente: "que mi abuela trabajaba para," la alternancia viola las reglas sintácticas del español de primera generación (y por supuesto también la restricción de la *equivalencia estructural*), pues la preposición *para* que debía ocurrir antes del relativo *que* aparece en inglés al final de la cláusula relativa. Parece, pues, que la sintaxis de los hablantes bilingües cíclicos tiende a converger en gran medida con la del inglés, de tal manera que su español evidencia ya sea un cierto número de estructuras paralelas con las del inglés o directamente prestadas del inglés, con léxico español; es decir, podríamos decir que se trata casi de un inglés *relexificado*.

Como lo han demostrado numerosos estudios, la alternancia de lenguas es un estilo comunicativo característico de grupos con niveles más o menos equilibrados de competencia bilingüe. Se da de manera limitada en otros grupos, para quienes la alternancia tiene más bien un valor emblemático o sirve para compensar el olvido o la falta de material lingüístico. Por otra parte, la función retórica de la alternancia es manejada con maestría por los bilingües equilibrados. Considérese el ejemplo 37, una anécdota narrada por Alb (grupo 2), completa y comprensible ateniéndonos solamente a los segmentos en español, en la que los pasajes en inglés tienen básicamente un valor expresivo.

37. C: Sí. Pero decían que estaba peligroso para hacer surfing.
A: *Even for the surfers* también [incluso para los surfers]. /Sí, sí./ Vi uno que se subió en una, una ola de esas.
Y luego *quebró*. *It broke* [rompió], arriba así,
y él estaba así co/, casi mero arriba/,
y, y lo agarró
y, y lo, y lo voltió así
y se lo, se lo llevó *all the way in* [hasta el fondo].
Yo en San Pedro me agarró una de esas, *long time ago when I was younger* [hace mucho tiempo cuando yo era más joven].
Me 'garró allí en/
You know where the breaker is in San Pedro? [¿Sabes donde está el rompeolas en San Pedro?]
C: ¿Haciendo surfing o nadando?
A: No, nadando.
I used to like to ride, ride the waves in [Me gustaba dejarme llevar por las olas].
Me agarró una de ésas
y me voltió así, y, todo el cuerpo.
Y me llevó así,
y iba yo tragando hasta agua.
Y:, me, me 'garró
y me raspó todas las piernas.
I was bleeding up on my leg, [Mi pierna estaba sangrando]
porque me, me 'garró abajo
y me llevó hasta abajo, *all the way down*, [hasta el fondo]
y, me raspó las, las piedras o conchas,
yo no sé qué sería lo que había abajo.
My legs were all bleeding [Mis piernas estaban sangrando].

En este ejemplo, el hablante cambia al inglés solamente cuando da información auxiliar, con función de orientación y evaluación. Las cláusulas estrictamente narrativas no contienen alternancia (cf. Koike 1987).

7.4.4.4. El sistema verbal
Recordemos que se ha propuesto que una de las estrategias empleadas en situaciones de estrés lingüístico consiste en simplificar categorías gramatica-

les y oposiciones léxicas. Se trata de procesos complejos que implican tanto simplificación como generalización. La simplificación supone la extensión de una forma a expensas de otra, que se contrae o reduce. En su etapa final, resulta en la pérdida de una o más formas. La generalización supone también extensión de una forma a un número cada vez mayor de contextos, en los que no hay, por contraste, otra forma en competencia. Se ha observado además que cuando la neutralización o sincretismo de estas categorías u oposiciones constituye un cambio en marcha en la variedad monolingüe, este cambio se acelera en la variedad bilingüe.

Simplificación, generalización y pérdida son fácilmente observables en el sistema verbal del español en los Estados Unidos. Las diferentes variedades del español quedan representadas en un continuo que va desde un sistema verbal equivalente al estándar en Hispanoamérica hasta un sistema en el que sólo se mantienen el Infinitivo y el Gerundio junto al Presente, Pretérito, e Imperfecto del Indicativo. Los cambios o procesos de simplificación más drásticos empiezan a darse en los niveles medios del continuo bilingüe (ver Gutiérrez 1995; Ocampo 1990a; Silva-Corvalán 1990, 1991a, 1994a y b; Torres 1989; Zentella 1997). Por otra parte, la ausencia del Futuro morfológico y del Condicional Compuesto en el grupo 2, e incluso el uso más frecuente de progresivo que de Presente Simple (cf. Klein 1980a), parecen apoyar más bien la hipótesis sobre aceleración de procesos ya en marcha en las variedades monolingües.

El sistema del grupo 1 no se diferencia del que se describe generalmente para las variedades de español hablado en Hispanoamérica. Los grupos 2 y 3, en cambio, presentan ausencia de Futuro morfológico y pérdida temprana del Condicional y del Pluscuamperfecto de Indicativo; ninguno de los tiempos compuestos aparece en el habla de un gran número de hablantes del grupo 3.

Los procesos de simplificación se manifiestan en la preferencia progresiva por el uso de Indicativo en vez de Subjuntivo (ver Floyd 1978; Silva-Corvalán 1994b), en la neutralización de la oposición Pretérito-Imperfecto con un cierto número de verbos estativos en favor del Imperfecto (*era, estaba, tenía, había, podía, quería* por *fue, estuvo, tuvo, hubo, pudo, quiso*), y, con verbos de actividad, en el uso de Pretérito en vez de Imperfecto (*fue, corrió, habló* por *iba, corría, hablaba*).

Un examen de las etapas de simplificación y pérdida nos permite afirmar que no hay influencia directa del inglés, ya que ésta no justificaría: (a) la simplificación y pérdida temprana del Infinitivo Compuesto; (b) la pérdida del Pretérito Perfecto Compuesto antes de las formas de Subjuntivo; ni (c) la retención del Imperfecto de Indicativo incluso en los puntos más bajos del continuo. Nos parece, pues, que estos cambios ocurren más bien como resultado del contacto limitado con una variedad completa o estándar del español, así como también por la reducción en el número de dominios sociales y registros en los que se usa esta lengua en los Estados Unidos. Los ejemplos 38–44 ilustran usos del sistema verbal que se diferencian de las normas del grupo 1.

38. Iba a ser profesional, pero creo que *tenía* ("tuvo") un accidente. (G. 2)

39. Porque este mexicano no *sabía* el inglés, no más *habló* ("hablaba") español. (G. 3)

40. Y estábamos esperando a mi 'amá, porque ella *fue a llevar* ("había llevado") mi hermano a la dentista. (G. 2)

41. Lo voy a guardar antes que *llega* ("llegue"). (G. 3)

42. Se comunicó con el *police department* [estación de poli] a ver si tenían uno que *estaba* ("estuviera") interesado en ser *teacher* [profesor], so me llamaron a mí. (G. 3)

43. Esta fue la primera casa que compramos. *Estamos* ("hemos estado") como *fifteen years* [quince años] aquí. (G. 3)

44. A: ¿Y qué me dices de tu educación si tus padres se *hubieran quedado* en México?

B: No *estudiaba* ("habría/hubiera estudiado") mucho, yo creo. (G. 2)

Numerosos procesos morfofonológicos afectan además esporádicamente a las formas verbales de los bilingües con niveles medio o bajo de competencia en español; por ejemplo, ausencia variable de diptongación en formas como *tenen* por *tienen*, *moven* por *mueven*; diptongación donde no la hay, como en *sientí* por *sentí*; y regularización de la inflexión en *pudió* (que replica el patrón general de *comió*, *movió*, etc.) por *pudo*. Como es de esperar, se dan también de manera esporádica faltas de concordancia de persona y número entre el sujeto y el verbo. Otros fenómenos citados en la literatura (Hidalgo 1990; Peñalosa 1980; Sánchez 1983) son más bien característicos de variedades populares del español en general y no específicos del de los Estados Unidos: retención de ciertos arcaísmos como *truje* y *haiga*, regularización de la raíz de *haber* ((yo) *ha*, *hamos*), elisión o adición de *s* en la segunda persona singular del Pretérito (*comites/comistes*), epéntesis de consonantes (*cayí*, *leyer*), etc. Incluso fenómenos considerados antes como típicamente méxicoamericanos, han sido constatados en otros países (e.g., México, Venezuela): el desplazamiento del acento en la primera persona plural del Presente de Subjuntivo, lo que crea un patrón completamente regular, y la sustitución de /m/ por /n/ en este tiempo del Subjuntivo y en el Imperfecto de Indicativo: *vuélvanos, puédanos, íbanos, andábanos, vivíanos*, etc.

7.4.4.5. La extensión de *estar*

La aceleración de cambios ya en marcha en la variedad monolingüe queda también apoyada por el proceso de extensión de la cópula verbal *estar* a expensas de *ser* en predicados adjetivales. Este estado avanzado de extensión, ilustrado en los ejemplos 45–49, no ha sido observado en las comunidades puertorriqueñas ni cubanas sino sólo en las méxicoamericanas.

45. ¿Rasgos de ella? Mira, *la nariz* de ella no es como la mía; *está un poco grande*, pero, anchita. Ah, sus ojos son chicos como los míos. (G. 1)

46. Yo digo que *la mía* [la nariz] *está chistosa*. Nunca me ha gustado mucho mi nariz. (G. 2)

47. C: ¿Y sus colores [de la novia] así?
R: *Está muy clara*, como mi papá. (G. 2)

48. Una de esas recá-, recámaras es el *master bedroom*, el más grande. Y *el otro está pequeñito*. (G. 2)

49. Mi papá era un hombre muy alto. "Todos los Campas son altos— como me dijo mi tío—menos usted, Daniel." ¡El cabrón! Y yo le dije p'atrás: "Pero *yo estoy inteligente* y muy guapo y no te puedo tener todo." (G. 3)

La extensión de *estar* a contextos previamente reservados para *ser* no causa una anomalía sintáctica sino semántico-pragmática y es observable, en mayor o menor grado, en otros dialectos del español (ver de Jonge 1987). En este sentido, es posible que mi variedad, la chilena, sea más conservadora, ya que la respuesta que se da con frecuencia en Madrid a la pregunta en 50a es 50b; en cambio, en Chile esta respuesta se construiría con *ser*, como en 50c.

50. a. ¿Dónde se puede comer buen lechón en Madrid?
b. En la Casa Paco *está bueno* el lechón.
c. En la Casa Paco *es bueno* el lechón.

Fuera de los Estados Unidos, es en México donde la extensión de *estar* parece más avanzada, como ilustran los ejemplos 51 y 52, tomados de Gutiérrez (1989). La investigación de Gutiérrez (ver además en Capítulo 6) consta el mismo fenómeno, aunque menos extendido, en Michoacán, lo que indica que el avance observado en los Estados Unidos tiene como punto de partida las variedades ancestrales de México.

51. . . . y ahora vivimos allí en Prados Verdes en las casas de Infonavit, *están chiquitas*, pero *están bonitas*.
52. . . . la que me gustó mucho fue ésta, la de Rambo /¿Rambo?/ Sí, *está muy buena esa película*.

Frente a estos hechos, no podemos explicar la ocurrencia de ejemplos como 45–49 como resultado de motivaciones externas. Es posible, sin embargo, que el contacto con el inglés, que tiene una sola forma verbal, *to be*, que corresponde en parte a dos en español, *ser* y *estar*, favorezca la neutralización de estas cópulas. La influencia sería, en todo caso, indirecta.

Considérese que ni siquiera en 49, donde *estar* aparece con el adjetivo *inteligente*, se ha producido "agramaticalidad" en el nivel oracional, ya que dada una situación comunicativa que lo permita, un hablante podría decir "(Yo) estoy inteligente hoy, ¿no te parece?," es decir, un enunciado con un valor ilocutivo de ironía.

La extensión de *estar* se produce sigilosamente, violando más bien reglas pragmáticas o del discurso, las que producen una ligera sensación de extrañeza, pero que no llega a causar el sobresalto quizá necesario para que las fuerzas normativistas reaccionen a tiempo para detener el cambio. Se trata, pues, de un ejemplo de simplificación documentado en numerosas situaciones: dadas dos o más formas con diferencias sutiles de significado, una o más de ellas tenderá a simplificarse y finalmente a desaparecer.

Este tipo de simplificación, a la que se ha llamado también "reducción estilística," ha sido examinado, por ejemplo, en el francés de Montréal por Mougeon y Beniak (1991), quienes muestran cómo esa variedad de francés está perdiendo rápidamente, entre otras, la expresión *chez moi/toi*, etc. 'en mi/tu, etc., casa' y extendiendo en este caso el uso considerado más transparente de la expresión alternativa *ma maison*. Dorian (1981) muestra lo mismo en el gaélico de Escocia, donde los hablantes con menos dominio de esta lengua tienden a simplificar tales oposiciones como voz pasiva-voz activa, pronombre posesivo versus frase preposicional que indica posesión (*su casa* versus *la casa de él*) y otros pares de construcciones con significados similares.

7.4.4.6. La ausencia del complementante *que*
La no expresión de un complementante en español se presenta, a primera vista, como un candidato obvio para una explicación basada en la transferen-

cia directa del inglés de un complementante nulo en cláusulas relativas y de complemento. Esta sección muestra que ejemplos como los ilustrados en 53 no corresponden a la introducción de una nueva regla, sino más bien al uso preferencial de una estructura paralela.

53. Yo creo *0* inventaron el nombre. (G. 2)

La ausencia de *que* en complementos no es un caso de incorporación de una regla extraña al sistema del español, pues esta lengua la permite en los registros formales y escritos, como se muestra en el ejemplo 54 (ver Subirats-Rüggeberg 1987, 168–73). En cambio, el mismo fenómeno de *que* nulo no se permite en cláusulas relativas, como mostramos en 55.

54. Deberían tomarse precauciones pues se cree *0* podrían ir armados.
55. *Te agradezco el regalo *0* me enviaste.

Nótese que la ausencia de *que* no ocurre en cláusulas relativas en los Estados Unidos, sino sólo en cláusulas de complemento; es decir, ejemplos como 55 y 56 no se constatan en el habla de los bilingües.

56. *El nombre *0* (ellos) inventaron era extraño.

El *que* nulo es un fenómeno variable (ver ejemplos 57–60) en el contexto de complementos de verbos estimativos (por ejemplo *creer, pensar*). Puede considerarse una extensión del registro escrito o formal al estilo oral conversacional, promocionada por el contacto con una lengua, el inglés, en la que tal construcción es frecuente. Se trata, pues, de transferencia o influencia indirecta.

57. "No la hallo muy entusiasmada," yo pensé entre mí. Yo creo *0* no la quiere ver [la película] como yo. (G. 2)
58. Mi mamá no quiere que hago eso. Ella piensa *0* si, si no voy *full-time* no voy a terminar. (G. 3)
59. Sí, creo *que* no más esa vez fuimos. (G. 2)
60. . . . pero no sé cómo, pues, no sé cómo, pero pienso *que* eso va a ser. (G. 3)

7.4.4.7. *Los pronombres clíticos verbales*

El sistema de pronombres clíticos verbales del español presenta algunas modificaciones en esta situación de contacto con el inglés. Un examen de

324 SOCIOLINGÜÍSTICA Y PRAGMÁTICA DEL ESPAÑOL

más o menos treinta horas de conversaciones grabadas con hablantes de
los grupos 2 y 3 muestra, sin embargo, que el porcentaje de omisión
de clíticos es bajo (alrededor del 4 por ciento, de los cuales más de la mitad
corresponde al grupo 3) y que afecta principalmente a los llamados clíticos
reflexivos (ver Gutiérrez y Silva-Corvalán 1993). Los ejemplos 61–63 ilustran casos de omisión.

61. . . . tenimos una y nosotros *0* llevamos. [la] (G. 3)
62. Allí, no podemos a bañar*0*. [nos] (G. 2)
63. Muy amarradas las tenían . . . y ellas *0* rebelaron, *0* rebelaron.
[se] (G. 3)

La omisión de un pronombre clítico verbal obligatorio ha sido también
constatada en construcciones donde se propone que el clítico funciona como
marcador de posesión de la entidad a la que se refiere el objeto directo (ver
sección 7.2.3). Esta omisión se ilustra en 64, donde el clítico *me* ha sido
omitido y la idea de posesión está marcada por un determinante posesivo
en el objeto directo.

64. . . . y me dieron en la cara, y *O* quebraron mi, mi *jaw*. (G. 3)
    esp. gen.: . . . y me dieron en la cara, y *me* quebraron la mandíbula.

Ejemplos del tipo de 64 ocurren en el habla de muchos de los hablantes
bilingües nacidos en los Estados Unidos. Quizá más frecuente, sin embargo,
es la aparición del clítico además de un determinante posesivo correferencial,
como en 65.

65. . . . y *me* pegó a mí en *mi* brazo. (G. 2)

Los clíticos son además afectados por procesos que se manifiestan también en otras clases de palabras, tales como modificaciones en la marca de
caso (ejemplo 66), género (ejemplo 67) y número (ejemplo 68).

66. Yo *lo* [por *le*] doy dinero, pero él me paga p'atrás. (G. 3)
67. La policía dice que *la* [al hombre] murieron ahí. (G. 3)
68. Yo creo que no *lo* [los libros] usan. (G. 2)

Los ejemplos 66 y 67 no corresponden a la tendencia más frecuente en
otras variedades del español, sin embargo, que es hacia el uso del dativo
en vez de acusativo en cuanto a caso (por ejemplo, en el centro de España)

y del masculino en vez de femenino cuando se neutraliza el género (por ejemplo, en variedades del español de Perú [Paredes 1996]).

El bajo porcentaje de usos no normativos registrados es prueba de la resistencia del sistema de clíticos. En verdad, hay casos en los que el verbo es producido en inglés y el clítico correspondiente aparece en español en su esperada posición preverbal, como en 69, un hecho que apoya la realidad psicológica de esta categoría gramatical en español.

> 69. . . . y lo que queda—*lo invest in stock* o algo así. (G. 3)
> [invierte en acciones]

7.4.4.8. *El orden de los argumentos oracionales*

El orden de los argumentos en español, controlado por reglas semántico-pragmáticas, también es susceptible de modificarse. En verdad, es bien sabido que el español permite el orden SV y VS (Silva-Corvalán 1977; Ocampo 1989) y que VS es la estrategia seleccionada para introducir el referente del. sujeto en el discurso. El inglés, en cambio, no tiene la misma flexibilidad en el orden de los argumentos, como muestra la comparación del orden VS en 70a con la traducción correspondiente en inglés, que presenta el orden SV 70b.

> 70a. . . . estuve una hora ahí [en una clínica]: tocando timbre, (a) *salió el médico* [V S] (Ocampo 1990b, 97, ejemplo 14)
>
> b. I was there [outside the clinic] for an hour: ringing the bell, *the doctor came out* [S V]

Considérese ahora el ejemplo 71, producido por un hablante bilingüe español-inglés.

> 71. Una vez estaba en una gasolinera aquí (a) *y una señora llegó ahí* [S V]. Yo estaba ahí esperando, estaban trabajando en el carro. (b) *Una señora entró* [S V] y me preguntó si conocía. . . . (G. 3)

En el ejemplo 71a, el referente del sujeto ("una señora") es nuevo y es introducido en la posición preverbal; éste ocurre en la misma posición en 71b, aparentemente reintroducido luego de una explicación parentética. Ambos ejemplos son gramaticales, pero violan una restricción pragmática del español, que prescribe el orden VS en tales ejemplos. El hablante bilingüe opta por usar el orden SV, paralelo al del inglés. La preferencia por el uso de un orden paralelo al del inglés es sólo una tendencia, sin embargo.

La variación SVX-VSX se constata en numerosos casos, como se ilustra en 72–73.

72. [Eso] pasó el otro día. (a) Vino mi papá [V S], "Mira, aquí esta/, necesitan un precio aquí en estas formas." (G. 3)

73. (a) . . . y así va la rutina [V S]. . . . (b) Y los niños realmente nos tienen jóvenes [S V X]. Porque H. dice de (c) cuando tenía él dieciséis [V S X], diecisiete, (d) y llegaba el mes de marzo [V S], le gustaba subirse a una loma y volar papalotes. (G. 2)

La cuantificación de un total de 643 oraciones con sujeto expresado en datos obtenidos de quince hablantes muestra sólo un leve aumento en el uso de sujetos preverbales a través de los tres grupos; es decir, a medida que el uso del español se hace menos frecuente: grupo 1, 74 por ciento (99/133); grupo 2, 77 por ciento (177/230); grupo 3, 80 por ciento (223/280). Estos porcentajes dan prueba de que el español en los Estados Unidos mantiene casi intactas la flexibilidad en el orden de los argumentos y las condiciones pragmáticas que controlan esta flexibilidad.

7.4.4.9. La estructura oracional y los marcadores de discurso

En el español de la primera generación de inmigrantes se constata toda la gama de estructuras simples y complejas del español oral, además de las características expresiones fáticas y marcas en el discurso dirigidas a motivar la atención del interlocutor (por ejemplo, *fíjate*, *pues mira*, *imagínate*, *¿Me entiendes?*, *¿Tú crees?*, *¿Cómo te podría decir?*). Con frecuencia se usan también estructuras con valor evaluativo, tales como:

a. Cláusulas comparativas y exclamativas: *Tenía mucho más dinero que ella*, *¡Dios mío, pero cómo!*

b. Cláusulas hipotéticas de modo: *Las televisiones estaban como . . . como si fueran nuevecitas.*

c. Adjetivos calificados por adverbios de grado y adjetivos superlativos: *muy baratas; bien empacaditas; Una de esas televisiones tenía una parte, pero viejísima.*

d. Discurso directo: *y dice, "¿Pues, sabes qué?" dice, "No le hace lo que tú pienses, tú te vas a casar con mi hijo." Y le dije yo, "Bueno, ándele pues."*

Las estructuras ilustradas en (a–d) se usan con menor frecuencia a medida que se desciende en el continuo bilingüe, hasta llegar a su completa desaparición en los estadios que reflejan un uso más restringido del español en el grupo 3. Las expresiones fáticas y de emotividad y los marcadores de discurso ocurren casi exclusivamente en inglés (*you know* 'tú sabes,' *you see* '¿ves?,' *well* 'bueno,' *let's see* 'veamos,' *I love it* 'me encanta,' *he's cute* 'es simpático').

Además, se observa claramente una tendencia decreciente en la frecuencia de uso de cláusulas subordinadas. Esta situación ha sido examinada cuantitativamente en datos de hablantes méxicoamericanos por Gutiérrez (1990), quien muestra que las cláusulas subordinadas nominales, adjetivales y adverbiales disminuyen de 46 por ciento en el grupo 1, a 29 por ciento y a 24 por ciento en los grupos 2 y 3, respectivamente.

7.4.5. Conclusiones

Con respecto al papel que desempeñan las motivaciones externas e internas en los cambios que experimenta el español en los Estados Unidos, la universalidad de los procesos identificados a través de diferentes situaciones de contacto argumenta en contra de la transferencia directa de elementos *gramaticales* foráneos en los niveles más altos de competencia bilingüe. En verdad, numerosos estudios apoyan la observación de Malkiel (1983, 261, mi traducción), según el cual incluso el defensor más entusiasta de una hipótesis de sustrato tendría que aceptar que "sólo un número seleccionado de elementos fonológicos, léxicos, etc., se filtran" de una lengua a otra en una situación de bilingüismo prolongado.

En el caso del español actual en los Estados Unidos, vemos que una primera generación de inmigrantes transfiere básicamente léxico: palabras y frases fijas. En la segunda generación se observa reducción de los dominios de uso del español, la lengua minoritaria, y falta de escolaridad completa en ella. Esto conduce al desarrollo de una variedad en la que se constatan procesos de simplificación y pérdida (por ejemplo en el sistema verbal, las preposiciones, las oraciones compuestas y el léxico), un cierto grado de confusión en la marcación de género y número, la aceleración de la difusión de fenómenos de cambio ya presentes en la variedad ancestral, la incorporación de préstamos y calcos léxicos del inglés y la alternancia más o menos frecuente entre el español y el inglés. Más allá de esta segunda generación, la situación sociolingüística se torna aun más compleja y difícil de predecir o describir.

Las etapas de cambio están controladas por al menos tres principios cuya acción se observa a través de numerosas situaciones de contacto y desarrollo lingüístico: los principios de generalidad, de distancia y de transparencia semántica (ver Silva-Corvalán 1991b).

El *principio de generalidad* predice que dadas dos formas con significados relacionados que compartan por lo menos un contexto estructural, la forma con una distribución pragmática y estructural más amplia se adquirirá primero o se perderá más tarde. Así, se perderá primero, por ejemplo, el

Pluscuamperfecto, *había comido*, y más tarde el Pretérito Perfecto Compuesto, *he comido*. Este principio se refiere a factores intralingüísticos que están gobernados, a mi parecer, por la naturaleza de la comunicación. Esto me ha llevado a proponer el *principio de distancia* (Silva-Corvalán 1985, 565), según el cual si un sistema lingüístico tiene varias formas en el mismo espacio sintáctico-semántico, la forma más cercana al hablante, objetiva o subjetivamente, se adquirirá primero o se perderá más tarde. Factores de tipo interaccional justifican este principio: la comunicación diaria tiende a ser egocéntrica y concretizante.

Finalmente, la situación del español en contacto con el inglés justifica también el *principio de la transparecia semántica* propuesto por Slobin (1977, 186), según el cual los hablantes tienden a mantener una relación biunívoca entre estructuras semánticas subyacentes y formas superficiales con el propósito de facilitar el procesamiento de los mensajes lingüísticos. El estado icónico ideal no se alcanza nunca, sin embargo, ya que tanto en el desarrollo ontogénico como filogénico de las lenguas las unidades lingüísticas no están aisladas y la simplificación de unas conduce a la complejidad de otras.

En cuanto al futuro del español en los Estados Unidos, si éste dependiera de las actitudes de los hispanos hacia la lengua de sus antepasados, podríamos predecir la continuidad del español. Así pues, los estudios de actitudes concuerdan en apuntar que éstas son fuertemente positivas hacia el español y hacia la cultura hispana (Mejías y Anderson 1988; Silva-Corvalán 1994a; Zentella 1981; 1997). Sin embargo, el compromiso es débil cuando se pregunta a los hispanos si están dispuestos a hacer algo para mantener la lengua y la cultura ancestrales; por ejemplo, asistir a clases sistemáticas de español o apoyar activamente programas de difusión de la lengua (ver Fishman, Cooper y Ma 1971, Capítulo 5; Silva-Corvalán 1994a). Así pues, Wherritt y García (1989, 8, mi traducción) apuntan "que el español en EE.UU. es esencialmente un fenómeno de primera generación, al que sólo se le permite una vida pública limitada y restringida y que prospera principalmente en sectores rurales y pobres."

Nótese, sin embargo, que la cita de Wherritt y García es de 1989. Desde entonces, ha habido algunos cambios importantes en cuanto a "la vida pública" del español, al menos en las campañas políticas. Durante la campaña presidencial del 2000 en los Estados Unidos, por ejemplo, algunos hispanos hablaron exclusivamente en español o intercalaron bastante español en discursos televisados en todo el país.

En el hogar mismo, ya me he referido al hecho de que son los hijos mayores los que tienen una mejor posibilidad de adquirir un buen nivel de competencia en español; los demás lo entienden, pero tienden a contestar en inglés. Los padres con frecuencia se proponen mantener el español al menos como la lengua de comunicación en casa, pero con mucha frecuencia estos buenos propósitos no se cumplen.

El estudio de actitudes ha constituído el objeto de muchas investigaciones que intentan predecir el futuro de una lengua minoritaria en un contexto bilingüe. En estas situaciones, no es infrecuente que un grupo monolingüe mayoritario desarrolle actitudes negativas hacia la o las lenguas de minoría (García 1993; Gynan 1993). En relación con el español, por ejemplo, los hispanos mayores de sesenta años afirman que cuando ellos eran jóvenes, se les prohibía hablar español en la escuela y en el trabajo. Por el contrario, en la actualidad los hispanos aseguran que cuando hablan español frente a un anglohablante, la reacción no es hostil. Cuando lo es, los hispanos parecen sentirse más seguros y reafirman su derecho a comunicarse en español.

Pero a pesar de las actitudes positivas, en los grupos 2 y 3 es evidente el uso cada vez menos frecuente del español, incluso en el dominio familiar. Esta condición más o menos general queda reflejada en la evaluación espontánea de la situación lingüística familiar hecha por una hablante del grupo 2, Rina, de veintiún años de edad, que presento en el ejemplo 74. Rina ha explicado antes que sus padres le exigían a ella, la mayor de los hijos, que hablara español en casa, pero con los hermanos menores no tuvieron la misma exigencia.

74. . . . y mi hermanita chiquita sí habla español, pero no creo que tiene la voca, el voca, ¿el vocabulario? /Investigadora: Sí, el vocabulario./ Sí, no tiene mucha vocabulario para, para estar en una conversación. Y, y yo estaba diciendo, "Pos otra vez necesitamos de esa regla."

En el trabajo, el uso del español solía ser mínimo. Sin embargo, las inmigraciones recientes han estimulado un uso más frecuente, que motiva incluso a hablantes de segunda y tercera generación a re-aprenderlo. Una situación de este tipo es la que describe espontáneamente Lina (mujer de treinta y siete años, grupo 2) en relación a su esposo, de tercera generación. El esposo de Lina es hijo del dueño de la imprenta a la que se refiere ella en 75.

75. Y digo yo que este señor [su esposo] su español era horrible, ¿verdad?, porque lo había perdido cuando se mudaron a ese vecindad. Sí, pero cuando nos casamos entonces ya no era el estudiante, ya se puso

a trabajar en la planta. Y en la planta, los hombres que trabajan las imprentas casi todos son hispanoamericanos. Vienen de distintos países, pero todos hablan español. Entonces por su amistad, en la imprenta él pudo aprender español.

Son escasas las actividades de lectura y escritura en español; se limitan casi exclusivamente a escribir cartas y a leer algunos diarios o revistas de vez en cuando. Obviamente, estas actividades disminuyen considerablemente en los grupos 2 y 3.

Continuas migraciones interestatales y/o movimientos de zonas rurales a urbanas por parte de hispanohablantes resultan con frecuencia en el desplazamiento del español en favor del inglés. Un fenómeno similar de desplazamiento lingüístico se produce como resultado de movimientos desde centros urbanos hacia barrios residenciales circundantes, donde la identidad étnica y lingüística es más difusa.

Además, aunque mis estudios del español en los Estados Unidos indican que aun en condiciones de intenso contacto y fuertes presiones culturales, los hablantes de español simplifican o generalizan ciertas reglas gramaticales, pero no introducen elementos que causen cambios radicales en la estructura de esta lengua, estos cambios graduales pueden llevar a la larga al desarrollo de una lengua fundamentalmente diferente de las variedades de origen. Este resultado es obviamente sólo una posibilidad. La continua inmigración de grupos de individuos de diferentes países hispanoamericanos, así como también la entrada de trabajadores temporales, han constituido un factor decisivo en el mantenimiento del español como lengua de importancia social. Estas migraciones refuerzan los lazos con variedades más o menos estándares del español y, además, facilitan los matrimonios entre bilingües con baja competencia en español y hablantes monolingües de esta lengua, un hecho que promueve el retorno a un uso más frecuente y menos restringido del español (bilingüismo cíclico). El grado de contacto con variedades no restringidas del español, a través de la prensa, la televisión, la radio, la interacción con monolingües, etc., será crucial para la continuidad más o menos estabilizada de esta lengua en los Estados Unidos.

Ejercicios de reflexión
Ejercicio 1
Describa y analice una situación de bilingüismo en la que el español es la lengua de prestigio y otra en la que el español es lengua minoritaria. ¿Qué diferencias sociales y lingüísticas se pueden apreciar en el español hablado en cada una de estas situaciones?

Ejercicio 2

Describa y comente la situación lingüística de una comunidad en la que el español se encuentre en contacto con otra lengua. ¿Qué lenguas son usadas por quién y en qué ámbitos? ¿Qué lenguas avanzan o retroceden en número de hablantes y/o contextos de uso? ¿Cree que se puede hablar de diglosia a propósito de esta situación?

Ejercicio 3

El español ha estado y/o está en contacto con numerosas lenguas (alemán, árabe, francés, vasco, catalán, gallego-portugués, lenguas amerindias, lenguas africanas, inglés, etc). Haga una lista de rasgos atribuibles a la influencia del contacto con alguna de estas lenguas en alguna variedad del español actual. ¿Ha afectado esta influencia en la misma medida al léxico, fonética, morfología y sintaxis del español?

Ejercicio 4

Los datos a continuación reflejan los porcentajes de población hispana e hispanohablante en los Estados Unidos de acuerdo con los Censos de 1980 y 1990. ¿Qué implican estos datos con respecto al mantenimiento del español en los Estados Unidos? ¿A qué factores sociales, económicos y/o políticos se puede atribuir la progresión reflejada en estos datos? ¿Son estos datos consonantes con los argumentos esgrimidos por los movimientos a favor de hacer el inglés la lengua oficial de los Estados Unidos como una forma de evitar el debilitamiento del inglés?

	Censo de 1980	Censo de 1990	Progresión
Hispanos:	6,4 por ciento	8,9 por ciento	+28 por ciento
Hispano-hablantes:	5 por ciento	5,3 por ciento	+6 por ciento

Ejercicio 5

Identifique los rasgos atribuibles a transferencia del inglés en esta narración escrita por un hablante bilingüe méxicoamericano. Analice estos rasgos de acuerdo con la clasificación de la sección 7.4.4 *Aspectos lingüísticos del español en los Estados Unidos.*

"Cuando yo tenía veinte años, yo empecé a trabajar en un compañía chico. Un día en el invierno, yo tenía que manejar mientras que caía tanto nieve que no pude ver nada pero un pared de blanco. Entonces algo pasó que cambió mi vida. Saliendo del pared de nieve en frente de mí estuve

332 SOCIOLINGÜÍSTICA Y PRAGMÁTICA DEL ESPAÑOL

un troque grandote. Al mismo tiempo que el troque y mi carro se acercaron, yo perdí control de mi carro. Cerré mis ojos expectando a morir. Yo abrí mis ojos y vi que el troque ya había pasado y mi carro estaba parado al lado de la misma calle. Después que pasó esto yo vi que necesitaba hacer algo con mi vida donde yo podría cambiar un parte del mundo para mejor."

Referencias

Abad Nebot, F. 1977. Introducción. *Lecturas de sociolingüística*, ed. F. Abad Nebot, 9–19. Madrid: EDAF.

Alarcos Llorach, Emilio. 1994. *Gramática de la lengua española*. Madrid: Espasa Calpe.

Alba, Orlando. 1995. *El léxico disponible de la República Dominicana*. Santiago de los Caballeros, República Dominicana: Pontificia Universidad Católica Madre y Maestra.

Alcina Franch, Juan y José Manuel Blecua. 1980. *Gramática española*. Barcelona: Ariel.

ALEA. 1961–73. Manuel Alvar, A. Llorente Maldonado y Gregorio Salvador. *Atlas lingüístico y etnográfico de Andalucía*, vols. 1–6. Granada: CSIC.

ALEICan. 1975. Manuel Alvar. *Atlas lingüístico y etnográfico de las Islas Canarias*. Madrid: Ediciones del Excmo. Cabildo Insular de Gran Canaria.

ALF. 1903–10. Jules Gilliéron y E. Edmont. *Atlas linguistique de la France (1903–1910)*. Paris: H. Champion.

ALM. 1990–98. Juan Lope Blanch. *Atlas lingüístico de México*, vols. 1–5. México, D.F.: El Colegio de México, Fondo de Cultura Económica.

Almeida, Manuel. 1995. Gender in linguistic change processes. *Studia Neophilologica* 67.229–35.

ALPI. 1962. T. Navarro Tomás. *Atlas lingüístico de la Península Ibérica*. Madrid: Consejo Superior de Investigaciones Científicas.

Alturo, Núria. 1995. La variació d'*haver* auxiliar al català nord-occidental. *La sociolingüística de la variació*, ed. M. Teresa Turell Julià, 221–55. Barcelona: Promociones y Publicaciones Universitarias.

———. 1999. El papel de la anterioridad y de la perfectividad en la representación de estados y eventos. *Estudios de variación sintáctica*, ed. María José Serrano, 11–50. Madrid: Iberoamericana.

Alturo, Núria y M. Teresa Turell Julià. 1990. Linguistic change in El Pont de Suert: The study of variation of /ʒ/. *Language Variation and Change* 2.19–30.

Alvar, Manuel. 1959. *El español hablado en Tenerife*. Madrid: Consejo Superior de Investigaciones Científicas.

———. 1969. *Estructuralismo, geografía lingüística y dialectología actual*. Madrid: Gredos.

———. 1975. *Teoría lingüística de las regiones*. Barcelona: Planeta.

————. 1977. Sociología lingüística. La ciudad como unidad lingüística. *Lecturas de sociolingüística*, ed. F. Abad Nebot, 63–73. Madrid: EDAF.

Alvarez Martínez, María Angeles. 1992. *El adverbio*. Madrid: Arco/Libros.

Amastae, Jon y L. Elías-Olivares, eds. 1982. *Spanish in the United States: Sociolinguistic aspects*. Cambridge: Cambridge University Press.

Amastae, Jon y David Satcher. 1993. Linguistic assimilation in two variables. *Language Variation and Change* 5.77–90.

Amorrortu, Estibaliz. 1998. Dialect attitudes in the Basque Country: A pilot study. Manuscrito no-publicado, University of Southern California, Los Angeles.

Arndt, W. W. 1970. Nonrandom assignment of loanwords: German noun gender. *Word* 26.44–253.

Bach, Kent y Robert M. Harnish. 1982. *Linguistic communication and speech acts*. Cambridge, Mass.: MIT Press.

Bailey, C-J. N. y R. W. Shuy, eds. 1973. *New ways of analyzing variation in English*. Washington, D.C.: Georgetown University Press.

Barkin, Florence. 1980. The role of loanword assimilation in gender assignment. *Bilingual Review/La Revista Bilingüe* 7.105–12.

Barrenechea, Ana María. 1979. Problemas semánticos de la coordinación. *Estudios lingüísticos y dialectológicos. Temas hispánicos*, ed. A. M. Barrenechea, M. M. Rosetti, M. L. Freyre, E. Jiménez, T. Orecchia y C. Wolf, 7–19. Buenos Aires: Hachette.

Barrenechea, Ana María y A. Alonso. 1977. Los pronombres personales sujetos en el español hablado de Buenos Aires. *Estudios sobre el español hablado en las principales ciudades de América*, ed. Juan Lope Blanch, 333–49. México: Universidad Nacional Autónoma de México.

Barrutia, Richard y Armin Schwegler. 1994. *Fonética y fonología españolas*. New York: John Wiley and Sons.

Bauhr, Gerhard. 1994. Funciones discursivas de *bueno* en español moderno. *Lingüística Española Actual* 16.79–124.

Beardsmore, H. 1971. A gender problem in a language contact situation. *Lingua* 27.141–59.

Beaugrande, Robert de. 1997. The story of discourse analysis. *Discourse as structure and process*, ed. Teun A. Van Dijk, 35–62. London: Sage Publications.

Bell, Allan. 1984. Language style as audience design. *Language in Society* 13.145–204.

Bello, Andrés y A. Cuervo. 1977. *Gramática de la lengua castellana*. Buenos Aires: Sopena.

Bentivoglio, Paola A. 1976. Queísmo y dequeísmo en el habla culta de Caracas. *1975 Colloquium on Hispanic Linguistics*, ed. Frances M. Aid, M. C. Resnick y B. Saciuk, 1–18. Washington, D.C.: Georgetown University Press.

———. 1980–81. El dequeísmo en Venezuela. ¿Un caso de ultracorrección? *Boletín de Filología de la Universidad de Chile* 31.705–19.

———. 1987. *Los sujetos pronominales de primera persona en el habla de Caracas*. Caracas: Universidad Central de Venezuela.

———. 1992. La estructura argumental preferida en el español moderno. *Homenaje a Humberto López Morales*, ed. María Vaquero y Amparo Morales, 107–20. Madrid: Arco/Libros.

Bentivoglio, Paola A. y M. Sedano. 1993. Investigación sociolingüística: Sus métodos aplicados a una experiencia venezolana. *Boletín de Lingüística* 8.3–35.

Bernstein, Basil. 1961. Social structure, language and learning. *Educational Research* 3.163–76.

———. 1972. Social class, language and socialization. *Language and social context*, ed. Paolo Giglioli, 157–78. Middlesex, England: Penguin.

Biber, Douglas. 1988. *Variation across speaking and writing*. Cambridge: Cambridge University Press.

Biber, Douglas y Edward Finegan, eds. 1994. *Sociolinguistic perspectives on register*. New York: Oxford University Press.

Bickerton, Derek. 1971. Inherent variability and variable rules. *Foundations of Language* 7.457–92.

———. 1973. The nature of a creole continuum. *Language* 49.640–69.

———. 1975. *Dynamics of a creole system*. Cambridge: Cambridge University Press.

———. 1981. *Roots of Language*. Ann Arbor: Karoma.

Bills, Garland D., ed. 1974. *Southwest areal linguistics*. San Diego: Institute for Cultural Pluralism.

———. 1977. Vernacular Chicano English: Dialect or interference? *Journal of the Linguistic Association of the Southwest* 2.30–36.

———. 1997. New Mexican Spanish: Demise of the earliest European variety in the United States. *American Speech* 72.154–71.

Bills, Garland D., E. Hernández Chávez, y A. Hudson. 1995. The geography of language shift: Distance from the Mexican border and Spanish language claiming in the Southwestern U.S. *International Journal of the Sociology of Language* 114.9–27.

Blake, Robert. 1982. Some empirically based observations on adult usage of the subjunctive mood in Mexico City. *Current research in Romance languages*, ed.

James Lantolf and Gregory B. Stone, 13–22. Bloomington: Indiana University Linguistics Club.

Blas Arroyo, José Luis. 1998. *Las comunidades de habla bilingües.* Zaragoza: Pórtico.

Bloomfield, Leonard. 1933. *Language.* New York: Holt, Rinehart and Winston.

———. 1984. Habla culta e inculta. [1927]. *Antología de estudios de etnolingüística y sociolingüística,* ed. P. Garvin y Y. Lastra, 266–77. México: UNAM.

Bolinger, Dwight. 1983. *Meaning and form.* London: Longman.

Bonvillain, Nancy. 1993. *Language, culture, and communication.* Englewood Cliffs, N.J.: Prentice-Hall.

Boretti de Macchia, Susana. 1984. Gramática del texto. Conectivos. *Estudios Filológicos* 19.7–16.

Boretti de Macchia, Susana y María Cristina Ferrer de Gregoret. 1984. El español hablado en Rosario: diminutivos. *Cuadernos de Literatura* 3. Resistencia, Chaco, Argentina: Universidad Nacional del Nordeste: Instituto de Letras.

Bright, William, ed. 1966. *Sociolinguistics.* The Hague: Mouton.

Briz, Antonio. 1998. *El español coloquial en la conversación. Esbozo de pragmagramática.* Barcelona: Ariel.

Brizuela, Maquela. 1997. La estructura discursiva y la selección de demostrativos en español; usos anafóricos. *Actas del Primer Coloquio Latinoamericano de Analistas del Discurso,* ed. Adriana Bolívar y Paola Bentivoglio, 71–81. Caracas: Universidad de Venezuela.

Brown, R. y A. Gilman, 1960. The pronouns of power and solidarity. *Style in language,* ed. Thomas Sebeok, 253–76. Cambridge, Mass.: MIT Press.

Bynon, Theodora. 1977. *Historical linguistics.* Cambridge: Cambridge University Press.

Calero Fernández, María Angeles. 1993. *Estudio sociolingüístico del habla de Toledo.* Lleida, España: Pagès.

Cameron, Richard. 1993. Ambiguous agreement, functional compensation, and non-specific *tú* in the Spanish of San Juan, Puerto Rico, and Madrid, Spain. *Language Variation and Change* 5.305–34.

———. 1995a. A proposed explanation of the specific/nonspecific TU constraint ranking in Spanish. Ponencia presentada en NWAV XIV, University of Pennsylvania, Philadelphia.

———. 1995b. The scope and limits of switch reference as a constraint on pronominal subject expression. *Hispanic Linguistics* 6/7.1–28.

———. 1996. A community-based test of a linguistic hypothesis. *Language in Society* 25.61–111.

Camús Bergareche, Bruno. 1990. El futuro de subjuntivo en español. *Indicativo y subjuntivo*, ed. Ignacio Bosque, 410–27. Madrid: Taurus.

Canfield, D. Lincoln. 1981. *Spanish pronunciation in the Americas*. Chicago: University of Chicago Press, 1981.

Caravedo, Rocío. 1993. La investigación sociolingüística del español. *Lexis* 17.1–32.

Carden, Guy. 1990. Polylectal grammars, randomly distributed lects, and introspective judgments. *Development and diversity: Language variation across time and space*, ed. J. A. Edmondson, C. Feagin y P. Mühlhäusler, 205–26. Arlington: Summer Institute of Linguistics and The University of Texas at Arlington.

Carranza, Isolda. s.f. Las expresiones pragmáticas en la conversación espontánea. Manuscrito no-publicado.

Cedergren, Henrietta. 1973. *The interplay of social and linguistic factors in Panamá*. Tesis doctoral, Cornell University, Ithaca.

———. 1983. Sociolingüística. *Introducción a la lingüística actual*, ed. Humberto López Morales, 147–65. Madrid: Playor.

———. 1988. The spread of language change: Verifying inferences of linguistic diffusion. *Language spread and language policy*, ed. Peter Lowenberg, 45–60. Washington, D.C.: Georgetown University Press.

Cedergren, Henrietta y David Sankoff. 1974. Variable rules: Performance as a statistical reflection of competence. *Language*, 50.333–55.

Chafe, Wallace. 1987. Cognitive constraints on information flow. *Coherence and grounding in discourse*, ed. Russell Tomlin, 21–51. Amsterdam/Philadelphia: John Benjamins.

Chapman, P., A. Dubra, F. Martínez-Gil y D. Tritica. 1983. El yeísmo en Covarrubias. Manuscrito no-publicado, University of Southern California, Los Angeles.

Chodorowska, Marianna. 1997. On the polite function of *¿me entiendes?* in Spanish. *Journal of Pragmatics* 28.355–71.

———. 1998. Encoding of politeness in Spanish and Polish: A cross-linguistic study. Tesis doctoral, University of Southern California, Los Angeles.

Chomsky, Noam. 1965. *Aspects of the theory of syntax*. Cambridge, Mass.: MIT Press.

Cid-Hazard, Susana. 1998. Variación socioestilística en el español de Santiago de Chile. Manuscrito no-publicado, University of Southern California, Los Angeles.

Cifuentes, Hugo. 1980–81. Presencia y ausencia del pronombre personal sujeto en el habla culta de Santiago de Chile. *Homenaje a Ambrosio Rabanales. Boletín de Filología de la Universidad de Chile* 31.743–52.

Cole, Peter, ed. 1981. *Radical pragmatics*. New York: Academic Press.

Comrie, Bernard. 1976. *Aspect*. Cambridge: Cambridge University Press.

Cortés Rodríguez, L. 1991. *Sobre conectores, expletivos y muletillas en el español hablado*. Málaga, España: Agora.

————. 1996. *Español hablado. Bibliografía sobre aspectos teóricos y empíricos (morfosintácticos y sintáctico-pragmáticos)*. Cáceres, España: Universidad de Extremadura.

Coseriu, Eugenio. 1973. *Sincronía, diacronía e historia. El problema del cambio lingüístico*. [1958]. Madrid: Gredos.

————. 1981. Los conceptos de "dialecto", "nivel" y "estilo de lengua" y el sentido propio de la dialectología. *Lingüística Española Actual* 1.1–32.

Coulthard, R. M., ed. 1994. *Advances in written text analysis*. London: Routledge.

Coupland, Nikolas. 1985. "Hark, hark the lark": Social motivations for phonological style-shifting. *Language and Communication* 5.153–72.

Craddock, Jerry. 1976. Lexical analysis of Southwest Spanish. *Studies in Southwest Spanish*, ed. J. Donald Bowen y Jacob Ornstein, 45–70. Rowley, Mass.: Newbury House.

————. 1992. Historia del español en los Estados Unidos. *Historia del español de América*, ed. César Hernández Alonso, 803–26. Valladolid, España: Junta de Castilla y León.

Cumming, Susanna y Tsuyoshi Ono. 1997. Discourse and grammar. *Discourse as structure and process*, ed. Teun A. Van Dijk, 112–37. London: Sage Publications.

Day, Jennifer Cheeseman. 1996. *Population projections of the United States by age, sex, race, and Hispanic origin: 1995 to 2050*. U.S. Bureau of the Census, Current Population Reports, P25-1130. Washington, D.C.: U.S. Government Printing Office.

DeCamp, D. y I. F. Hancock, eds. 1974. *Pidgins and creoles: Current trends and prospects*, Washington, D.C.: Georgetown University Press.

De Mello, George. 1994. Pretérito compuesto para indicar acción con límite en el pasado: Ayer he visto a Juan. *Boletín de la Real Academia Española* 74.611–33.

————. 1995. Alternancia modal indicativo/subjuntivo con expresiones de posibilidad y probabilidad. *Verba* 22.339–61.

————. 1996. Indicativo por subjuntivo en cláusula regida por expresión de reacción personal. *Nueva Revista de Filología Hispánica* 44.365–86.

Dorian, Nancy. 1981. *Language death*. Philadelphia: University of Pennsylvania Press.

DuBois, John W. 1985. Competing motivations. *Iconicity in syntax*, ed. John Haiman, 343–65. Amsterdam/Philadelphia: John Benjamins.

Echeverría, Max. 1987. Disponibilidad léxica en educación media. *Revista de Lingüística Teórica y Aplicada* 25.55–115.

Eckert, Penelope. 1990. Cooperative competition in adolescent girl talk. *Discourse Processes* 13.92–122.

Eggins, Suzanne y J. R. Martin. 1997. Genres and registers of discourse. *Discourse as structure and process*, ed. Teun A. Van Dijk, 230–56. London: Sage Publications.

Elías-Olivares, Lucía. 1979. Language use in a Chicano community: A sociolinguistic approach. *Sociolinguistic aspects of language learning and teaching*, ed. J. B. Pride, 120–34. Oxford: Oxford University Press.

Elizaincín, Adolfo. 1992. *Dialectos en contacto. Español y portugués en España y América*. Montevideo: Arca.

Enrique-Arias, Andrés. 1993. La distribución de los pronombres de objeto en español: Consideraciones históricas, tipológicas y psicolingüísticas. *Lingüística* 5.41–75.

Enríquez, Emilia V. 1984. *El pronombre personal sujeto en la lengua española hablada en Madrid*. Madrid: CSIC.

Escandell Vidal, M. Victoria. 1993. *Introducción a la pragmática*. Barcelona: Anthropos.

Escobar, Alberto. 1978. *Variaciones sociolingüísticas del castellano en el Perú*. Lima: Instituto de Estudios Peruanos.

Escobar, Anna María. 1990. *Los bilingües y el castellano en el Perú*. Lima: Instituto de Estudios Peruanos.

Esgueva, M. y M. Cantarero, eds. 1981. *El habla de la ciudad de Madrid. Materiales para su estudio*. Madrid: CSIC.

Etxebarria Arostegui, Maitena. 1995. *El bilingüismo en el estado español*. Bilbao: Ediciones FBV, S.L.

Fant, Lars. 1984. *Estructura informativa en español: Estudio sintáctico y entonativo*. Acta Universitatis Upsaliensis, Studia Romanica Upsaliensia 34. Stockholm: Almquist & Wiksell International.

Ferguson, Charles A. 1959. Diglossia. *Word* 15.325–40.

———. 1982. Simplified registers and linguistic theory. *Exceptional language and linguistics*, ed. Loraine Obler y Lise Menn, 49–66. New York: Academic Press.

Fishman, Joshua. 1971. *Sociolinguistics: A brief introduction*. Rowley, Mass.: Newbury House.

————. 1972a. The sociology of language. *Language and social context*, ed. Paolo Giglioli, 45–58. Harmondsworth, England: Penguin.

————. 1972b. The relationship between micro- and macro-sociolinguistics in the study of who speaks what language to whom and when. *Sociolinguistics: Selected readings*, ed. J. B. Pride y J. Holmes, 15–32. Harmondsworth, England: Penguin.

Fishman, Joshua, R. Cooper y R. Ma. 1971. *Bilingualism in the barrio*. Bloomington: Indiana University Press.

Floyd, Mary B. 1978. Verb usage in Southwest Spanish: A review. *Bilingual Review/La Revista Bilingüe* 5.76–90.

Fontanella de Weinberg, M. Beatriz. 1979. *Dinámica social de un cambio lingüístico*. México: Universidad Nacional Autónoma de México.

————. 1987. *El español bonaerense*. Buenos Aires: Hachette.

————. 1992. *El español de América*. Madrid: Mapfre.

Frago García, José A. 1983. Materiales para la historia de la aspiración de la /-s/ implosiva en las hablas andaluzas. *Lingüística Española Actual* 5.153–71.

Frake, Charles O. 1972a. How to ask for a drink in Subanum. *Language and social context*, ed. Paolo Giglioli, 87–94. Harmondsworth, England: Penguin.

————. 1972b. "Struck by speech": The Yakan concept of litigation. *Directions in sociolinguistics: The ethnography of communication*, ed. John J. Gumperz y Dell Hymes, 106–29. New York: Holt, Rinehart and Winston.

García, Erica. 1985. Shifting variation. *Lingua* 67.189–224.

————. 1986. El fenómeno *(de)queísmo* desde una perspectiva dinámica del uso comunicativo de la lengua. *Actas del II Congreso Internacional sobre el Español de América*, ed. José Moreno de Alba, 45–65. México: UNAM.

García, Mary Ellen. 1979. Pa(ra) usage in United States Spanish. *Hispania* 62.106–14.

————. 1995. *En los sábados, En la mañana, En veces*: A look at *en* in the Spanish of San Antonio. *Spanish in four continents*, ed. Carmen Silva-Corvalán, 196–213. Washington, D.C.: Georgetown University Press.

————. 1998. Gender marking in a dialect of Southwest Spanish. *Southwest Journal of Linguistics* 17.49–58.

García, Mary Ellen y Tracy Terrell. 1977. Is the use of mood in Spanish subject to variable constraints? *Studies in Romance Linguistics*, ed. M. P. Hagiwara, 214–26. Rowley, Mass.: Newbury House.

García, Ofelia. 1993. From Goya portraits to Goya beans: Elite traditions and popular streams in U.S. language policy. *Southwest Journal of Linguistics* 12.69–86.

García, Ofelia y Ricardo Otheguy. 1988. The language situation of Cuban Americans. *Language diversity: Problem or resource?* ed. Sandra L. McKay y S. C. Wong, 166–92. New York: Newbury House.

García Mouton, P. y F. Moreno Fernández. 1993. Sociolingüística en el atlas lingüístico (y etnográfico) de Castilla-La Mancha. *Actas del I Congreso Anglohispano*, ed. Ralph Penny, 139–49. Madrid: Castalia.

Garfinkel, Harold. 1972. Remarks on ethnomethodology. *Directions in sociolinguistics: The ethnography of communication*, ed. John J. Gumperz y Dell Hymes, 301–24. New York: Holt, Rinehart and Winston.

Gervasi, Kareen. 2000. *A variationist study of relative clauses in Spanish*. Tesis doctoral, Universtiy of Southern California, Los Angeles.

Giles, Howard y Peter F. Powesland. 1975. *Speech style and social evaluation*. London: Academic Press.

Gimeno Menéndez, Francisco. 1983. Hacia una sociolingüística histórica. *Estudios de Lingüística* 1.181–226. Alicante: Universidad de Alicante.

———. 1987. A propósito de comunidad de habla: "The social dimension of dialectology" de J. P. Rona. *Actas del I Congreso Internacional sobre el Español de América*, ed. H. López Morales y M. Vaquero, 689–98. San Juan: Academia Puertorriqueña de la Lengua Española.

———. 1990. *Dialectología y sociolingüística españolas*. Alicante: Universidad de Alicante.

Goffman, Ervin. 1972. The neglected situation. *Language and Social Context*, ed. Paolo Giglioli, 61–66. Harmondsworth, England: Penguin.

Gómez Molina, José R. 1998. *Actitudes lingüísticas en una comunidad bilingüe y multilectal: Area metropolitana de Valencia*. València: Universitat de València.

Gómez Molina, José R. y María Begoña Gómez Devís. 1995. Dequeísmo y queísmo en el español hablado de Valencia: factores lingüísticos y sociales. *Anuario de Lingüística Hispánica* 11.193–220.

Gómez Torrego, Leonardo. 1992. *Manual de español correcto*, vol. 2. Madrid: Arco/Libros.

González Ollé, F. 1964. *El habla de la Bureba*. Madrid: CSIC.

Goodwin, Marjorie H. 1990. *He-said-she-said: Talk as social organization among black children*. Bloomington: Indiana University Press.

Granda, Germán de. 1968. *Transculturación e interferencia lingüística en el Puerto Rico contemporáneo (1898–1968)*. Bogotá: Publicaciones del Instituto Caro y Cuervo, 24.

———. 1973. Dialectología, historia social y sociología lingüística en Iscuandé. *Thesaurus* 28, no. 3.

————. 1976. Algunos rasgos morfosintácticos de posible origen criollo en el habla de áreas hispanoamericanas de población negra. *Anuario de Letras* 14.5–22.

————. 1988. *Sociedad, historia y lengua en el Paraguay*. Bogotá: Instituto Caro y Cuervo.

————. 1994. *Español de América, español de Africa y hablas criollas hispánicas. Cambios, contactos y contextos*. Madrid: Gredos.

Grice, H. P. 1975. Logic and conversation. *Syntax and semantics*, vol. 3: *Speech acts*, ed. Peter Cole y J. Morgan, 41–58. New York: Academic Press.

Gregory, Michael. 1967. Aspects of varieties differentiation. *Journal of Linguistics* 3.177–274.

Grupo *Val.Es.Co.* 1995. *La conversación coloquial*. (Materiales para su estudio). Valencia: Universitat de València.

Guitart, Jorge M. 1990. Aspectos pragmáticos del modo en los complementos de predicados de conocimiento y de adquisición de conocimiento en español. *Indicativo y subjuntivo*, ed. Ignacio Bosque, 315–29. Madrid: Taurus.

Gumperz, John J. 1968. The speech community. *International encyclopedia of the social sciences,* 381–86. New York: MacMillan.

Gumperz, John J. y E. Hernández-Chávez. 1975. Cognitive aspects of bilingual communication. *El lenguaje de los chicanos*, ed. E. Hernández-Chávez, A. D. Cohen, y A. F. Beltramo, 154–63. Arlington: Center for Applied Linguistics.

Gumperz, John J. y R. Wilson. 1977. Convergence and creolization: A case from the Indo-Aryan/Dravidian border. *Pidginization and creolization of languages*, ed. Dell Hymes, 151–68. Cambridge: Cambridge University Press.

Gutiérrez, Manuel. 1989. *Michoacan Spanish/Los Angeles Spanish: Trends in a process of linguistic change*. Tesis doctoral, University of Southern California, Los Angeles.

————. 1990. Sobre el mantenimiento de las cláusulas subordinadas en el español de Los Angeles. *Spanish in the United States: Sociolinguistic issues*, ed. John J. Bergen, 31–38. Washington, D.C.: Georgetown University Press.

————. 1994. *Ser y estar en el habla de Michoacán, México*. México: Universidad Nacional Autónoma de México.

————. 1995. On the future of the future tense in the Spanish of the Southwest. *Spanish in four continents*, ed. Carmen Silva-Corvalán, 214–26. Washington, D.C.: Georgetown University Press.

Gutiérrez, Manuel y Carmen Silva-Corvalán. 1993. Spanish clitics in a contact situation. *Spanish in the United States*, ed. Ana Roca y John Lipski, 75–89. Berlin: Mouton.

Gynan, Shaw N. 1993. An analysis of attitudes toward Spanish as expressed in US ENGLISH Update. *Southwest Journal of Linguistics* 12.1–37.

Haiman, John. 1978. Conditionals are topics. *Language* 54.564–89.

Hall, Robert A., Jr. 1966. *Pidgin and creole languages.* Ithaca: Cornell University Press.

Halliday, M. A. K. 1978. *Language as a social semiotic: The social interpretation of language and meaning.* London: Edward Arnold.

Harris, Martin. 1974. The Subjunctive mood as a changing category in Romance. *Historical linguistics II*, ed. J. M. Anderson y C. Jones, 169–88. Amsterdam: North-Holland.

Haugen, E. 1969. *The Norwegian language in America.* Bloomington: Indiana University Press.

Haverkate, Henk. 1994. *La cortesía verbal.* Madrid: Gredos.

Heine, Bernd, Ulrike Claudi y Friederike Hünnemeyer. 1991. *Grammaticalization: A conceptual framework.* Chicago: University of Chicago Press.

Hernández-Chávez, E., G. Bills y A. Hudson. 1996. El desplazamiento del español en el suroeste de EEUU según el censo de 1990. *Actas del X Congreso Internacional de la Asociación de Lingüística y Filología de la América Latina*, ed. M. Arjona Iglesias, J. López Chávez, A. Enríquez Ovando, G. López Lara y M. A. Novella Gómez, 664–72. México: Universidad Nacional Autónoma de México.

Hernández-Chávez, E., A. D. Cohen y A. F. Beltramo, eds. 1975. *El lenguaje de los chicanos.* Arlington, Va.: Center for Applied Linguistics.

Herrera Santana, Juana. 1990. Duplicaciones pronominales en las oraciones de relativo. *Actas del Congreso de la Sociedad Española de Lingüística: XX Aniversario*, ed. María Angeles Alvarez Martínez, 548–54. Madrid: Gredos.

Hidalgo, Margarita. 1990. On the question of standard versus dialect: Implications for teaching Hispanic college students. *Spanish in the United States: Sociolinguistic issues*, ed. John J. Bergen, 110–26. Washington, D.C.: Georgetown University Press.

Hill, Jane H. 1993. "Hasta la vista, baby": Anglo Spanish in the American Southwest. *Critique of Anthropology* 13.145–76.

Hochberg, Judith G. 1986. Functional compensation for /s/ deletion in Puerto Rican Spanish. *Language* 62.609–21.

Hopper, Paul. 1982. *Tense-aspect: Between semantics and pragmatics.* Amsterdam/Philadelphia: John Benjamins.

Hopper, Paul y Sandra Thompson. 1980. Transitivity in grammar and discourse. *Language* 56.251–99.

Hopper, Paul y E. C. Traugott. 1993. *Grammaticalization*. Cambridge: Cambridge University Press.

Hudson, Alan, E. Hernández-Chávez y G. Bills. 1995. The many faces of language maintenance: Spanish language claiming in five Southwestern states. *Spanish in four continents: Studies in language contact and bilingualism*, ed. Carmen Silva-Corvalán, 165–83. Washington, D.C.: Georgetown University Press.

Hymes, Dell. 1967. Models of the interaction of language and social setting. *Journal of Social Issues*, 23.8–28.

———. 1974. *Foundations in sociolinguistics: An ethnographic approach*. Philadelphia: University of Pennsylvania Press.

———, ed. 1977. *Pidginization and creolization of languages*. [1971]. Cambridge: Cambridge University Press.

Instituto de la Mujer. 1989. *Propuestas para evitar el sexismo en el lenguaje*. Madrid: Ministerio de Asuntos Sociales.

Jaramillo, June A. 1995. Social variation in personal address etiquette. *Hispanic Linguistics* 6/7.191–224.

Jaramillo, June A. y Garland D. Bills. 1982. The phoneme /ch/ in the Spanish of Tomé, New Mexico. *Bilingualism and language contact: Spanish, English, and Native American languages*, ed. Florence Barkin, E. A. Brandt y J. Ornstein-Galicia, 154–65. New York: Teachers College Press.

Johnstone, Barbara. 1987. "He says . . . so I said": Verb tense alternation and narrative depictions of authority in American English. *Linguistics* 25.33–52.

Jonge, Bob de. 1987. *Estar* comes of age. *Linguistics in the Netherlands*, ed. Frits Beukema y Peter Coopmans, 101–10. Dordrecht: Foris.

Keenan, Ed y Bernard Comrie. 1977. Noun phrase accessibility and universal grammar. *Linguistic Inquiry* 8.63–99.

King, R. D. 1967. Functional load and sound change. *Language* 43.831–52.

———. 1969. *Historical linguistics and generative grammar*. Englewood-Cliffs: Prentice-Hall.

King, Larry. 1992. *The semantic structure of Spanish*. Amsterdam: John Benjamins.

Klein, Flora. 1979. Factores sociales en algunas diferencias lingüísticas en Castilla la Vieja. *Papers: Revista de Sociología* 11.45–64.

———. 1980a. A quantitative study of syntactic and pragmatic indicators of change in the Spanish of bilinguals in the United States. *Locating language in time and space*, ed. William Labov, 69–82. New York: Academic Press.

———. 1980b. Pragmatic and sociolinguistic bias in semantic change. *Papers from the IVth International Conference on Historical Linguistics*, ed. Elizabeth C. Traugott, R. LaBrum y S. Shepherd, 61–74. Amsterdam: John Benjamins.

————. 1980c. Experimental verification of semantic hypotheses applied to mood in Spanish. *Georgetown University Papers on Languages and Linguistics* 17.15–34.

————. 1990. Restricciones pragmáticas sobre la distribución del subjuntivo en español. *Indicativo y subjuntivo*, ed. Ignacio Bosque, 303–14. Madrid: Taurus Universitaria.

Klein-Andreu, Flora. 1986. La cuestión del anglicismo: apriorismos y métodos. *Thesaurus*. Boletín del Instituto Caro y Cuervo, tomo 40.1–16.

————. 1991. Losing ground: A discourse-pragmatic solution to the history of *-ra* in Spanish. *Discourse-pragmatics and the verb: The evidence from Romance*, ed. Suzanne Fleischman y Linda R. Waugh, 164–78. London: Routledge.

————. 1999. Variación actual y reinterpretación histórica: le/s, la/s, lo/s en Castilla. *Estudios de variación sintáctica*, ed. María José Serrano, 197–220. Madrid: Iberoamericana.

Koike, Dale April. 1987. Code switching in the bilingual Chicano narrative. *Hispania* 70.148–54.

Kurath, H., M. Hanley, B. Bloch y G. S. Lowman, Jr. 1939–43. *Linguistic atlas of New England*, vols. 1–3. Providence: Brown University Press.

Labov, William. 1966. *The social stratification of English in New York City*. Washington, D.C.: Center for Applied Linguistics.

————. 1972a. *Sociolinguistic patterns*. Philadelphia: University of Pennsylvania Press.

————. 1972b. *Language in the inner city*. Philadelphia: University of Pennsylvania Press.

————. 1978a. *The study of non-standard English*. Urbana, Ill.: National Council of Teachers of English.

————. 1978b. Where does the linguistic variable stop? A response to Beatriz Lavandera. *Working Papers in Sociolinguistics*, vol. 44. Austin: Southwest Educational Development Laboratory.

————. 1981. What can be learned about change in progress from synchronic description? *Variation omnibus*, ed. David Sankoff y Henrietta Cedergren, 177–99. Edmonton, Canada: Linguistic Research.

————. 1982. Objectivity and commitment in linguistic science: The case of the Black English trial in Ann Arbor. *Language in Society* 11.165–201.

————. 1991. The intersection of sex and social class in the course of linguistic change. *Language Variation and Change* 3.205–54.

————. 1994. *Principles of linguistic change*. Oxford: Blackwell.

Labov, William y J. Waletzky. 1967. Narrative analysis: Oral versions of personal experience. *Essays on the verbal and visual arts*, ed. June Helm, 12–44. Seattle: University of Washington Press.

LAE. 1978. Harold Orton, S. Sanderson y J. D. A. Widdowson. *The linguistic atlas of England*. London: Routledge.

Lafford, Barbara A. 1982. *Dynamic synchrony in the Spanish of Cartagena, Colombia*. Tesis doctoral, Cornell University, Ithaca.

Lambert, Wallace E. 1967. The social psychology of bilingualism. *Journal of Social Issues* 23.91–109.

Lambert, Wallace E., R. C. Hodgson, R. C. Gardner y S. Fillenbaum. 1960. Evaluational reactions to spoken languages. *Journal of Abnormal and Social Psychology* 60.44–51.

Lambrecht, Knud. 1988. Presentational cleft constructions in spoken French. *Clause combining in grammar and discourse*, ed. John Haiman y Sandra Thompson, 135–79. Amsterdam/Philadelphia: John Benjamins.

Lamíquiz, Vidal. 1993. Conexión conmutadora entre enunciados. *Sociolingüística Andaluza: Estudios sobre el Enunciado Oral* 8.11–33.

Landa, Alazne. 1992. La extensión de la marcación de Caso post-pronominal en las cláusulas relativas del español de Estados Unidos. *ASJU* 26.205–19.

———. 1995. *Conditions on null objects in Basque Spanish and their relation to leísmo and clitic doubling*. Tesis doctoral, University of Southern California, Los Angeles.

Lass, Roger. 1980. *On explaining language change*. Cambridge: Cambridge University Press.

Lavandera, Beatriz. 1975. *Linguistic structure and sociolinguistic conditioning in the use of verbal endings in "si"-clauses (Buenos Aires Spanish)*. Tesis doctoral, University of Pennsylvania, Philadelphia.

———. 1978. Where does the sociolinguistic variable stop? *Language in Society* 7.171–83.

———. 1983. Shifting moods in Spanish discourse. *Discourse perspectives on syntax*, ed. Flora Klein-Andreu, 209–36. New York: Academic Press.

———. 1984. *Variación y significado*. Buenos Aires: Hachette.

Leech, Geoffrey. 1983. *Principles of pragmatics*. London: Longman.

Lichtenberk, Frantisek. 1991. On the gradualness of grammaticalization. *Approaches to grammaticalization*, vol. 1., ed. Elizabeth Traugott y Bernd Heine, 38–80. Amsterdam: Benjamins.

Lightfoot, David. 1979. *Principles of diachronic syntax*. Cambridge: Cambridge University Press.

Lipski, John. 1994. El lenguaje afroperuano: Eslabón entre Africa y América. *Anuario de Lingüística Hispánica* 10.179–216.

———. 1998. Perspectivas sobre el español *bozal. América negra. Panorámica actual de los estudios lingüísticos sobre variedades hispanas, portuguesas y criollas*, ed. Mathias Perl y Armin Schwegler, 293–327. Madrid: Iberoamericana.

Lope Blanch, Juan. 1969. Proyecto de estudio coordinado de la norma lingüística culta de las principales ciudades de Iberoamérica. *El Simposio de México, enero de 1968. Actas, informes y comunicaciones*, ed. Antonio Alatorre, Jorge Guitarte, Juan Lope Blanch y R. Avila, 222–33. México: Universidad Nacional Autónoma de México.

———, ed. 1977. *Estudios sobre el español hablado en las principales ciudades de América*. México, Universidad Nacional Autónoma de México.

———. 1979. *Investigaciones sobre dialectología mexicana*. México: Universidad Nacional Autónoma de México.

López Morales, Humberto. 1979. *Dialectología y sociolingüística: Temas puertorriqueños*. Madrid: Hispanova.

———. 1980. Sobre la pretendida existencia y pervivencia del "criollo" cubano. *Anuario de Letras* 18.85–116.

———. 1992. *El español del Caribe*. Madrid: Mapfre.

———. 1994. *Métodos de investigación lingüística*. Salamanca: Ediciones Colegio de España.

———. 1998. *Léxico disponible de Puerto Rico*. Madrid: Arco Libros.

Malkiel, Yakov. 1983. Multiple versus simple causation in linguistic change. *From particular to general linguistics: selected essays, 1965–1978*, ed. Yakov Malkiel, 251–68. Amsterdam/Philadelphia: John Benjamins.

Marcos Marín, F. 1978. *Estudios sobre el pronombre*. Madrid: Gredos.

Martín Butragueño, Pedro. 1994. Hacia una tipología de la variación gramatical en sociolingüística del español. *Nueva Revista de Filología Hispánica* 42.29–75.

Martín Butragueño, Pedro y Yolanda Lastra. 1999. Algunas notas sobre el estudio sociolingüístico de la ciudad de México. Trabajo presentado en ALFAL XII, Universidad de Santiago de Chile.

Martín Zorraquino, M. Antonia. 1979. *Las construcciones pronominales en español*. Madrid: Gredos.

Martín Zorraquino, M. Antonia y Estrella Montolío Durán, eds. 1998. *Los marcadores del discurso: Teoría y análisis*. Madrid: Arco-Libros.

Martínez Martín, Francisco M. 1983. *Fonética y sociolingüística en la ciudad de Burgos*. Madrid: CSIC.

348   REFERENCIAS

Martínez Sequeira, Ana Teresa. 2000. *El dequeísmo en el español de Costa Rica. Un análisis semántico-pragmático.* Tesis doctoral, University of Southern California, Los Angeles.

McWilliams, Carey. 1990. *North from Mexico.* Nueva edición actualizada por Matt S. Meier. New York: Greenwood Press.

Medina-Rivera, Antonio. 1991. Interaction of (s) and subject expression in the Spanish of Choluteca and El Paraíso, Honduras. Ponencia presentada en NWAV XX, Georgetown University, Washington, D.C.

————. 1997. *Phonological and stylistic variables in Puerto Rican Spanish.* Tesis doctoral, University of Southern California, Los Angeles.

Meechan, Marjory y Shana Poplack. 1995. Orphan categories in bilingual discourse: Adjectivization strategies in Wolof-French and Fongbe-French. *Language Variation and Change* 7.169–94.

Megenney, William. 1986. *El palenquero. Un lenguaje post-criollo de Colombia.* Bogotá: Instituto Caro y Cuervo.

Meillet, Antoine. 1958. *Linguistique historique et linguistique générale.* Paris: Champion.

Mejías, H. A. y P. L. Anderson. 1988. Attitude toward the use of Spanish on the South Texas Border. *Hispania* 71.401–407.

Menéndez Pidal, Ramón. 1973. *Manual de gramática histórica española.* [1966]. Madrid: Espasa-Calpe.

Milroy, Leslie. 1980. *Language and social networks.* Oxford: Blackwell.

————. 1987. *Observing and analysing natural language.* Oxford: Blackwell.

Miró Vera, R. y M. Angel de Pineda. 1982. Determinación sociolingüística de la presencia/ausencia del pronombre personal sujeto. *Sociolingüística andaluza 5: Habla de Sevilla y hablas americanas,* ed. M. Teresa Palet Plaja, 37–34. Sevilla: Universidad de Sevilla.

Molina Martos, Isabel. 1997. Dos cambios fonético-fonológicos en el español peninsular: Aspectos geográficos y sociales. *Trabajos de sociolingüística hispánica,* ed. Francisco Moreno Fernández, 69–91. Alcalá de Henares, España: Universidad de Alcalá.

————. 1998. *La fonética de Toledo: Contexto geográfico y social.* Alcalá de Henares, España: Universidad de Alcalá.

Mollica, María Cecilia. 1991. Processing and morpho-semantic effects in complementation in Brazilian Portuguese. *Language Variation and Change* 3.265–74.

Montes Miró, Rosa. 1986. Factores discursivos en el análisis de los pronombres personales sujeto en español. *Morphé* 1.45–71.

Morales, Amparo. 1982. La perspectiva dinámica oracional en el español de Puerto Rico. *El español del Caribe (Ponencias del VI Simposio de Dialecto-*

logía), ed. Orlando Alba, 203–19. Santiago de los Caballeros, República Dominicana: Universidad Católica Madre y Maestra.

———. 1986. *Gramáticas en contacto: Análisis sintácticos sobre el español de Puerto Rico.* Madrid: Playor.

Moreno de Alba, José. 1972. Frecuencias de la asibilación de /r/ y /rr/ en México. *Nueva Revista de Filología Hispánica* 21.363–70.

Moreno Fernández, Francisco. 1989. Elementos no marginales en el lenguaje coloquial de los jóvenes. *Comunicación y lenguaje juvenil*, ed. Félix Rodríguez Gonzáles, 241–70. Madrid: Editorial Fundamentos.

———. 1990. *Metodología sociolingüística.* Madrid, Gredos.

Morín Rodríguez, Adela. 1993. *Actitudes sociolingüísticas en el léxico de Vegueta.* Las Palmas de Gran Canaria: Universidad de Las Palmas de Gran Canaria.

Mougeon, Raymond y E. Beniak. 1991. *Linguistic consequences of language contact and restriction.* Oxford: Clarendon.

Mougeon, Raymond, E. Beniak y D. Valois. 1985. A sociolinguistic study of language contact, shift, and change. *Linguistics* 23.455–87.

Murray, Thomas E. y Carmin Ross-Murray. 1996. Under cover of law: More on the legality of surreptitious recording. *Publication of the American Dialect Society* 79.1–82.

Myers-Scotton, Carol. 1993a. *Duelling languages: Grammatical structure in codeswitching.* Oxford: Clarendon.

———. 1993b. *Social motivations for codeswitching.* Oxford: Clarendon.

Myhill, John. 1988. The grammaticalization of auxiliaries: Spanish clitic climbing. *Proceedings of the Fourteenth Annual Meeting of the Berkeley Linguistics Society*, ed. S. Axmaker, A. Jaisser y H. Singmaster, 352–63. University of California Berkeley: Berkeley Linguistics Society.

———. 1989. Variation in Spanish clitic climbing. *Synchronic and diachronic approaches to linguistic variation and change*, ed. Thomas J. Walsh, 227–50. Washington, D.C.: Georgetown University Press.

Naro, Anthony J. 1981. The social and structural dimensions of a syntactic change. *Language* 57.63–98.

National Center for Education Statistics. 1997. *Digest of Education Statistics, 1997.* NCES 98-015. Washington, D.C.: NCES.

Navas Sánchez-Élez, María Victoria. 1997. Factores lingüísticos y extralingüísticos que determinan la alternancia de las variantes de -/s/ en un dialecto luso-español, el barranqueño. *Revista de Filología Románica* 14.391–410.

Ocampo, Francisco. 1989. *The pragmatics of word order in spoken Rioplatense Spanish.* Tesis doctoral, University of Southern California, Los Angeles.

350 REFERENCIAS

———. 1990a. El subjuntivo en tres generaciones de hablantes bilingües. *Spanish in the United States: Sociolinguistic issues*, ed. John J. Bergen, 39–48. Washington, D.C.: Georgetown University Press.

———. 1990b. The pragmatics of word order in constructions with a verb and a subject. *Hispanic Linguistics* 4.87–128.

———. 1991. Word order in constructions with a one-valency verb, a subject NP and a PP in spoken Rioplatense Spanish. *Hispania* 74.409–16.

———. 1993. The introduction of new referents in French and Spanish discourse. *Linguistic perspectives on the Romance languages*, ed. Bill Ashby et al., 351–62. Amsterdam: John Benjamins.

Ocampo, Francisco y Carol A. Klee. 1995. Spanish OV/VO word-order variation in Spanish-Quechua bilingual speakers. *Spanish in four continents*, ed. Carmen Silva-Corvalán, 71–82. Washington, D.C.: Georgetown University Press.

Ocampo, Francisco y Alicia Ocampo. 1999. El adverbio *ya* como marcador aspectual perfectivo en español rioplatense. *Actas del XI Congreso Internacional de la ALFAL*, ed. José A. Samper y M. Troya Déniz, 381–88. Las Palmas de Gran Canaria: Universidad de Las Palmas de Gran Canaria.

Ochs, Elinor. 1979. Planned and unplanned discourse. *Discourse and syntax*, ed. Talmy Givon y Charles Li, 51–80. New York: Academic Press.

Oliveira e Silva, Giselle y Alzira Tavares de Macedo. 1992. Discourse markers in the spoken Portuguese of Rio de Janeiro. *Language Variation and Change* 4.235–49.

Otheguy, Ricardo. 1988. Another look at Uriel Weinreich's notion of modeling in light of data from U.S. Spanish. Paper presented at NWAVE XVII, Université de Montréal.

Otheguy, Ricardo, Ofelia García y M. Fernández. 1989. Transferring, switching, and modeling in West New York Spanish: An intergenerational study. *U.S. Spanish: The language of Latinos*, ed. Irene Wherritt y Ofelia García. *International Journal of the Sociology of Language* 79.41–52.

Páez Urdaneta, Iraset. 1981. *Historia y geografía hispanoamericana del voseo*. Caracas: La Casa de Bello.

Paredes, Liliana. 1996. *The Spanish continuum in Peruvian bilingual speakers: A study of verbal clitics*. Tesis doctoral, University of Southern California, Los Angeles.

Paredes Silva, Vera Lúcia. 1993. Subject omission and functional compensation: Evidence from written Brazilian Portuguese. *Language Variation and Change* 5.35–49.

Pedraza, Pedro. 1985. Language maintenance in the New York City Puerto Rican community: Some ethnographic evidence. *Spanish language use and public life in the U.S.: Sociolinguistic aspects*, ed. L. Elías-Olivares, R. Cisneros, E. Leone y J. Gutiérrez, 59–72. Berlin: Mouton.

Peñalosa, Fernando. 1980. *Chicano sociolinguistics*. Rowley, Mass.: Newbury House.

Perissinotto, Giorgio. 1972. Distribución demográfica de la asibilación de vibrantes en el habla de la ciudad de México. *Nueva Revista de Filología Hispánica* 21.73–79.

Perl, Matthias y Armin Schwegler, eds. 1998. *América negra: Panorámica actual de los estudios lingüísticos sobre variedades hispanas, portuguesas y criollas.* Madrid: Iberoamericana.

Pintzuk, Susan. 1988. *VARBRUL programs.* Philadelphia: University of Pennsylvania Department of Linguistics.

Pollán Valiña, Celia. 1999. *Hechos de variación en el empleo de algunas formas verbales en gallego y castellano de Galicia.* Tesis doctoral, Universidad de Santiago de Compostela.

Poplack, Shana. 1978. Quantitative analysis of constraints on code switching. Center for Puerto Rican Studies Working Paper No. 2. New York: Center for Puerto Rican Studies.

———. 1979. *Function and process in a variable phonology.* Tesis doctoral, University of Pennsylvania, Philadelphia.

———. 1980. "Sometimes I'll start a sentence in Spanish y TERMINO EN ESPAÑOL": Toward a typology of code-switching. *Linguistics* 18.581–618.

———. 1981. Mortal phonemes as plural morphemes. *Variation omnibus*, ed. David Sankoff y Henrietta Cedergren, 59–71. Edmonton, Alberta: Linguistic Research.

———. 1992. The inherent variability of the French subjunctive. *Theoretical analyses in Romance linguistics*, ed. Christiane Lauefer y Terrell Morgan. Amsterdam: John Benjamins.

Poplack, Shana y Alicia Pousada. 1980. A comparative study of gender assignment to borrowed nouns. Manuscrito inédito presentado en el Congreso N-WAVE en la Universidad de Michigan, Ann Arbor.

Porroche, Margarita. 1996. Las llamadas conjunciones como elementos de conexión en el español conversacional: *pues/pero. El español hablado y la cultura oral en España e Hispanoamérica*, ed. Thomas Kotschi, Klaus Zimmermann y Wulf Osterreicher, 72–94. Frankfurt: Vervuert.

Portolés, José. 1998. *Marcadores del discurso.* Barcelona: Ariel.

Pousada, Alicia y Shana Poplack. 1982. No case for convergence: The Puerto Rican Spanish verb system in a language-contact situation. *Bilingual education for Hispanic students in the United States*, ed. Joshua Fishman y Gary D. Keller, 71–90. New York: Teachers College.

Pradilla Cardona, Miquel Angel. 1995. El desafricament prepalatal intervocàlic al català de transició nord-occidental/Valencià. *La sociolingüística de la variació*, ed. M. Teresa Turell Julià, 53–116. Barcelona: Promociones y Publicaciones Universitarias.

Preston, Dennis R. 1982. How to lose a language. *Interlanguage Studies Bulletin* 6.64–87.

Prince, Ellen. 1981. Toward a taxonomy of given-new information. *Radical pragmatics*, ed. Peter Cole, 223–55. New York: Academic Press.

————. 1990. Syntax and discourse: A look at resumptive pronouns. *Proceedings of the Sixteenth Berkeley Linguistics Society Annual Meeting*, ed. K. Hall et al., 482–97. Berkeley: Department of Linguistics.

Quilis, Antonio, M. Cantarero, M. J. Albalá y R. Guerra. 1985. *Los pronombres le, la, lo y sus plurales en la lengua española hablada en Madrid*. Madrid: CSIC.

Quilis, Antonio y Celia Casado-Fresnillo. 1995. *La lengua española en Guinea Ecuatorial*. Madrid: Universidad Nacional de Educación a Distancia.

Quilis Sanz, María José. 1986. El dequeísmo en el habla de Madrid y en la telerradiodifusión española. *Boletín de la Academia Puertorrriqueña de la Lengua Española* 14.139–50.

Rabanales, A. M. 1977. Queísmo y dequeísmo en el español de Chile. *Estudios sobre el español hablado en las principales ciudades de América*, ed. Juan Lope Blanch, 541–69. México, Universidad Nacional Autónoma de México.

Rabanales, A. M. y Lidia Contreras, eds. 1979. *El habla culta de Santiago de Chile: Materiales para su estudio. Boletín de Filología 2*. Departamento de Lingüística y Filología, Universidad de Chile.

Rand, David y David Sankoff. 1990. *GOLDVARB. A variable rule application for the Macintosh*. Montréal: Université de Montréal.

Ranson, Diana L. 1991. Person marking in the wake of /s/ deletion in Andalusian Spanish. *Language Variation and Change* 3.133–52.

————. 1993. The interaction of linguistic and contextual number markers in Andalusian Spanish. *Hispania* 76.919–30.

————. 1999. Variación sintáctica del adjetivo demostrativo en español. *Estudios de variación sintáctica*, ed. María José Serrano, 121–42. Madrid: Iberoamericana.

Real Academia Española. 1979. *Esbozo de una nueva gramática de la lengua española*. [1973]. Madrid: Espasa-Calpe.

Reyes, Graciela. 1990. *La pragmática lingüística*. Barcelona: Montesinos.

Rickford, John R. y F. McNair-Knox. 1994. Addressee- and topic-influenced style shift. *Sociolinguistic perspectives on register*, ed. Douglas Biber y Edward Finegan, 235–76. New York: Oxford University Press.

Rissel, Dorothy A. 1989. Sex, attitudes, and the assibilation of /r/ among young people in San Luis Potosí, México. *Language Variation and Change* 1.269–83.

Romaine, Suzanne. 1981. On the problem of syntactic variation: A reply to Beatriz Lavandera and William Labov. Sociolinguistic Working Paper no. 82. Austin: Southwest Educational Development Laboratory.

————, ed. 1982a. *Sociolinguistic variation in speech communities*. London: Edward Arnold.

————. 1982b. *Sociohistorical linguistics*. Cambridge: Cambridge University Press.

————. 1988. *Pidgin and creole languages*. London: Longman.

Romera, Magdalena. 1998. The acquisition of Spanish discourse markers. Manuscrito no-publicado, University of Southern California, Los Angeles.

————. 2000. *Discourse markers as discourse functional units*. Tesis doctoral, University of Southern California.

Rona, J. P. 1958. *Aspectos metodológicos de la dialectología hispanoamericana*. Montevideo: Universidad de la República.

————. 1965. *El dialecto "fronterizo" del Norte de Uruguay*. Montevideo: Facultad de Humanidades y Ciencias, Universidad de la República.

————. 1967. *Geografía y morfología del "voseo"*. Porto Alegre, Brazil: Pontificia Universidade Católica do Rio Grande do Sul.

Rousseau, P. y David Sankoff. 1978. A solution to the problem of grouping speakers. *Linguistic variation: Models and methods*, ed. David Sankoff, 97–117. New York: Academic Press.

Sacks, H., E. Schegloff y G. Jefferson. 1974. A simplest systematics for the organization of turn-taking in conversation. *Language* 50.696–735.

Samper Padilla, José Antonio. 1990. *Estudio sociolingüístico del español de Las Palmas de Gran Canaria*. Las Palmas de Gran Canaria: La Caja de Canarias.

Sánchez, Rosaura. 1983. *Chicano discourse: Socio-historic perspectives*. Rowley, Mass.: Newbury House.

Sankoff, David, ed. 1978. *Linguistic variation: Models and methods*. New York: Academic Press.

————. 1988. Sociolinguistics and syntactic variation. *Linguistics: The Cambridge survey*, vol. IV: *Language: The sociocultural context*, ed. Fritz Newmeyer, 140–61. New York: Cambridge University Press.

Sankoff, David y Suzanne Laberge. 1978. The linguistic market and the statistical explanation of variability. *Linguistic variation: Models and methods*, ed. David Sankoff, 45–55. New York: Academic Press.

Sankoff, Gillian. 1973. Above and beyond phonology in variable rules. *New ways of analyzing variation in English*, ed. C-J. N. Bailey y R. W. Shuy, 46–62. Washington, D.C.: Georgetown University Press.

Sankoff, Gillian y P. Brown. 1976. The origins of syntax in discourse: A case study of Tok Pisin relatives. *Language* 52.631–66.

Sankoff, Gillian y Pierrette Thibault. 1980. The alternation between the auxiliaries *avoir* and *être* in Montréal French. *The social life of language*, ed. Gillian Sankoff, 311–46. Philadelphia: University of Pennsylvania Press.

Santa Ana, Otto y Claudia Parodi. 1998. Modeling the speech community: Configurations and variable types in the Mexican Spanish setting. *Language in Society* 27.23–51.

Saussure, Ferdinand de. 1966. *Course in general linguistics*. [1959]. Traducido por Wade Baskin. New York: McGraw-Hill.

Schegloff, Emanuel. 1972. Sequencing in conversational openings. *Directions in sociolinguistics: The ethnography of communication*, ed. John J. Gumperz y Dell Hymes, 346–80. New York: Holt, Rinehart and Winston.

———. 1979. The relevance of repair to syntax-for-conversation. *Discourse and syntax*, ed. Talmy Givon y Charles Li, 261–86. New York: Academic Press.

———. 1980. Preliminaries to preliminaries: "Can I ask you a question?" *Sociological Inquiry* 50.104–52.

Scherer, Klaus R. y Howard Giles, eds. 1979. *Social markers in speech*. Cambridge: Cambridge University Press.

Scherre, María Marta Pereira, y Anthony J. Naro. 1991. Marking in discourse: "Birds of a feather". *Language Variation and Change* 3.23–32.

Schiffrin, Deborah. 1987. *Discourse markers*. Cambridge: Cambridge University Press.

———. 1994. *Approaches to discourse*. Oxford: Blackwell.

Schwegler, Armin. 1998. El palenquero. *América negra: Panorámica actual de los estudios lingüísticos sobre variedades hispanas, portuguesas y criollas*, ed. Matthias Perl y Armin Schwegler, 218–91. Madrid: Iberoamericana.

Schwenter, Scott A. 1996a. Some reflections on *o sea*: A discourse marker in Spanish. *Journal of Pragmatics* 25.855–74.

———. 1996b. The pragmatics of independent *si*-clauses in Spanish. *Hispanic Linguistics* 8: 247–315.

———. 1999. Evidentiality in Spanish morphosyntax: A reanalysis of *(de)queísmo*. *Estudios de variación sintáctica*, ed. María José Serrano, 65–87. Madrid: Iberoamericana.

Serrano, María José. 1994. *La variación sintáctica: Formas verbales del período hipotético en español*. Madrid: Entinema.

————. 1995–96. Sobre los usos de pretérito perfecto y pretérito indefinido en el español de Canarias: Pragmática y variación. *Boletín de Filología de la Universidad de Chile* 35.533–66.

————. 1996a. *Cambio sintáctico y prestigio lingüístico.* Madrid: Iberoamericana.

————. 1996b. El análisis del discurso en variación sintáctica. *Hispanic Linguistics* 8.154–77.

————, ed. 1999. *Estudios de variación sintáctica.* Madrid: Iberoamericana.

Sherzer, Joel. 1978. "Oh! That's a pun and I didn't mean it." *Semiotica* 22.335–50.

Siguán, Miguel. 1982. Educación y pluralidad de lenguas en España. El bilingüismo: problemática y realidad. *Revista de Occidente* 10–11, Extraordinario II.35–53.

Sigüenza, Consuelo. 1996. *Linguistic accomodation in a Los Angeles Spanish-English bilingual community.* Tesis doctoral, University of Southern California.

Silva-Corvalán, Carmen. 1977. *A discourse study of word order in the Spanish spoken by Mexican-Americans in West Los Angeles.* Tesis de M.A., University of California, Los Angeles.

————. 1981a. Extending the sociolinguistic variable to syntax: The case of pleonastic clitics in Spanish. *Variation omnibus*, ed. David Sankoff y Henrietta Cedergren, 335–42. Edmonton, Alberta: Linguistic Research.

————. 1981b. The diffusion of object-verb agreement in Spanish. *Papers in Romance* 3.163–76.

————. 1982. Subject variation in spoken Mexican-American Spanish. *Spanish in the United States: Sociolinguistic aspects*, ed. Jon Amastae y L. Elías-Olivares, 93–120. New York: Cambridge University Press.

————. 1983a. Code-shifting patterns in Chicano Spanish. *Spanish in the United States: Beyond the Southwest*, ed. Lucía Elías-Olivares y D. Nasjleti, 69–87. Washington, D.C.: National Center for Bilingual Education.

————. 1983b. Tense and aspect in oral Spanish narrative. *Language* 59.760–80.

————. 1983c. On the interaction of word order and intonation: Some OV constructions in Spanish. *Discourse perspectives on syntax*, ed. Flora Klein-Andreu, 117–40. New York: Academic Press.

————. 1984a. The social profile of a syntactic-semantic variable: Three verb forms in Old Castile. *Hispania* 67.594–601.

————. 1984b. Topicalización y pragmática en español. *Revista Española de Lingüística* 14.1–19.

————. 1984c. Semantic and pragmatic factors in syntactic change. *Historical syntax*, ed. Jacek Fisiak, 555–73. Berlin: Mouton.

————. 1985. Modality and semantic change. *Historical semantics—historical word formation*, ed. Jacek Fisiak, 547–72. Berlin: Mouton.

————. 1986. Bilingualism and language change: The extension of *estar* in Los Angeles Spanish. *Language* 62.587–608.

————. 1987. Variación sociofonológica y cambio lingüístico. *Actas del I Congreso Internacional sobre el Español de América*, ed. Humberto López Morales y María Vaquero, 777–91. San Juan: Academia Puertorriqueña de la Lengua Española.

————. 1989. *Sociolingüística: Teoría y análisis*. Madrid: Alhambra.

————. 1990. Current issues in studies of language contact. *Hispania* 73.162–76.

————. 1991a. Spanish language attrition in a contact situation with English. *First language attrition: Structural and theoretical perspectives*, ed. Herbert W. Seliger y Robert Vago, 151–71. Cambridge: Cambridge University Press.

————. 1991b. Cross-generational bilingualism: Theoretical implications of language attrition. *Cross-currents in second language acquisition and linguistic theories*, ed. Thom Huebner y Charles A. Ferguson, 325–45. Amsterdam: John Benjamins.

————. 1992. Estructura y lengua en el discurso hipotético. *Homenaje a Humberto López Morales*, ed. María Vaquero y Amparo Morales, 285–99. Madrid: Arco/Libros.

————. 1994a. *Language contact and change: Spanish in Los Angeles*. Oxford: Clarendon.

————. 1994b. The gradual loss of mood distinctions in Los Angeles Spanish. *Language Variation and Change* 6.255–72.

————. 1995. Contextual conditions for the interpretation of *poder* and *deber* in Spanish. *Modality in grammar and discourse*, ed. Joan Bybee y S. Fleischman, 67–106. Amsterdam: John Benjamins.

————. 1996. Resumptive pronouns: A discourse explanation. *Aspects of Romance linguistics*, ed. Claudia Parodi, Carlos Quicoli, Mario Saltarelli y María Luisa Zubizarreta, 383–95. Washington, D.C.: Georgetown University Press.

————. 1997. Variación sintáctica en el discurso oral: Problemas metodológicos. *Trabajos de sociolingüística hispánica*, ed. Francisco Moreno Fernández, 115–35. Alcalá de Henares, España: Universidad de Alcalá.

————. 1998. On borrowing as a mechanism of syntactic change. *Romance linguistics: Theoretical perspectives*, ed. Armin Schwegler, Bernard Tranel, y Myriam Uribe-Etxebarria, 225–46. Amsterdam: John Benjamins.

————. 1999. *Ahora*: From temporal to discourse deixis. *Essays in Hispanic linguistics dedicated to Paul M. Lloyd*, ed. Robert Blake, Diana Ranson y Roger Wright, 67–81. Newark, Del.: Juan de la Cuesta.

Slobin, Dan. 1977. Language change in childhood and in history. *Language learning and thought*, ed. John Macnamara, 185–214. New York: Academic Press.

Solé, Yolanda R. 1970. Correlaciones socio-culturales del uso de *tú/vos* y *usted* en la Argentina, Perú y Puerto Rico. *Thesaurus* 25.161–95.

Stevens, John J. 2000. The acquisition of L2 Spanish pronunciation in a study abroad context. Tesis doctoral, University of Southern California, Los Angeles.

Stockwell, Robert y Ronald Macaulay, eds. 1972. *Linguistic change and generative theory*. Bloomington: Indiana University Press.

Subirats-Rüggeberg, C. 1987. *Sentential complementation in Spanish*. Amsterdam/Philadelphia: John Benjamins.

Tannen, Deborah, ed. 1982a. *Analyzing discourse: Text and talk*. Washington, D.C.: Georgetown University Press.

————, ed. 1982b. *Spoken and written language: Exploring orality and literacy*. Norwood, N.J.: Ablex.

————. 1984. *Conversational style: Analyzing talk among friends*. Norwood, N.J.: Ablex.

————. 1987. *That's not what I meant! How conversational style makes or breaks relationships*. New York: Ballantine.

————. 1989. *Talking voices: Repetition, dialogue, and imagery in conversational discourse*. Cambridge: Cambridge University Press.

————, ed. 1993. *Framing in discourse*. New York/Oxford: Oxford University Press.

Terrell, Tracy. 1981. Diachronic reconstruction by dialect comparison of variable constraints: S-aspiration and deletion in Spanish. *Variation omnibus*, ed. David Sankoff y Henrietta Cedergren, 115–24. Edmonton, Alberta: Linguistic Research.

————. 1982. Relexificación en el español dominicano. *El español del Caribe (Ponencias del VI Simposio de Dialectología)*, ed. Orlando Alba, 301–18. Santiago de los Caballeros, República Dominicana: Universidad Católica Madre y Maestra.

Thibault, Pierrette y M. Daveluy. 1989. Quelques traces du passage du temps dans le parler des Montréalais. *Language Variation and Change* 1.19–45.

Thibault, Pierrette y D. Vincent. 1990. *Un corpus de français parlé*. Université Laval, Québec: Recherches Sociolinguistiques.

Thomason, Sarah G. 1986. On establishing external causes of language change. *Proceedings of the Second Eastern States Conference on Linguistics*, ed.

Soonja Choi et al., 243–51. Columbus: Department of Linguistics, Ohio State University.

Thomason, Sarah G. y Terrence Kaufman. 1988. *Language contact, creolization, and genetic linguistics.* Berkeley: University of California Press.

Torres, Lourdes. 1989. Mood selection among New York Puerto Ricans. *International Journal of the Sociology of Language*, número especial no. 79: *U.S. Spanish: The language of Latinos*, ed. Irene Wherritt y Ofelia García, 67–77.

Torres Cacoullos, Rena. 1999. Variation and grammaticization in progressives. Spanish *-ndo* constructions. *Studies in Language* 23.25–59.

Tovar, Antonio. 1982. Bilingüismo en España. El bilingüismo: Problemática y realidad. *Revista de Occidente* 10–11, Extraordinario II.13–22.

Traugott, Elizabeth C. 1989. On the rise of epistemic meanings in English: An example of subjectification in semantic change. *Language* 65.31–55.

Trudgill, Peter. 1974. *The social differentiation of English in Norwich.* Cambridge: Cambridge University Press.

Tucker, G., W. Lambert y A. Rigault. 1977. *The French speaker's skill with grammatical gender: An example of rule-governed behavior.* The Hague: Mouton.

Turell, M. Teresa. 1989. La auto-referencia pronominal en el ámbito laboral juvenil. *Comunicación y lenguaje juvenil*, ed. Félix Rodríguez Gonzáles, 293–304. Madrid: Editorial Fundamentos.

———, ed. 1995. *La sociolingüística de la variació.* Barcelona: Promociones y Publicaciones Universitarias.

Tusón, Amparo. 1997. *Análisis de la conversación.* Barcelona: Ariel.

Uber, Diane Ringer. 1985. The dual function of *usted*: Forms of address in Bogotá, Colombia. *Hispania* 68.388–92.

Urrutia, Hernán. 1995. Morphosyntactic features in the Spanish of the Basque Country. *Spanish in four continents. Studies in language contact and bilingualism*, ed. Carmen Silva-Corvalán, 243–59. Washington, D.C.: Georgetown University Press.

Urrutia, Hernán y Teresa Fernández. 1995. Duplicación de clíticos en el español: Chile y País Vasco. *Lingüística Española Actual* 17.77–106.

U.S. Bureau of the Census. 1982. *1980 census of population*, vol. 1.: *Characteristics of the population*. Washington, D.C.: U.S. Government Printing Office.

———. 1993. *1990 census of population*, vol. 1.: *Characteristics of the population*. Washington, D.C.: U.S. Government Printing Office.

Valdés-Fallis, Guadalupe. 1982. Social interaction and code-switching patterns: A case study of Spanish-English alternation. *Spanish in the United States: Sociolinguistic aspects*, ed. Jon Amastae y L. Elías-Olivares, 209–29. Cambridge: Cambridge University Press.

Valdivieso, Humberto y Juanita Magaña. 1988. Variación lingüística: La /s/ implosiva en Concepción. *R.L.A. Revista de Lingüística Teórica y Aplicada* 26.91–103.

———. 1991. Variación fonética de /s/ en el habla espontánea. *R.L.A. Revista de Lingüística Teórica y Aplicada* 29.97–113.

Wald, Benji. 1981. Limitations on the variable rule applied to bilingual phonology: The unmerging of the voiceless palatal phonemes in the English of Mexican-Americans in the Los Angeles area. *Variation omnibus*, ed. David Sankoff y Henrietta Cedergren, 215–25. Edmonton, Alberta: Linguistic Research.

Weinreich, Uriel. 1974. *Languages in contact.* [1953]. The Hague: Mouton.

Weinreich, Uriel, William Labov, y M. Herzog. 1968. Empirical foundations for a theory of language change. *Directions for historical linguistics*, ed. Winifred Lehmann y Yakov Malkiel, 95–195. Austin: University of Texas Press.

Wherritt, Irene y Ofelia García, eds. 1989. U.S. Spanish: The language of Latinos. *International Journal of the Sociology of Language*, número especial 79.

Whinnom, Keith. 1977. Linguistic hybridization and the "special case" of pidgins and creoles. *Pidginization and creolization of languages*, ed. Dell Hymes, 91–115. Cambridge: Cambridge University Press.

Williams, Glyn. 1992. *Sociolinguistics. A sociological critique.* London/New York: Routledge.

Wolf, Clara y E. Jiménez. 1979. El ensordecimiento del yeísmo porteño: Un cambio fonológico en marcha. *Estudios lingüísticos y dialectológicos: Temas hispánicos*, ed. Ana María Barrenechea, M. M. Rosetti, M. L. Freyre, E. Jiménez, T. Orecchia y C. Wolf, 115–35. Argentina: Hachette.

Yépez, M. 1986. *Direct object clitics in Quiteño Spanish.* Tesis de M.A., Cornell University, Ithaca.

Young, Richard y Robert Bayley. 1996. VARBRUL analysis for second language acquisition research. *Second language acquisition and linguistic variation*, ed. Robery Bayley y Dennis Preston, 253–306. Amsterdam/Philadelphia: John Benjamins.

Zamora, Juan. 1975. Morfología bilingüe: La asignación de género a los préstamos. *Bilingual Review/La Revista Bilingüe* 2.239–47.

Zentella, Ana Celia. 1981. "Hablamos los dos, we speak both": Growing up bilingual in el barrio. Tesis doctoral, University of Pennsylvania, Philadelphia.

———. 1988. The language situation of Puerto Ricans. *Language diversity: Problem or resource?* ed. Sandra L. McKay y S. C. Wong, 140–65. New York: Newbury House.

———. 1990. Lexical leveling in four New York City Spanish dialects: Linguistic and social factors. *Hispania* 73.1094–1105.

————. 1997. *Growing up bilingual: Puerto Rican children in New York.* Oxford: Blackwell.

Publicaciones que recogen muestras (grabadas y transcritas) del español oral:

Caravedo, Rocío. 1989. *El español de Lima: Materiales para el estudio del habla culta.* Lima: Pontificia Universidad Católica del Perú, Fondo Editorial.

Grupo *Val.Es.Co.* 1995. *La conversación coloquial. Materiales para su estudio. Cuaderno de Filología*, anejo XVI, Universitat de València.

Instituto de Filología "Andrés Bello." 1979. *El habla culta de Caracas. Materiales para su estudio.* Caracas: Ediciones de la Facultad de Humanidades y Educación, Universidad Central de Venezuela.

Instituto de Filología y Literaturas Hispánicas "Dr. Amado Alonso". 1987. *El habla culta de la ciudad de Buenos Aires: Materiales para su estudio*, tomos I y II. Buenos Aires: Universidad Nacional de Buenos Aires.

Lope Blanch, Juan. 1990. *El español hablado en el suroeste de los Estados Unidos. Materiales para su estudio.* México: Publicaciones del Centro de Lingüística Hispánica 33, UNAM.

Morales, Amparo y María Vaquero. 1990. *El habla culta de San Juan.* Río Piedras, Puerto Rico: Editorial de la Universidad de Puerto Rico.

Rabanales, A. y Lidia Contreras, eds. 1979. *El habla culta de Santiago de Chile: Materiales para su estudio. Boletín de Filología*, Anejo #2, Departamento. de Lingüística y Filología, Universidad de Chile.

Samper Padilla, J. A., C. E. Hernández Cabrera y M. Troya Déniz, eds. 1998. *Macrocorpus de la norma lingüística culta de las principales ciudades del mundo hispánico* (CD-ROM). Las Palmas de Gran Canaria: Universidad de Las Palmas de Gran Canaria y Asociación de Lingüística y Filología de América Latina.

Universidad Nacional Autónoma de México (UNAM). 1976a. *El habla de la ciudad de México: Materiales para su estudio.* México: Publicaciones del Centro de Lingüística Hispánica, UNAM.

————. 1976b. *El habla popular de la ciudad de México. Materiales para su estudio.* México: Publicaciones del Centro de Lingüística Hispánica, UNAM.

Indice de materias

tareas de, 59, 62, 97–98, 118–20,
125; de un texto, 59
leísmo, 84, 178–79, 181, 191, 256;
inanimado, 35, 178–80, 182, 256; y
laísmo, 179–82
lengua, común, 17–18, 290;
concepción de la, 14, 17, 192;
concepto estructuralista de la, 240,
242; concepto sociolingüístico de
la, 242; desplazamiento de, 275,
330; española oficial, 5; franca,
290–91; función primaria de la,
192; histórica, 17–18; como
símbolo de identificación, 32
lenguas, en contacto, 7, 50–51, 266,
269, 271, 274, 277–78, 286, 290,
308; españolas, 5
lingüística, descriptiva, 7, 238;
histórica, 238–40, 242, 266;
objetivo de la, 193
loísmo, 84, 182

macrosociolingüística, 8
marcador, de discurso, 71, 83, 127,
197, 214, 218, 221–222, 225, 231,
235–36, 326; fático o apelativo,
215; función pragmática del, 215;
sociolingüístico, 95, 131. *Ver*
variable sociolingüística
matched-guise. Ver apareamiento
disfrazado
mercado lingüístico, 49, 93, 111;
índice de participación en el, 112
mesolecto, 293
método sociolingüístico, 38–39
microsociolingüística, 8
modo, 22, 129, 168, 190; frecuencia
de uso del, 149; indicativo-
subjuntivo, 137–40, 143, 148–150;
simplificación de la oposición de,
139, 141, 146–47, 319
movilidad social, 106
muestra, homogénea, 43, 49; número
óptimo de individuos en la, 45;

proporcional, 44, 46; selección de
la, 42, 46, 50, 83
muestreo, al azar, 43–44, 49, 51, 83;
intencionado o predeterminado, 44,
46–47, 83

n, 121; elisión de, 122, 126, 159;
velarización de, 95, 122, 126
narración, 9, 195, 197–98, 201, 233,
331; elementos de la, 198–207
narrativa, 60, 62, 125, 162, 195,
198–203, 205–08, 210. *Ver*
narración
neogramática, 238
neutralización, de un contexto
fonético, 73; morfológica, 88, 319;
de *ser* y *estar*, 322
norma, de clase, 263; individual, 263.
Ver *estar, ser*
nuevo-este, 284

objetos, focales, 176; función
pragmática de los, 176; nulos, 182,
191. *Ver* orden de los argumentos
oracionales
orden, de los argumentos oracionales,
131, 171, 173, 325; marcado, 172,
315; de palabras, 136–37, 159,
169, 172, 174, 176, 191, 193, 285,
311
ordenador del discurso. *Ver* marcador
de discurso

paradoja del observador, 52
permeabilidad sintáctica, 271, 284
pero. Ver ahora
pidgin, 269, 272, 277, 286, 290–95;
características lingüísticas del, 292
pocho, 291, 302
postulados conversacionales de Grice,
196–97, 237
pragmática, 82, 138, 195, 216;
concepto de, 131